3个u集

huocunfu

霍存福教授
从教三十年
纪念文集 ◎

沈之北 编著

近来学生为我做执教三十周年纪念，遂以《3个u集》为文集名，尽管文是大家撰写，而绝大部分人已入集子。

当时正值为他们写东西，逸在落款署名处，标注了"年月日作于3u生居"，自号"3u生"，这是第一次。

以"3个u"为名，谐音蜂近英语thank you，接近学生为我庆祝的本意。

不过，阿拉伯数字、汉语、英语这3种文字混合的书名，也颇为此横生。

记了我是否真地做过三好学生，"3个u"可以理解为"三优"，即三好学生。现在，对我来说，是否做过三好学生，已经并不重要了；现实是，我自己一直具有"3个u"。

当然，我具有"3u"，是个很偶然的发现。有一天，突然发现我的姓与双名的汉语拼音里，竟然都有一个"u"。

知识产权出版社
全国百佳图书出版单位

古今事大抵相似
中外情其實皆同

賀恩師霍教授存福先生執教三十年 百成

吾师霍教授存福先生撰联，弟子张百成敬书

霍师2006年4月10日在湖南

霍存福 男，1958年5月生，法学博士，河北省张家口市康保县民善村人，1974年12月毕业于康保县第二中学，1977年考入吉林大学法律系，1984年年底同系研究生毕业，1985年年初留校任教，历任讲师、副教授、教授。现为沈阳师范大学特聘教授、博士研究生导师、法律文化研究中心主任，兼任中国法律史学会执行会长、全国法律专业学位研究生教育指导委员会委员。曾任吉林大学法学院副院长、院长，《当代法学》杂志主编、社长。1998年获得国务院政府特殊津贴，1999年获得中国法学会"杰出中青年法学家"提名奖，2000年入选教育部"跨世纪优秀人才培养计划（人文社会科学）"第三批人选。2005年被收入《当代中国法学名家》（第一卷）介绍（人民法院出版社2005年版），2009年4月24日被颁发证书确认为首批"当代中国法学名家"。专著有《权力场》《复仇·报复刑·报应说：中国人法律观念的文化解说》《唐式辑佚》，译著有《唐令拾遗》（合译），发表论文80余篇。

任教以来，自觉加强师德修养，为人师表，既教书，又育人，努力把教书育人作为自己的职责和使命。2007年1月获吉林大学首届"师德先进个人"称号，2009年9月获吉林大学第二届"师德标兵"称号。教学方面曾获得吉林大学、吉林省教学成果奖，及中国法学教育研究成果奖（教育部高等学校法学学科教学指导委员会、中国法学会法学教育研究会等联合颁发）。

科学研究方面，研究领域为法律史、法律文化。研究成果在法学界、史学界有一定影响，且多次获得再版及专题文集的收录机会，地域上影响至韩国、中国台湾，获奖亦颇多。专著《权力场》（辽宁人民出版社1992年版），于1993年11月获吉林大学人文社会科学第三次优秀科研成果优秀著作奖，1995年12月获吉林省政府第三届社会科学优秀成果著作一等奖；《权力场》（沈阳出版社2003年版，修订第4版），于2006年10月获教育部"第四届中国高校人文社会科学研究优秀成果奖"法学类著作三等奖（教社科证字[2006]第362号）；专著《复仇·报复刑·报应说：中国人法律观念的文化解说》（吉林人民出版社2005年版），于2006年5月获"吉林大学哲学社会科学精品成果奖"之著作奖，2007年12月获吉林省第七次社会科学优秀成果奖著作三等奖及吉林省社科联第二次优秀成果奖优秀奖，2008年12月获曾宪义法学教育与法律文化基金会等机构颁发的"中国法律文化研究成果奖"一等奖，收载作者7篇论文的《中国法制史考证》（甲编），于2007年4月获第六届中国社会科学院优秀科研成果奖一等奖，这些论文分别是《唐祠部式遗文汇考》《唐张鷟白居易两大判词考》《唐故事考》《〈唐律疏议〉"以""准"考析》（皆载《中国法制史考证》甲编第四卷）及《元代不动产买卖程序考述》《元代收嫂婚考》《元代借贷制度考略》（皆载《中国法制史考证》甲编第五卷）。

近年来研究重点，由过去集中在断代法制史（如秦、唐、元等朝代），现逐渐集中于法律文化。尤其中国传统法文化，及传统与当代的连结，皆在视野之中。"情理法"研究、汉语言的法文化透视两项研究，成果正在结集，准备出版。

霍师和师母2014年8月18日在青海

序

Huo cunfu

忘记了我是否真地做过"三好学生","3个u"可以理解为"三优",即"三好学生"。现在,对我来说,是否做过三好学生,已经并不重要了;现实是,我自己一直具备"3个u"。当然,我具有"3u",是个很偶然的发现。有一天,突然发现我的姓与双名的汉语拼音里,竟然都有一个"u"。当时正值为他人写东西,遂在落款署名处,标注了"某年月日作于3u生居"。自号"3u生",这是第一次。近来学生为我做执教30年纪念,遂以《3个u集》为文集名,尽管文是大家撰写,而绝非我的个人集子。以"3个u"为名,谐音略近英语thank you,接近学生为我庆祝的本意。不过,阿拉伯数字、汉语、英语这3种文字集合的书名,也颇妙趣横生。不知出版部门通得过否?

自1985年1月硕士研究生毕业留吉林大学法律系任教,大学执教至今已整30年。当然,如果从1975年7月做民办小学教师起,我的教龄该是40年!这些年中,我每每怀疑自己是否称职,是否耽误了人家子弟。我考上了大学,我教过的小学生却没有;教大学本科,是我最初的大学经历,稚嫩、自信、任性,教学内容的选择及其与教学大纲关系的处理,"皆自我出",当时以为是;但越是后来,越是怀疑其合理性及效果如何。多年后,见了最初几届本科生,我大抵都会讲起:"我今天的讲座,是否比当年本科课堂讲得好?"或者说:"如果让我今天讲法制史,肯定比当年讲得从容、有层次!"

教过的本科生多,记不得几个,他们也未必一定记得我;但教过的硕士、博士研究生,记得的多些;至于我所指导的,大体上悉数有记忆。我对上述学生的影响,应该是从少至多、自小至大,依次增强的。

　　作为教师,我的一个观念是:无论我道德、文章如何,总想将自己的东西,尽可能多地给予学生。尤其是做学问所应秉持的学术理念,以及做学问的方法与技巧这两方面,一直是我理解的"传道"的两个层面。很多时候,我将我的学生区分为两部分:一部分可以称为是幸运的——当时有时间和机会,从课堂上或合作中,学到我的理念和方法;相应地,也使其后来的学习与工作借到了力。对这些学生,我觉得无憾。另一部分是我感觉有亏欠的——当时他们没有更多时间和机会,从我的课堂上或合作中获得更多。对于他们,我表示抱歉。因为同为我的学生,却所得无多,这实际上对他们不公。

　　当然,我深知:学生不会挑剔老师。但老师得经常反省、经常挑战自己,这是进步的前提,也是阶梯。越是到晚近,我越是觉得过去每一次或大或小、或骤或缓的教学内容、教学方式甚至于教学环节的调整与改进,都一次次地让我感觉到更接近于教学相长的理念,更接近于传道、授业、解惑的奥妙,更接近于教育的真谛。

　　……

　　还是回到这本文集。这本文集,几个随笔,记述了他们求学期间的轶事。情真意切,如在当日。学术讨论则主要围绕中国古代契约、司法实践、情理法、律学、判词判集、法律文化等方面,兼也涉及比较法,大多属于我所擅长,也是这些年重点投入的研究领域:既有法律史研究,也有法律文化研究;既有部门法史课题,也有偏重学理探讨的法哲学或法文化学问题。由于自己侧重的缘故,加上方便指导的原因,这些论题遂也成了学生们选择学位论文课题与方向的重要论域。汇集于文集中的这些成果,大部分与作者们的硕士博士论文、博士后出站报告有关,其余的则是他们新近的拓展研究,另一些则是其所从事工作有关的相关心得。值得庆幸的是,他们当中的相当一部分人,从事了教职,从事了法学教学与研究,且大部分从事了法律史、法理学等理论法学或基础法学的教学研究工作。这使得他们在校所学,有机会得以直接使用,避免浪费。当然,未从事教学研究者,他们所受到的法律史学的严格的、实证的、科学的训练,也为他们从事管理工作提供了坚实的基础和充分的准备。

自然,要提到包玉秋老师,她是我的沈师同事。她与上述的学缘无关。自我来到沈师,就受到包老师无微不至的关照。她尤其认可我的为人及学问,常夸得我手足无措。我动员她为杂志写稿子,她就写了读我书的感受。感谢这个直性人,她让我更多体会到有话直说的境界。文如其人。

教师的价值,不在于自身,而在于学生。或许,这会成为我创造的名言。刚写完这句,忽然想到:这句话是否已经被别人说过?是否早已经成为了名言?上网搜索的结果,果然有数句类似者:"教师的价值不在教师本身,而在学生心中";"教师的价值不是培养出多少尖子生,而是培养出多少成功的学生。"

我不敢再多说了。

2015 年 6 月于三优生居

目录 Contents

·随笔·

3　丁相顺　霍师门下那些年
　　　　——霍存福老师从教三十年纪念

11　李国明　隔江山色
　　　　——写在霍存福教授从教三十年之际

14　王　菲　"私塾"岁月

17　任喜荣　学术之路上的温暖如春

20　刘　杨　《权力场》外传
　　　　——为霍存福教授从教三十年而作

34　祖　伟　"情"牵吉大、"理"论法学、"法"有存情:因"霍"得"福"

37　李玉君　博士后出站报告后记

39　武航宇　务学不如务求师
　　　　——霍存福先生从教三十年随笔

·中国古代契约研究·

45　祖　伟　我国古代民事证据基本规则:"交易有争,官司定夺,
　　　　止凭契约"

62　罗海山　"嵬名法宝达卖地文书"考辨

77	张姗姗	唐宋时期买卖契约与借贷契约中的人保制度探析
90	武航宇	元代中原地区租佃契约文书与吐鲁番回鹘文租契的比较研究
105	王彦飞	试评《古中国与古罗马契约制度与观念的比较》
108	王宏庆	中国古代买卖契约中的瑕疵担保与罗马法的比较
116	冯学伟	契约文书之于古人生活的意义

·司法实践与判词研究·

129	王 菲	清末讼师群体消亡原因分析
146	潘 宇	浅论清代州县司法审判中的"自由裁量权"
		——以《樊山批判》中"王庄临案"为中心
156	王成成 孙祺祺 宋婕 王睿麟	清代诉讼费用与讼师收入初探
		——霍存福教授《唆讼、吓财、挠法:清代官府眼中的讼师》之后续研究
169	夏婷婷	论《龙筋凤髓判》中对案件事实的推理方法
179	章 燕	清代司法技术探析
		——以命盗案件中司法观念与法律规则之冲突实践为中心
192	何 君	"入词"之诉与"绝词"之判
		——宋代诉讼观念与实践
205	倪晨辉	民间纠纷解决机制的嬗变:以明清时期为视角

·律令与律学研究·

| 221 | 董劭伟 | 唐武德时期律令制定刍论 |
| 234 | 张田田 | 宋元"八字例"考辨 |

· 情理法研究 ·

247　包玉秋　法理与情理
　　　　　——霍先生从教三十年有感
252　杨秋生　施光磊　天理于中国传统法律文化观念的源本性
260　邓　勇　"情理"法及其文化意蕴初探

· 法律制度与法律思想研究 ·

273　朱红林　战国时期国家法律的传播
　　　　　——竹简秦汉律与《周礼》比较研究（三）
288　张伯晋　法家学派的渊源与属性考论
302　刘晓林　李　芳　再论秦汉律中的谋杀
320　李俊强　重审董仲舒与"春秋决狱"之成说
331　张丽娟　浅谈南宋财产继承制度
　　　　　——以《名公书判清明集》为例
343　马　成　论谢觉哉的新民主主义民主宪政思想
352　周鹏宇　论谢觉哉对新民主主义宪政观的理论发展
370　张百成　博物馆藏品著作权法律问题探析
　　　　　——以故宫博物院为中心的考察

· 法文化比较 ·

381　刘艺工　试论中国法律文化的近代化与现代转型
391　李　强　比较法律文化研究中的认识论问题
401　金　星　应用型法律人才的培养
　　　　　——背景与策略
409　闫弘宇　影视文化中的法律元素运用
421　金　怡　信访的"源"与"辨"

·随 笔·

霍师门下那些年

隔江山色

"私塾"岁月

学术之路上的温暖如春

《权力场》外传

"情"牵吉大、"理"论法学、"法"有存情:因"霍"得福

博士后出站报告后记

务学不如务求师

霍师门下那些年
——霍存福老师从教三十年纪念

丁相顺*

时光真如白驹过隙,倏忽即逝。转眼之间,毕业吉林大学霍存福老师师门也已经二十年。今年恰巧又是霍先生毕业吉林大学、留校吉大法学院,从教三十年,实在应该纪念。作为先生的第一位硕士研究生,与先生一样,身在学校,从事读书、写字和讲课任务,在这样值得纪念的时刻,也是感慨万千。

人世间常常是身在其中,不得其意。高考报考,在少年的懵懂之下,稀里糊涂地报考了吉林大学法学专业,当年的数学又极其简单,让不谙数字的笔者碰了个头彩,拿了个高分,也就顺利地进入了当时赫赫有名的吉林大学法律系(在大学三年级的时候,法律系易名为"法学院")。但进入大学的时候,正逢社会上流传着一股"读书无用论"的风潮,报纸大肆报道"搞导弹的不如卖茶叶蛋的(收入高)"。对于当时的学生来说,搞导弹的接触不到,但是大学老师的收入确实不如我们宿舍七舍楼下卖鸡汤豆腐串的老太太倒是实情。这种舆论其实也正好迎合了经历了高考、身心俱疲的大学新生希望松口气、歇一歇的心态,于是大学第一学期就在没有怎么读书的状态下轻轻松松地过去了。转过年头,那场著名的春夏之交的运动不期而来了,校园变得躁动起来,课堂教学也名存实亡了,上自习者成了异类,上街和口号代替了读书和课本。就这样,没有怎么读书、没有学习法学的大学第一个年头,就这样过去了。

进入秋季,经历了紧张又轻松的政治教育学习之后,法学专业课程学习开

---

* 丁相顺,中国人民大学法学院教授,吉林大学1992级硕士研究生,师从霍存福教授。

始了。中国法制史课程也被安排在了大二年级的上学期，任课老师就是霍存福老师。尽管历经"文革"，但吉林大学法学教育没有被废校，得以整建制保存下来，所以，"文革"后恢复高考、实行高等教育的政策公布后，吉林大学得以与属于同样情形的北京大学一起，在1977年就开始招收法学专业本科生，这比大多数法学院都提早了一年——但实际上是半年，因为北京大学、吉林大学和当时的湖北财经学院尽管是在1977年开始招生，但学生自1978年春季才开始入学上课。霍先生也就是在这样的背景下，参加了1977年的高考，并被吉林大学法律系录取。在吉林大学完成本科学业以后，霍先生继续考取了研究生，师从栗劲、乔伟先生攻读法律史学，并在1985年留校任教。

至今还记得，当时的法制史课堂安排在北校区的数学楼，需要穿过自由大路——那时的吉大还不如现在这么大，虽说"长春市坐落在吉林大学"，但是，大学的几个校园被同志街、解放大路纵横分割，作为"马路大学"的吉林大学也是家喻户晓、赫赫有名的。其实，当时霍老师也居住在学校的教师宿舍，离我们的学生宿舍很近，经常可以看到霍师和学生一同穿过马路、走向教室的身影。彼时，霍师正在从事皇权、相权理论研究，法制史课堂授课的主要内容，也是围绕着先生的研究工作展开。课堂上涉及的很多典籍、故事，课本上大都没有明示，远远超越了我们能够理解的程度，因此，霍师将其中重要者——工整地在黑板上板书罗列，再加以解释。二十多年过去了，霍师工整书写板书的身影也成为我脑海中永远的定格。

不知什么缘故，逐渐与霍老师交流多了起来。在吉林大学文科楼里，经常邂逅先生，也就渐渐知道了法律史研究、法史学界，知晓了吉大法律史的辉煌。当时在阅读法制史教科书的时候，教材在描述秦末法律的残酷时，援引了《史记·陈涉世家》中陈胜号召被征调的士卒起义的一句话"失期，法皆斩"。但是，考虑到陈胜、吴广作为下级军官鼓动起义的特定目的和背景，通过这样的间接引述，是否可以说明秦末征调法律的整体状态？是否可以以此作为依据来说明秦代法律的残酷性？带着这样的疑问，我向霍老师讨教。霍老师肯定了我发现问题、敢于思考的意识，并且鼓励我查找资料，解决自己的疑问。在与先生开展多次讨论以后，我利用一个学期的时间到图书馆查找资料，并反复与先生讨论,数易几稿,最终和先生一起完成了《"失期,法皆斩"吗?》这样一篇小论文。并且在先生的推荐下,发表在《政法论丛》杂志上,刊载问世。尽管此前,自己也曾经有文字被印成铅字见报,但系统探讨一个学术问题,撰写学术文章,这还是第一次。正是这样的经历,让我对学术产生了兴趣,在霍师的指导下也似懂非懂地明白了一些学术的门路:诸如从小处着手、全面收集甚至穷尽资料、对资料进行归纳分析,等等。也可以说,在1992年正式进入霍师门下攻读研究生前,我就幸运地接受了先生的指导。

也由于这样的交往,霍师鼓励我考取研究生,也如愿以偿,幸运地成为霍师门下第一位、也是当年霍师招收的唯一一位硕士研究生。当时的研究生教育还不如今日那样遍地开花,还处于小众状态。当时为我们授课的专业老师除了霍师以外,还有霍师的老师栗劲先生、赵国斌先生等。同届一起学习的还有赵国斌先生的弟子任喜荣同学,即现在的任喜荣教授。当时的课堂上只有我和喜荣教授二人。除了两位硕士生指导老师赵先生、霍先生以外,胖胖的、总是笑嘻嘻的栗老,仙风瘦骨如马三立的韩玉林先生,以及述而不作、以挑错和批判而著名的王侃先生等,也都给我们两个小字辈上过专业课。能够蒙受两代师恩,现在想起来也是别样的珍贵和荣幸。但现在回想起来,在两代师恩的荣耀之下,当时我们两个年轻后学也承担着巨大的学业压力,可真难为了喜荣同学——现在的任喜荣教授了。每天为先生们打水、为教室开门等庶务都是由其承担不算,那时栗劲老师经常在课堂上点名发言,回答不上先生的问题,能够求助的也只有那时的喜荣同学了。当时,霍师的研究重点是唐代法律,其原因在于唐律"承上启下"的重要地位,以及唐律保存完整、有的放矢、言之有物。因此,研读唐代法律成为当时课堂学习和课后研读的主要内容。唐律语言优美、结构工整、列举贴切、逻辑严密、情理兼容、礼法合一,尽管当时阅读起来极其吃力,但反复咀嚼,也是别有滋味。在博士毕业后,我也曾经在人大法学院课堂讲授"中国法制史",阅读原文、阅读《唐律疏议》也成为我对自己的学生的一贯要求。

同样本着从小处着手的学术方法,在霍师的指导下,我选取了《唐律疏议》中比拟准用的技术用语"以""准"来命题作文,分析了在类似、相当的情形下,

《唐律》的法律条文如何扩张适用解释的问题。现在看来，这是一篇纯粹有关古代法律解释适用的文章，是对古人以有限的法条应对无限复杂、不断变化的社会生活状况的技术方法所做的分析。同样，这篇文章在霍师的指导下，得以发表。尽管当时攻读硕士研究生没有发表文章的硬性要求，但在当时的教育环境下，先生们确实将自己的弟子按照学术方向加以指导和培养，所以撰写学术论文、发表文章似乎成为理所应当的事情，学习论文撰写的方法也就成为修习的要务。也正是这种要求和训练，让我能够静下心来，专心阅读一些基本的古代法学典籍；学会了收集材料、分析材料、归纳和整理材料；掌握了如何开展学术表达，如何撰写学术性文章。正是这些学术训练，使我掌握了在学校里安身立命的一些基本技能。

除了论文选题要从小处着手以外，先生反复告诫、至今仍然铭记在心的还有很多：文章写作要阅读原文、涉猎一手资料；撰写法律史文章要用法律的方法、运用法律思维，同时视野要宽，要运用多学科的学习方法；法学教育和研究要重视语言训练，法律史的学习和训练与语言的理解和训练密不可分；要学会使用归纳的方法，学会类型化，学会提炼模型；等等。

毫无疑问，阅读原文是历史学习的基本功，法律史作为历史学的分支学科，同样离不开基本历史史料的运用和分析。而攻读原文史料确实是一件苦差事，需要静心、恒心和耐心，也就是要能够坐住冷板凳。在这方面，先生一直是学界的楷模，耐得住寂寞，从典籍中条分缕析，慢工出细活，在大量的历史资料中提炼出中国古代权力形式的各种类型。先生的代表作、在学界声誉不绝的《权力场》可以说是先生十年磨一剑，耐住寂寞、苦心专研的成果。说到《权力场》，这是霍先生在我们大学二年级中国法制史课堂上重点讲解的内容。对于先生阐释古代政治体系下复杂的权力行使类型以及丰富的具体事例，当时虽然不甚理解，但老师对此信手拈来、念念不绝，视其如子的喜悦之情至今仍然记忆犹新。这可能就是作为学者的乐趣所在吧。《权力场》在20世纪90年代出版面世以来，先后在海内外出版过达七个版本，被十一次印刷。可以说，读者和学术界对先生的学问和学术给出了最佳的评价。

吉大法律史学科在20世纪80年代能够在学术界享誉一方，一个重要原因是拥有一批受过系统法律训练的法律史学者。乔伟老师、栗劲老师、韩先生都是系统的法律科班出身,以法律的方法来治法律历史,这是先生一直强调的重点。但什么是法律的方法?在不同时期,对于每一个人来说自然也有不同的理解和运用。但是,运用规范分析、法律思维方式来分析历史现象,是法学史研究的基本要求。在大量收集、整理和阅读古代史料的基础上,从法律的视角对众多资料进行分析、整理,发现其共性,找出其差异,并提炼出理论模式,这是先生在从事皇权、相权行使理论中使用的方法。记得我自己的学生在阅读完先生的《权力场》一书后,其最大的感受是"不愧是法律学者写的书"。以法学的实践,运用法学的思维,从大处着眼,小处着手,来探讨历史文化问题,这是先生治学一贯的风格和脉络,我想也是《权力场》得以受到学界好评的重要原因吧。先生在完成权力行使类型问题的研究以后,将主要精力放在古代,特别是唐代法律形式的复原和法律文化研究之中。这些研究大都是从小处着手,但其研究的触角却能够深潜到中国传统法文化的核心,并且让人联想到当下法律生活的深层。先生的研究,架构高远,往往涉及观念、制度与社会习俗,内容触及传统刑法文化、民法文化及司法文化的内涵;但由于这些研究是建构在先生对海量法律文献的研读、梳理和剖析基础之上,所有的表述和论证建立在严谨的学术态度、深厚的史学功底与法学理论素养基础上,因而这些宏大叙事在先生笔下言之有物,游刃有余。"大"与"小"的有机统一,是先生在中国法律史学界以及法学界中治学最独特的标志,也是先生作为社会科学学者最为成功之处。在《权力场》之后,无论是《复仇·报复刑·报应说:中国人法律观念的文化解说》(吉林人民出版社 2005 年版),还是《唐式辑佚》(社会科学文献出版社 2009 年版),都带有浓厚的霍师风格,一看就知道是"霍氏出品"。

如今,笔者的主要精力已经不再放在中国法制史学研究中,而主要从事比较法研究中,可以说涉及范围更加广泛的学科领域,但在求学霍师门下接受到的归纳分析、甄别资料、发现相似性和共性的方法,仍然让我受益匪浅。特别是,当年在霍师门下受到的文字训练,关于语言与法学研究的关系问题更让我受益终身。霍先生治法律史学,悠游于典籍掌故,广泛涉猎古文,从事的是以研读古文为主的学问。古文字阅读遇到的最大困难是与当下文字的表达不同，读懂不易；但古文字内在固有的简介、对仗、工整，也别有一番美意。尽管霍先生使用现代文做文章，但也许因为长期阅读古文的原因，其文章言之有物、文字优美，没有赘言，可以说是法学界中的美文，是学术中的精品。更为主要的，由于所治学问的对象是古代的法律叙事，先生经常告诫我们，从事中国古代法律史学，古文字材料阅读是不可或缺的前提。关于法律学习和语言的关系问题，对我影响至深，并且决定了我现在的学术方向。其实，包括法律科学在内的社会科学高度依赖语言文字。没有文字的记载、阅读和传达，无法获取有效的社会科学信息，也就无法传达关于国家治理、规则形成、解释适用等一系列社会科学研究活动。文字在不同的种群、族群以及区域、国家中形成了不同的形式。法律科学处理的客观对象往往是由不同形式的文字加以记载和表达的，因此，如果只是借助间接性的形式表达的媒介资料，往往难以穷尽文献资料的范围，无法全面探究研究的对象，因而得出的结论很可能是不可信的。研究生二年级，当时吉林大学法学院的友校关西学院大学法学院教授、日本著名的东洋法制史专家八重津洋平先生来吉大法学院讲授日本法制史课程。在霍先生的介绍下，我得以结识八重津先生，并与其建立了学术友谊。八重津先生回国后，寄送给我一本标价八千多日元的《中日字典》。这本字典在当时的工资水平下，要抵上一个年轻教师二个月的工资。正是在这本字典的帮助下，我开始了日语学习，并且尝试阅读日本文献资料，理解和认识日本法律制度。因为日语学习与我的专业学习密切结合，所以让我能够坚持到如今，让我能够有机会在日本的大学中留学、访学以及教学。而且，同样的方法，也扩大到英文专业学习和比较法研究中，让我受益终身。尽管古文、英文、日文都属于完全不同的语言形式，但在我看来，语言形式之于一个法学学者的意义，在于与其专业学习的密切联系程度。尽管霍先生并没有教我如何使用英文、日文从事法学研究，但是，原文资料之于法学专业研究和教学的重要性让我铭记在心，让我能够有能力从事目前的比较法教学和研究。

研究生的学习，尽管分为不同的方向，但更主要的是受到一种学术训练。作为法学者的训练，需要借由大量的逻辑思维形式，从众多纷繁复杂的文字材料中发现共性，采用类型化的方法，提炼理论和模型，并且论证和阐释理论模式。霍先生以古代权力行使理论研究著称于学界。这一研究正是运用归纳分析、类型化、提取模型的典型研究方式。因为建立在大量文字材料基础上，发现共性，有理有据，先生提出的中国传统社会的理论类型才有说服力。这些方法也同样是我们作为学者常用常新的专业手段，也成为我们向自己的学生讲授的内容。

唐代的大学者韩愈曾经说过："师者，所以传道、授业、解惑也。"要感谢霍先生传授给我们对于学术的基本态度、基本方法。毕业离开师门多年，尽管从事学术的领域不同，但因为同在学术界的原因，先生言传身教的那一套治学之术，在日常的工作生活中屡屡使用。可以说，没有当年的训练，也就没有今天得以安身立命的基础。除了从事比较法研究和教学以外，另一个我关注的学术领域是法学教育，通过霍先生的治学从教的经历，让我对"文革"后中国法学教育和研究的脉络有了最为直接的观察。霍先生是"文革"后正规法学院校毕业的第一代法科学生。由于历史的原因，如霍师一样，这一代法律人大都曾经历经"文革"的历练，如今绝大多数人都在国家治理、政法战线和学术领域中身居要职，是中国法治的中坚。特殊的时代背景，给这一代法科学子打上特殊的时代烙印。作为改革开放后培养的第一代研究生学者，这一代人曾经面临着前所未有的人才断层，一出校门就被加担子，委以重任，很快实现了跳跃式前进，可以说是时代的幸运儿；同时，作为历经十年"文革"摧残之后接受正规法学教育的一代学人，这一代学者进入学校学习的时候，也面临着学术资料紧缺、教学师资不足等困境，可以说也是历经了学术困难的一代。但有一点，这一代法科学子普遍珍视来之不易的学习机会，往往胸怀家国，具有浓厚的人文情怀，希望国家通过法治实现长治久安，避免再次出现"文革"时期的动乱。对于学术和学问，他们普遍具有视野宽阔、涉猎广泛、基础扎实的特点；对于为学之道，他们普遍具有君子相交、学术切磋、坦诚相待的士人之风。正是由于特殊的时代背景，这一代法律人接受了前所未有的重任、困难、荣耀，他们是拓荒者、建设者，也是传承者。霍师的身上恰恰反映了这一代人的学术特质。

作为在恢复高等法学教育十年后，进入大学学习法律的学生，非常幸运地成为霍师门下的第一位研究生。应该感谢霍师门下那些年，让我有机会从先生身上近距离观察"文革"以后第一代法学者的言行举止、道德文章、为师为人的细微之处。如今,和许多同门研究生一样,我们也开始承担教书育人的责任。随着法治的发展和法学研究的积淀,随着技术的高度进步,法学学术信息传递变得越来越迅捷、越来越丰富,法学研究的内容日益精细化,我们身处的教学、研究环境与三十年前相比,已经有了翻天覆地的变化,但是在霍师门下学习和掌握的基本法学学术训练方法,为文为人、安身立命的基本准则,却超越了年岁,常用常新、受益不竭。这就是在先生从教三十年之际,作为学生,我们应该加以纪念的原因吧。

隔江山色
——写在霍存福教授从教三十年之际

李国明*

雾里看花,隔岸看山,中国画表达的山河之美,恰在不拘细碎的写意中。最近翻阅美国学者高居翰研究中国绘画史的著作,作者使用了一个词汇"隔江山色",很让我动容。这意境,让我想到了老师霍存福先生。在我看来,霍存福是那种大智慧、大美之人,正如隔江之山色。

霍先生是我在吉林大学法学院读研究生时的老师,那一年吉大法史学只招收了我一名研究生,他给我这一名学生讲授了整整一学期的中国行政法史。当时偶尔来听课的,还有一位全凭兴趣、不要学分的外专业研究生,他是我的同学孙世彦,研究国际法的,现在是中国社科院法学所教授。但我并不在霍老师门下,1991年我读研时他还没开始带研究生。正因为不在他门下,与门内弟子相比便少了些顾忌,看他也就少了仰视,而多了些平视、直视,又因日后因缘巧合交往多些,对霍老师有了更多的了解。

我考研本来报的是法理,因填报的导师那年停止招生而转入法史,方向是中国法律思想史。我对法律制度史研习不多,而年轻的霍老师当时已经是副教授,在法律制度史研究方面造诣精深,这一点法史学大家栗劲教授、我的导师赵国斌教授都是极认可的。给我上课期间,霍老师的扛鼎之作——《权力场》出版。即便这样,在这位青年才俊身上看不出一丝得意之情。上霍老师的课是轻松愉快的,亲和的微笑,低沉而富磁性的语调,"明察"与"糊涂","温和

---

* 李国明,《检察日报》编委。

感化"与"严厉督责"、"事必躬亲"与"委任责成",娓娓道来,掌故的背后是思想的火花,霍老师的课直接启发了我硕士毕业论文的选题——情法两尽。课间闲暇,他几次说,"搞制度史的缺乏思想高度"。事后我一直想,他太过自谦了,对法史而言"思想"怎么可能凭空产生!"高度"是建立在扎实厚重的实证研究和积淀基础上自然生发的。但他是真诚的,这里面或许不经意间流露出他对自己的要求,我想更多的还是他骨子里的谦虚和自省。谦虚是站在很高的高度才具备的一种智慧。我一直坚定地认为,霍老师是拥有大智慧的人。

在我毕业前夕,霍老师做过一件在别人看来很"天真"的事儿。法学院有位本科毕业后直接留校做助教的邱本老师,他是我的好朋友,本科高我两届,学识极为渊博而有思想。邱本在法学院老师里学历最低,但我们那届研究生都认为他的水平高过博士,常开玩笑尊称他"邱举人"。因学科专业不同,霍老师对他了解不多。后来听我说起邱本的才情,很是渴慕。一次在去南校区的班车上,霍老师主动邀请邱本读他的研究生,想帮他提高学历。回到宿舍楼一看到我,傲骄的邱本就尖着嗓子叫,"他让我读他的研究生!"邱本对没大他几岁的霍老师让他做门下弟子"耿耿于怀",但他当然明白霍老师的好意!他们很快成了彼此欣赏、少有的能玩到一起的好朋友。霍老师和邱本都属于沉静、潜心学问,而不喜玩乐的人,他们两人能玩到一起也属难得。从那时起好几年时间,他俩都一直结伴打网球,甚至冬天带着尚年幼的霍然,扫开厚厚的积雪整出块场地也要坚持,直到邱本到社科院法学所读博士,霍老师的运动生涯也就终止了。

这件事也反映出霍老师的真性情——善良、单纯,不太多考虑人情世故。于他那样的年龄、身份、地位,还能保持这样一份纯真,这在知名教授中是不多见的,但同时又是很多大师级的人物终身保有的特质。对他们就该格外爱惜,不能用世俗的眼光去挑剔、用功利的标准去衡量,更不要用生活的琐屑去强求。否则,斯文扫地,明珠蒙尘,何其残忍!

毕业之后我分到了北京。早几年见面不多,主要是他来京出差从不让学生们知道,他怕学生们去看他奔波又破费。霍老师对自己始终节俭,但并不吝惜金钱,他在很多年里无私资助子侄甚至是困难学生,对此从不多言,更不求什么回报,他做这些的时候丝毫注意不到自家的日子也过得紧紧巴巴。在这件事上,霍老师的夫人,我和王菲、丁相顺、任喜荣叫她嫂子,也是值得称道的,那时的工资都不高,各家负担都重,换做寻常人,恐怕早有怨言了。

  霍老师记不住给予别人的,却总记得别人对自己的一点点好。他曾不止一次说起赵国斌老师和师母在他和嫂子结婚当天的傍晚,给他们送来挂面,让他们不至于饿肚子。那年我赶去长春参加导师赵老师的丧礼,悲伤加上奔波劳碌,状态很是不好。吃过王占通老师张罗的晚饭后,霍老师坚持带我回家里喝茶,又和嫂子执意打车送我到火车站,他是怕我一个人待着心里难过。那天晚上,不善唠闲嗑的霍老师一直在找话题和我说话,同样不善言辞的我也不怎么接话茬,很多时候俩人就这样静静地坐着……

  和霍老师经常性的见面是近十余年的事儿。我和王菲是幸运的,在外地休假时曾两次同时见到同样是在该地偶遇的霍老师和郑成良老师,一次是在杭州,一次是在青海。郑老师也是我们最敬爱的一位师长,我始终觉得二人某些地方很像:都很仁厚谦和,略有不同的,是霍老师还多了几分纯真,在生活中更活泼、更风趣些。异乡得遇师长,也是人生一大开心事。

  现在,经数十年潜心积淀,霍老师早已成了法史学界高峰。他呈现给大家的风景,恰如一幅大气的水墨山水,含蓄悠长又气象万千。王菲曾说,从来师门少喧哗。值此霍存福老师执教三十周年之际,作为远离法史专业、身处尘网中的学生,就用文字记录下这些旧事略表欣喜和祝贺。

7月6日凌晨夜班后写于京西八大处

"私塾"岁月

王菲*

霍存福先生是我的导师,这是我今生的幸运。

我是霍老师门下的第二个研究生,之前1992入学的相顺师兄是开山弟子,有时候老师开玩笑,说我也是第一个——第一个女学生。1993年,吉大法学院刚刚搬到南区两年,那一年招收的研究生有二十人左右,每个专业人数都不多。但不管多少,其他专业都有同门同学,唯法史专业是我孤单一人,每次上专业课,就如同读私塾。我们那届研究生导师里,好像霍老师最年轻,算起来当时霍老师三十岁,《权力场》已经出版。

记忆中,那时候的霍老师比现在要严肃。我从书店买到《权力场》,揣在书包里去上课,想让老师签个名,四个星期后才敢开口。当年21岁的我,心里满是对老师的敬畏之心,加上霍老师又不是健谈话密,我真是不知道怎样去和老师自然地交流。其实,那时候年轻的霍老师和现在一样谦和内敛,"严肃"一词应该包含"严厉"和"肃静"的意思,"肃静"又应该指的是"肃然"和"安静"。霍老师不说闲话,但也素来与严厉无缘,平和、沉静倒是老师的作风。老师恬淡从容中有大智慧,智慧不是一种才能,而是一种人生觉悟,一种开阔的胸怀和眼光。如周国平言,智慧是灵魂的事,博学是头脑的事,更糟的是舌头的事。那时的我太年轻,看不出老师的真性情、大智慧,在老师面前却是真的有些胆怯,直到硕士论文答辩顺利通过后,见老师时还是底气不足,觉得自己距离老

---

* 王菲,北京市政府法制研究中心研究员,法学博士。吉林大学法学院法制史专业1993级硕士研究生、法律史专业2010级博士研究生,师从霍存福教授。

师的学术要求还是很远,硕士学位拿到了却还像是刚入门一样。我曾和霍老师直言自己当年读研时学得懵懵懂懂,读博时才知道怎么向老师学。老师却说,我当年入学时他刚带研究生,教学生的方法不对。这就是我的导师,如果我们有向学之心,老师就无私地给予,对学生不责怪、不挑剔,即便如我这般毕业后的散游人,谈不上做学问,但只要肯继续读书,他仍然是很欣慰。几年前,我、国明师兄和霍老师闲谈时,偶然说起学生的事,霍老师言:"能挑学生么?就像你能挑儿子么?"霍老师是河北康保人,大学毕业后就留在东北,有些表达于细微字眼已成东北的语言习惯,"挑学生"的"挑"字,东北话里就是"挑剔"之意。在我的印象中,霍老师真是不挑剔学生,即便对那些少不更事、不明事理的,也鲜有重话。霍老师对学生只看学问文章,不计其他世俗功利。现在坊间流传了一些学术大家的烟火气,均与我们的霍师无缘。随着我年龄日长,每和老师见面,对这一点感触越深,对老师的德行愈加感佩不已。众人都敬仰霍老师学问做得好,其实自古道德文章,真正的大家所给予弟子的,岂止于学问!

  回想读研时,除了霍老师的专业课,还有栗劲老师和赵国斌老师给我们上下两届研究生授课,栗老师讲授先秦法律思想史,赵老师讲授近代法律思想史,那是怎样一个做学生的"黄金时代"啊。据说现在吉大法史专业一届就有二十几人,霍门后来的小师弟、师妹们可能没机会体会到跟老师读私塾的妙处。教室内,师一人,生一人,"闲中一卷圣贤书,耽玩意。潜心要游阃奥,须是下工夫。今何异,古何殊。本同途。若明性理,一点灵台,万事都无"。时至今日,我依然能记起南区文科楼的小教室里,霍老师在讲台上,我一个人坐在讲台下,教室里是老师特有的低沉、沉稳的嗓音,讲着唐律、令、格、式……

  记得因为天寒路滑,栗劲老师年岁大了行走不便,课堂就设在家里,栗老每每提到霍老师,喜爱之情溢于言表,我还记得那一句,"小霍又给你讲了什么呀?"赵国斌老师也是如此,"小霍""小霍"地叫着,总是说"跟着小霍好好学,能学到真本事"。两位老师把霍老师的学生当作自己门下弟子一样,1991年入学的国明师兄是赵国斌老师的研究生,但我和相顺师兄都认为他是我们的"亲师兄";1992年入学的赵老师门下的喜荣师姐,和相顺师兄同修所有专业课,我把她认作"亲师姐"。大家都记得老师们说过,学生都是一起带,这是法史的传统。当年栗老师、赵老师他们一定是预见到了，霍老师是日后传承吉大法史衣钵的又一代宗师大家。研究生毕业后，国明师兄去了检察日报社，相顺师兄进了中国人民大学，喜荣师姐留在吉大，我在党校培训干部还做着兼职律师。说起来遗憾，最初的几个学生都没有如师门所愿投入法史专业研究。我们四个人私下交流时，都认为不管现在做什么，法史专业的底蕴积累最让我们获益，而我和国明师兄对这一点感触更深。有时候，我们两个闲聊，假设一切重来，我们还是会选择法史专业。我以在霍门为荣，以在吉大法史门下为荣。

现在，霍师门下兴旺，有许多师弟、师妹虽未曾谋面，但遇到同门时，大家都是很自然的亲近，如同天然的血亲，只因为我们有共同的导师，才成了一家人。"子在川上曰：逝者如斯夫，不舍昼夜"，而人生中有些往事是岁月带不走的，愈经洗练就愈加鲜明，始终活在记忆里。这是我今生的幸运，跟随霍师读"私塾"的光阴，不是从我身边流过的东西，而是我生命的珍藏。

2015 年 7 月 5 日晨于昆玉河

学术之路上的温暖如春

任喜荣[*]

霍老师是引领我走上学术之路的最初的几位导师之一,在我不长的学术生涯中,处处爱护有加,如春风扑面,和煦温暖。借霍老师从教三十周年庆祝之际,细细回味我在吉林大学法学院的成长之路,竟无处没有霍老师温暖关怀的身影。对此,常怀感恩之心,不敢稍忘。

在我初窥法学堂奥之际,霍老师满足了我对学者和师者的几乎全部的想象。在那时的我的眼里,霍老师既有温良恭俭让的君子之德,也有勤勉好学、诲人不倦的师者之风,更有才高八斗、学富五车的学术底蕴。难能可贵的是,霍老师从未令我失望,我对学术的追求不改初心,是因为有霍老师这样的学者对学术一如既往的坚持。前几日有幸聆听霍老师关于《法治文化建设中的传统法文化资源问题》的讲座,霍老师不仅学术日益精进,授课风格亦日益洒脱从容,有这样的老师在前,作为后学,只有努力跟进才不愧对老师的谆谆教诲。

我1988年来到吉大法学院读书,本科第二年霍老师为我们讲授中国法制史,所用教材为1989年吉林人民出版社出版的《中国法制度史》,霍老师为副主编。霍老师温文尔雅,语气平缓的授课,虽难免使某些人昏昏,但探幽发微、立论有据、旁征博引的学术功底却令所有学生折服。我后来考入法律史专业攻读中国法律思想史,多少受到了霍老师的影响。

我的硕士导师是中国法律思想史专家赵国斌教授,但我们那一届的法史硕士生只有我和丁相顺两人,几位导师视我们如宝贝,师门之见是全然没有

---

[*] 任喜荣,吉林大学法学院教授,国家2011司法文明协同创新中心研究员,法学博士。

的。霍老师是当时法史专业最年轻的硕士导师,现在想来,1992年3月霍老师的《权力场》出版,旋即在法学界引起巨大反响,而在那之后便进入一路凯歌般的学术高峰期,那应该是他最辛苦也最快乐的时候吧。那时也是吉林大学法学院法律史专业在全国最有影响力的时代,能在那个时候的法史专业读书,是人生之幸。在法史专业三年的学习,中国传统文化的智慧和以霍老师为代表的几位导师的言传身教,奠定了我的学术底色,既使我终身受益,也让我终生骄傲。

1997年我在留校任教两年后,继续攻读博士学位,虽然师从中国著名的犯罪学家王牧教授攻读刑法学,但所选择的题目还是一个法史的题目——《伦理刑法及其终结》,当时霍老师也在王老师门下攻读博士学位,我们的学术关联度更高了,向霍老师请教问题也成了常态。至今仍记得,有一次晚饭后与霍老师共同走过文化广场,期间就博士论文写作中的困惑和问题向霍老师讨教,皆得到悉心解答。霍老师是我的老师,又是我的博士师兄,但霍老师的人品佳、学问高,我心中从未有一日将霍老师以平辈视之。

博士毕业之后,我才算是稍窥法学堂奥。学术之路的初期,感觉处处艰难。不仅仅是因为教学与科研的压力大,而且放眼学术界人才辈出,感觉学力明显不足。我2001年博士毕业后想去浙江大学攻读法学博士后,霍老师时任院长,在师资力量紧缺的情况下,还是批准了我的请求。我的博士后研究的选题不仅获得了司法部科研项目的资助,作为博士后出站成果的《刑官的世界——中国法律人职业化的历史透视》出书时,霍老师还欣然作序。今天再来读霍老师为这本书做的《序》,鼓励后学之心,跃然纸上。在序中,霍老师肯定我"选取了很别致的角度","关注刑官文化的当下境遇,是作者的一个心结,这也是一部法律史著作应有的视域",但也高屋建瓴,提出了自己对于古代刑官的理解:"刑官是复杂的""刑官是可以舍身求法的""刑官是可以特立独行的""刑官是可以'专以人主意旨为狱'的","中国的法官文化,其实是中国法文化的核心部分",并客观地指出"本书也有遗憾"。既力争表达客观的学术判断,又保持了严谨的学术立场。有了霍老师的《序》,这本书虽然仍然是一本小众的书,但也才真正算得上是一本"书"了。后来的学术发展中,无论是论文发表、项目评审、杂志编辑，都受到了霍老师的悉心关照。我的学术之路，自觉还算顺畅，霍老师春风化雨般的关怀，是重要的原因。

我毕业留校任教后一直讲授宪法学，如今教学与科研已全部转到宪法学领域。宪法学与法史学在学术分工日益精细化的今天，似乎相去甚远，但我却从未感觉转换的艰难。事实上，有了法史的研究底色，才使我能够将宪法和宪法学放在一个更大的时空环境中，进行法文化学、法社会学以及法制度学的研究。历史是现代的一部分，历史也是社会现实的历史，学习历史不会将人禁锢在过去，反而会使人关照未来。在历史的长河中得一瓢饮，让人清醒，也让人懂得总有一些东西值得以生命的奉献去遵守。读史使人明智，读史之人大多长寿，便是因为这样一份历史的豁达吧。

我很庆幸选择了法史专业，还是因为法史学的学术训练与法释义学一样，也是一种实证法学的训练。悠游于故纸堆中，遵照没有材料不说话的学术原则，每一词、每一句、每一人物、每一判例、每一思想、每一制度都要在无数次的历史验证中才能获得清晰的影像，任何轻巧的学术判断都会受到质疑。我曾经在学术上极度的不自信，这一份学术自信心的树立，得益于法史学的学术训练。我至今仍记得赵国斌老师让我翻译《尚书》并认真批改的情形，也记得霍老师追问我一个学术判断的资料来源问题的情形，当时倍感狼狈，后来却受益匪浅。

"师者，所以传道、授业、解惑也"，"学高为师，身正为范"。中国的传统文化既赋予了教师崇高的精神地位，刻画了可敬的道德形象，也赋予了沉重的社会责任。在现在这样一个道德滑坡的时代，教师的形象正在从一个极端走向另一个极端，而备受社会的关注和热议。但我对此从不担心，因为总有像霍老师这样的学者，身正、学深、诲人不倦，是学术发展的中流砥柱。

我很庆幸曾做过霍老师的学生，祝霍老师学术之树常青！

2015 年 7 月 6 日深夜于长春赛德馨苑

《权力场》外传
——为霍存福教授从教三十年而作

刘 杨*

今年是霍存福教授从教三十年,霍老师的处女作、成名作《权力场》第一版也已出版二十三年。我因做编辑而结识霍老师,转瞬已过了四分之一世纪。年少时读毛主席诗词"三十八年过去,弹指一挥间",心想是不是太夸张,于今而言,我也有如亲历,不得不信了。令人欣慰的是,我们的老师今天仍然和他的众多弟子一样,工作在法学教学科研的第一线。回想因《权力场》的编辑出版与霍存福老师相识、交往的点点滴滴,有许多事情历历在目,也有很多细节已经或正在开始淡忘。现在,正好借这个特殊时刻,重拾宝贵的记忆,以此作为对老师从教三十年的纪念。

《权力场》前传:众里寻她千百度

人生的际遇大概是要讲些缘分的。我与霍老师大约相识于 1989 年初。1988 年 7 月,我从吉大哲学系毕业后,到出版社做图书编辑工作,霍存福老师正是编辑们渴望寻找的青年才俊。缘分的起点在吉大哲学系。哲学系有一批七七、七八级大学生,毕业后读研,我 1984—1988 年读本科时,正逢这批青年人留校任教。其中就有著名的高清海先生的四大弟子——孙正聿、孙利天、邴正、孟宪忠,以及邹化政先生的弟子王天成,车文博先生的弟子吴跃平。他们

---

* 刘杨,法学博士,辽宁大学法学院教授、博士研究生导师。吉林大学法学理论专业 2002 级博士研究生,师从霍存福教授。

今天已是哲学界的骨干、中坚。与霍老师的相识,是吴跃平教授牵线。吴老师是河北人,热情、平易、倔强、善良,研究生毕业,是我们班去北京实习的带队老师,因此跟同学混得熟。那时候的硕士生比今天的博士生还少,这使他们的朋友圈不限于本系。在同期读研的硕士生中,吴老师有一批河北籍的同乡彼此熟悉,其中法律系的河北同乡就有王占通、崔建远、霍存福三位。

当我作为编辑回到母校,寻找作者、组织稿件时,吴老师把霍老师引荐给我。和霍老师一起介绍给我的青年才俊中,还有吉林大学政治学系、中文系、历史系的几位青年教师,哲学系的孙正聿、王天成、李景林、姚大志是上过课的老师,不在介绍之列。这样,我很快就拿到了若干选题的简介,有的甚至已经列出写作大纲。《权力场》便是其中十分惹眼的一个。一则题目打人,二则内容也扎实。前者有助于打通出版审查的各个关口、开拓市场销路,后者则符合我编辑出版原创学术佳作的理念和追求。

时代的痕迹:《权力场》书名之变

《权力场》选题及大纲拿到我手里,应该是在热闹非凡的1989年的上半年。记得是个灰或绿色格子的稿纸,上面赫然写着这样一个题目:《权力场——东方专制的三重奏》。这个正题是今天我们熟悉的,副题则是"历史上的失踪者"了。成书后副题先后用过几个相似的题目:"中国传统政治智慧研究""中国人的政治智慧""中国政治的智慧",直到2008年,法律社出版的《权力场》副题才最终确定为"中国传统政治法律智慧"。成书的副题与初稿的副题,构成蛮有趣的对比。前者偏于价值中立,而后者有明显的"反传统"色彩。《权力场》副题的变化,究竟是如何发生的,已经无从记起。但有趣的是,这种变化正对应了1989年上半年之前和下半年之后迥然有异的国内政治氛围。民主改革一直被冠以"激进"的评价,"反传统"便是其题中应有之义。不难看出,这种"反传统"的立场和霍存福教授后来在他的著作中的基本学术立场并不一致。我未曾就此事问过霍老师,事实上也不外乎两种可能:霍老师在使用"东方专制的三重奏"这一副题时,要么对"专制"一词的理解不像一般人那样具有明显的贬义,要么他在当时对中国传统文化确有批判意识。前者有1989

年8月9日霍老师致笔者的信中的话,似可为证:"即使是专制政体,只是历史发展的一种选择,而绝不是一个人的天下。"后者与《权力场》选题形成的时代背景具有高度的契合性。霍老师上大学特别是读研期间(1982—1984年)正是改革开放初期,在思想学术领域大量译介和学习西方理论是1980年代的主旋律。即使是治中国法律史,也无法脱离那个时代的大氛围。在1989年8月9日给我的信中,霍老师说:"《权力场》是我八五年讲授《中国法制史》课程的'行政法史'部分的个别内容。"这印证了《权力场》最初的内容形成于1985年前后。

以霍老师的为文为人风格,我认为他不会受环境氛围的裹挟,而使用一个不符合自己基本学术理念的题目,尤其不会为迎合某种风潮而使用与内容不符的题目。改变副题的根本原因,我认为在于更改后的副题,与《权力场》一书的基本理念、主要内容更为协调一致。与过去单纯从制度或思想层面研究权力问题不同,《权力场》关注的焦点并非专制或民主这类制度层面的问题,而是权力场中"人"的理念、理论、思想以及在它们的作用下权力行使的技术或艺术性的问题,"智慧"一词能更好地表达这层意旨。

作者与编者的互动

在写这篇小文的时候,我在家中的故纸堆里找到了霍老师关于《权力场》与我的通信,为《权力场》从选题到写作、出版、再版的几个关键时间点,找到了确切的根据。这次发现的信件有十二封,是霍老师就《权力场》书稿的来源、构想、文字风格、写作计划和进展等问题写给我的信;另有一封是上海师范大学俞明芳先生在《权力场》第一版印行后,应辽宁人民出版社之邀撰写的鉴定意见。霍老师的信件,最早的写于1989年8月9日,最晚的写于1995年2月25日,跨越七个年头,其中不乏"大部头":1990年5月25日的信竟有十六页之多。这些信件只是当年围绕《权力场》的出版、再版,作者与编者之间大量通信的一部分。《权力场》从1992年3月至2003年3月,经我手共出版了四个版本,在此期间就《权力场》出版进行的通信几乎没有中断过,而这批信件全部集中于1995年修订再版之前,尤以1989—1991年第一版之前的信最为集中、系统地阐述了《权力场》选题、内容、创新、写作背景、目的、风格等多方面的问题。

这也符合作品的创作规律、出版规律。

从信件的内容看,很多论述是对我作为编辑的提问的回应。而我的提问其实是杂糅了市场、读者、出版社内部各方面的反应。通常说,编辑是作者和读者之间的中介,以我的体会,这个中介首先是作者与出版社内部的各层次审稿者的中介。一方面,编辑要代表出版者向作者提出诸如通俗化、大众化、可读性的要求(当然这必须建立在学术性要求之上,否则,通俗化云云便无从谈起);另一方面要站在作者的角度向出版社的审定者解释、说明作者的意图和良苦用心,尽最大可能使一部学术著作得以其本该具有的面貌出版。在编辑与作者的关系中,作者离不开编辑的赏识和帮助,编辑也需要得到作者的理解和支持。因为编辑的意见往往代表出版社整体的意见,即便有不合理之处,也需要作者与编辑共同面对和处理。在这一点上,并不是所有的作者都能做到恰如其分。最容易出现两种倾向,一是故步自封,基本听不进去编辑部的意见,也丧失了可能改进作品的机会;二是一味迁就编辑部的要求,放弃作者本该有的坚持,只要能出版怎样都行。怎样避免陷入这样的误区?我认为,霍存福教授当年的态度和做法,堪为后学之范例。他首先对编者的提问有开放和容纳的态度,尽管这些提问有不少从学者的角度看是外行的、无道理的,甚至是挑剔的,但"存在的就是合理的",从外行的、不尽合理的质疑中反省、改进自己的研究思考,是一个优秀作者应具备的素质;其次,他对自己基本的学术立场,敢于坚持也善于坚持。实际上,他把任何哪怕尖锐、不合理的提问都当作了进一步锤炼自己的立场、观点、论证的契机,经过反思,他对相关问题做出了更加深刻、明确、系统、完整的论述。在1989年8月9日、1989年9月19日、1990年5月25日的给笔者的信中,霍存福教授对《权力场》相关问题的长篇、系统论述,都很好地体现了他对自己基本学术立场、方法的信念和坚持。一个优秀的作者既要学会从善如流,又要学会坚持原则、据理力争;一个好的编辑既要学会以最严格的要求最大限度地激发作者的创造力,也要学会学习和倾听,乐于看到作者在深思熟虑基础上对自己基本学术立场、原则的坚守。霍老师的多封长篇学术通信,体现了一位优秀学者在说服一个外行编辑时所具有的耐心、诚恳和智慧。编辑《权力场》的过程其实一直是我学习的过程。我常说,跟霍老师"学艺"并不是在成为他的博士生之后,而是比这至少要早十年!这并非虚言。

《权力场》通信的启示

这里,我抛开讨论《权力场》具体问题的内容,从新近发现的书信中摘录一些反映霍老师对学术和做学问的一般态度、立场、倾向的文字,来展示一位青年才俊的学术自画像。

关于做学问的风格和特点,在1989年8月9日的给笔者的信中,霍老师有这样的自白:"在作风上,不愿搞时髦理论,只愿意就我感兴趣的领域和问题,进行我独具个人特点的研究。在观点或思想上,倾向于追求新奇,但不愿意使它'可怪';尽管目前我还没有什么理论,但我以理论家自励。在行文方面,颇严刻,每每为词汇缺乏、词不达意而绞尽脑汁,深有'语言的贫乏即思想的贫乏'之感。文字简洁是其长,奥晦难明是其短——但愿这一切都不是自夸!""知识分子最难缺乏的是责任感,还应当发展科学,还应当授知识与人民。知而识之,并传授于人民,非吾辈而谁何?"这段写于霍老师学术起步时期的自白,其实也是他对自己学术生涯的期待与承诺。如今,26年过去了,霍老师的学术经历和学术成就印证、兑现了这一承诺。这说明,理想、志向、自信是成就一份事业的前提。写这段学术自白时,霍老师刚过而立之年。这也让我联想起哲学家们常说的,伟大的事物开端总是伟大的。

作为治中国法律史的学者,如何对待中国传统文化,又如何看待西方理论,总是一个重大、基本,甚至尖锐的问题,尤其是在中国,它常被与政治立场问题联系在一起。在1989年9月19日的给笔者的信中,霍老师明确而中肯地谈到这个问题:"我不愿意闭着眼睛去批判皇帝、专制、独裁,皇帝何尝是个轻快悠闲的美缺!""在政治上,我不保守,也不偏激。对西方资产阶级理论,我是一个门外汉。由于搞中国史,我无暇去读西方学术名著。对我来说,这可能是终生的缺憾。现在读的个别书目,也只是为能搞好《权力场》增加一些灵感而已。我虽开玩笑时对同志说:如果说到什么'化'的话,我的'封建化'恐怕要比'自由化'多得多! 因此,文章及书稿,我从不曾搞过影射——那不是学问,对现实促进不了什么，反而会搞糟自己。所以，平心静气的研究、实实在在的分析，是我的史学研究的特色。"在1990年5月25日的信中，霍老师再次重申他的基本观点："我不鄙视西学，也不菲薄中学——对这文化的两极，我们实际上都还没有吃透。我的专业方向，使我更熟悉因而也更热衷于'中学'。……我们的理论不应老是走'舶来品'的道路，为什么就不能对在中国曾经发达过的理论进行系统介绍、总结并发扬光大它呢？"我相信，这是一种经得住检验的冷静、理性的学术立场。我后来学习法理学，"西方法理学在中国"的现实使我接触西方的东西多，受西学影响大，因而对中西方文化的总体评价和态度跟霍老师是有所不同的，但倘若立足于"文化的两极我们都还没有吃透"的真知灼见，我们怎能止步于简单的厚此薄彼，西学中学不都大有可为嘛！

那么，现有的史学研究是否令人满意？又如何体现自己的创新性？这直接关系到史学研究与现实的关系，即能否及如何在中国传统文化中发掘出可以给今人以借鉴和启发的元素？在1990年5月25日的信中，霍老师论道："我总觉得缺乏一种'体制—思想—实际'的三位一体的系统观念，因而各学科对许多问题的解决，都大有重新研究的必要。因此，打破相关学科的限制，建立从'体制'到'思想理论'再到'实际'的联系的、多学科的、系统的分析体系，这是我选题的动机之一。……经过长时间的摸索，我终于发现了古代中国的'权力行使理论'这样一个非常好的角度。……对'权力行使理论'的研究，也将会打破过去对制度史、思想史、政治实践史许多问题的传统解释和说明，从而对各学科的内容和形式进行根本的改造。"《权力场》的研究既不是单纯制度史也不是单纯思想史的视角，而是从官场中人的原生态出发，致力于一种综合的、实践的、活动的研究，在我看来，这种研究范式至今仍具有强大的生命力。

如何处理学术性、专业性与通俗性、可读性之间关系的问题？这对编辑是个问题，对作者同样是个问题。对这一问题的考量，其实在"权力场"的选题中就有了。霍老师在1990年5月25日致笔者的信中说："《权力场》的题目确实大了些。而且，如果和文学名著《名利场》联系起来，很容易让人理解为是一部只揭示官场上钩心斗角、争权夺利众生相的一般消遣性读物。当时煞费苦心想了这个题目，主要是为了销路，使之更能对一般人有吸引力。但既定之后，又觉得非此不能达其义。从严肃的格调上来理解《权力场》，它不应是冷嘲热讽的以贬抑为主格调的作品。如果写成了这类小册子，也就没有什么价值可言了。中国人对官场是既热衷又冷漠。未进入官场的大多数人，总是把官场看作肮脏的交易场和兽斗场。这个看法不能说全错，但以它来理解古今的'权力场'，未免以偏概全，结果会更大幅度地降低人们的政治参与意识。负责任的理论家不宜在这方面过分渲染。基于这样一种认识，我对'权力场'上的历史、人物、事件的看法，不愿意总是采取历史学家的惯用的'心计支配论'，即把一切权力活动及其结果都解释成某人或某种人玩弄心计的结果——如果这样的话，历史未免就太简单了。中国'权力场'的历史，绝不简单地是玩弄权术及其理论的历史。与其这样，倒不如从'技术''艺术'等角度来审视'权力场'。"可见，取名"权力场"虽有市场效应方面的考虑，但归根到底在于它学术上也立得住。应当看到，关于"权力场"的著述，有迎合市场的冲动，也有迎合的资源，但《权力场》不想把读者的阅读兴趣引向对钩心斗角、尔虞我诈的官场病的关注，相反，它要纠正国人对于权力的这种片面认识，强调以理性、实际、中立的态度考察、研究权力场。从技术或艺术的角度审视权力场，体现了这种研究态度和方法，也揭示了权力行使类型理论的现代意义："《权力场》应当教会掌权者与被管理者们这样一种方法、观念——什么样的行使权力方式是科学的、合理的，权力行使是否存在一个方式或方法的选择问题，如何行使权力才是服从系数、合作程度最大的方式？人们应当建立什么样的权力观？尤其是掌权者，他的权力观是否包含了行使权力是一种艺术这样一种含义在内？"

《权力场》第一版于1992年3月正式出版，但从这些学术通信看，霍老师在1989—1990年就对权力行使类型理论有了相当深入的思考；同时，在学问的基本立场、态度、方法上，霍先生用功之深、思考之成熟，在他而立之年前后就已初见端倪。

初版后的学界反馈

《权力场》出版后的1992年4月，应辽宁人民出版社之邀，上海师范大学俞明芳先生撰写了《对〈权力场——中国传统政治智慧研究〉的意见》。对那些有较高价值和再版可能的优秀学术著作，在出版后邀请相关专家进行审读、鉴定，是当时我们出版社的一项惯例和例行工作。我觉得这是一项值得发扬下去的好传统。因为，尽管图书在出版前经过了编辑部门三个审次的审稿和编辑加工、校对，以及在这一过程中与作者的沟通、协调、修改，但仍然不能说作品一经出版就是完美无缺的。特别是，书稿变成出版物便有了新的生命，新的、广泛得多的读者群便是它的新视野、新天地，更广泛的传播也必然伴随更多的审视、评价和挑剔。

俞明芳先生的《意见》对《权力场》给予很高的评价，称"此书有一定的开创性"，"是一本值得一读的好书"，"虽然讲的是历史，恐怕对今天也有一定的启发作用"。对比于近些年来动辄就以"创造性""创新性"来评价或自我评价，1990年代初老先生们的评论是更为严谨、慎重的。意见主要集中在编校方面的一些技术性差错。不止有评价和意见，俞先生还为《权力场》补充了一则康熙用术的典型材料，并建议将其归入"坐探术、特务术"中去。俞明芳先生与我们素不相识，写这个鉴定意见对他来说也不过是一件普通的例行工作，但却在他的《意见》中用大半页的篇幅详尽地给出整个材料的内容和出处，老一辈学者的严谨、可敬之处由此可见一斑。我想这也是霍老师在1995年的《再版后记》中颇有感触地说出这段话的背景和由来："学问之道，既深且大。倘人人都能如此诚心相助，而不计己有、他享，则深可达、大可及。让我们以行动来促成这一天的来临吧，也为所有提携、奖掖过后学的前辈们祝福！"那时候，霍存福老师还是一个三十几岁的青年学者。此后至今二十多年来，霍存福老师对更年轻一辈学子的教导、帮助、提携，追本溯源也是老一辈学者优良传统的延续。学术的薪火世代相传，真的是离不开每一个学人的身体力行。

围绕《权力场》一书学者间的交流还有一段佳话。著名法律史学家、辽宁大学法学院的老院长刘笃才教授与霍存福教授就《权力场》有过精彩的学术通信，霍老师在《再版后记》中曾予援引。笃才教授的两处议论给我留下极深印象。其一，关于"职"与"权"的关系，他说：职者，事也；但无权难以成事，于是任官分职，委任责成；可是，事可代劳，权不可借人；最理想的是权与事分开，但是，事无权不成，权即在事中，不仅臣下要求有职有权，而且事情好像也是这样，权力就体现于办事之中，要人代劳做事，不可不借人以权。其二，"推诚委任与操术任使，对立而更相通。刘备摔孩子，德乎？术乎？临终托孤，'汝可代之'，诚乎？诈乎？"这两段话的确发人深省。老院长在一封普通的通信中竟能有如此精妙的议论，若非把学问与生活乃至生命融为一体，恐怕难以做到。

《权力场》出版后不仅得到大陆学界的好评，而且引起日本、韩国、台湾法学界的关注。迄今为止，《权力场》共出版了5个大陆版本，2个台湾版本和1个韩文版。台湾翁岳生先生在其大作《行政法》中介绍《权力场》说："本书述说中国历代皇帝、宰相、官吏之人格暨操控或行事风格类型，可谓集中国政治运作精髓。"

再版修订的"学术之旅"

《权力场》初版印行后，作为编辑，我相信它是有生命力的长销书，为此也常与霍老师沟通，准备《权力场》的再版。那个时候还没有网络，打电话也不方便，尤其是住宅电话并未普及。遇有急事的时候，就打"长途电话"请有宅电的老师转达或约好来家里接电话。为此，我惊扰过两位吉大名人，一位是哲学系孙正聿教授，一位是法律系张文显教授，他们现在都是吉林大学的"资深教授"（吉大对一级教授的称谓）。孙正聿老师是我在吉大哲学系读书时的老师。与霍老师的《权力场》几乎同步展开工作的，是孙老师的博士论文《理论思维的前提批判》（1992年6月第1版）和另一部影响更大的书《哲学通论》（1998年9月第1版）的编辑出版，因此与孙正聿老师的联系较多，在通电话时有急事会请他转达霍老师。在我印象中，早些年他们都住在吉大北校区同志街附近，老吉大七舍、八舍通往理化楼的路上。张文显老师那时我并不熟悉，应当是霍老师在出版事务比较繁杂紧张的时候交代给我，有急事可通过文显老师找他去接电话。

修订事宜琐碎而细致，为了把修订工作做得更好，1995年年初我邀请霍老师专程从长春来到沈阳，对《权力场》做再版前最后的修订。为方便，就安排霍老师住在出版社对面的一个部队招待所，地址在中国医大南门与北一马路之间的南昌街上，与我们编辑部隔路相望。连续好多天，大部分时间都是霍老师在客房里独自潜心修改。我在编辑部里忙着自己的事,稍有空闲就跑过去看看。虽然我对书的内容是外行,但对于独自修改著作的霍老师来说,我也是唯一的倾听者和对修改思路做出第一反应的人,因此每次见面,霍老师总会把修订中遇到的问题、修改的思路拿出来跟我交流、商议。拿捏不准的地方问问外行人的感觉、听听外行人的意见,尤其是一个对你的研究主题有一定了解和兴趣的外行,其实是一种非常重要的参考和参照。我后来在自己的研究写作中也常用这个方法,追溯其源头,是霍老师当年的做法给了我最早的启发。

一个严肃的作者总是对自己作品最负责的人,霍老师此次学术之旅不但如期完成了修订任务,而且在他对问题的思索、斟酌中,我也学到许多做学问的方法。他的紧张、忙碌、辛苦,伴随着我的轻松、愉快和收获,时间过得飞快。我在《编者前言》中借用《权力场》的话说:"为编辑者,'职在选贤','劳于索人,逸于使人',劳逸结合,快何如之!"这个感慨就来源于霍老师这段紧张而充实的学术之旅。

霍老师的学术之旅前后半月有余,时间为 1995 年元旦过后至二十日左右。我手上有一本购于元月十八日的余秋雨《文化苦旅》,是霍老师此行快结束时送给我的,可以为证。当霍老师结束此行,离开招待所时,我惊讶地发现,在床头柜的抽屉里摆满了已喝完的"老龙口"口杯,不下十几个!这让人想起中国古代"文人与酒"的佳话,粮食酿造的美酒原来可以催生脍炙人口的精神大餐!经过这次修订,《权力场》由初版的 25 万字,增加到 27.8 万字,定价也由 6.80 元提高到 13.20 元。上涨的书价似可作为 20 世纪 90 年代上半期高通胀的一个旁证。

出版之路上的花絮和插曲

《权力场》出版后,先后遭遇了抄袭、剽窃和盗版。这虽非好事,但也使《权力场》的经历变得异常完整,书里书外平添了许多趣事和谈资。

大约在 1995 年,我逛书店时偶然发现一本名曰《幕僚——中国命运的实际操纵者》的书。看目录感觉似曾相识,买回来查看,发现该书大段一字不改地照搬《权力场》部分章节,明显是一部抄袭之作,出版者是教育科学出版社;

出版时间是 1993 年 5 月；作者署名"憨氏编著"，应为化名；书是按照市场通俗读物做的，全书共七章，其中第二章全盘照抄《权力场》"为相之道"章，第六章大量抄袭《权力场》"权术"节。抄袭本来是可恨可恶之事，但这种通俗读物抄袭学术著作的事例，倒也从一个侧面说明《权力场》这本严肃的学术著作，不仅有学术的厚度，同时也有市场的潜力。借着"憨氏"的眼光，我们又一次增强了《权力场》销路的信心和期待。

稍感意外的是，抄袭一事并未引起我们出版社领导的重视。当时出版社的版权意识似乎并不强，总编室只有一位同志负责版权贸易，主要做向外国或地区输出版权的工作，这是可以拿得上台面的业绩，尽管收入并不多，但向海外出售了版权，说起来、听起来都是"高大上"的。《权力场》第一版也是经过这个渠道向台湾扬智文化事业股份有限公司出售了版权，并使得该书在台湾地区两次印行。相比之下，对本版书被抄袭、剽窃如何维权，出版社似乎缺少专业的处理方法和工作机制。这本《幕僚》引起的版权纠纷，最后是我去北京找到教育科学出版社进行交涉。它是教育部主管、中国教育科学研究院主办的一家出版社。一位中年文静女性负责人接待了我，得知情况后，一再表示歉意，并表示会尽快跟作者霍存福老师取得联系。其实这种抄袭作品侵犯了两种不同的权利，一是原作者的著作权，二是出版者的专有出版权。我作为出版社的编辑去与之理论，显然更多的是针对侵犯专有出版权的问题；但人们在潜意识里似乎认定，剽窃抄袭的真正受害者只是原作者，只要原作者谅解，出版者也就不在话下了。教育科学出版社很快就和霍老师取得了联系，并得到了霍老师的谅解；于我而言，如果出版社官方抱着无所谓的态度，又有原作者的谅解，我哪有动力和精力去介入这些动辄涉法涉诉的事务！原本预料会有一场法律纷争，事情却以法外协商的方式得到解决。这其中是不是也有些中国传统"情理法"的味道呢？

还有一个花絮，韩国绿林出版社未经作者和出版社的允许，擅自翻译（金明洙译）、出版了《权力场》韩文版，此事是霍老师在校内的学生们在看韩剧《看了又看》时发现的。我是听霍老师转述事情的经过，惊讶于这个发现太具有戏剧性。查了一下这部韩剧，竟一百六七十集之多，上映时间是 1998 年 3 月至

1999年4月。其中某集有一个情节,女主人进屋,男主人正在看书,问曰:看什么书呢?答:《权力场》,屏幕上并有韩文版《权力场》的封面镜头。后经霍老师请韩国的教授朋友帮助查证,果然这本书是中文版《权力场》的韩译本,由韩国绿林出版社于1998年出版,并于该年5—8月先后四次印刷。据该出版社称,他们是从一个中国人手里买到了这本书的在韩出版权。不知此人用什么手段使出版社相信他有权出售该书版权。表见代理?无权代理!我更愿意相信他们双方都是揣着明白装糊涂,大概谁也不会料想韩剧竟然会拿这本书说话,最终由此发现了一起跨国盗译、盗版案件。一个极具偶然性的小概率事件,在全球化、信息化时代竟由屏幕下走到屏幕上,又从屏幕上影响到屏幕下。倘若韩剧里出现的不是这本书,倘若中国没有那么多韩剧的粉丝,倘若学生们对《权力场》并不知晓,倘若韩国朋友不去认真地查实,这一切都可能无从发现。真是无巧不成书!

《权力场》对我的影响

霍老师的《权力场》是我第一个从选题到最终成书用心去做的一本书。在写于1995年的《编者前言》中,我曾言明"出一书,拜一师,交一友"的信念,通过《权力场》的编辑出版以及后续的多次修订再版,我实现了这个夙愿并从中获益匪浅。

这里要提一下我的《编者前言》。因为这可以说是我认真写的第一篇文章,断断续续、修修改改,写了大约半年,最后竟有一万七八千字之多。在此之前,我不会写文章,也几乎没写过文章;在此之后,我感觉摸到了写文章的门径,对文字也前所未有地敏感起来。这个转变对我来说极为重要,我将其视为从不会写文章到会写文章的标志,尽管今天看来它只是阶段性的收获。后来我把这作为经验,常对自己的学生说,要想提高写作能力,至少得认真写一篇文章!所谓"认真"就是要不厌其烦地反复修改,改到面目全非、改无可改;放下一段时间再看,仍然会发现破绽,于是再改……好文章都是熬出来的!

这篇《编者前言》写于1995年上半年,是霍老师来沈做再版修订时,我向他提出要写的。提出的动力来源于读者对《权力场》的反映,印象较深的是当时我们出版科一位老同志的话。他被《权力场》书名吸引,翻看了全书,有一天见到我说:"看得有些丈二和尚摸不着头脑。"类似的声音,时有耳闻。往深了想,这涉及学术性与通俗化、专业性与可读性之间的基本矛盾。在市场经济背景下,编辑工作一方面要面向市场、贴近读者、重视销路;另一方面,又要发现、扶持具有原创性的学术佳作,完成文化积累、学术传承的使命。怎样理解和处理二者的关系,是编辑工作经常面对的问题和困惑。《权力场》一书以及围绕《权力场》与霍老师的交流、讨论,加深了我对学术的理解,使我越来越相信,真正的学术与市场并不矛盾,严谨、富有原创性的学术本身就是市场,特别是要想做出"长销书",扎实、厚重的学术佳作是最重要的来源。这样,一方面为了回应合理限度的"通俗化""可读性"的要求,我想通过《编者前言》尽可能对《权力场》做更为通俗易懂的解读,在这方面作者无论如何有跳不出的局限,所谓"高处不胜寒";另一方面为了回答那些以市场销路为名、不分青红皂白地要求作品"可读性""通俗化"的声音,我在《编者绪言》(《编者前言》2003年修订版)中也表明了自己的立场:任何书都是相对于它的特定读者才有"可读性"的。对文盲来说,文字本身就是艰深晦涩、不可理喻的抽象符号,再简单对他来说也不会具有"可读性"。……那种将"高层次""高品位"与"大众性""通俗化"对立起来的观点,实乃皮相之见。……以我的偏见,文章若不值得重读,就不值得读;图书若无保留价值,就没有价值;"精神快餐"云云对报纸、杂志尚可,对图书则不宜。图书是文化的重镇,应当给予人们多多的添饥解渴的"精神大餐"。我的《编者前言》的写作动机,很大一部分来自出版社内部的这种以"通俗化"为名抵制甚至拒斥高水平学术著作的声音。

在写这篇《编者前言》的时候,我只是一个哲学系毕业的本科生,而作者是老师辈的人,因此此举可算是胆大妄为。何况当时还不会写文章,只是编辑工作让我处在了一个特殊的位置上,有话想说。大胆之举是后来越想越有些后怕的,不过敢想敢做也正是年轻人的优势和特权!幸运的是,霍老师接受了我写《编者前言》的请求,并且给予热情鼓励和支持。当霍老师在招待所的客房里修订《权力场》时,我也马不停蹄地开始撰写《编者前言》。写到一定程度,就去见霍老师,请他答疑解惑。从对《权力场》内容的理解,到一字一句地斟酌、推敲,霍老师不经意的言传身教使我学到不少东西。毫不夸张地说,"推敲""斟酌"这两个词于我而言的切身感受和体会,就是从这一次的经历中获得的。我的《编者前言》后来得到不少人的肯定,直到最新版《权力场》(法律出版社2008年版)仍把《原编者导言》收入附录中予以保留。其实这都得益于《权力场》一书以及跟霍老师的讨教、交流。在撰写的文章中、在学术话题的讨论中,霍老师治学态度的严谨、扎实,语言文字的平实、凝练,都给我留下极深的印象,也对我产生了很大的影响。

编辑出版《权力场》的过程,让我有三重收获:一是学会了写文章,这要感谢霍老师宽容的接纳和用心的指引;二是对编辑工作的规律、技巧有了更深一层的理解,以至于我竟动过写"编辑的哲学"的念头;三是加深了我对学术的理解、对学问的喜爱、对学者的尊重。后来我离开出版社进入高校成为一名学者,或许是编辑《权力场》时就埋下了伏笔。

命运总是在不经意间就埋下伏笔。霍老师与沈阳似乎早就预定了某种缘分。《权力场》迄今为止在国内的五个版本(台湾版除外),前四个的出版地均是沈阳。在《权力场》第一版出版整整二十年的2012年,霍老师被沈阳师范大学聘为特聘教授,并举家搬迁到沈阳。借助沈阳这块福地,我想霍老师一定会像二十年前写作《权力场》时一样,文思如泉涌,妙手著文章,续写学术新辉煌!

"情"牵吉大、"理"论法学、"法"有存情:因"霍"得"福"

祖伟*

考博是我的梦想。其实,在我的观念里,考博是想也不敢想的"梦"。一直觉得,这一辈子,能读个研究生,取得硕士学位,是最大的"福"了。结缘霍先生并师从于他,真是超级"福"了。

2000年10月,中国法律史学会在安徽合肥召开"新世纪法律史学"学术年会,这是我从教以来第二次参加中国法律史学会年会,就是说,研究法律史,我还是个门外汉,连初步可能都谈不上。分会讨论间歇之际,有幸向霍老师讨教,霍老师当时的一句"来吉大吧",让我从此与吉大结缘(当然这其中还有我的学弟李拥军博士的友情力荐)。

我欲师从于霍存福先生,还缘于先生发表在《法制与社会发展》2001年第3期上的《中国传统法文化的文化性状与文化追寻——情理法的发生、发展及其命运》一文。我被先生抽丝剥茧、娓娓道来的独特论证风格所吸引;以情理之发轫、情理之于法律精神、原情而立法来精准概括中国传统法文化的文化性状,似乎触动了我的思考神经;受文章开篇的指引,到图书馆借到了范忠信、郑定、詹学农的《情理法与中国人》一书,并一口气读完;先生文章中对汉代著名"何武断剑"案、宋代张咏"三七倒置"案情理之断的深度分析,至今依然成为我课堂上的讲授蓝本。

正因为此文之缘故,我将"情""理""法"三字写入该文题目中。

---

* 祖伟,辽宁锦州人,毕业于吉林大学,法学博士,师从霍存福教授。现任教于辽宁大学法学院,副教授、硕士研究生导师。主要从事法律史学研究。

2004年我报考了吉林大学博士研究生,此时,霍先生还在担任吉林大学法学院院长。在我攻读吉林大学法学理论博士时,先生不再做院长一职,从此专心于学术研究。由此,先生便有了更多的时间和精力,与我们做深度学术交流与指导。吉林大学法学院是我永远不能割舍的情,理论法学研究中心是我永远的精神家园。人有情,"法"亦有情。

我个人悟性尚浅,治学能力有限,已到不惑之年,仍倍感徘徊在学术研究门外,实为汗颜。但师从霍先生,倍感幸运至极。

一者,从先生那里学会了尊重学问。学问从来都是做的。做学问要坐得住,要一丝不苟,学术研究来不得半点虚假,对古代法律、法律人、法律事件心存敬畏之情,备客观心态,不妄自菲薄。老师就是这样的人,他教会我们认真对待中国法律史,认真阅读法律史料,深入挖掘中国传统法律文化资源。

二者,从先生那里学会问题意识的构建,找到了发现问题的路径。我们的生活时刻离不开法律,各种法律故事就在我们的生活中,由古至今,由今及古,许多相似的事件触发思考的神经。老师总会从身边发生的法律故事出发,思考法律史上的相关问题。如20世纪初,《长春日报》和《新华每日电讯》都刊发了关于"父债是否子还"的相关文章,这是发生在当代的故事,债权人的思维中仍然保留着"父债子还"的观念,老师认为"这一传统社会遗留下来的'情理',是与那个时代的'法'相联系的,本不应当继续有效,但却经常被人们提起,经常起作用"。再如,老师讲到当代相邻关系的故事,西邻家的大树被风刮到,折断到东邻家,东邻是否对此拥有所有权?由此想到,这在中国古代法律是怎么规定的?发生纠纷审判官是怎么判的?老师从电视台播出公益广告"砍树故事",思考到儒家犯罪原因问题;现在,微信是朋友交流的平台,快捷、便利、平等,老师就会想到,儒家讲五伦,其中主张"朋友有信",这五伦中,"只有朋友是具有平等性,所以,在传统理论人际关系的创新上还有可为,这是中国法文化的元素";等等。老师经常给我们讲故事,启发我们从故事出发,思考法律史问题。这只是思考法律史问题的路径之一。

三者,感染于老师踏实为人的品格。老师言语不多,却极其平易近人。老师为人低调,从不张扬,时时刻刻为学生们着想。师门之内,免不了见面聚聚,老师从不让我们去奢华高档饭店,小吃部足矣,粗茶淡饭,一盘饺子,也让我们快乐如飞,谈论酣畅淋漓。

四者,设身处地,想他人之所想,急他人之所急。读博蛮辛苦,像我这样,有家庭,孩子面临中考,读博更是件极其辛苦之事。法律史研究不同于其他学科,由于我的治史功底薄弱,面对浩瀚的法律史资料,要经历三关:认识古汉字、读懂古汉语原文、提炼内涵,使得我的博士论文写作极其艰难。那种心急如焚,那种与时间拼命,真是如人间炼狱。整个过程,是老师呕心沥血,提携完成的。论文选题是老师选定的,资料是老师提供的,论文观点的提炼是老师串通的。我的论文初稿"粗"得不能再"粗",词不达意,语句不通,标点错误,甚至混用"的""地""得",老师都做了认真的修改,回想起来,我真是对不起老师,这种常识性、形式上的错误,耽误您那么多的宝贵时间和精力,真的应该对您说声"对不起"。期间,生病一场,老师以他的对学问负责任的行动,宽慰我,原谅我。真心谢谢您!

老师的学问、人品、思维,是我终其一生都无法企及的。

与老师交集会越来越多,因为,现在,老师执教于沈阳师范大学,创办法律文化协同创新中心,与辽宁大学咫尺相邻。依托法律文化协同创新中心这个平台,举办学术研讨会,会经常聆听老师的学术报告,这种受益是莫大的。

我会尽自己所能,"甘于清贫,乐于寂寞",遵循志趣,在老师博大、渊博、厚重的法律史研究氛围中,贡献微薄之力。

博士后出站报告后记

李玉君*

时光如水，韶华易逝。忆余别双亲，离梅河，赴四平，转长春，奔波于松漠之间，徜徉于史海之内，不觉已逾十载矣。既得博士学位，遂南下执教于滨城；常欲习律法春秋，惜未有机契也。幸遇霍教授存福，得拜于恩师门下，研古法之流变，探礼德之精髓，而今已历三秋。

先生治学严谨，明法晓理，博通中外，平和宽厚，无遥拒之意，无盛凌之气，蔚为大家。犹记当年，乍入门墙，先生不以余愚钝，委以重托。初，余矢勤矢勇，心忧如焚。何也？冀毋负先生所托也。然则欲速不达，几生钻营之心，全赖先生循循善诱，数次点拨，方有所成。至于先生缀词成文，苦心孤诣，字斟句酌，独具匠心，凡此种种，余皆深为叹服，并于耳提面命之际，获益良多。先生之德才，若高山仰止，亦非庸碌如吾辈者所能望其项背也。每至会逢，常嘱曰："知法明史者鲜，懂史识法者微。今汝法、史并治，当思糅合精要，自成一家。"言之谆谆，听之诚诚。乍闻常存未得其要之处，退而思之，辄有醍醐灌顶之悟，顿觉先生之言透彻精练，大为拜服。余常思：无师则无吾之今日，学术生活亦皆仰赖提点，无言表寸心，惟再拜顿首。

拙作初成，亦多赖博士导师赵先生永春，赵师史学启蒙之恩，未尝稍忘。霍、赵二师门下同袍皆忠纯之士、英杰之才，友爱互助，胸怀宽广。红梅姊、王菲姊、留戈姊、海山兄、航宇兄、劭伟兄、赵旭兄、学伟弟、志民弟诸同门并益友

---

* 李玉君，辽宁师范大学历史文化旅游学院副院长、副教授。吉林大学法学院2010级博士后，师从霍存福教授。

元骊兄、浩楠弟良谏之功,受益匪浅。更于公务往来之间,霍门诸兄弟姊妹亦多有指点、提携之佐助,此情浓浓,铭感五内。师妹田田等筹划答辩诸项杂务,学生东铭、周鲲、新朝、鉴鸿与海虹、康荣校对勘误,并附谢意。

捉笔行文之际,常因案牍繁复而顾彼失此,由是一再贻误、拙作晚成。迨及交送霍师之时,心中犹不免惴惴,忐忑不安,深恐有负于恩师之殷切教诲也。

家中老母慈爱、外子体贴、胞弟乖巧,亲情暖暖,曷其幸甚!此皆余所赖以顺利完稿也。谨撰此文,鱼传尺素,聊表心意!

今虽即辞师门,必常怀乌鸟之情、反哺之心,笃定成就法史之信念,坚信纵横辽金之风云,诚不失霍师之所望也。

二〇一四年五月于辽宁师范大学

务学不如务求师
——霍存福先生从教三十年随笔

武航宇*

我跟随恩师学习十余年,其间受益良多,尤其是近年来学习、工作在恩师身旁,愈发赞同西汉文学家杨雄的观点:"务学不如务求师。师者,人之模范。希颜之人,亦颜之徒;希骥之马,亦骥之乘。"我非常庆幸能遇见霍师并跟随他学习。

霍师给人的第一印象是严肃。身边很多同学、同事都说霍师很严肃,我在接触之初也有相同的感觉。记得,2002年硕士研究生入学面试的时候,我和所有通过笔试的同学一起,在吉林大学前卫南区的行政楼十二楼等待面试。研究生办公室的老师按照专业引导学生到不同的办公室面试,同学们陆续都被引导走了,最后只剩下我一个人在等待,当时我非常紧张,也非常心慌,心里想:这是怎么回事?怎么没让我面试呢?我哪里不合格吗?但转念一想,我分数挺高啊,应该不会有问题吧!给自己壮了个胆,找到研究生办公室的老师问了问:"我在哪里面试?"办公室的老师问:"哪个专业的?"我回答:"法律史的。"办公室的老师回答:"你去院长办公室吧!"当时我整个人感觉有点蒙,院长办公室?!太可怕了,从来没去过这么高级领导的办公室啊!我紧张得心都快跳出来了,暗想,谁能救救我呀!我小心地敲门进去,五位老师已经坐好了,霍师居中,秘书老师让我抽题签回答问题,我抽到的其中一道题是:"阐述唐代

---

* 武航宇,沈阳师范大学法学院副教授,吉林大学法学院法律史专业2002级硕士研究生、2009级博士研究生,师从霍存福教授。

的自首制度。"我按照较老版教科书上的内容答了一遍,感觉回答得不是特别好,没什么发挥。只见霍师侧过身与旁边的老师说了句话,因为紧张,我没听得特别清楚,大概意思是,我回答的内容不是特别全面,这方面内容已经有了新的研究成果。面试过程中,霍师给我的印象是很严肃的一个大领导,话很少,但是问的都是关键性问题。面试后,我更加忐忑,不知是否会被录取。

很荣幸,我被法律史专业录取了。在最初的学习过程中,霍师深厚的学术造诣深深地震撼着我们2002级的三名同学,虽说每周至少给我们上一次课,师生经常见面,但我们在整个硕士阶段对霍师都是十分敬畏的。例如,2003年教师节,我们2002级三名硕士准备去拜访霍师,但是我们都非常怵见面,因为不知道见面应该说些什么?所以,在去拜访霍师的路上,我们都计划好了,谁说第一句话,谁说第二句话,说些什么……以这样的细节来克服我们的紧张情绪和畏惧心理。

随着接触的增多,我发现霍师其实是非常和善的,最初我之所以畏惧他,是因为即使不在课堂上,霍师也会随时聊一些学术问题,而且是我从没想过的问题,需要我认真思考以应对。正因为有了这些交流,我们的学习才有了明确的方向,避免了盲目的阅读,也提高了效率。

霍师对学生非常关爱。在我读硕士的三年里,几乎每次下课霍师都带我们去南区附近的饭店吃饭。最初,我们曾抢着结账,但都被霍师拒绝,所以每次我们都很高兴地随霍师去吃饭,美味且免费。记忆犹新的美食有小磨豆腐、苦瓜煎蛋、煎小黄花鱼,且每次吃饭到最后,霍师都会实施"光盘行动",给大家分配任务,号召大家把菜都吃光。我最喜欢霍师的"光盘行动",原因有二,其一是这些菜确实很好吃,很合我的口味;其二是长期住校且生活费用有限,伙食非常单一,想改善还不舍得钱,霍师请客正是我改善伙食的好时机。过后想想,"光盘行动"其实体现了霍师对我们弟子深切的关爱。现在与霍师一起进餐时,仍然延续着"光盘行动"的优良传统,每到此时,我都感到浓浓的暖意。

霍师治学严谨,这是学界的共识。2012年12月,我的博士论文开题时,因为资料掌握得不够,所以对于古代中国契约的特点与性质认识不全面,自己定了一个比较片面的题目,希望能够侥幸通过。结果这一题目被霍师否决。霍师对我的批评句句在理,且给我指明了今后的研究方向。事后,我经过深刻的反思,领悟到了霍师对我的良苦用心,他是在帮我树立严谨的治学态度。如果我这次侥幸通过,今后就不会努力,也不会深入思考。在此后的论文写作过程中,我丝毫不敢懈怠。霍师的这种严谨的精神一直指导着我,使我坚信掌握什么资料说什么话,不可妄论。

  在生活中,霍师也是一位非常善于观察的人。一次与霍师在校园中散步,老师问我:"这条路叫什么名字?我记得每条路都有名字,这条路的路标在哪呢?"我无语,校园里的路还有名字吗?在沈师工作了这么久,我从没注意过!过一会儿,走到国际商学院门前一个校园地图标志那里,老师让我看了一下我从没看过的沈师校园地图,果然像老师说的一样,沈师校园是个扇形,每条路都有名字,还都挺有寓意的,如"明德路""师哲路"等。我不得不佩服老师的观察能力。

  霍师的人格魅力深深影响着我。最初我考法史研究生是基于两点考虑,其一是我对法学和历史都很感兴趣,因为我觉得法官、律师是公平、正义的化身,很神圣;再因为母亲是语文老师的缘故,小时候家里有《东周列国志》《聊斋志异》等书,我很喜欢看,感觉古代的世界很神秘,总想去探究一番。法律史能将二者结合在一起,我很喜欢。其二是报考法律史专业的人相对少些,考上公费研究生的机会更大。如果考上的话,我计划在校期间通过司法考试,毕业后去做律师。但我做律师的理想很快发生了改变,因为我遇上了霍师。刚上研一的时候,在课堂上,霍师带领我们一起研读李经纬先生编著的《吐鲁番回鹘文社会经济文书研究》,沙知先生编著的《敦煌契约文书辑校》,张传玺先生编著的《中国历代契约汇编考释》,霍老师对契约文书的解读,将我带到了一个又一个玄妙的世界,一会儿来到一千多年前的敦煌集市,一会儿又来到一千多年前高昌古国的田野,一会儿又来到一千年前唐朝的街市。这些契约文书中,记载着土地的流转,记载着人们对借贷的需求与厌恶,记载着卖儿卖女的辛酸。渐渐地我发现,古中国的契约观念与我们现在的契约观念是那么的相像,这可以成为我们解决现实问题的依据。所以我决心像霍师一样,成为一名学者,研究古中国的契约观念与制度。可以说,是霍师的人格魅力和学术修养深深地感染了我，改变了我的职业规划。我真的是非常庆幸，在人生道路的起步阶段能够跟随霍师学习，受到他的影响。

硕士毕业后，离开了恩师的指导，我在学术研究方面基本处于停滞状态，同时也感到非常迷茫。在2009年，我又有幸能跟随霍师读博，霍师指导我继续从事契约方面的研究，并为我进一步指明研究的方向。在研究的过程中，总是有迷惑，每当遇到问题，像霍师请教，霍师总能提出最佳解决方案。在博士论文的写作过程中，我虽然搜集了很多材料，但总感觉无处下手，霍师指点我，首先应厘清概念，明确"契约观念是什么""契约实践是什么"，以及为什么选择这两个概念，然后再探究二者之间的关系，随后展开深入的研究与论述。经霍师指点后，我豁然开朗，明确了写作思路，最后顺利完成了博士论文的写作。尽管论文中存在很多不足之处，是我功夫没有用到所致，今后会努力完善。2014年申报国家社科基金时，我又有很多困惑。目前国内研究契约的学者很多，想要获批国家项目很难，我从哪个角度着手论述更好些呢？这一问题困扰了我很久。申报之前，我向霍师请教，霍师说："你可以从契约法观念与技术角度入手进行设计、论证。"之后在具体的论证过程中，又遇到了很多棘手的问题，霍师每次都能给我指点迷津，最终这一项目获批。霍师对于我的指引其实远不止于此，仅择以上几项与大家分享。

"务学不如务求师"，这句名言真真正正地说到了我的心里。知识浩如烟海，如果没有霍师指引，我势必不能很好地规划航程。霍师博学、睿智、严谨，是我学术方面的楷模；霍师善良、豁达、胸怀坦荡、有责任感、乐于助人，是我生活、工作的榜样。这正是："师者，人之模范。希颜之人，亦颜之徒；希骥之马，亦骥之乘。"今后，我仍将以霍师为榜样，砥砺前行。

• 中国古代契约研究 •

我国古代民事证据基本规则:"交易有争,官司定夺,止凭契约"

"嵩名法宝达卖地文书"考辨

唐宋时期买卖契约与借贷契约中的人保制度探析

元代中原地区租佃契约文书与吐鲁番回鹘文租契的比较研究

试评《古中国与古罗马契约制度与观念的比较》

中国古代买卖契约中的瑕疵担保与罗马法的比较

契约文书之于古人生活的意义

我国古代民事证据基本规则："交易有争，官司定夺，止凭契约"

祖伟*

古人早就认识到了条法与证据的各自功能，"大凡官厅财物勾加之讼，考察虚实，则凭文书；剖判曲直，则依条法，舍此而臆决焉，则难乎片言折狱矣"。① 证据的功能在于"考察虚实"，条法的功能在于"剖判曲直"。司法官审理民事纠纷，二者缺一不可，不凭文书，则虚实难辨；不依条法，则曲直难剖。主观臆断就会做出不公正的判决。

为什么要索取书面证据，还要对当事人所出示的证据进行鉴别呢？宋代司法官人境洞察到："窃见退败人家，物业垂尽，每于交易立契之时，多用奸谋，规图昏赖，虽系至亲，不暇顾恤。或浓淡其墨迹，或异同其笔画，或隐匿其产数，或变易其土名，或漏落差舛其步亩四至，凡此等类，未易殚述。其得业之人，或亦相信大过，失于点检。及至兴讼，一时官司又但知有怜贫扶弱之说，不复契勘其真非真是，致定夺不当，词讼不绝，公私被扰，利害非轻。"② 正因为实践中，会出现涂改契约、隐匿产数、故意漏填步亩四至等情形，所以必须索要契券，并勘契，考察其"真非真是"，才能"定夺有当"。

人类交往离不开契约，契约形式可能是书面的、口头的。自西周开始就要

---

* 祖伟，辽宁锦州人，毕业于吉林大学，法学博士，师从霍存福教授。现任教于辽宁大学法学院，副教授、硕士研究生导师。主要从事法律史学研究。
① 《名公书判清明集》卷之九《户婚门·库本钱》，中华书局1987年版，第336页。以下版本同。
② "物业垂尽卖人故作交加"，《名公书判清明集》卷之五《户婚门·争业下》，第152~153页。

求"凡有责(债)者,有判书以治,则听"。① 即官府受理有关债务纠纷时,必须有契约券书。"凡属责(债)者,以其地傅而听其辞。"司法官必须依据傅别等契约、借券,考察当事人"供词"的真伪。特殊情形下如债权人死亡而委托他人追债,还必须有邻人的证词。可见,契约是受理案件、审理案件的前提,如果没有契约,则案件得不到受理。这就是后世司法官总结出来的凡"交易有争,官司定夺,止凭契约"②的民事审判证据基本规则。

一、古代民事证据取得方式

中国古代诉讼制度在律典层面上刑民不分的特点,决定了刑事性质的案件与民事性质的案件的证据取得方法的一致性,即通过讯问取得口供;但司法实践中,刑事性质的案件与民事性质的案件毕竟具有差异性,特别是在古代,将民间的婚姻、债务、田土纠纷视为"民间细故",重视程度和结案方式上有很大的不同,民事证据的获得方法与刑事证据的获得方法也略有不同。当事人"供称"、讯供是与刑事证据一致的民事证据取得方式。

民事证据不同于刑事证据的取得方式大致有:

1. 现场打量

此种取证方法一般适用于双方当事人能提供书面证据,但仍不能确定田界、墓界、牛马所有权归属的民事纠纷案件。以《名公书判清明集》为例,"田邻侵界"一案中聂忠敏与车言可争田,司法官在"寻契勘车言可所收干照""及追索聂忠敏赎回典契""唤上乡司陈坦当庭点对税簿",又"参之祖上砧基簿内具载产数"之后,经多方寻访取得众论之后,亲自到田间地头实际勘验,"躬亲前去定验,得见其地头田段,疆画翼翼,殊不淆杂",于是唤上田宅牙人、同邻保等人,对"四家毗邻之田,对众从头打量",取得众证,"再相视",断令争讼双方"各据元收干照,依未争前疆界管佃,不得妄有争占"。审理此案的司法官人境之所以亲临田间地头取得确切的证据,是因为"官司若不与之主盟公论,深恐

---

① 《周礼·秋官·朝士》。
② "物业垂尽卖人故作交加",《名公书判清明集》卷之五《户婚门·争业下》。

聂忠敏田段亩角,自此愈见侵削,将来何以供输二税"。① 莆阳审理一起"主佃争墓地"②案时,"两词共写山图,是非莫辨",而且"本保勘会,互诉无凭",于是决定"亲行定验,然后照两家干照参决"。案例记载"当职自到地头,唤集邻保、两词,同登山究实",以"得见"表明取得了客观实在的凭据。

2. 定验或地头众证

定验是指诉讼双方都对所争讼的标的主张权利,或提供一定的证据证明,但仍不能断绝其归属,司法官则依职权亲自或委托他人予以检验,获得有效证据的取证方法。类似今天有法定资格的鉴定机构做出的鉴定结论。

《睡虎地秦墓竹简·争牛爰书》记载了一起请求官府确认牛的所有权归属的案例。"争牛爰书:某里公士甲、士五(伍)乙,诣牛一,黑牝口縻有角,告曰:此甲、乙牛也,而亡各识,共诣来争之。即令令史某齿牛,牛六岁矣。"③这是一起争讼牛的所有权归属的民事案件,甲和乙都说这头牛是自己的,但又都说没有各自的标记,亦即都没有证据证明牛是属于自己的,于是县丞就命令令史检验牛的年龄,以取得关于这头牛的初步证据。当然这份爰书没有进一步记载牛的归属,但至少告诉我们,确认牛的所有权归属必须依据司法官认定的证据。

而"争山妄指界至"④一案中,俞行父与傅三七争山,需要实地勘查界至才能断清,于是主审司法官"遂委县尉定验,及县尉亲至地头……既而县尉见得俞行父所买山,去傅三七所买田,凡隔一垄,二山二处,判然不相干涉"。尽管是委派县尉前去勘验,也可视为是亲临实地取得的第一手证据,起到了让争讼当事人服判的效果。

二、司法官对证据的判断方式与证明标准

哪些证据可以采信,哪些证据不可采信,要靠司法官的判断。这一判断过

---

① 《名公书判清明集》卷之五《户婚门·争业下》,第155~157页。
② 《名公书判清明集》卷之九《户婚门·坟墓》,第325~327页。
③ 《睡虎地秦墓竹简·治狱程式·争牛》,文物出版社1978年版,第150页。
④ 《名公书判清明集》卷之五《户婚门·争业下》,第157~158页。

程依托于各种证据的取得,经由各种判断方式,依据不同的判断标准,做出让争讼当事人服判的判决结论。对民事证据的判断不同于对刑事证据的判断,只要"契要分明""约据可靠""供述一致"便可厘清事实。司法官对证据的判断方式大致有。

1. 核阅

核阅就是将当事人呈上来的约据、账簿等书面证据进行仔细的对照、考察。古人所记载的案例中,经常会出现"核阅……账簿"等字样。

2. 辨析验明

通过当场查验书面证据,细查纸张笔迹,或者实地勘验,对证据的真伪予以辨析,由此查明案件事实。如果提供的书面证据有篡改字样、有揩写的文字、有增添的中人姓名、笔迹前后不一致、纸色新旧不一等痕迹,必须留心,仔细辨析。如"讯赵龙新一案",①是一起两造双方赵海万与赵龙新都持有分关书争地界的案件,究竟谁的分关书是真实有效的呢?司法官细查验明"赵海万所执分关,纸张甚旧,亦系一笔写成;而赵龙新所执分关,纸色极新,且左抵叉路二句,系另外添写,全不一笔",由此判断,赵龙新所执的分关书"足见照旧分关誊写"。又"讯周正炳一案",②是一起买地纠纷,查买地而又转卖骆九川"所执约据,数目有涂改痕迹,不无可疑"。另"判王益成等堂词"③一案,书有"抵约",以王锦春为中人,前后两次"立借约",第一份借约以王锦春为代保,进过辨析验明"且李有宜保人,系后添者,墨痕笔迹均不相符";第二份借约"仅有真如列中人之名,……李有宜亦未作保。……借约两纸,前后字迹不合"。验明约据是否属实,完凭司法官的自由心证,这可以从"讯吴荣朝一案"④等案例中得到证实。这类的民事纠纷,实践中常有发生,因此,清代名幕汪辉祖告诫审案官,凡是民间粘呈、契约、议据等,一到手就应该过目,在承办过程中,可能会

---

① (清)熊宾撰:《三邑治略》卷五,《历代判例判牍》,中国社会科学文献出版社2005年版,第74页。以下版本同。
② (清)熊宾撰:《三邑治略》。
③ (清)赵幼班撰:《历任判牍汇记》卷一,《历代判例判牍》,第164~165页。
④ (清)熊宾撰:《三邑治略》卷四,《历代判例判牍》,第15页。

遇到舞弊、挖补的事情,开始时不小心,以后就难以辨明了。"向馆嘉湖,吏多宿蠹。闻有绝产告赎者,业主呈契请验,蠹吏挖去'绝'字,仍以'绝'字补之。问官照见'绝'字补痕,以为业主挖改,竟作活产断赎,致业主负冤莫白。余佐幕时,凡遇粘呈、契据、借约之辞,俱于紧要处纸背盖用图记,并于辞内批明,以杜讼源。至楚省,则人情虽诈,只知挖改'绝卖'为'暂典'而已。欲以笔迹断讼者,不可不留意。"①经过细心的辨析验明,公正的判决不难作出。

3. 从公比对、辨验

上述的辨析验明方法虽然含有比对辨验的成分,但主要还是分别针对所出示的证据本身,或是同类证据之间进行比对辨验。比对辨验是将两种不同的证据进行比对,以验明真伪。如"争山"一案,钱居洪之子钱孝良称钱居茂之婿牛大同"伪作居茂遗嘱,强占山地",司法官吴恕斋认为,此等案件应"先论其事理之是非,次考遗嘱之真伪"。"论事理"就是钱孝良不具备告诉资格,"考遗嘱之真伪"就是"将遗嘱辨验,确是居茂亲笔书押"。另外取来钱居洪与钱居茂在嘉定年间所订立的分书,将居茂的遗嘱与分书进行比对系"出于一手",由此得出结论"真正自无可疑",遗嘱有效,牛大同"凭遗嘱管业"。②上引"判王益成等堂词"一案,司法官还将抵约、两份借约与王鹤庆交出的"图记"比对,也"甚不相符"。比对起到验证其他证据真伪的作用。有时比对仍不能验明是与非,则依"契要不明法"断其"不予受理"。如"契约不明钱主或业主亡者不应受理"③一案中,郑氏与汤氏分别以自己所持有的契约主张权利,司法官方秋崖"披阅两契",发现"字迹不同,四至不同,诸人押字又不同",而契约所涉及的主要立契人之一李孟传已死亡久矣,"则契之真伪,谁实证之"。这是经过比对之后,发现了两份契约的不同,但无其他证据予以验明是非,因而视为无证据,都不予支持。

司法官如果不将两造所执干照比对辨验清楚,则两造反复争讼,造成讼

---

① (清)汪辉祖:《学治臆说·据笔记断讼者宜加意》;或参看"留心笔据",载陈重业主编:《折狱龟鉴补译注》,北京大学出版社2006年版,第891页。
② 《名公书判清明集》卷之六《户婚门·争山》,第197~198页。
③ 《名公书判清明集》卷之四《户婚门·争业上》,第132页。

累。如"兄弟争业"①一案,就是对契约本身持有不同之主张,"今县断既不伏而经府,府断又不伏而陈词,反复嚣讼,首尾四年,何健讼如此"。"官司予夺,若不将两词究竟到底,则无以绝其诬罔之根",于是判官吴恕斋采取"比证""从公比对"方式辨明契约的真伪,以假设、推理等方式判断谁是谁非,以"所争之田不满一亩,遂使兄弟之义大有所伤而不顾"的劝息之词,"定限十日结绝"。

4. 当堂质讯

如果说上述三种判断证据真伪的方法针对的是书面证据,那么当堂质讯针对的则是证人或与案件有关联的人。质讯必须当堂进行,如果证人或与案件有关联的人不在庭审现场,则不能完成质讯,也不能称为"质"讯,即使取得了证人的证词也无法律效力。在所记载的案例中,我们常常看到"当堂质之某某""并补提某某某一干人证到案,以凭质讯"或"质之……供称"的表述。

5. 察情推理

质讯针对的是涉讼相关人,由案件的相关人做出口供;而察情推理则是司法官根据经验与情理作出服人的判断。如对于控奸案件,司法官除了调取其他证据之外,还要自主地作出判断。"讯邹罗氏一案"②中,未被立继的邹华祖控邹罗氏有奸,法官"复查邹罗氏年岁已至五十,面貌枯槁,伊夫去时,未满百日,断无与鲁大贵通奸之理。鲁大贵亦系忠实之人,一并省释"。

司法官对证据的判断结论也即证明标准,一般有下述三种情况:

(1) 证验显然。即诉讼双方所提供的书面证据,经由司法官的辨验之后,真伪明显,无须借助其他的证据比对,根据经验常识和推理,具有明显的真实证据的特征。

(2) 实与属实。属即是,实即真实。《大明律·典卖田宅条例》规定:"告争家宅田产,但系五年之上,并虽未及五年,验有亲族写立分书已定,出卖文约是实者,断令照旧管业,不许重分再赎。"③证据属实就是司法官依当时的法律,

---

① 《名公书判清明集》卷之六《户婚门·争田业》,第173~174页。
② (清)熊宾撰:《三邑治略》卷五,《历代判例判牍》,第98页。
③ 《大明律》,怀效锋点校,法律出版社1999年版,第372页。以下版本同。

凭司法经验,经过验明、比对,认为确是真实有效的证据,可以采纳,对案件起到充分证明的效力。许多判例中都出现"当据属实""借字属实""帐据呈明属实"或"验明属实"①等字样。

(3)不能靠实。一是不能再出示其他证据证明所"供称",司法官对当事人的"供称"做出"不能靠实"的判断。如"讯易顺镕一案",系易顺镕控龙世英将共同设立的中元会的钱财挥霍一空,经"细查此案","仅有易顺镕一人出头,又无账簿,亦无碑记,全凭口称龙世英亏空若干,原难告实"。再如"讯郭祖兆一案"中有"讯诘郭祖谟毫无帐据,足见不能靠实"。二是诉讼状中使用的词、字与其他证据的词文有差异,也是不能靠实的证据。如"讯杨心存一案"中,有"况碑文'李绍得'三字,亦系事后添续,且词内用德性之'德',碑文用得失之'得',显不靠实"。"讯万国太一案"中,司法官"查验万世金等约据",与周正清的合同相比较,发现万世金的约据所载的墓界比周正清合同中的墓界反而"少前后一丈二尺之界",自己所主张的与自己所出示的证据不符,"足见万世金等约据,不能靠实"。婚姻的妆奁纠纷也要凭婚书的记载,如"讯艾守怀一案"中,查"且婚书亦无写字凭证",所以由此判断出艾守怀已分得奁赀"显有不实"。②

三、"交易有争,官司定夺,止凭契约"民事证据基本规则的表征

需要说明的是,笔者将"交易有争,官司定夺,止凭契约"作为古代民事诉讼的基本规则,是从总体上考虑的。有人会提出,"交易有争"只是民事诉讼的一部分,"契约"也不是民事诉讼的所有证据。诚然,民事纠纷不仅仅指交易纷争,所有权归属、租赁、租佃、买卖、借贷、继承、婚姻等纠纷都是民事性质的;民事案件的证据也不仅仅只有契约,簿籍照证、干照、实物碑石等是裁断所有权纠纷的证据,佃字、墨约等是裁断租赁、租佃纠纷的证据,质剂、券、要、约、契等

---

① 可参见(清)熊宾编撰的《三邑治略》中的具有民事性质的案例。
② 以上各案例分别见(清)熊宾撰:《三邑治略》卷五,《历代判例判牍》,第47页、48页、54页、55页、56页。

是裁断买卖纠纷的证据,傅别、自证爰书、契券、借据等是裁断借贷纠纷的凭据,遗嘱、阄书、议约、养赡老约等是裁断继承纠纷的凭据,判和婚书、婚约是裁断婚姻纠纷的凭据,等等。这里以"交易"泛指所有的民事性质的纠纷,以"契约"泛指所有民事证据。还需要说明的是,本书采用"民事性质案件"的提法。由于律典上民刑不分,受理时可能也民刑不分,但许多案例表明,司法官在审理案件时,还是有区分的。

(一)立法层面上的显现规则

用"交易有争"来泛指民事性质的纠纷案件,是因为,自宋代以后,交易纷争的案件较多,具有现在纯粹意义上民事纠纷的性质。发生的婚姻、债务、田土等案件往往具有混合情形,多存在犯罪因素,只有存在"交易"的行为时,才具有民事性质。

以宋代的动产买卖契约为例,宋代的动产买卖,按照买卖的设定形式,分为即时买卖、预买订购、赊买赊卖。① 即时买卖指的是,买卖牲畜、车辆、船舶等大型生产资料及私家雇佣的女使和人力之类的行为。买卖时,双方必须订立书面的买卖契约,必须经官印押,交纳契税,只有同时具备这三项条件,买卖才合法有效。如《文献通考载》宋徽宗大观元年规定:"凡典卖牛畜、舟车之类未印契者,更期以百日,免倍税。"这是以加倍免税的优惠条件,催促没有经官印契的买卖双方,限百日内到官府押印并缴纳契税。预买订购与即时买卖不同的是,除了订契、印押、纳税外,还要求买主交付定金,如果买主悔约,不得追回定金,卖主悔约,则要退还定金,订购的对象一般包括建筑材料、粮食、水果、花草等商品。赊买赊卖契约的订立,还必须提供财产作抵押,同时规定共同书押担保人。《宋会要辑稿·食货》载宋真宗乾兴元年六月诏:"如有大段行货须至赊买与人者,即买主量行货多少,召有家活物力人户三五人以上递相委保,写立期限文字交还。"规定以"三五人以上"担保,写立"期限文字",就是考虑到了发生此类纠纷时证据的问题。实际的情形也是这样,宋徽宗时,经常发生路

---

① 郭东旭:"宋代买卖契约制度的发展",载《河北大学学报》(哲社版)1997 第 3 期。

府州县的奸猾之人，购买客人的茶盐，不按约定归还所赊茶盐钱，导致客人"经官理索"，诉诸官府。南宋孝宗时亦规定："今后应赊买客人茶，其人见有父母兄长，并要同共书押文契，即仰监勒牙人均摊偿还。"立法者的目的，是为了避免日后纠纷，要求典卖茶盐等商品必须签订契约，且要"当面署押契帖"，如果买方违契不还价钱，可以"依契"经官府向赊买人、牙保人、父母兄长索要货物。

按照宋代律法规定，契约具备"先问亲邻""输钱印契""过割赋税""原主离业"才合法有效。经官投税印押的契约，称为"红契"，私下订立草约，私下领钱交业，没经官投契的，称为"白契"。交易有争，止凭契约，还要对所执契书，验明真伪。南宋的吴恕斋说："官司理断交易，具当以赤契为主""必自有官印干照可凭"，而"白契不可凭"。因此，在宋代，无论是动产还是不动产，"交易只凭契照""印契"是官府认可的所有权合法凭证，也是司法官裁断交易争讼的证据。

明清时的法律规定，告争家产田宅的案件，先勘查是否符合当时满五年的取得时效，如果未到五年，则索取买卖田宅契约及分书并予以验明，如果出卖文约属实，则断令依契管业。《大清律例·典卖田宅条例》还规定："卖产立有绝卖文契，并未注有找贴字样的，概不准贴赎。如契未载绝卖字样，或注定年限回赎者，并听回赎。如卖主无力回赎，许凭中公估，找贴一次，另立绝卖契纸。若买主不愿找贴，听其别买，归还原价。倘已经卖绝，契载确凿，复行告找、告赎……照不应重律治罪。"[①]可见，买卖房屋、田产等不动产物业必须订立契约，这不仅是百姓交易这些"田土细故"时的自觉意识和行为，以避免日后的纠纷，也是法律的明文规定。

(二) 司法实践层面上的一以贯之规则

这有两个层面的含义，一是从古至今，凡关涉民事性质的案件，司法官几乎都要索取相关的证据，否则，裁决"不受理"。"不受理"本身也是审判的结论。在古代所有的案件除了明文规定外，几乎都受理，这一规则是贯彻始终

---

① 《大清律例》，田涛、郑秦点校，法律出版社1999年版，第199~200页。

的。二是在我国古代,犯罪的规定很宽泛,几乎人的行为(包括民事行为)都归于犯罪,所以,刑事诉讼和民事诉讼的划分经历了一个逐渐分野的过程,民事纠纷逐渐从犯罪的体系中分离出来,首先是从审判这个司法活动中开始的。至于立法层面刑事诉讼与民事诉讼的真正分野,是在清末修律之时。

官府对"田土细故"案件的受理大都依契约,司法官更是依约裁断,针对"无凭无据"及不能出示片纸干照契据的案件,一般"即作罢论"。如清代熊宾审理的"讯周维贤一案"中,李学刚控告周维贤吞公一节,"比时又不向周维贤索要收条,究无凭据,即作罢论"。"讯彭绍宣一案"中,因彭绍宣与许受南两姓所卖之业界址毗连,内有堰塘两口,由于彭绍宣在堰塘内开垦田地,阻碍了许受南蓄水灌溉,双方互控。司法官认为,两家数代姻亲,不可失此和气,断令彭绍宣不用此田,仍做堰塘蓄水。最后针对其他的诉讼请求,司法官认为"彼此互相闲言,均无凭据,着勿庸议"。① 可见,对于民事纠纷,如果诉讼请求人不能出示有关契据,则"毋庸议",即使司法官做出了"至于欠钱一案,如有实在凭据,准尔另呈请究"的暂缓断决,实际上也是驳回了诉讼请求。正如司法官所言"夫如是,则官司只当以契据为证","大凡田婚之讼,惟以干照为主"。②

清代同治、光绪时期的《状式条例》明确规定:"告婚姻无媒妁、聘书;田土无粮号、印串、契券,钱债无票约、中证者,不准。"③黄岩诉讼档案所涉及的案件以户婚、田宅、钱债为主,纵观19宗户婚案件、18宗田宅案件、21宗钱债案件,司法官吏的审理结果,或驳回诉请,让亲属自行调解,"着邀房族处理,无庸涉讼"(63号);或因"叙词不明,又无见证,一纸空文,殊难准理"(36号)而驳回诉讼等等,不一一列举。④

由此看来,"交易纷争,官司定夺,止凭契约"是司法官审断民事案件时必须遵循的证据规则,实际上通过司法实践的警示作用,这种证据意识已越来越

---

① (清)熊宾撰:《三邑治略》卷四,《历代判例判牍》,第12页、17页。
② "争田业"案例见《名公书判清明集》卷之六《户婚门·争田业》,第177页。
③ 《黄岩诉讼档案及调查报告》中所收录的清代同治、光绪年间的78件诉讼文书,每件文书后都附有"状式条例"。参见田涛、许传玺、王宏治主编:《黄岩诉讼档案及调查报告》上卷,法律出版社2004年版。
④ 《黄岩诉讼档案及调查报告》,第244页、263页。

内化为民众的自觉行为。户婚、田宅、钱债等民事纠纷,首要强调的是证据。

《名公书判清明集》所载案例,大都是民事性质的案件。官府判决文书的内容一般包括:案情的描述;官方搜证的过程,如到纠纷田地上摽划界线、询问邻人保正、确定真正的执业人;以"在法"引法律相关规定;关系人(包括两造、牙保、书铺、族长)聚集衙门听判。官府所扮演的角色是"公断"的公证人,并非"处断"的审判人。判决文书呈现出"实情、事理、法条"三项秩序感。以《户婚门》所载的约七十个争业案例为例,司法官对这类案件的审理过程就是对田宅纠纷所依凭的契约有无、真伪、年限的索要、调查、判断的过程。莆阳审理了一起"典卖园屋既无契据难以取赎"①案,其弟曾县尉资助胡应卯"自称典萧屯园屋与曾知府",法官追索其凭证"而乃无一字干照"。司法官认为,以衣物等财物作抵押"犹凭帖子收赎",如果将"帖子"丢失,"衣物尚无可赎之理。岂有田宅交易,而可以无据收赎?""先来县司不知凭何干照,与之交钱寄库,与之出具管业。以此推之案吏情弊显然。"根据常理,人们对其产业"孰不爱惜,逼不得已而后退赎",而曾县尉却将父亲所置的田园屋退赎给胡应卯,"不知果有何意?"这是从案发的起因(曾氏兄弟因恩泽不和)所发出的疑问。本案焦点是曾跃持有三项傍照,证明萧屯园屋是卖。胡应卯争辩的理由是"曾跃无正契",事实上,"前政陈主簿已见契书在其弟处""如此则曾跃何从而得正契哉?"此既有三项傍证,又有见证人陈主簿,案情昭然若揭,于是结论是"所有胡应卯所论曾跃赎萧屯园屋,既无契据,难以收赎"。

对于典卖纠纷,司法官在审理过程中虽依"人情""法理"推理,然更主要的是"官司只当以契据为证"。

这一司法原则在明清时期的许多案例中也得到了验证。

买卖房屋、田产可能因房屋的间数、田地的亩数或价格上产生纠纷,纠纷的解决依凭中证人和契约。《莆阳谳牍》载"本府一件劫业异变事"②:"审得游伟寰薄有资财,便横行乡里",其横行乡里的证据是:其一,黄尔镐原本将园八

---

① 《名公书判清明集》卷之五《户婚门·争业下》,第148~151页。
② (明)祁彪佳:《莆阳谳牍》卷一,《历代判例判牍》第五册,第6页。

分卖给他,黄尔镐死后却"捏出二亩一契",已被中人证实;其二,徐尚宁已典与其兄房子一间,但游伟寰却"捏二十八两一契",企图霸占房二间"并人与契无之,其为添捏显然"。司法官经过调取人证、物证,判断出游伟寰出示的契约为伪证,"硬为作证"之人刘滨澜在做假证,于是杖游伟寰,笞刘滨澜,将假"二契"涂抹。"本府一件夺巢惨骗事":①"审得蔡仕祯买黄夔龙父文宗房一所",当时是与其兄元嘉共同签订的契约。司法官经过判断,认为"真中真契,何说之有?"证人黄元嘉、买卖契约均属实,黄夔龙屡次告诉,显示贪图谋利,所以"姑示笞儆"。

清人熊宾《三邑治略》中所载的判牍大多数都是民事性质的纠纷,裁断买卖纠纷案件所依据的证据有"所买之约""字据""红约字据""约据"(非家族之间的买卖)、"老约""约契""投税后的粘连司纸"②等。

四、我国古代民事证据"券证主义"的理据

"券证主义"指的是民事案件的受理与否,受理了审查与否,绝对依据"契约"等证据。无"契约"等证据的案件一般不受理,即使受理了,当事人不能提供相应的书证、物证、人证,则以"不准"予以驳回。民事案件的审结,契约是绝对的。"交易有争,官司定夺,止凭契约"就是券证主义的具体体现。

(一)"告乃坐"的当事人主义与职权主义相结合

中国古代诉讼的提起有两种方式,一是官告,官吏代表国家纠举犯罪;二是自告,当事人自己向官府控告。历代律典都规定了告诉的程序、责任及告诉的若干限制。《唐律疏议》律条及疏议中"告"共出现543次之多。百分之九十以上是关于官、民、人等告发犯罪,官府如何受理,首告、诬告、相告者如何定罪量刑,重大案件不速告或告而稽留、一般案件不告发者如何追究责任,告诉限制等的规定。有一小部分涉及家庭内部的犯罪,只有告诉才处理。

如《名例·十恶》:"七曰不孝,……其有堪供而阙者,祖父母、父母告

---

① 《历代判例判牍》,第26页。
② 有关案例见(清)熊宾撰:《三邑治略》,《历代判例判牍》,第10页、12页、15页、18页、50页。

乃坐。"

《斗讼》"殴伤妻妾"条："诸殴伤妻者,减凡人二等;死者,以凡人论。……(皆须妻、妾告,乃坐。即至死者,听馀人告。杀妻,仍为'不睦'。)过失杀者,各勿论。疏议曰:注云'皆须妻、妾告,乃坐',即外人告者,无罪。"

《斗讼》"妻殴詈夫"条："诸妻殴夫,徒一年;若殴伤重者,加凡斗伤三等;(须夫告,乃坐。)死者,斩。疏议曰:'须夫告,乃坐',谓要须夫告,然可论罪。"

《斗讼》"妻妾殴詈夫父母"条："诸妻妾詈夫之祖父母、父母者,徒三年;(须舅姑告,乃坐。)……疏议曰:注云:'须舅姑告,乃坐。'……"

《斗讼》"子孙违犯教令"条："诸子孙违犯教令及供养有阙者,徒二年。(谓可从而违,堪供而阙者。须祖父母、父母告,乃坐。)……皆须祖父母、父母告,乃坐。"①

以上六条都是"告乃坐"的规定。可分四种情形:一是殴伤或殴伤妻致死、妻殴伤杀妾,须妻妾告诉才定罪量刑;二是妻殴伤夫或殴夫致死,须夫告诉才定罪量刑;三是妻妾殴伤或殴致死夫之祖父母、父母,妻妾詈骂夫之祖父母、父母,须公婆告诉才定罪量刑;四是子孙违反教令或供养有阙,须祖父母、父母告诉才定罪量刑。上述殴杀、伤、詈骂、子孙供养有阙的行为均属家庭内部行为,按照现在的理解,有的已构成犯罪,有的当属于民事纠纷。民事纠纷适用"不告不理"原则。

由家庭内部成员之间的殴伤、殴杀、詈骂等行为,告诉才处理,推之,被称为民间细故的婚姻、田土、债务等纠纷也适用"不告不理"原则。相比于刑事诉讼而言,民事诉讼在诉讼的提起、司法官的重视程度、审理方式、证据的取得与适用、结案等方面,基本遵循当事人进行主义。对于婚姻、田土、债务纠纷,如果没有两造的"呈控",司法官不会如人盗命案那样主动调查,所受理的案件除涉及需要实地勘查取证外,大都要求当事人出示证据或提供相关证人,如果不

---

① 分别见(唐)长孙无忌撰:《唐律疏议·断狱》卷二十九,刘俊文点校,法律出版社1983年版,第12页、409页、410页、415页、437页。

能出示证据或提供相关的证人,则诉讼请求得不到支持。

但有些涉及人身关系的案件,如果没有确切的证据,但还必须依职权予以裁断。如清代纪昀所著《阅微草堂等记》卷十《如是我闻·四》中,曾记载过一个案例:甘肃安定县县令吴冠贤巡视辖地,路遇一对青年男女鸣冤告状,男子诉称女子原为其家童养媳,现爹娘过世,到了应成婚配时候,女子却欲远走高飞,另择高枝。女子则辩称自己乃男子的亲妹妹,并非童养媳,父母双亡后,哥哥丧失天良,欲强娶自己为妻。两青年都恳请县太爷做主,为其主持公道。吴县令受理此案后,感到极为棘手,因为两当事人的关系是兄妹还是夫妻,没有任何证据可查。两人自幼随父母(他们所称谓的"父母")沿街乞讨,到处流浪,不知姓氏,不明身世,也不晓家乡在何方。总之,没有任何直接或间接的证据能够证明两位青年的身份。此案如何判断呢?两造应判"分"还是"合"呢?最后,吴县令在经验丰富的老幕僚的建议下,果断地判决两当事人"分",即确认两人是兄妹关系,而不承认是夫妻关系。如果判"分",虽然可能破坏一桩原本合法的婚姻关系,但弊害尚小;但如果判"合",则可能造成兄妹乱伦,其过错就大了,而且是无可挽回的。

上述民事案件的判决不是基于当事人主义立场,而是基于审判官员的职权主义立场,在当事人不能充分证明自己身份的时候,又不能"即作罢论"的情形下做出的。可见,大多数民事案件是遵循不告不理原则,司法实践中,对已经受理案件的审查往往遵循当事人主义与职权主义相结合的原则。

(二)"券证"绝对观念

"券证"绝对的观念,体现在司法官对民事案件受理的态度上:无证据不受理;受理了,无证据"不准";证据不足责令出示或亲自调查取证。

首先,将持有契券作为受理民事案件的条件,律、令、条例多有规定。

自西周开始,就有了凡债务纠纷,必须附有契约文书,官方才能受理的规定。"凡有责者,有判书为治,则听。"①《唐令拾遗》记载开元二十五年的规定:

---

① 《周礼·秋官·朝士》。

"诸公私以财物出举者,任依私契,官不为理。若违法积利、契外掣夺及非出息之债者,官为理。"①在这里,"官不为理"之"理"是干预、介入之意,亦即"国家对有息借贷(即出举),无论其是'公'家与私人之间缔结的契约,还是私人双方之间缔结的契约,概属于'私契'范畴,国家既不参与、干预其订立过程,也不参与或干预其正常履行。""官为理"之"理","可以解作'受理',是'介入、干预',官府在此是要做出判决的"②。官府受理此类案件的前提是双方订有契约,私人之间订立契约,国家概不干预、介入,如果没有契约,国家更不能干预、介入,发生纠纷更是概不受理。可见,自唐代始,就在法律上对无证据的民事案件,官府是否应当"为理"做了规定。

宋太祖建隆三年十二月五日敕节文:"今后应典及倚当庄宅、物业与人,限外岁经年深,元契见在,并许收赎。如是典当限外,经三十年后,并无文契,及虽执文契,难辨真虚者,不在论理收赎之限,见佃主一任典卖。"③《宋刑统·户婚》还规定"应田土、房舍有连接交加者,当是不曾论理,伺候家长及见证亡殁,子孙幼弱之际,便将难明契书扰乱别县,空烦刑狱,证言终难者,请准唐代长庆二年八月十五日敕:'经二十年以上不论',即不在论理之限。"④明《问刑条例·户婚》"典卖田宅条例":"告争家财田产,但系五年以上,并虽未及五年,验有亲族写立分书已定,出卖文约是实者,断令照旧管业,不许重分再赎。告词立案不行。"⑤清代同治年间,台州府黄岩县的《状式条例》更是明文规定:"告婚姻,无媒妁、聘书;田土无粮号、印串、契券;钱债无票约、中证者,不准。"⑥可见,律、令、条例不仅对婚姻、田土、钱债等民事案件审理时限有明确的规定,对是否受理的条件也有相应的规定。

其次,案件受理后无契券等证据,"不准"已成为州县官吏的结案方式。

---

① [日]仁井田升:《唐令拾遗》,栗劲、霍存福等编译,长春出版社1989年版,第789页。
② 霍存福:《中国传统法文化的实证研究》,教育部跨世纪优秀人才(人文社会科学)基金项目,打印稿,"民事法篇",第11页。
③ 《宋刑统》,薛梅卿点校,法律出版社1999年版,第231页。以下版本同。
④ 《宋刑统》,第232页。
⑤ 《大明律》,第372页。
⑥ 《黄岩诉讼档案及调查报告》,第234页。

以清代同治年间黄岩县令审理的案件为例。"陶兴旺呈为恃势贪噬求提究追事"一案中,王县令批:"控情支离,有无账据,不准。""徐罗氏呈为勒休负噬求究雪事"一案中,欧阳县令对"不准"的理由阐明极为详细。其中民事纠纷部分的理由是:"该式夫徐仁富将银租押与郑祖焕系在何年月,钱既未收,岂有先付其票?郑祖焕竟将票据撅不交还,续借米洋少伊一元,究系实借洋银若干,亦未叙及。何时借来何时付还,又未声明。不准。"①"不准"即驳回诉讼请求,对所主张的事实没有券证支持,因而裁决"不准"。

最后,当事人提供的契券证据不足以证明案件事实,司法官责令呈上。

仍以清代同治年间黄岩县令审理的案件为例。"叶珍呈为霸噬蛮求提追办事"一案中,王县令批:"契不呈验,□取信。碍难率准提追。姑着检呈契据,核夺粮串附。""呈为恃强负噬恩求讯追事"一案中,王县令批:"着检税票借据呈核。"②

当事人在请求审理时,往往提交一定数量的券证,但审案官认为证据不足,不足以认清事实,于是批示将相关联的证据呈上,以便审理判决。

另外,券证绝对的观念还体现在,司法官对券证证据的审查判断上。依据判例、判牍,凡涉及户婚、田土、钱债等民事案件,司法官着重审查判断券证的有无、真伪。由此看来,在中国古代,"交易有争,止凭契约"是基本的民事证据规则。

(三)当事人的券证意识

由官府受理民事案件重视券证,到百姓注意搜集和保存证据,表明"交易有争,止凭契约"是基本的民事证据规则。

在百姓的意识中,没有证据不仅打不赢官司,而且对日后的交易往来会带来许多麻烦。典卖房屋要订立契约,请中人作证,甚至买方以饭食款待卖方、代书人、中人等;典当田地要订立当契;定婚,双方家长要订立婚书;借钱要书

---

① 《黄岩诉讼档案及调查报告》,第259页、277页。
② 同上书,第244页、263页。

写借据等;《黄岩诉讼档案及调查报告》收录了两起当事人请求存案的案例,①都说明券证和证人是人们避免日后纠纷,赢得官司的关键所在。券证意识已深入到百姓的意识之中,并规范着百姓的日常生活。

"王曹氏呈为中遭害声求吊销事"一案中,欧阳县令批:"王孔年受买王林氏田亩,邀氏夫作中,当因价未付清,立票交该氏夫执存。后王孔年既将田价偿还,屡次索讨存票,该氏因何延不检交,殊不可解。如因票据无从查检,该氏既不另邀别人,而偏邀王孔哲检寻,以为平日亲信可知,何致被其抽匿,私交王林氏之子孔和收执。察核呈词,不准。"②

案中买主王孔年所立欠钱限票两张,保存在王曹氏家中,王孔年付清所买秧田款后,向王曹氏索要,王曹氏却将契票、当票、粮串等项交给了王孔哲,反被抽去,假说无有,于是王曹氏向官府起诉请求吊销。王孔年付清欠款,索要契票与王曹氏请求吊销契票,反映当事人的证据意识。如果不索回欠款契票,唯恐日后他人以此票讹诈;王曹氏若不请求吊销此契票,则永不能脱离干系。某些"刁民"为了能打赢官司,不惜伪造书面证据,③也从反面印证了我国古代百姓较强的券证意识。

---

① "吴道鹏呈为家遭焚毁报求存案事""张冯氏呈为家遭回禄求恩存案事"案例见《黄岩诉讼档案及调查报告》,第250页、275页。
② 《黄岩诉讼档案及调查报告》,第324页。
③ 关于对明清时期书证诈伪的讨论参见蒋铁初:《明清民事证据制度研究》,中国人民公安大学出版社2008年版,第90～103页。

"嵬名法宝达卖地文书"考辨

罗海山*

2006年出版的《中国藏西夏文献》(第16册)收录有一件文书的图版,暂命名为"嵬名法宝达卖地文书",原藏编号B59:1,该书中编号为GI1·031,西夏汉文写本,敦煌莫高窟北区出土,原件藏敦煌研究院,残高18.8厘米,残宽22.7厘米,残存文字十一行,钤印四方,其中两方完整。这件文书自公布以来,已有一些研究成果,然其价值和意义尚未受到重视,其内容和性质也有进一步探讨的必要。

一、"嵬名法宝达卖地文书"之内容考释

聂鸿音教授所著《西夏遗文录》及杜建录、史金波二位教授所著《西夏社会文书研究》均录其图版。杜建录教授还对其进行了录文和释义。图版①及录文②分别如下:

---

* 罗海山,大连理工大学公共管理与法学学院副教授,法学博士。吉林大学法律史专业1998级硕士研究生、法学理论专业2001级博士研究生,师从霍存福教授。
基金项目:国家社科基金重大项目"法治文化的传统资源及其创造性转化研究"(14ZDC023);辽宁省社会科学规划基金项目"近代东北土地交易习惯与地方社会变迁"(L11CZS011);中央高校基本科研业务费资助(DUT15RW105)。
① 聂鸿音:《西夏遗文录》,杜建录主编:《西夏学》(第2辑),宁夏人民出版社2007年版,第172页。
② 杜建录、史金波:《西夏社会文书研究》(增订本),上海古籍出版社2012年版,第32页、251页。

1……人嵬名法宝达……

2……□举借他人钱债□……

3……□今将袒直泉水……

4……□□一处,其地东至……

5……□□水细渠高倍陇……

6……道为界,北至园场……

7……□酬定价钱市斗小麦……

8……他人先召有服,房亲后召……

9……□□批退异同为□……

10……初一日立帐目文字人嵬名法[宝达]

11……□□帐目人长男嵬名嵬……

12………………………………

在杜教授释文基础上,本文将作进一步探讨。

第一行存七字,第一字已残缺,后面六字清晰完整,该行为"……□人嵬名法宝达……",这是在表明文书的性质和出卖人姓氏。这部分内容通常与契尾署名相对应。文末第十行写作"立帐目文字人嵬名法[宝达]",则该行前半部分也应当如此行文。而且,此行"人"字之前尚有一残缺字,经与文末第十行"立帐目文字人"之"字"字相比对,二者结构相同,这样,该残缺字可以推断为

"字"。另外,西夏契约文书中多以年号和天干地支加月日所表示的时间开头,如"天庆寅年正月二十九日立契人……""天庆庚申年二月二十二日立契者……""天庆戊午五年正月五日,立契者……""天庆丙辰年六月十六日,立契者……"①。这样,第一行的书写文字可以推测为"某(年号+天干地支)年某月某日立帐目文字人嵬名法宝达"。但后面第十行提到了日,前面还有所残缺,很有可能是月份。就是说,某月某日后面已经提到。为避免重复,第一行前半部分的日期很有可能只有年号加干支。这样的例子也是存在的,如"天盛庚寅二十二年,立契者……"②。这样的推论也符合该文书的原高度。这样,第一行内容在补充之后可释读为"……[年立帐目文]字人嵬名法宝达"。

第二行有七字完整,一字已残,杜建录教授释读出其中六字,该行残字及最后一字没有释读,为"……□举借他人钱债□……"。其中,是钱的异体字,这在传统契约文书中较为常见,直到民国时期还在沿用。③ 最后一字,结合其他契约文书推测,应为"无"字。此行意在表明卖地的原因。该条款始见于敦煌买卖契约中,此后成为历代契约文书的必备条款,格式大同小异,基本与生活艰难有关。敦煌契约通行格式为"为突田债负,不办输纳""为阙少粮用""为缘阙小(少)粮用""为缘阙少用度""为手头阙乏""伏缘家中用度不口,欠阙疋帛"。也有的契约写作"为缘夫主早亡,男女碎(岁)小,无人求(救)济,供急(给)依(衣)食,债负深圹(广)""伏缘家中贫乏,责(债)负深广,无物填还""为缘家中口阙,负债繁多,祝索之间,填还无计"。④ 以此为参照,此部分内容大致为:"[因生活困顿?],⑤举借他人钱债,无[物填还?]。"该行最后一

---

① 史金波:"黑水城出土西夏文卖地契研究",载《历史研究》2012年第2期,第48~52页。
② 同上书,第47页。
③ 陈金全、杜万华主编:《贵州文斗寨苗族契约法律文书汇编:姜元泽家藏契约文书》,人民出版社2008年版,第566页;张传玺:《契约史买地券研究》,中华书局2008年版,第161~164页。
④ 此处引文出自张传玺主编:《中国历代契约会编考释》(上),北京大学出版社1995年版,第209~246页。另唐立等主编:《贵州苗族林业契约文书汇编(1736—1950)》(第一卷·史料篇),东京外国语大学国立亚非语言文化研究所2001年版,A-0037、A-0038以及广西壮族自治区编辑组:《广西少数民族地区碑文契约资料集》,民族出版社2009年版,大多数契约也有类似描述。
⑤ 这只是对各种原因的概括,为格式语言,具体原因可写作"钱粮无措""衣食艰难"等语,如上所述。

字及其后缺损内容似可推断为"无物填还"或"无处填还"。

第三行至第四行前半部分是在叙述所卖土地的概况。杜建录教授释读为"……□今将袒直泉水……□□一处"①。其中,"袒直"二字,图版文字清晰可辨,但这种表述不见于其他契约文书,也难究其意,而且,从图版观察,在"袒"与"直"之间还有一"丶"没有释读,不知何意,很有可能是"直"字之一部分,也可能是一独立字之简写,暂用"□"替代。② 其余残字和缺字暂不可考释。

第四行后半部分至第六行是在叙述所卖土地的四至界限。杜教授释读为"其地东至……□□水细渠高倍陇……道为界,北至园场……"。第六行最后四字,杜教授释作"北至园场"。观其图版,应为"比至园场","比"通"北"。这样的写法见于唐五代敦煌契约及明清徽州契约,如敦煌契约写作"比至吴支□""南比一仗二尺并基""比至吴通通""比头长地子两畦各壹亩"③,明清徽州契约写作"比至本家屋滴水沟外空地为界""比至□□""比至墙外一经地为界""比至降顶"④。文书中有东至、北至,缺西至、南至。史金波教授曾翻译并注释了12件西夏文卖地契,其顺序依次为东至、西至、南至、北至⑤。依此推论,该文书中东至与北至之间的方位顺序也应为西至和南至。至于四至的具体地点,目前尚不能作出全面补充。

第七行是土地的价格条款,杜教授释作"……□酬定价钱市斗小麦……"从之。

第八行杜教授释读为"……他人先召有服,房亲后召……"第九行第一字已残,仅余一"丶"。下面将结合这两部分进行论述,并对缺字进行填补。

---

① 杜建录教授在《西夏社会文书研究》一书中两处释读该文书,对于第四行前四字,两处释读并不一致。第一处如上所述释作"一处"(第32页),第二处则释作"一日一夜"(第251页),这种语言在契约文书中并无成例,而且与前后文意并不连贯。相比之下,第一处释读较为合理。

② 有学者认为,"袒"似为"袒","旦、且、具"经常混用,"袒直泉水"似为"袒舍一泉水"(见张秀清:"西夏汉文文献误读举例",载《宁夏社会科学》2012年第4期,第91页)。但该句文意还是不通,而且将"直"推定为"舍"也缺乏根据。

③ 张传玺主编:《中国历代契约会编考释》(上),北京大学出版社1995年版,第225页、230页、232页、455页。

④ 张传玺主编:《中国历代契约会编考释》(下),北京大学出版社1995年版,第857页、928页、964页、971页、1170页。

⑤ 史金波:"黑水城出土西夏文卖地契研究",载《历史研究》2012年第2期,第45~67页。

第八行前半部分存"他人"二字。这是出卖人在保证没有重叠、重复交易，是卖方担保责任之一。重叠、重复交易是对土地交易秩序的破坏，极易产生纠纷，历来为法律所禁止。西夏《天盛改旧新定律令》规定："诸人帐舍、田地、畜、人、物等卖与二人而争时，……卖与双方者依做错法判断。"① 南宋也有立法："交易诸盗及重叠之类，钱主知情者，钱没官，自首及不知情者，理还。犯人偿不足，知情牙保均备。"② 存世契约中这样的保证条款始见于元代。典型格式如"未卖以前，不曾与家外人交易""未卖之先，并无重复交易"，也有的契约简写为"不曾与外交易"，个别契约写作"未卖以前，与他人即无交易""无重张典挂他人钱物"。③ 后两种格式明以后逐渐增多，也逐渐丰富，如"未卖之先，并不曾与他人重复交易及典当他人""其地从前并未典当他人及重复交易""其地从前至今，并无典买（卖）他人，亦无重复交易"④ "亦无重张典挂他人为碍及来历不明等情""并无典借他人财物及来历不明等情""并无重典他人不明为碍"⑤。以上述内容为参照，第八行前半部分内容可推断为"［其地不曾典卖］他人"，如果考虑到该行文字保留较多、缺字较少及该文书高度有限等因素，这部分内容很有可能采用简化的方式⑥。如果推断成立，此处可增补为"［其地未卖］他人"。

第八行后半部分至第九行第一字是出卖人在履行问亲邻之义务。出卖人在出卖土地之时，需先询问亲邻有无购买之意愿（询问的顺序是先亲后邻），如亲邻均不愿买，方可卖与他人，即亲邻有先买之特权。这项义务在晚唐时期已形成法律规定。其后五代、宋、元等朝代均有立法。如《宋刑统》载："应典、卖、

---

① 史金波等译注：《天盛改旧新定律令》卷十一《分用私地宅门·地人畜物卖二人》，法律出版社2000年版，第413页。
② 《宋本名公书判清明集》，中华书局1987年版，第145页。
③ 张传玺主编：《中国历代契约会编考释》（上），北京大学出版社1995年版，第544页、546页、554页、555页、581页。
④ 张传玺主编：《中国历代契约会编考释》（下），北京大学出版社1995年版，第940页、984页、1343页。
⑤ 陈娟英、张仲淳编著：《厦门典藏契约文书》，福建美术出版社2006年版，第1页、10页、70页。
⑥ 这种简化书写方式在第九行也有体现。

倚当物业,先问房亲;房亲不要,次问四邻;四邻不要,他人并得交易。房亲着价不尽,亦任就得价高处交易。"①《元典章》规定:"诸典卖田宅,及已典就卖,先须立限取问有服房亲,次及邻人,次见典主。"②《至正条格·断例》也规定:"今后军民诸色人户,凡典卖田宅,皆从尊长画字,给据立帐,尽问有服房亲,次及邻人、典主。"③结合以上内容,此部分文字应释读为"先问有服房亲,后问[邻]人"。其中,应为"问",而不是"召",这不仅与法律规定相一致,也和一些研究成果相吻合④。第九行第一字残缺严重,仅余"、",推测有一定难度,但如果以上述宋元法律为参照,则可推定为"邻人"之"人"字,⑤"人"字之前应缺一"邻"字。

第九行第二字至第六字是亲邻履行批退义务。其中,第二字缺损严重,后四字清晰可辨,为"……愿者批退"。元代法律规定,亲邻如要购买所卖之地,则要做出同意之表示,即"愿者批价",如不愿买或价钱不合适,就要作出不买的意思表示,即"不愿者批退"。如《元典章》:"若不愿者限三日批退。愿者限五日批价。"⑥《至正条格·条格》:"如不愿者,依限批退。"⑦《至正条格·断例》:"不愿者,限壹拾日批退。如违限不行批退者,决壹拾柒下。愿者限壹拾伍日批价,依例立契成交。"⑧元代的两份文书也有"如有愿买者,就上批价,前

---

① (宋)窦仪撰:《宋刑统》卷第十三《户婚律·典卖指当论竟物业》,薛梅卿点校,法律出版社1999年版,第232页。
② 陈高华等点校:《元典章》卷十九《户部·典卖·典卖田宅须问亲邻》,中华书局、天津古籍出版社2011年版,第692页。
③ 韩国学中央研究院编:《至正条格·断例》卷第七《户婚·典卖田宅》(校注本),韩国学中央研究院2007年版,第239页。
④ 张秀清:"西夏汉文文献误读举例",载《宁夏社会科学》2012年第4期。
⑤ 另外,该残字之"、"与该文书第一行和第十行之"人"字笔顺十分吻合。
⑥ 陈高华等点校:《元典章》卷十九《户部·典卖·典卖田宅须问亲邻》,中华书局、天津古籍出版社2011年版,第692页。
⑦ 韩国学中央研究院编:《至正条格·条格》卷第二十六《田令·典卖田产》(校注本),韩国学中央研究院2007年版,第67页。
⑧ 韩国学中央研究院编:《至正条格·断例》卷第七《户婚·典卖田宅》(校注本),韩国学中央研究院2007年版,第239页。

来商议。不愿买者,就上批退"及"愿者酬价,不愿者批退"的字样①。依上述内容分析,该残缺字应为"不"字。因而,这部分应释为"不愿者批退"。

第九行最后四字是传统契约的结语,多为格式语言,典型的写作"恐口无凭,立此卖契存照""立此卖契为用""立此卖契为据""恐人无信,立契为凭"等。该部分字迹清楚,其中第三字是"为(爲)"字,其余三字难以识读。杜建录教授释作"异同为□",但其他契约不见此内容,而且该句也欠通顺。张秀清教授释作"只词为凭","词"通"此"。但从图版观察,也难以得出此种认识,暂且存疑,以"□□为□"表示该句。②

第十行是立契日期和出卖人署名。文书中有"初一日",前面残缺,结合以往的论述,残缺处应是某(年号+天干地支)年某月,或是省略年份,直接写作某月。

第十一行是出卖人之子作为同卖人与出卖人一起签押。该行第一个字残缺,但经仔细辨认,并和第十行"立"字相比对,二者应为同一字。"立"字前一字按照其他契约书写格式应推定为"同"字。

第十二行以后的内容应是其他同卖人或者中证人等签押。因全部缺失,具体姓名已不可考。

最后,从图版观察,文书最下部边距整齐,字迹完整,缺字的可能性较小。

综上,文书内容补充、整理如下:

1……………[年立帐目文]字人鬼名法宝达③

2………[因生活困顿?]举借他人钱债,无

3[物填还?]…………□今将袒□直泉水

4………………□□一处,其地东至

5…………[南至]………□□水细渠高倍陇

6……[西至]………道为界,比(北)至园场

7…………………□酬定价钱市斗小麦

---

① 张传玺主编:《中国历代契约会编考释》(上),北京大学出版社1995年版,第569页、582~583页。
② 张秀清:"西夏汉文文献误读举例",载《宁夏社会科学》2012年第4期,第91页。
③ [ ]内的字是对缺字的增补,□内的字是对残字的考证。( )内的字是对前字的修正。

8…[其地未卖?]他人,先问有服房亲,后问

9[邻]|人,不|愿者批退,□□为□

10……初一日立帐目文字人嵬名法[宝达]

11…………[同]|立|帐目人长男嵬名嵬□

12……………………

二、"嵬名法宝达卖地文书"之性质辨析

（一）"嵬名法宝达卖地文书"并不是"卖地契"

"嵬名法宝达卖地文书"的性质,《中国藏西夏文献》(第16册)及史金波、杜建录、聂鸿音等学者均定其为"卖地契",①这种观点还有进一步探讨的必要。

首先,该文书基本内容与买卖契约通行格式不符。中国现存最早的契约文书出自西汉时期,那时的契约内容十分简单,与后世相比,诸多内容都不具备。十六国时期契约内容逐渐丰富。高昌国时期,契约文书各项要素均已具备。入唐以后,契约文书基本定型,形成固定格式,后世因袭较多,变化不大。不同类型的契约具有不同的内容,界限分明,无法混淆。从内容上就可以对一件契约的性质做出判断。现举几例买卖契约加以说明。

例1:高昌延寿五年(628年)赵善众买舍地券②

延寿五年戊子岁三月十八日,赵善众从得□伯、范庆悦二人边□□城辛场地中舍地,得□伯右地拾步,即交与银钱肆文;次范悦子边地拾步,与买价钱肆文。钱即日毕,舍地即日付。舍方二人方。东[诣]张□奴分垣,南诣善众场地分垣,西共赵海相坞舍分[垣],北共张延守坞舍分垣。肆在之内,长不还,短不与;车行人盗(道)依旧通,若后右(有)人

---

① 史金波:"中国藏西夏文文献新探",载杜建录主编:《西夏学》(第2辑),宁夏人民出版社2007年版,第12页;杜建录:"中国藏西夏文献叙录",载杜建录主编:《西夏学》(第3辑),宁夏人民出版社2008年版,第103页;杜建录、史金波:《西夏社会文书研究》(增订本),上海古籍出版社2012年版,第32页、251页;聂鸿音:"西夏遗文录",载杜建录主编:《西夏学》(第2辑),宁夏人民出版社2007年版,第172页。

② 张传玺主编:《中国历代契约会编考释》(上),北京大学出版社1995年版,第92~93页。

河(呵)盗□佲(认名)[者],仰本主了。三主和同立券。券城(成)之后,各不得反悔。悔者壹罚二入不悔者。民右(有)私要,要行二主,各自署名为信。

清(倩)书道人酉□
时见范□□
临坐张师□

例2：唐天复九年(909年)敦煌安力子卖地契①

[前缺]□和渠地壹段两畔,共五亩。东至唐荣德,西至道、汜温子,南至唐荣德及道,比(北)至子渠兼及道。又地壹段两畔,共贰亩。东至吴通通,西至安力子,南至子渠及道,比至吴通通。已上计地四畔,共柒亩。曰：天复玖年己巳岁十一月七日,洪润乡百姓安力子及男□□等,为缘阙少用度,遂将本户口分地出卖与同乡百姓令狐进通。断作价直生绢一疋,长肆仗(丈)。其地及价当日交相分付讫,一无玄(悬)欠。自卖以后,其地永任进通男子孙息姪世世为主记。中间或有回换户状之次,任进通抽入户内。地内所著差税河作,随地祗(支)当。中间若亲姻兄弟及别人诤论上件地者,一仰口承人男□□兄弟祗(支)当,不忏(干)买人之事。或有恩勒流行,亦不在论理之限。两共对面平章,准法不许休悔。如先悔者,罚上耕牛一头,充入不悔人。恐人无信,故立私契,用为后验。

地主安力子
(后缺)

例3：后周显德四年(957年)敦煌吴盈顺卖地契②

南沙灌进渠中界有地柒畔,共叁拾亩。东至官园,西至吴盈住,南至沙,北至大河。于时显德肆年丁巳岁正月二十五日立契,燉煌乡百姓吴盈顺伏缘上件地水佃种、往来施功不便,出卖与神沙乡百姓琛义深,断作地价每尺(亩)两硕,乾湿中亭,生绢伍疋,麦粟伍拾贰硕。当日交相分付讫,并无升合玄(悬)欠。自卖以后,永世琛家子孙男女称为主记为准。有吴

---

① 张传玺主编:《中国历代契约会编考释》(上),北京大学出版社1995年版,第232~233页。
② 同上书,第244页。

<u>家兄弟及别人侵射此地来者,一仰地主面上,并畔觅好地充替</u>。中间或有<u>恩赦流行,亦不在论理之限。两共对面平[章]为定。准法不许休悔。如若先悔者,罚上马壹足,充入不悔人</u>。恐人无信,故立斯契,用为后验。(押)

例4:天盛二十二年(1170年)寡妇耶和氏宝引等卖地契①

天盛庚寅二十二年,立契者寡妇耶和氏宝引等,今将自属撒二石种子地一块,连同院落三间草房、二株树等一并自愿卖与耶和米千,议定全价二足齿骆驼、一二齿、一老牛,共四头。<u>此后其地上诸人不得有争讼,若有争讼者时,宝引等管。若有反悔时,不仅依《律令》承罪,还依官罚交三十石麦</u>,情状依文据实行。界司堂下有二十二亩。

北与耶和回鹘盛为界,东、南与耶和写?为界,西与梁嵬名山为界

立契者耶和氏宝引(画指)
同立契子没啰哥张(画指)
同立契没啰□鞍(画指)
证人说合者耶和铁?(押)
梁犬千(押) 耶和舅盛(押)
没啰树钦(押)
税已交(押)
八?(押)

这四件契约,例1出自七世纪吐鲁番,例2、例3出自十世纪敦煌,例4出自十二世纪黑水城,尽管行文顺序有所差异,但四者内容大体相当。其中为保证契约能够履行而约定的买卖双方法律责任(契约录文中的画线内容),是契约必不可少的重要内容。以上四件契约,例1和例4约定的是所有权担保责任和违约责任,例2和例3约定的是所有权担保责任、恩赦担保责任、违约责任。缺少这些责任条款,契约的效力就会大打折扣,不可能对立契人形成有效的制约。这些内容是契约具有约束力的基础所在。而在"嵬名法宝达卖地文书"

---

① 史金波:"黑水城出土西夏文卖地契研究",载《历史研究》2012年第2期。

中,的确有土地买卖契约应具备的大部分要素,如写立该文书的时间、卖地人姓名、卖地原因、所卖土地概况、土地四至、价格、重复交易担保、取问亲邻条款、卖地文书的格式语言、署名等,但是在法律责任相关内容中,只有重复交易担保责任,不见所有权担保责任和违约责任。而这是契约责任中的核心内容,是买卖契约的必备条款。如前所述,缺少这些内容,尤其是违约责任,契约的履行就会十分困难。这也就是意味着,违背契约却不受任何制裁。借用德国法学家耶林的话,没有违约责任的契约是"一把不燃烧的火,一缕不发亮的光"。① 可以说,违约责任的存在是契约得以履行的重要保障,没有违约责任的契约不能称之为契约。

其次,一份买卖契约中买卖双方应该都出现才合乎常理(上述列举四件契约文书均是如此),而在"嵬名法宝达卖地文书"中,作为土地买卖关系一方的买主,却一直没有在该文书中出现②。

可见,该文书的内容要素不仅与吐鲁番、敦煌时期的土地买卖契约不相符,也与西夏同时期的土地买卖契约差别较大。可以说,"嵬名法宝达卖地文书"与上述四件契约文书有本质的区别。

(二)"嵬名法宝达卖地文书"实为"卖地帐"

那么,这件文书究竟如何定性? 就西夏时期的文献而言,尚无法判断。但如果拓宽视野,结合宋元乃至明清的文献,就可以得出结论:这是一份卖地帐,是土地出卖之前询问亲邻有无购买意向的帐。下面详述之。

唐代中叶以后,均田制遭到破坏,土地得以自由买卖。在此基础上形成了一套完整的买卖程序:投状问牒、取问亲邻、立契成交、过割赋税及输钱印契、原主离业。这一程序在宋元时期是买卖土地必须遵循的程序。其中,取问亲邻环节是以问帐的形式进行。就是出卖人将所要出卖土地的面积、四至坐落、价钱等大致情况书写清楚,然后传示亲邻,征求意见,如亲邻要买,则享有优先

---

① 张文显主编:《法理学》(第三版),高等教育出版社、北京大学出版社2007年版,第78页。
② 经过对残缺部分的补充和注释,这份文书内容已大体完整。其中找不到买主应出现的位置。

权。如不买或者价格不合适,则出卖人就可以卖给其他人。记载土地基本情况、征求亲邻意见的文书,就叫作帐,也叫作帐目,清末民国时期有的地方也称之为"经帐""出帐"①。

宋代要求土地买卖必须立帐。《名公书判清明集》载:"律之以法,诸典卖田宅,具帐开析四邻所至,有本宗缌麻以上亲,及墓田相去百步内者,以帐取问。"②元代的规定更加细致。至元六年(1269年)七月规定:"照得田例:诸典卖田宅,及已典就卖,先须立限③取问有服房亲,次及邻人,次见典主。若不愿者限三日批退。愿者限五日批价。"④

存世之卖地帐极少,很难见到,目前仅见五例,录文依次如下:

例1:元至元二年(1336年)晋江县麻合抹卖花园屋基帐⑤

泉州路录事司南隅排铺住人麻合抹,有祖上梯己花园一段,山一段,亭一所,房屋一间,及花果等木在内,并花园外房屋基一段,坐落晋江县三十七都,土名东塘头村。今欲出卖[价]钱中统钞一百五十锭。如有愿买者,就上批价,前来商议。不愿买者,就上批退。今恐[人心]难信,立帐目一纸,前去为用者。

　　　　　　至元二年七月　日帐目　　立帐出卖孙男　麻合抹
　　　　　　　　　　　　　　　　　同立帐出卖母亲旴　邻
　　　　　　　　　　　　　　　　　　　　行　帐　官　牙黄隆祖
　　　　　　　　　不愿买人姑忽鲁舍　姑比比　姑阿弥答　叔忽撒马丁

例2:元至正二十六年(1366年)晋江县蒲阿友卖山地帐⑥

晋江县三十七都东塘头住人蒲阿友,祖有山地一所,坐落本处,栽种

---

① 参见后面经帐、出帐录文。
② 《名公书判清明集》卷之四《户婚门·争业上·漕司送下互争田产》,中华书局1987年版,第121页。类似的规定也见于同书卷之九《户婚门·取赎·有亲有邻在三年内者方可执赎》,第309页;同书卷之九《户婚门·坟墓·禁步内如非己业只不得再安坟墓起造垦种听从其便》,第321页。
③ "限"似应为"帐"之误。
④ 陈高华等点校:《元典章》卷十九《户部·典卖·典卖田宅须问亲邻》,中华书局、天津古籍出版社2011年版,第692页。
⑤ 张传玺主编:《中国历代契约会编考释》(上),北京大学出版社1995年版,第569页。
⑥ 同上书,第582~583页。

果木。今因阙银用度,抽出西畔山地,经官告据出卖。为无房亲,立帐尽卖山邻,愿者酬价,不愿者批退。今恐无凭,立此帐目一纸为照者。

至正二十六年八月　日　　立帐人　蒲　阿友

不愿买山邻　曾大　潘大

例3:清嘉庆二十四年(1819年)钱奇宾卖房屋经帐①

立经帐钱奇宾,今有自置房屋壹所,坐落吴邑阊五图高岗子上,朝南门面出入,计上下楼房四间,上下两披厢,一应装摺在内,情愿央中绝卖与人,如要者即便成交。经帐是实。

嘉庆二十四年(1819年)十一月　日　立经帐　钱奇宾　押

凭中　沈余源　押

张瑞周　+

程师谦　押

邱步玉　+

例4:道光年间邹姓卖地经帐②

南一场二都二图淡□三斗二升,税(粮)田一亩八分正。

佃陈大,实办租米二石正。(横塘桥西)

又　七都五图号□一斗九升,粮田八分。

佃赵招元,实办租米九斗正。

又　一都四图官□三斗二升,粮田八分。

佃邹二宝,实办租米九斗正。

欲售与人,原(愿)者即便成交。是实。

出经帐　　邹　+

[约道光年间]

---

① 原件藏东京大学东洋文化研究所,收藏编号为8-21号。录自杨国桢《明清土地契约文书研究》(修订版),中国人民大学出版社2009年版,第188页。

② 原件藏东京大学东洋文化研究所,收藏编号为6-394号。录自杨国桢《明清土地契约文书研究》(修订版),中国人民大学出版社2009年版,第189页。

例 5：民国年间李桂卖地出帐①

立出帐人李桂,今有河甫基塘一号一坵,虚实中税一亩二分零,要取时价银一百七十两。如有财东合意者,执帐同中酌议。[民国年间]

上述五件卖地(房)帐均是土地、房屋出卖时征询相关利益人意见的书面文件,尽管具体内容不尽相同,详略不一,这五件卖地(房)帐都有卖主姓名或署名、土地概况或坐落、要约邀请等内容,这已经具备了卖地(房)帐的基本要素。一份帐目,主要内容就是卖主把所卖田宅的基本情况写清楚,然后表明自己出卖的意图。至于其他内容,都不重要,可有可无,对帐目的成立没有根本影响。

"嵬名法宝达卖地文书"虽有一定程度残缺,但经过整理补充,基本内容仍然清晰可见。其中,卖地人姓名、土地概况、要约邀请三项据以判断卖地(房)帐性质的内容都具备。而且,与上述五件文书一样,都没有买受人出现,都缺少违约责任条款,所立文书无一例外都是"帐"而不是"契"。据此可以断定,就实质要件而言,"嵬名法宝达卖地文书"与上述五件卖地(房)帐是一致的,二者是同一类型的文书,这件文书其实就是买卖土地之前征询亲邻意见的文书,即帐或帐目。因而,这件文书应定名为"年代不详嵬名法宝达卖地帐",或简称"嵬名法宝达卖地帐"。

三、"嵬名法宝达卖地帐"之发现意义

"嵬名法宝达卖地帐"的发现具有重要意义。通过这件文书,可以发现西夏社会存在着问亲邻现象:土地买卖首先要询问有服亲属,其次是四邻,然后才能卖与其他人。这一现象,原本盛行于中原汉法区域。由此可见,唐宋契约制度对西夏有一定影响,西夏社会一定程度上接受了中原汉法。通过该文书,可以进一步探索汉民族与西北少数民族法律文化的交流与融合。

该文书也为我们了解西夏社会的土地买卖过程提供了可靠的信息。唐宋时期的土地买卖要经历申牒、问帐、立契、过割、税契等诸多环节。西夏社会的

---

① 谭棣华、赵令扬:"从广州爱育堂契约文书看清代珠江三角洲的土地关系",载《中国社会经济史研究》1987 年第 4 期。

土地买卖程序是否与唐宋一样,不得而知。这份文书的发现为我们提供了初步的答案。至少我们知道,西夏社会在一段时期内是存在立帐取问亲邻制度的。这份文书为我们研究西夏时期的土地买卖过程提供了不可多得的珍贵资料,其价值不言而喻。

该文书也为我们研究帐的发展演变提供了一手资料。一直以来,对帐的研究和重视程度远不如契约。这主要是因为关于帐的文献资料过少,尤其是实物的帐更是少之又少。现在已知最早的帐出自元代福建晋江地区,系清道光年间抄件,即前引例1和例2。明代没有发现。清代有两件卖地(房)帐,即前引例3和例4。民国有一件,即前引例5。唐宋时期没有发现同类文书。"嵬名法宝达卖地帐"的发现恰好填补了这一时段的空白,使帐目的发展从时间上能够有比较完整的衔接,我们借此可以窥见帐目发展史的全貌。通过这六件卖地(房)帐的比较,可以发现帐的内容日趋简化,询问的对象也从亲邻扩展至不特定的多数人,表明国家已经放宽了限制。通过这些变化,可以探究中国传统社会土地买卖的发展趋势并分析其原因。

综上所述,"嵬名法宝达卖地帐"的发现对于研究中国契约史、土地买卖史、法律文化交流史,都具有重要意义。

唐宋时期买卖契约与借贷契约中的人保制度探析

张姗姗[*]

一、引言：中国古代早期契约成立的形式要件与保人的出现

考察西周至隋唐之前的契约原件，我们能够发现中国古代早期契约成立要符合一些特定的形式要件要求。《中国历代契约会编考释》收录的西周时期契约共9件[①]，除去其中2件契约（买奴契约、赔偿契约）之外，其余7件分别是与土地相关的典田、租田、易田、觅田、赠田契约[②]。这7件契约原件向我们展示了涉及土地的契约在成立时要符合特定的形式要求：即需要特定的人物到涉及交易的特定土地上，履行特定的仪式来完成现场授田和受田。汉时，契约中明确记载"沽旁二斗""古酒旁二斗""沽酒各半"[③]，至三国、魏、晋、南北朝、高昌时期，这种契约成立时所要求符合的形式要件在契约中仍有明显的体现。

从唐朝开始，人们在契约条款中逐渐放弃记录用酒食获得证人及酬谢他们的文字内容。与此同时，人保条款的出现是契约内容约定上较为明显的一个变化，如《唐显庆五年(660年)天山县张利富举钱契》记载："若身东西不在，一仰妻儿及保人等代。"[④]同一时期，国家法律对保人的地位及责任也有明确的

---

[*] 张姗姗，东北师范大学政法学院副教授，法学博士。吉林大学法学院法律史专业2003级硕士研究生、法学理论专业2006级博士研究生，师从霍存福教授。

[①] 参见张传玺主编：《中国历代契约会编考释》（上），北京大学出版社1995年版，第3~18页。

[②] 文中契约名称和契约编号皆来源于张传玺先生在《中国历代契约会编考释》中的分类与编号。

[③] 此种语言表述可参见张传玺主编：《中国历代契约会编考释》（上），北京大学出版社1995年版，第40页、46页、47页、49页、57页、58页、61页、67页。

[④] 张传玺主编：《中国历代契约会编考释》（上），北京大学出版社1995年版，第331页。

法律规定,如《唐令拾遗·杂令》"公私以财物出举"条中规定:"如负债者逃,保人代偿。"①从这一时期开始,人保制度不论是在契约实践之中,还是在国家法律层面都得到了制度化的体现。

二、买卖契约中的人保条款及其解析

根据张传玺在《中国历代契约会编考释》中所收录的契约原件,笔者对唐宋时期买卖契约中的担保条款进行了统计,因为这一时期的 52 件买卖契约②中没有物保的约定,所以表 1 仅反映了其中所存在的人保条款。

表 1:唐、宋时期买卖契约中的人保条款

契约编号	契约名称	保人数量	人保条款
160	唐总章元年(668 年)高昌张潘堌卖草契	2	1. 如身东西不到高昌者,仰收后者别还 2. 如身东西不在者,一仰妻儿及保人知(只)当
161	唐咸亨四年(673 年)康国康乌破延卖驼契	2	若驼有人寒盗[認偋](呵道认名)者,一仰本主及保人酬(承)当
162	唐开元十九年(731 年)高昌商胡米禄山卖婢市券	5	又责得保人石曹主等伍人,欵保不是寒良 诋诱等色者
163	唐开元二十年(732 年)高昌田元瑜卖婢市券	5	又责得保人陈希演等五人,欵保上件人婢不是寒良 诋诱等色。如后虚妄,主保当罪
164	唐开元二十一年(733 年)西州康思礼卖马契	3	如后有人寒盗识认者,一仰主、保知(支)当,不关买人之事

---

① [日]仁井田陞:《唐令拾遗·杂令》"公私以财物出举"条,栗劲、霍存福、王占通、郭延德译,长春出版社 1989 年版,第 789 页。

② 表 1 所统计的唐宋时期:包括唐五代(含吐蕃占领敦煌时期)、北宋以及南宋时期,买卖契约编号:154 号至 193 号、契约 404 号至 408 号和 412 号至 418 号。52 件契约不包括唐宋时期的"买地券",主要原因是买地券的性质不同于一般的买卖契约。"买地券作为一种明器,产生于东汉前期,历时一千七八百年,一直沿用到明清"。张传玺:《契约史买地券研究》,中华书局 2008 年版,第 230 页。

续表

契约编号	契约名称	保人数量	人保条款
165	唐开元二十九年(741年)于阗兴胡安忽婆卖牛契	1	如后牛有寒盗,并仰主、保知(支)当,不忓(干)买人之事
166	唐天宝三载—至德三载(744－758年)间敦煌行客王修智卖胡奴市券	5	……安神庆等,欵保前件人奴,是贱不虚
169	吐蕃寅年(822年?)敦煌令狐宠卖牛契	3	如后牛若有人识认,称是寒盗,一仰主、保知(支)当,不忓(干)卖(买)人之事
173	唐大中六年(852年)敦煌僧张月光博园田契①	3	1. 或有人忏恠园林舍宅田地等,称为主记者,一仰僧张月光父子知(支)当 如身东西不在,一仰口承男知当
176	唐乾宁四年(897年)敦煌张义全卖宅舍契(甲)	缺	其舍一买已后,中间若有亲姻兄弟兼及别人称为主已(记)者,一仰旧舍主张义全及男粉子,支子祗(支)当还替,不忓(干)买舍人之事
177	唐乾宁四年(897年)敦煌张义全卖宅舍契(乙)	缺	其舍[一买]已后,中间若有亲姻兄弟兼及别人称当为主者,一仰旧舍主张义全及男粉子,祗当还替,不忓买舍人之事
181	唐天复九年(909年)敦煌安力子卖地契	缺	中间若亲姻兄弟及别人诤论上件地者,一仰口承人男揭搔兄弟祗(支)当,不忓买人之事
187	后晋天福四年(939年)京兆府韩勋卖宅契	2	缺文
406	北宋太平兴国七年(982年)敦煌吕住盈等卖舍契	缺	自卖已后,……若中间有兄弟及别人诤论此舍来者,一仰口承[人]……二人面上□并邻舍充替

① 契约173号尾部有3名保人署名,分别是:保人男坚坚、保人男手坚、保人弟张日兴。从该3人署名,可知其与卖方张月光的关系为父子和兄弟。该契约中的人保条款与表1中的其余4件契约有所不同,较为特殊。该契约中存在两层保证关系:一层保证关系是由契约后署名的3个保人保证所卖园田的所有权无瑕疵;另一层保证关系是保证买方和卖方反悔时的责任承担,根据契约记载:"一定已后,不许休悔。如先悔者,罚麦贰拾驮入军粮,仍决丈(杖)卅。如身东西不在,一仰口承人知当。"可知,第二层人保条款对买卖双方都适用。

在这 52 件买卖契约中,不动产买卖契约①共 30 件,人保条款部分出现残缺的契约有 6 件②,其余 24 件为完整契约。通过表 1 可见,只有 6 件契约存在人保条款,占到完整契约的 25%。其余 22 件动产交易契约,人保条款部分出现残缺的契约共 6 件③,明确不存在人保条款的契约共 8 件④,存在人保条款的契约有 8 件,将券残契约除外,有人保条款的契约占到动产交易契约的 50%,其比例与不动产交易相比较高。

(一)不动产买卖契约中人保条款的分析

1. 保人身份固定化

通过表 1 可见,一方面在不动产买卖契约中,人保条款所占比例较低;另一方面,在有人保条款的契约中,保人身份均为卖方的亲属,诸如"保人男""保人弟""男粉子、支子""口承人"等。可见,唐、宋时期不动产买卖契约中的保人身份主要是家内保证人。

根据人保条款所记载的内容,主要是针对"中间若有亲姻兄弟兼及别人称当为主者"所设定的担保,可见,这部分保人所承担的保证责任是所有权瑕疵担保责任,具体责任承担形式是一旦出现所有权瑕疵,则由卖主与家内保证人"觅上好地"或"觅上好房"充替。由于中国古代家族一体观念,以及子孙卑幼不得私有财产,如唐、宋律规定:"诸同居卑幼,私辄用财者,十匹笞十,十匹加一等,罪止杖一百。"疏文解释道:"凡同居之内,必有尊长。尊长既在,子孙无以自专。"⑤

---

① 契约编号:154 号、156 号、170 号、171 号、173 – 181 号、404 – 407 号、412 – 418 号。
② 契约编号:156 号、175 号、180 号、192 号、404 号、407 号。
③ 契约编号:157 号、158 号、159 号、168 号、185 号、189 号。
④ 契约编号:155 号、167 号、172 号、182 号、183 号、186 号、190 号、408 号。其中 167 号契约比较特殊,在契约原文中没有人保条款,约定"如后有人称是寒道(盗)认识者,一仰本主卖(买)上好牛充替",但是契约尾部却存在 3 个保人的署名。由此推断,在该契约中,保人的责任是虚置的,没有任何实质内容。故在统计人保条款时,将该契约排除在外。
⑤ 参见(唐)长孙无忌等撰:《唐律疏议》卷十二《户婚》"同居卑幼私辄用财"条,刘俊文点校,法律出版社 1999 年版,第 263 页;(北宋)窦仪等撰:《宋刑统》卷十二《户婚律》"卑幼私用财"条,薛梅卿点校,法律出版社 1999 年版,第 221 页。

2. 保证责任的单一性与单向性

从表1所列人保条款的内容可知,唐、宋时期不动产买卖契约中的人保条款主要是为了向买方担保所有权无瑕疵而设立的。而对于卖方而言,最为关键的是价金的及时支付,对此,卖方似乎并不担心,无须买方提供担保,主要原因在于唐、宋时期的不动产买卖多为即时性交易,即在订立契约时,钱物两清。

在唐代不动产买卖契约中广泛存在诸如:"钱即毕,舍即付"①"其地及麦当日交相分付,一无悬欠"②"其舍及口,当日交相分付讫,并无升合玄(悬)欠"③等类似表明即时性交易完成的条款。

到了宋朝,人们为了表明即时性交易的实际履行情况,在契约尾部常常附加交易价款已经批领的内容,如《南宋嘉定八年(1215年)祁门县吴拱卖山地契》④载:"今于契后批领:项七仁后坞高山山地价钱前去足讫,并无少欠。今于契后批领为照。同前年　月　日";《南宋淳祐十二年(1251年)徽州李从致卖山田契》⑤在契约内容中表明"其钱当立契日以(一)并交领足讫,不零少欠文分",之后在契约尾部记载"今于胡南仕名下领前项四至田肆亩、田壹角贰拾步,契内价钱拾捌界官会壹佰陆拾贯,前去足讫,并无少欠。别不立碎领,只此契后壹领为照。同前月日"等。此外,也有在契内表明钱已领取的条款,如《南宋宝祐三年(1255年)祁门县周文贵卖山地契》⑥载"其钱当立契日一并交收足讫,其契后更不批领",等等。通过上述买卖契约原件的记载,我们可以看到,不动产买卖契约多为即时性交易,价金一般在契约成立时就随即进行了支付。赊买卖在唐、宋不动产买卖中较为少见,这也是人保条款在不动产买卖契约中出现几率较低、地位不突显的重要原因之一。

对于价金支付,有的买方为了防止卖方昏赖价款,纳价之后通过向官府申牒,以获得加盖官印的文书进行确认。如《宋乾德六年九月释门法律庆深牒》

---

① 张传玺主编:《中国历代契约会编考释》(上),北京大学出版社1995年版,第196页。
② 同上书,第216页。
③ 同上书,第223页。
④ 同上书,第532~533页。
⑤ 同上书,第534~535页。
⑥ 同上书,第536~537页。

记载：

> 释门法律庆深
>
> 右庆深祖业较少，居止不宽，于儒风坊巷张佑子院中有张清奴绝嗣舍两口，今庆深于官纳价讫。伏恐后时，再有搅扰，特乞台造判印。凭由，伏听处分。
>
> 牒件状如前　谨牒。
>
> 　　　　　　　　　　　乾德六年九月　日　释门法律庆深牒。①

该牒记载了买方庆深购买房产的原因、房产位置以及在官府完成纳价行为的情形，希望官府给予加盖官印的文书，进而防止卖方在交易完成之后的昏赖行为。

(二) 动产买卖契约中人保条款的分析

1. 保人身份多样化

根据表 1 所录人保条款，我们看到，对于动产买卖契约的保人身份不局限于家内保证人，即除妻儿之外，广泛存在家外保证人的情形。如《唐总章元年(668 年)高昌张潘埵卖草契》所载保人为"竹阿阇利、樊曾口"②，《唐咸亨四年(673 年)康国康乌破延卖驼契》载保人为"都护人敦、同乡人康莫遮"③，《唐开元十九年(731 年)高昌商胡米禄山卖婢市券》载保人为"高昌县石曹主、同县曹娑堪、同县康薄鼻、寄住康萨登、高昌县罗易没"，等等。从保人的署名可知，保人多为出卖人的周围之人，或为同乡、或为朋友。

2. 保证责任的多重性

根据前文对表 1 的分析，存在人保条款的契约占到动产交易契约的 50%，相对不动产交易来说，比例较高。人保条款所出现的动产交易种类涉及草、奴婢、马、牛、驼等，范围较广。根据《中国历代契约会编考释》所收录的契约，动产交易主要集中在奴婢、马牛驼螺驴的买卖。

---

① 王震亚、赵莹：《敦煌残卷争讼文牒集释》，甘肃人民出版社 1993 年版，第 40 页。
② 张传玺主编：《中国历代契约会编考释》(上)，北京大学出版社 1995 年版，第 201 页。
③ 同上书，第 203 页。

对于奴婢、马牛驼骡驴等特定类型物的买卖,买卖双方需要订立市券,唐、宋法律规定:"令无私契之文,不准私券之限。"①法律强制当事人履行订立市券这一程序。同时,要求订立市券之后,如果标的物有旧病,而且买方在订立市券时不知情,则允许买方反悔。以《中国历代契约会编考释》中所收录的唐、宋动产买卖契约为例,买卖奴婢、马牛驼骡驴的契约总共 18 件②,其中市券 3 件③,其余 15 件均为私契。在 3 件市券中,保人数量都为 5 人;在 11 件私契中,《唐高昌赵荫子等博牛券》④和《唐咸亨四年(673 年)康国康乌破延卖驼契》⑤分别记载了"……保集日,别立市劝(券)"和"待保未集,且立私契;保人集,别市契",表明有可能在 5 个保人到齐的情况下订立市券,由于史料缺乏,究竟是否订立市券,目前尚无从考证。但毋庸置疑,保人在奴婢、马牛驼骡驴买卖中占有重要的地位,他们在契约关系中所承担的主要担保责任是所有权瑕疵担保。

考察表 1,我们可以看到在动产买卖中,保人责任也不仅仅局限于所有权瑕疵的担保责任,某些场合还要担保契约的履行,如契约 160 号《唐总章元年(668 年)高昌张潘塠》记载:

> 总章元年六月三日,崇化乡人左憻憙交用银钱肆拾,顺义乡张潘塠边取草玖拾韦卩。如到高昌之日不得草玖韦者⑥,还银钱陆拾文。如身东西不到高昌者,仰收后者别还。若草好恶之中,任为左意。如身东西不在者,一仰妻儿及保人知(支)当。两和立契,获指为信。如草□高昌□。
>
> 钱主左
> 取草人张潘塠
> 保人竹阿阇利

---

① (唐)长孙无忌等撰:《唐律疏议》卷二十六《杂律》,刘俊文点校,法律出版社 1999 年版,第 538~539 页;(北宋)窦仪等撰:《宋刑统》卷二十六《杂律》,薛梅卿点校,法律出版社 1999 年版,第 485 页。
② 契约编号分别是 155、157、158、159、161、162、163、164、165、166、167、168、169、182、183、186、190、408。
③ 契约编号分别是 162、163、166。
④ 张传玺主编:《中国历代契约会编考释》(上),北京大学出版社 1995 年版,第 199~200 页。
⑤ 同上书,第 202~203 页。
⑥ [玖]下脱一[拾]字。

保人樊曾□
同伴人和广护

根据该契约内容,可知双方约定给付草的地点是到达高昌之日,双方关于人保条款有两层约定:一是约定"如身东西不到高昌者,仰收后者别还",主要针对的是假如张潘埍没有达到高昌却发生逃亡或死亡,那么左憧憙从收割草的人那里得到履行保证;二是约定草的好坏由左憧憙评定,如发生张潘埍逃亡或死亡的情形,由妻儿和保人来承担责任,他们所承担的依然是履行保证,或给予玖拾韦草,或给予银钱陆拾文。

总体来看,不动产买卖契约中人保条款的特点是保人身份固定化,保证责任主要是卖方所有权瑕疵担保,即关注权利瑕疵,而不是物的瑕疵,保证责任具有单一性与单向性。而动产买卖契约中人保条款的特点是保人身份较为多样化,保证责任除了所有权瑕疵担保之外,还有履行保证。

三、借贷契约中的人保条款及保人责任

(一)人保与物保在借贷契约中的不同地位

据笔者统计,《中国历代契约会编考释》共收录了78件[1](请贷牒不计入内)唐五代时期(包括吐蕃占领敦煌时期)的借贷契约,其中人保条款部分券残的契约共有8件[2],不存在人保条款的契约共11件[3],其余59件契约均存在人保条款,占到了完整契约的84%。据笔者统计,在59件存在人保条款的契约中,除了卷残不能辨明保人身份的4件[4]契约之外,单独由家内成员充当保人的契约共32件[5],由家内成员与家外成员共同充当保人的契约共11件[6],单独

---

[1] 契约编号:260号至330号、501号至507号。
[2] 契约编号:276号、277号、279号、283号、300号、301号、302号、330号。
[3] 契约编号:260号、280号、281号、299号、304号、307号、309号、316号、502号、504号、507号。
[4] 契约编号:273号、284号、292号、293号。
[5] 契约编号:262号、263号、264号、268号、269号、271号、272号、274号、287号、289号、294号、295号、303号、305号、306号、308号、310号、311号、312号、313号、314号、315号、317号、318号、319号、320号、324号、326号、501号、503号、505号、506号。
[6] 契约编号:261号、265号、266号、267号、270号、275号、288号、290号、291号、296号、328号。

由家外成员充当保人的契约有12件①。可见,在借贷契约的保人选择上,家内成员在承担担保责任方面发挥了主要的作用。

除了人保条款之外,在这78件借贷契约中,存在物保条款的契约仅有8件,且均为债务人以自己所有的财物提供物保,并没有出现以第三人的财物作物保的情形,具体内容见表2:

表2:唐宋时期借贷契约中的物保条款

契约编号	契约名称	借贷额度	物保条款
267	唐乾封三年(668年)高昌张善憙举钱契	贰拾文	若延引不与左钱者,将中渠菜园半亩,与作钱质,要须得好菜处
269	唐总章三年(670年)高昌白怀洛举钱契	拾文	仍将口分、蒲桃(葡萄)用作钱质
294	吐蕃卯年(835年?)敦煌武光儿典车便麦契	麦拾伍硕	其车壹乘为典
295	吐蕃巳年(837年?)敦煌李和和等便粟契	麦肆汉硕、粟八汉硕	典贰斗铁铛壹口
298	唐大中十二年(858年)敦煌孟憨奴便麦粟契	麦陆硕	其典勿(物)大华(铧)一孔,众釜一冨(富)
300	乙丑年(905年?)敦煌索猪狗便麦契	麦叁硕	他自将大头钏壹只,欠麦两硕,其麦后至十二月末
329	某年敦煌曹清奴押铛便豆麦契	麦肆硕,□豆一[硕]	如违限不还,其典铛壹口,没□□请倍(赔)
507	某年敦煌张他没赞便粟麦契	粟肆硕,麦伍硕	典驴壹[头]

通过对比人保与物保在借贷契约中所出现的频率,我们可知,双方当事人

---

① 契约编号:278号、282号、285号、286号、297号、298号、321号、322号、323号、325号、327号、329号。

在借贷契约中更加倾向于依赖人保的担保方式,物保并不是当事人在借贷契约中所选用的主要担保手段。同时,在设定物保的契约中,"质物均要被债权人没收,同时还要加倍收息(一本一利),质物实际上没有发挥抵折部分借贷物价值的作用。像《杂令》所说的那种'收质者,非对物主不得辄卖。若计利过本不赎,听告市司对卖,有剩还之'的质物处理原则及程序,在契约中是看不到的"。①

此外,在表2所列的8件存在物保的借贷契约中,仅有507号契约没有人保条款,其余7件契约人保与物保并存,可见,物保在唐宋时期还不能作为取代人保的唯一担保方式出现在契约中。人们对人保与物保的选择倾向,体现了人们在契约实践中对人的信任,而不是对财产的信任。分析其原因大概有如下两个方面:一是可供人们选择用来作为物保的标的物的缺乏,诸如马、牛等牲畜,车、大铧等生产工具,一旦作为物保使用,债务人就会失去其使用权。由于物质资料的相对缺乏,我们在表2所列8件存在物保的契约中,也未看见以第三人财物做物保的情形;二是由于中国古代社会结构具有一定程度的稳定性,以人保作为担保方式在一定程度上可以实现人们分担风险的预期,并且在熟人社会互相作保的情形也较为普遍。

(二)保人在借贷契约中所承担的保证责任

1. 偿还责任——留住保证制与补充支付义务

针对借贷契约,《唐令拾遗·杂令》"公私以财物出举"条以及《宋刑统》卷二十六《杂律》"受寄财物辄费用"条规定:

> 诸公私以财物出举者,任依私契,官不为理。每月取利不得过六分,积日虽多,不得过一倍。若官物及公廨,本利停讫,每计过五十日不送尽者,余本生利如初,不得更过一倍。家资尽者,役身折酬。役通取户内男口,又不得回利为本。(其放财物为粟麦者,亦不得回利为本,及过一倍。)若违法积利、契外掣夺及非出息之债者,官为理。收质者,非对物主不得

---

① 霍存福:"论中国古代契约与国家法的关系——以唐代法律与借贷契约的关系为中心",载《当代法学》2005年第1期。

辄卖。若计利过本不赎，听告市司对卖，有剩还之。如负债者逃，保人代偿。①

"负债者逃，保人代偿"保证制度也为后来的宋元制度所沿袭。南宋《庆元条法事类·财用门·理欠》及《杂门·出举债负》都引用了南宋《关市令》："诸负债违契不偿，官为理索。欠者逃亡，保人代偿，各不得留禁。"②南宋法令禁止拘押债务人及保人人身，坚持官署为之督促还债的处理方法，这也是唐以来国家的一贯原则。元代制度，据《至元杂令》载："诸以财物出举者，每月取利不得过三分，积日虽多，不得过一倍，亦不得回利为利本，及立倍契。若欠户全逃，保人自用代偿。"③

可见，"负债者逃，保人代偿"反映了官方一直以来对保证责任的基本态度：如一旦出现债务人逃脱的情况，保人就应当代替其偿还债务，以实现对债权的保护，即保人的责任是保证举贷者不逃亡。而"负债者逃"一般应该理解为"欠户全逃"，关于这一点上文《至元杂令》的规定更为明确，即"欠户全逃，保人自用代偿"。可见，假如负债者未逃亡，法律没有规定保人的支付保证，即不考虑债务人的实际支付能力，只要其在原地未逃亡，保人就不负偿还义务。

此外，保人的留住保证义务与补充支付义务相结合。《宋刑统》卷二十六《杂律》"受寄财物辄费用"条所附唐元和五年十一月六日敕节文："应诸色人中，身是卑幼，不告家长，私举公私钱物等，多有此色子弟，凶恶徒党之交结，便与作保，举诸司及形要家钱物，同为非道破用，家有尊长，都不知委。及征收本利，举者便东西，保人等即称举钱主见有家宅、庄业，请便收纳，喧诉相次，实扰府县。今后如有此色举钱，无尊者同署文契，推问得实，其举钱主在与不在，其

---

① ［日］仁井田陞：《唐令拾遗·杂令》"公私以财物出举"条，栗劲、霍存福、王占通、郭延德译，长春出版社1989年版，第789页；（北宋）窦仪等撰：《宋刑统》卷二十六《杂律》"受寄财物辄费用"条，薛梅卿点校，法律出版社1999年版，第468页。
② 《庆元条法事类》卷32《财用门》之三《理欠·令》，卷80《杂门·出举债负》，杨一凡、田涛主编：《中国珍稀法律典籍续编》（一），戴建国点校，黑龙江人民出版社2002年版，第518页、903页。
③ 《至元杂令》，黄时鉴辑点：《元代法律资料辑存》，浙江古籍出版社1988年版，第39页。

保人等并请先决二十,其本利仍令均摊填纳,冀绝奸计。"①从此条我们可以看到,即便债务人逃亡,但只要其家宅、庄业可供偿还,保人仍然可以不负责任。只有在债务人逃亡且没有财物可以抵挡债负时,保人才负偿还义务。由此,我们可以看到,保人的偿还义务是留住保证制与补充支付义务相结合的担保责任。

关于留住保证制,当事人在借贷契约中也有明确约定,保人履行代偿义务的条件即"身东西不在""身东西无""身东西没落""身东西不平善"等。沙知先生认为"东西"意为"逃避""逃亡";"不在"则是死的讳词。②此种类似契约语言的表达具有一定的时期性特点,以《历代契约会编考释》所收录的借贷契约为例,从《唐显庆五年(660年)天山县张利富举钱契》开始,人们在契约中广泛使用"身东西不在"或"身东西"或"身不在",直到《乙酉年(925年?)敦煌张保全贷绢契》改用"身东西不平善"③的表达方式,一直到《甲申年(984年?)敦煌曹延延贷绢契》都在沿用,"不平善"的出现与唐末、五代时期社会动乱,战争频繁相关。

2. 保人的谨慎作保责任

法律要求保人承担谨慎作保义务,"如是卑幼骨肉蒙昧尊长,专擅典卖、质举、倚当,或伪署尊长姓名,其卑幼及牙保引致人等,并当重断,钱业各还两主。其钱已经卑幼破用,无可征偿者,不在更于家主尊长处征理之限"。④可见,法律要求一旦出现卑幼骨肉蒙昧尊长为契约行为,包括买卖、借贷等行为时,保人不得为此等人作保。从此规定可看出,保人违反法律规定谨慎作保义务,会受到法律处罚。《唐会要》卷八十八记载唐元和五年十一月敕:"应中外官有子弟凶恶,不告家长,私举公私钱,无尊长同署文契者,其举钱主并保人各决二

---

① (北宋)窦仪等撰:《宋刑统》卷二十六《杂律》"受寄财物辄费用"条,薛梅卿点校,法律出版社1999年版,第469页。
② 季羡林主编:《敦煌学大辞典》,上海辞书出版社1998年版,第390页。
③ 张传玺主编:《中国历代契约会编考释》(上),北京大学出版社1995年版,第383页。
④ (北宋)窦仪等撰:《宋刑统》卷十三《户婚律》"典卖指当论竞物业"条,薛梅卿点校,法律出版社1999年版,第231页。

十,仍均摊货纳。"① 可见,法律要求保人为谨慎作保义务,否则一旦出现卑幼不告家长私自借贷公私钱,且没有尊长在契约上同时署名的情况,保人不仅要受皮肉之苦,而且还要承担经济损失,此时保人所承担的就不是留住保证与补充支付义务了,而是要求他们与债务人均摊本利,并排除家长的偿还责任。这样规定的主要目的是防止主体不合格的立约人,诸如子孙弟侄等卑幼与保人相勾结,破败家业,保人却根据留住保证制与补充支付义务来免除自己的责任,并通过与子孙弟侄等卑幼勾结得到某些好处。

四、结 语

综上,以《历代契约会编考释》所收录的契约为分析对象,在人保与物保的选择上,唐宋时期的买卖契约与借贷契约表现出了较为明显的倾向。买卖契约中没有出现物保的担保方式,主要是由于交易多为即时性交易,而人保条款也并不是每契必具,不动产买卖契约中人保条款的比例要低于动产买卖契约中的比例。而对于借贷契约而言,虽然在一些契约中出现了物保条款,但囿于可供选择作为物保的标的物的缺乏以及物保本身对债务人使用物的限制,人们更加倾向于选择人保,而且比较非常高。同时,对比买卖契约与借贷契约,我们看到,契约当事人更加重视人保在借贷契约的地位与作用,这与借贷契约双方当事人权利义务的履行特点相关。但不管何种契约类型,人保制度的出现都反映了我国契约制度的进一步发展,特别是在契约中开始明确规定保人责任,契约尾部也大量出现保人画押、署名的情形,这在某种程度上使得契约风险分担的对象范围扩大,改变了以往一旦契约相对方死亡、逃亡或没有能力履行契约时,守约方就无法得到有效救济的现象。这种改变在某种程度上对中国古代契约的发展起到了重要影响,这一方面有利于人们在心理上更易接受契约这一交易方式,另一方面也有利于提高契约的普遍使用程度。

---

① (北宋)王溥:《唐会要》(下),上海古籍出版社 2006 年版,第 1920 页。

元代中原地区租佃契约文书与吐鲁番回鹘文租契的比较研究

武航宇[*]

元代统治初期的野蛮政策对中原经济造成巨大破坏,但同时,由于其大抵承袭了宋代的政治经济制度,其本身也迅速封建化,所以租佃制度依然盛行,其租佃契约处于发展的成熟阶段,具有一定的代表性。边远的吐鲁番地区租佃制度也有相当的发展,具有较强的地域性和民族性,李经纬先生编著的《吐鲁番回鹘文社会经济文书研究》中所收录的租佃契约文书就是很好的明证。

元朝中原地区的租佃契约样式,当以张传玺先生收集在《中国历代契约会编考释》中的《元当何田地约式》为典型。它至迟是在元朝中期泰定帝的泰定元年(1324年)以前(该年有该书的重刊本),就已形成。该契式云:

> 厶里厶都姓　厶
> 右厶今得厶人保委,就厶处厶人宅当何得田若干段,总计几亩零几步,坐落厶都,土名厶处。东至、西至、南至、北至。前去耕作。候到冬收成了毕,备一色干净圆米若干石,送至厶处仓所交纳,即不敢冒称水旱,以熟作荒,故行坐欠。如有此色,且保人自用知当,甘伏代还不词。谨约。
> 　年　　　月　　　日
> 　　　　　　　　　　　　　　佃人姓　厶　号　约
> 　　　　　　　　　　　　　　保人姓　厶　号[①]

---

[*] 武航宇,沈阳师范大学法学院副教授,吉林大学法学院法律史专业2002级硕士研究生、2009级博士研究生,师从霍存福教授。

[①] 黄时鉴辑点:《元代法律资料辑存》,浙江古籍出版社1988年版,第239~240页。

通观该契式,其意项主要是:

1. 佃人所属行政区域、姓氏;
2. 强调该契是在保人同意承担担保责任前提下签订的;
3. 出租人地点(泛泛)、姓名;
4. 承租土地段落、面积、地点(所处行政区域、具体地名,四至);
5. 地租(交纳时间、质量、数量、交纳地点);
6. 欺诈行为列举,保人代还责任;
7. 签约日期、佃人姓名、保人姓名。

李经纬先生汉译并收集在其所著《吐鲁番回鹘文社会经济文书研究》①一书中的9件土地租佃契约文书,在时间上属于蒙元时期的故物。这些契约文书,与元朝中原地区契约有同有异,大抵既有吸收蒙元规则的一面,但更多的是保留了该地区及回鹘人传统的一面。

现摘引三例吐鲁番回鹘文租佃契约原文,以与中原汉文契约进行比较:

二·1契(伊利奇租田契):

鸡年二月十八(日),我伊利奇因需要种庄稼的土地,我把凯依姆杜的位于涯尔吐里坎的半石土地租用了。该地需要下多少种子,(我们)两个人均摊予以耕种,获得的收成我们均分。该地若有课税(派)米,我们两个人平均负担。此言之证人:喀喇·法师,证人:奇斯姆。这个手印是我伊里(利)奇的。我米四儿·色拉遵嘱而书。

二·2契(巴依·铁木耳租田契):

鸡年二月初十,因我巴依·铁木耳需要耕种棉花的土地,我把帖米奇的位于弗苏对面的葡萄园以十担棉花为租金,租了下来。这十担棉花在秋初时节,我将彻底付清。该葡萄园无论应出什么捐税,(都)由我帖米奇负担,巴依·铁木耳不负担。证人:诺姆·阔力,证人:博拉提。这个手印是我帖米奇的。(该文书是)我帖米奇本人写的。

---

① 李经纬:《吐鲁番回鹘文社会经济文书研究》,新疆人民出版社1996年版。下引契约文书内容及文书顺序号(如"二·8",为第一类文书即买卖契约第8件,余依此类推),皆据该书,不具引。

二·4 契(阿拉姆等人租田契):

兔年正月初一,我阿拉姆·喀喇(和)克尼逊(两人),因需要通用的钞(币),而把坐落在吐谷孜种庄稼的土地租给了阿尔特迷失·阿卡(和)阿帕,租金十二两钞,我们亲手付给了。证人:斯西都,证人:道人。这个印章是我们(俩人)的。我克纳自书写了(该文书)。

可以看出,回鹘文契约文书的基本结构,开头都是立契日期,继而是承佃人姓名及承佃原因(或出租人姓名与出租原因),出租人姓名与租出土地(或葡萄园)的位置与数量(或佃人姓名与所佃土地位置),其后是租金、交租时间(或种子、收成及赋税的承担方式),最后是证人名字、承佃人手印、书契人。其主要意项可以归纳为:

1. 签约日期;

2. 佃人姓名、承佃原因或用途(或出租人姓名与出租原因);

3. 出租人姓名与租出土地地点(所处具体地名)、面积(或所租土地位置与佃人姓名);

4. 租金、交租时间(或种子、收成及赋税的承担方式);

5. 证人名字,佃人(或出租人)姓名、手印,书契人姓名及书写文书声明。

这5个意项,已经是固定的格式,其他6件契约文书也大抵如此。

比较两类契约文书的意项,汉文之4、5、6是契约文书的核心,回鹘之2、3、4是契约文书的核心。汉文7相当于回鹘1、5,汉文1、3、4与回鹘2、3相应,汉文5与回鹘4相当。综合两类租佃契约文书的意项,我们拟依回鹘文契约文书的顺序,并将相关意项进行压缩,依次将其与汉文契约文书诸意项进行比较。

一、签约日期及契约文书的纪年方式问题

(一)签约日期

签约日期,在元代中原地区的习惯是排列在契约文书的尾部的,而吐鲁番地区则在契约文书的首句即写明立约的年月日。关于立约时间的记载位

置,我国在西周时,习惯于将立契时间记于契约文书的开头,汉唐以来基本上依此惯例。至宋始有变化,逐渐出现了将立契时间记于契约文书尾部的情形,元代以后基本上也将立契时间记于契约文书尾部。① 回鹘文租佃契约文书一律将立契时间列为第一项,表明吐鲁番地区虽隶属于元朝,但由于地域及文化的因素,契约文书条款格式方面仍保有此前的麴氏高昌时期在租佃契约文书首部罗列日期②的一些传统特征;在源流关系上,实际是遵循了汉唐惯例。

(二)契约文书的纪年方式

对于时间表示方法,元代中原地区多使用年号纪年、偶尔也用年号加干支的记载时间方式,这又与回鹘文租佃契约文书采用生肖纪年法不同。③ 而且,这9件契约文书的签订,当是在十二属相的从鼠年到猪年的一个轮次中发生的,未必会跨越两个轮次,这样就有一个按时间顺次重新为之排序的问题。其具体发生时间,可见下表:

表1

编号	签约时间	实际签约时间排序
二·1	鸡年二月十八(日)	8
二·2	鸡年二月初十	7
二·3	猴年正月 X 二日	6
二·4	兔年正月初一	1
二·5	马年六月十八日	4
二·6	马年三月十八日	3
二·7	猴年正月初二	5
二·8	马年二月二十日	2
二·9	狗年十一月初十	9

---

① 李祝环:"中国传统民事契约成立的要件",载《政法论坛》1997年第6期。
② 张传玺主编:《中国历代契约会编考释》,北京大学出版社1995年版,第134~162页。
③ 如"元至正二十七年(1367年)晋江县蒲阿友卖园地契"的结尾,用了"至正二十七年二月某日";又如"元至正二十七年(1367年)徽州吴凤郎卖山地红契"的结尾,署明时间是"至正丁未年十月十二日"。均见张传玺主编:《中国历代契约会编考释》,北京大学出版社1995年版,第585页。

9件契约文书中,共涉及兔年、马年、猴年、鸡年、狗年等5个年份。如果按照十二生肖序列并考虑到月日排列,则上述9件契约文书签订的时间顺序是:二·4、二·8、二·6、二·5、二·7、二·3、二·2、二·1、二·9。

相传中国春秋时就出现十二动物与十二地支相配的现象,回鹘人的生肖纪年与汉文化的这一传统可能有一定的联系。① 就地域而言,这也可能是汉族人建立的麴氏高昌政权,将汉文化带到了吐鲁番地区。麴氏高昌采用年号加干支的双重纪年方式,与前述元代中原地区偶尔采用年号加干支的纪年方式相同。而"兔年""猴年"等,恰恰就是"子鼠、丑牛、寅虎、卯兔"等干支中的"地支"与十二属相匹配的结果,代表的是地支。蒙元时期的吐鲁番回鹘人,可能因元朝中央政府对该地区统治有限,故其纪年方式没能与中原地区的主流纪年法相一致,而仍保持其本民族或该地区原有的传统纪年方式——生肖纪年。

二、租佃双方姓名、承佃(或出租)原因、土地位置与面积

(一)租佃双方姓名

在9件契约文书中,除了二·3号未明确注明出租人外(但该土地并非无主土地,从其他条款可以看出,该契约是存在出租人的),其余8件都写明了出租人、承佃人,约占总数的89%,可见,当时习俗是要清楚地交代租佃双方的,以显示对象的明确性和关系的确定性。

表2

编号	出租人	承佃人
二·1	凯依姆杜	伊里(利)奇
二·2	贴米奇	巴依·铁木耳
二·3	缺	腾斯图
二·4	阿拉姆·喀喇,克尼逊	阿尔特迷失·阿卡,阿帕
二·5	凯依姆杜	铁木耳,阿楚克

---

① 杨富学:"9—12世纪的沙州回鹘文化",载《敦煌学辑刊》1994年2期。

续表

编号	出租人	承佃人
二·6	凯依姆杜	米四儿
二·7	凯依姆杜	铁木耳·普化
二·8	米四儿	凯依姆杜
二·9	拖里	阿喇·铁木耳

同时，也可以看出，契约在表述上仍可见原始契约的那种形式性较强的风格，如"某人的土地（或葡萄园）"，传达的是声明拥有产权的信息，其所有权的确定性无可怀疑。

（二）租佃原因或用途

在这9件租佃契约文书中，全部明确地载明了承佃人佃田或出租人租出土地的原因或用途。见下表：

表 3

编号	租佃原因及用途
二·1	（承佃人）需要种庄稼的土地
二·2	（承佃人）需要种棉花的土地
二·3	（承佃人）需要土地，（租了）位于青格孜地方的种庄稼用的（土地）
二·4	（出租人）需要钞币
二·5	（承佃人）需要种谷子的土地
二·6	（承佃人）需要种谷子的土地
二·7	（承佃人）需要种庄稼的土地
二·8	（承佃人）需要加工食用的葡萄园
二·9	（承佃人）需要葡萄园

其中，只有二·4号契约是由于出租人的原因而发生的租佃关系，约占租佃契约总数的11%，其余8件都是应承佃人的请求而发生的租佃关系。从中可以推知，当时社会是"出租方市场"，出租人是这个市场的强势一方，而承佃方则是相对弱势的一方；土地拥有者依靠经济上的强势地位，居于契约关系的主导地位。因此形成了地主与佃农之间的经济强制型的租佃关系，这是常态。

像二·4号契约那种出租人急需钞币、从而在匆忙中租出土地,可能会引起富裕的佃田人利用低价承佃土地的情况,毕竟是变例,是少数。

明确约定的佃田用途,有2例种谷子,4例种庄稼(未确指何种作物),1例种棉花,2例仍作葡萄园,种植粮食作物的比例明显高于经济作物,表明粮食作为基本生活资料仍然是当时社会的主要需求,其次是酿酒用的葡萄园,又次是种植棉花。9件契约文书中,只有二·2号契约文书改变了土地的原有用途,即将葡萄园租来种植棉花,其余的仍然作原有用途。这里,从外观来看,是出于承佃方的需要;但其中有可能在很大程度上已包含了占优势地位的土地出租方的要求,即明确限定土地的用途,否则不租给承佃人。不过,粮食及棉花等日常生活用品对出租人而言,也是同等重要的,所以在葡萄园改种棉花的场合,出租人的租金也是棉花,是他所需要的生活资料。

(三)土地位置与面积

与中原汉文契约文书相比,吐鲁番回鹘文租佃契约文书缺乏土地段落的文字;对于面积,4件契约文书通过该地所需种子数量给予说明,其余5件则根本未提到所需种子数量,也就是不涉及面积问题;至于土地或园地坐落地点,也缺乏四至的说明。详情见下表:

表4

编号	土地或园地位置
二·1	位于涯尔吐里坎的半石土地
二·2	位于甫苏对面的葡萄园
二·3	位于青格孜地方的种庄稼用的(土地)
二·4	坐落在吐谷孜种庄稼的土地
二·5	位于西卡堡的、与依利奇共同有份的属于我的那半石土地
二·6	位于西卡堡的半石土地
二·7	坐落在恰坎的、跟依利奇有同等份额的土地中(可以播)两石(种子的)土地
二·8	坐落在火州的葡萄园
二·9	无

可以看出，蒙元时期吐鲁番地区的回鹘人仍保留着"论籽种不记顷亩"的耕种传统，还没有对土地进行精确丈量的习惯。① 故无论是原始契约还是续补契约，回鹘文契约文书或者根本不提土地面积，或者采用与中原地区不同的计量方法。中原地区出租土地以亩、步为计量单位，而吐鲁番地区则以能够播多少石种子为土地的计量标准。这种计量方法，肯定难以做到精确。而所谓的种子计量法，也只有"半石"或"两石"等以"石"为单位的粗略估算，而没有更精细到斗、升的统计。这与当时的可耕地较多、没有精细计算的必要，有较大的关系。但计数较粗甚至根本不提土地面积，表明当时在这方面的争执较少，习惯上都能接受这种做法。

回鹘文租佃契约文书中的土地或园地，只有地名（有的当是村落名，或地势名称；有的地名更大，如火州），仅指出了大致的地理方位，没有明确的四至（即东至、西至、南至、北至）记载。而同时的12件回鹘文土地或园地典卖契约文书中，却有7件准确地载明了明确的四至情况。在编号为二·10、二·11、二·12、二·13、二·16、二·19、二·21的7件卖地或卖园契约文书中，一般都使用"这块葡萄园（或土地）的四界是：东边以……为界；南边以……为界；西边以……为界，北边以……为界。这四界之内的葡萄园（或土地）"之类的句式来说明四至。只是个别的以"北东南西"或"东南北西"的顺序排列，有的使用"东临、南临、西临、北临"等字样，也只是用词或用句不同。买卖契约文书有四至，而租佃契约文书却缺乏四至，前者与元朝中原地区习惯同，后者却与之不同。因为前述《中国历代契约会编考释》中的元朝《当何田地约式》，就明确要求租约中要写明"东至、西至、南至、北至"的四至情况。租佃契约文书之缺乏四至，似不能用地域辽阔、计数粗糙来解释，因为这不能说明为何买卖契约有而租佃契约独无的问题。事情只能从租佃契约不发生所有权转移，一旦出现四至边界争执的情形，理当由出租方打理，承佃方无此义务。故只要写明大体位置就可以了，无须具体的四至说明。而这也可能就成为当地的交易习惯。

---

① 齐清顺："清代新疆维吾尔族地区农业生产的发展"，载《中国历史地理论丛》1996年3期。

三、租金、交租时间(或种子、收成及赋税的承担方式)

(一)租金

与中原地区相比,在有关租金的约定意项中,9个回鹘文租佃契约文书,均缺乏地租的交纳地点约定;尤其是并非所有的契约文书都有关于租金的明确约定,而在二·7、二·8两件契约文书中,又看不出应当交纳租金的迹象;同时,即使是明确约定了租金的契约文书,交租时间等也不同。具体如下表所示:

表5

编号	明确约定的租金条款		备注
	租金额	交租时间	
二·2	以十担棉花为租金	在初秋时节,我将彻底付清	
二·3	(付)二……谷子的酬金	春、秋两季?	原契在"酬金"之前有"春秋(两季)……半石麦子"残文
二·4	租金十二两钞	我们亲手付给了	在订立契约时,当已交付
二·9	六十罇钵酒的租金	缺	订立契约时,尚未交付租金

表6

编号	暗含的租金条款		备注
	租金额	交租时间	
二·1	种子均摊,收成均分,课税均担	按收成均分,其租金最终实现是在秋收时节	出租人得到收成的一半,在刨除一半的种子支出和一半的课税支出后,即是租金额
二·5	种子均摊,捐税均担		收成可能也是均分
二·6	种子均摊,捐税均担		收成可能也是均分

表7

编号	约定的庄稼(作物)、捐税归属	交易税承当方式	备注
二·7	承佃人	承佃人、出租人共同承担	出租人无所得
二·8	出租人		承佃人无所得

从上列3个附表可以看出：第一，在9个租佃契约文书中，有4件明确约定了租金，约占总数的44%；3件契约文书暗含了租金条款，约占总数33%。3件暗含租金条款的契约文书，二·1契约文书讲"获得的收成我们均分"，表明收获物的一半是作为租金付给出租人的(当然应刨除出租人所支付的一半种子和一半课税)；二·5契、二·6契虽未言及"收成均分"，但当与二·1契一样，也是均分的。① 另有两件比较特殊的契约文书，二·7文书约定庄稼、捐税归承佃人，二·8文书约定作物、捐税归出租人。前者似不存在租金，因为收获物与应纳的捐税都由承佃人负责，出租人得不到收获物，与惯例不符；如果一定要说存在租金的话，最多可以将承佃人交纳的捐税与两人共同承担的出租人交纳的交易税部分，理解为租金。后者收获物、捐税都归出租人，承佃人无所得，也不符合当时的习惯；若将捐税理解为租金，也较牵强。②

(二) 交租时间

关于租金的交付时间，明确约定的租金条款有约定"初秋时节付清"的，如

---

① 2·1契约中的种子、收成及赋税均由双方均分，可能是当时的一种民间惯例。据此可推断出2·5和2·6契约在双方均摊种子及赋税的条件下，收成也极可能是均分的，这一半的收成就大体相当于土地的租金。另外，二·2和二·8契，在出租方负担赋税的情况下，应当理解为租金中包含了赋税额。

② 也许我们应注意当事人之间经济交往频繁程度的因素。二·5、二·6、二·7、二·8四件契约，都是凯依姆杜在自马年至猴年的3年内，与另外两个人即铁木耳(一称铁木耳·普化)、米四儿发生租佃关系的；前3个契约是以凯依姆杜为出租方的，第4件是凯依姆杜为承佃方租用葡萄园。二·8契约签订于马年二月二十日，二·6契约签订于马年三月十八日；二·8契约对凯依姆杜无甚益处，到二·6契约是个弥补。二·5契约签订于马年六月十八日，二·7契约签订于猴年正月初二；二·5契约基本按照惯例进行，到二·7契约又给承佃方铁木耳·普化一个补偿。

二·2契;有的可能是春、秋两季交付的,如二·3契;暗含的租金条款,既约定收成均分,则其租金的最终实现时间,也当是在秋收时节,如二·1契(包括二·5、二·6两契)。像二·4契约文书的"租金十二两钞"在订立契约时当即交付的情形,是因应了出租方急需宝钞使用的需要。在这种情况下,租金额当会少于收获季节才行交纳的租金。

(三)租金的形式

在回鹘文契约文书中,租金的形式,无论就其实物或货币表现(实物地租或货币地租),还是其定额或分成方面(定额地租或分成地租),情况都比较复杂。在明确约定租金的4件租佃契约文书中,租金的形式,有3件是以棉花、谷子、酒等实物表现的;只有1件契约文书的租金是货币。另外3件暗含租金条款的契约文书,既以"庄稼"或"谷子"收获之后的均分最终实现租金交付,则其租金也是以谷物表现的。实物地租的比例明显高于货币地租,分别占总数7件契约文书的85.7%和14%。在理论上,承佃者种植何种作物,即以何种作物果实为租金,这种处理使得承佃者在交租之前不必进入交换领域。但粮食作物不作加工(交谷子而不交米),与中原地区习惯不同;租用葡萄园而以酒为租金,则是葡萄酿酒的加工之物,这又与中原习惯相同。与元代中原地区一样,地租形态以实物地租为主、以货币地租为辅,都是与其农业社会的特征相符合的。在发展阶段上,货币地租是比实物地租更为发达的一种租佃制,但本处唯有的一例以宝钞为租金的实例,是出租人急需钞币,匆忙以"十二两钞"为租金租出了种庄稼的土地。在相当程度上,是经济状况逼迫所致,而与地租形式的原始与发达无关。

(四)租金的数量

在租金数量上,定额地租的4件契约文书,缺乏土地面积的记载,无法计算出其地租额;分成地租的3件契约文书,"种子均摊,收成均分,课税均担",地租率在或剥削率在50%。这与元朝江南地区的定额租50%或60%~70%大体相当;惟其分成租,江南地区云"分收籽粒",黄河地区分成租也云"籽粒分收",但其如何"分收"的租率却均不详。① 又,分成租在宋元时期也叫"合种制",实际是一种变相的劳役地租。因佃户缺乏耕牛、种子,故不得不假于人。蒙元时期的吐鲁番虽不见租用地主耕牛的事情,但地主出一半种子,也表明佃户的种子是不足的,带有一定的"合种制"味道。

(五)赋税归属条款

元代中原租佃契约文书中缺乏赋税归属条款,而回鹘文契约文书则大部分具有赋税承担条款,而且其赋税承担方式是较为灵活的。具体情况见下表:

表8

编号	赋税承担条款	承担方式及承担人
二·1	该地若有课税(派)来,我们两个人平均负担	均分
二·2	该葡萄园无论应出什么捐税,(都)由我贴米奇负担,巴依·铁木耳不负担	出租人
二·3	1.该土地的捐税,均由我腾斯图负责(处理) 2.玉鲁克税……	承佃人 2.?
二·4	无	
二·5	若有捐税派来,我们俩平均负责(承担),平均支付	均分
二·6	对该土地若有捐税派来,由我们各负担一半	均分
二·7	1.该土地(派)来的捐税均由我铁木耳·普化负责,凯依姆杜不负责。 2.若有交易税派来时,(我们俩)共同承担	1.承佃人 2.均分
二·8	该葡萄园(派)来的捐税均由我米四儿负责,凯依姆杜不负责	出租人
二·9	无	

从上表可见,9件契约文书中,二·4契约文书是出租人匆忙中出租土地的,赋税承担可能也是其不得不承担的义务;二·9契约文书因是续补契约文

---

① 乌廷玉:《中国租佃关系通史》,吉林文史出版社1992年版,第74~76页。

书,不必叙述赋税承担内容;其余7件契约文书,对赋税有3例采取双方平均分担方式(二·1、二·5、二·6契,另有二·7契是交易税均分),2例由出租人承担(二·2号和第二·8),2例由承租人承担(二·3号和二·7)。这较中原地区契约文书更为细密。

四、契尾诸项

(一)证人署名

中原地区汉文租佃契约文书,对承租人可能出现的欺诈行为有所列举,并要求保人在出现此种情况下,负代还责任。而在9件回鹘文租佃契约文书中,既无欺诈行为列举,也无保人设置,更谈不上代还责任。差别的原因可能是,中原地区佃人欺诈较多,且地主居于强势地位,视承佃人佃田交租为当然义务,故而横加约束;而对出租人可能的违约则无片言只语。吐鲁番地区似一般不存在佃人欺诈或故意不履行的情形,故契约文书中不做强调,但对可能的违约采取了两人作证的方式,以图救济。详情如下表所示:

表9

编号	证人姓名	证人数量
二·1	喀喇·法师;奇斯姆	2个
二·2	诺姆·阔力;博拉提	2个
二·3	库特鲁克;卡……	2个
二·4	斯西都;道人	2个
二·5	艾西盖克奇;桑阿	2个
二·6	艾西盖克奇;桑阿	2个
二·7	米四尔;桑阿	2个
二·8	伯克·普化;伊里奇	2个
二·9	赛肯奇·喀喇;普塔西里	2个

依据上表,回鹘文契约文书每件都有两个证人,不多也不少(二·3虽有缺文,但不应多于两个)。似乎用两个证人作证是当时通行的惯例。在道理上,

在缺乏保人的情况下,证人应担负起契约履行的监督责任。但其时其地,似只要有了证人的督促,就足以保证佃人履行义务,故不必有代偿责任的设立,也就不必有保人。

(二)当事人署名、签押

手印及印章是契约文书的一个重要组成部分,它是契约成立的证明条款。但由谁来出具,是有讲究的。现列表如下:

表10

编号	出具手印及印章的人名	出具手印及印章的当事人	出具手印及印章的当事人
二·1	这个手印是我伊里奇的		承佃方
二·2	这个手印是我贴米奇的	出租方	
二·3	(这个手印)是(我腾斯图的)		承佃方
二·4	这个印章是我们(俩人)的	出租方	
二·5	这个手印是我铁木耳的		承佃方
二·6	这个手印是我凯依姆杜的	出租方	
二·7	这个手印是我铁木耳·普化的		承佃方
二·8	这个手印是我米四儿的	出租方	
二·9	这个手印是我阿喇·铁木耳的		承佃方

从上表可以看出,由承佃方按手印的有5件,约占56%;由出租方按手印的有4件,约占44%。作为最终确认依据的手印或印章,均由交易的一方单独出具,可以推断,这些契约文书必定是由相对方保存的,否则该印或章就失去了其存在的价值。这与中原地区一律由佃人署名、同时收执契约文书者为出租人的情况不同。

(三)书契人

在回鹘文契约文书中,书契人是必具的,且要作出郑重的声明。但书契人可以是第三人,也可以是出租人、承佃人。同承佃人、出租人一样,书契人也要以第一人称"我+姓名"的形式出现。详情见下表:

表 11

编号	书契人姓名及受托付情况	书契人身份
二·1	我米四儿·色拉遵嘱而书	第三人
二·2	（该文书是）我贴米奇本人写的	出租人
二·3	我博合萨拉遵嘱……而书写了（该文书）	似是第三人
二·4	我克纳亲自书写了（该文书）	第三人
二·5	我凯依姆杜遵铁木耳之嘱亲自书写了（该文书）	出租人
二·6	我（凯依姆杜）亲自书写了（该文书）	出租人
二·7	凯依姆杜亲自遵铁木耳·普化之嘱而书	出租人
二·8	我凯依姆杜遵米四儿之嘱而书	承佃人
二·9	我巴尔克·吐尔迷失遵阿喇·铁木耳阿哥之嘱而书	第三人

其中，书契人由出租人充任的有 4 人，承佃人充任的 1 人，第三人充任的 4 人。出租人若是知识阶层，既识文断字，又熟悉契约语言，由其充任书契人，就省略了另外请人的花费和麻烦。虽然第三人、承佃人、出租人承担书契人时，大都写清了是"遵嘱而书"，但出租人承当书契人而特别写明这一点的，大抵更多了一分据实而书的意味。

试评《古中国与古罗马契约制度与观念的比较》

王彦飞*

中国传统法律文化与西方法律文化在不断的接触、碰撞中逐渐相互吸收、融汇。这种融合,最突出的表现,则在中国古代契约法中。古中国与古罗马的契约问题一直是学者研究的热点。

霍存福先生在契约法方面有过比较系统的研究,其论著如下:2004年发表的《古中国与古罗马契约制度与观念的比较》、2005年发表的《论中国古代契约与国家法的关系——以唐代法律与借贷契约的关系为中心》、2006年发表的《再论中国古代契约与国家法的关系——以唐代田宅、奴婢卖买契约为中心》及2008年发表的《中国古代契约精神的内涵及其现代价值——敬畏契约、尊重契约与对契约的制度性安排之理解》、2010年发表的《契约本性与古代中国的契约自由、平等——中国古代契约语言与社会史的考察》、2010年《契约本性与古代中国的契约自由、平等——中国古代契约语言与社会史的考察》(续)等。

其中《古中国与古罗马契约制度与观念的比较》一文,对从借债人身份、双方当事人的责任、利息规定、订立契约的程序、交易范围、契约的内涵、理论体系等方面对古代中国与古罗马之间契约制度、观念进行了全面的比较。其研究不论是在深度还是在广度上均超过了同类论著。

《古中国与古罗马契约制度与观念的比较》一文既有横向的研究,又有纵

---

* 王彦飞,吉林大学教务处任职、助理研究员,吉林大学法学院2010级法制史专业博士研究生,师从霍存福教授。

向的对比。横向的研究细致而具体，对于古代中国与古罗马各个历史阶段中的不同阶段、不同阶层契约制度的异同、理论体系及概念的异同等，作者都做了具体而细微的分析和描述，为纵向的对比研究打下了坚实的基础。比如对于古中国与古罗马契约制度分析，作者从家子、卑幼无权举借、禁止官员设立消费借贷、隐瑕疵责任、借贷利息限定、卖方对追夺应当承担的责任等方面，对古中国与古罗马契约制度进行了深入的分析，并探讨了债的起源、理论体系及单一债的学理问题——使用借贷与消费借贷的关系。纵向的研究注重比较，分析了契约制度在古罗马及唐、宋时期不同的历史阶段中的特点和变化，阐述了其演变的趋势：(1)罗马法对家子的接受金钱的消费借贷，是以无效处理的；而唐宋令中对此也做了详致的规定，"诸家长在，而子孙弟侄等，不得辄以奴婢、六畜、田宅及余财物私自质举及卖田宅（无质而举者，亦准此）。……违而辄与及买者，物即还主，钱没不追"。唐代在努力贯彻这一规则的同时，又会根据当朝特定情况对此作出一些重大的修改，但都是以不危害国家利益的前提下进行的。(2)罗马法对行省官员设立消费借贷有禁止性的规定，莫德斯丁在《学说汇纂》及《论规则》中对这一规定均有详尽的说明；而我国唐时期对此只是在规范上进行了规定，至于违反者是否会受到处罚则无明确说明，及至宋朝时期对这一行为处罚已经有了更为具体的罪名和处罚例。两者相较，似乎唐宋法律对官员接受内部人的赠与，以及其内部的借贷、买卖行为的处罚规定更为严格。(3)就隐瑕疵责任方面，罗马法主要是针对奴隶买卖而言的，且主要以疾病或缺陷为内容；唐宋法对奴隶买卖、牲畜买卖也有相关的责任规定，但是对于缺陷并不被看重，疾病是唯一的悔约条件。(4)在借贷利息限定上，罗马法中坚持贯彻"一本一利"的原则，禁止复利；唐宋《杂令》、宋《刑统》中规定"积日虽多，不得过一倍""不回本为利"，元代则规定"每月依例纳息三分"，明清以此为依据订立"取息三分"的规定。(5)对卖方对追夺承担的责任方面，罗马法与古中国法普遍性地都对此作出了"一赔二"惩罚性的赔偿规定，更大限度地保护了买方的利益。

随着契约法相关问题研究的不断深入，越来越多的学者更加注意到对这类问题相关史料典籍、法律条文的搜集、整理、分析、利用。霍存福先生在法学和史学领域均有较高的修养,能够娴熟地运用法律条文和史料典籍,在《古中国与古罗马契约制度与观念的比较》一文的研究方法上,更加注重对相关契约原件及法律史料、历史文献的解读和利用,通过运用《周礼》《唐律疏议》《宋刑统》《论市政官告示》《契约之债与准契约之债》《法学阶梯》《中国历代契约会编考释》等文献史料,从更深层角度探讨了古中国及古罗马法契约法原理、学说的条理化、规则化及其对中西方法律文化所产生的影响。

《古中国与古罗马契约制度与观念的比较》一文立论坚实,作者所提出的一些论点和所作出的一些结论,都是以大量的史料为依据的,因此文中创获颇多。诸如在古罗马与古中国契约制度异同比较上,运用大量的史料及法律条文探讨了债权双方当事人的身份、责任、权利、义务。在债的理论体系问题上,从事实层面和权利层面系统地分析、揭示了古中国与古罗马使用借贷与消费借贷的实质,即中国传统法理是从事实层面讲借贷的,而罗马法是既从事实层面讲借贷,也从权利层面讲借贷。

诚然,该文中也有些不足之处,例如在结构安排上略显粗犷。在对古中国与古罗马契约制度的特点、表现形式、纠纷解决方式、契约制度的效力保障及对后世的影响等方面的论述稍显欠缺。

综观全文,该文从制度问题、理论体系、观念入手,为研究古中国与古罗马的契约制度及观念架构了一个完整的模式,同时也在结合原始资料、历史典籍、法律条文研究契约法方面提供了一个良好的范例。不论是在具体问题的研究,还是在学术研究方法上,都值得我们学习和借鉴。

中国古代买卖契约中的瑕疵担保与罗马法的比较

王宏庆*

瑕疵担保义务,即出卖人应担保标的物的适用无隐匿和重大的瑕疵。出卖人承担此义务,可以增进买卖交易的信用,消除买受人的顾虑,保护买受人的权利,利于商品的流通。纵览中国历代买卖文书,以牲畜、人口、柴薪(草料)等动产为标的物的文书一般均设有瑕疵担保条款,以土地等不动产为标的物的文书则一般仅就土地的四至面积作以数量瑕疵的约定。究其原因,推测可能是由于牲畜、人口、柴薪(草料)等,或为生物,或有保存期限,易产生隐匿或重大的瑕疵;相较而言,土地则不易出现这种情况,多是在面积上出现数量瑕疵。根据标的物种类的不同,现将买卖契约中瑕疵担保条款的不同表述范例列表如下:

牲畜·吐蕃·卖牛契·169	如立契后在三日内牛有宿疢,不食水草,一任却还本主。三日以外,依契为定,不许休悔。①
人口·唐·高昌·卖婢市券·163	准状勘责状同,问口承贱不虚。又责得保人陈希演等五人,欵保上件人婢不是寒良悇诱等色。如后虚妄,主保当罪。②
其他·唐·高昌·卖草契·160	若草好恶之中,任为左意。如身东西不在者,一仰妻儿及保人知〔支〕当。③
土地·南宋·卖山地契·417	如有四至不明及内外人占拦,并是出卖人自行之〔支〕当,不涉受产之事。④

---

* 王宏庆,北华大学法学院讲师,吉林大学法学院法律史专业 2002 级硕士研究生、法律史专业 2011 级博士研究生,师从霍存福教授。
① 张传玺主编:《中国历代契约会编考释》,北京大学出版社 1995 年版,第 214 页。
② 同上书,第 205 页。
③ 同上书,第 200~201 页。
④ 同上书,第 540 页。

上表所列条款是中国古代买卖契约中具有代表性的四种瑕疵担保条款,具体来讲:

第一,在牲畜买卖文书中,此条款所声明担保的瑕疵是牲畜有宿疾或移转于买受人后发生"不食水草"的情况。当买受人发现这些瑕疵时,可以要求退还标的物。有些契约在该条款中设有时间限制,超过期限,出卖人可以不承担责任,但也有契约并未对时间作出约定。是否有时间上的限定,应由买卖双方合意决定。

第二,人口买卖的瑕疵担保条款多出现于买卖市券之中。以人口为标的物所出现的瑕疵一般是指在奴婢买卖中,所卖奴婢并非贱民,或该奴婢的来路不正;而对标的物的健康所作的瑕疵担保,则比较少见。由于市券是官府就买卖交易所出示的证明文书,因而当买受人发现标的物有瑕疵时,出卖人与保人往往获罪,而不仅是承担赔偿责任那样简单。

第三,标的物为其他种类动产而设有此条款的契约,由于受资料所限,无法逐一列举。又因标的物种类不同,因而其所担保的瑕疵亦有所不同,但都是由出卖人(和保人)来承担赔偿责任。

第四,土地买卖的瑕疵担保多为数量瑕疵担保,但是并非所有的文书都约定出卖人须承担担保责任。有些契约约定"肆在之内,长不还,短不与",①即根据双方约定,出卖人不必承担瑕疵担保责任。可见,在土地买卖契约中,出卖人是否承担瑕疵担保责任由双方的合意决定。

比较中国古代买卖契约和罗马法关于瑕疵担保责任的有关规定,我们的分析可以从以下几个方面进行:

一、瑕疵担保的法律强制性

上文提及,中国古代的土地买卖契约中,出卖人是否承担瑕疵担保责任由买卖双方的合意决定,而非强制性的法律规定。而在罗马的要式买卖时期,在土地买卖中,出卖人承担瑕疵担保责任是有法律的强制性规定的。由于土地

---

① 张传玺主编:《中国历代契约会编考释》,北京大学出版社1995年版,第92页。

是农业社会中最重要的财产,而测量土地又是一项专门技术,特别对地形复杂的大片土地,非一时所能精确地决定其面积,所以产生了土地买卖的特殊规则。按《十二表法》第8表第21条的规定,出卖人虚报土地面积的,买受人受"土地面积诉"的保护:出卖人为恶意的,处出卖人以虚报土地价额两倍的罚金;若为善意,则按惯例仅赔偿虚报土地价额一倍的金额。土地买卖时若面积没有问题,但土地上隐匿了他物权的负担以致减少土地价值的,《十二表法》未规定补救办法,后大法官为公平起见,允许买受人提起"担保诉",出卖人的责任与"土地面积诉"相同。

二、标的物瑕疵的认定

1. 人口买卖中的瑕疵认定。上文提及,中国古代人口买卖契约中标的物的瑕疵主要是指所买卖奴婢并非贱民或来路不正,对于奴婢的健康等其他情况则较少在瑕疵条款中出现。罗马法的人口买卖中,标的物瑕疵的衡量标准包括很多方面,如奴隶的健康状况、来历途径(是俘虏或流浪的)、有无私犯和赔偿情况以及是否首次出卖等。在要式口约买卖时期,通常买受人对标的物的瑕疵应自负其责,须在交易时当面看清。但标的物有些瑕疵往往难以察觉,只能在使用中发现,如出卖人的奴隶有内伤,或曾致人损害而未赔偿等,因此当事人在买卖时就订立瑕疵担保的特约,以弥补法律的不足。以后罗马的市政官认为民间的这种习惯很好,便在谕令中规定,在公共市场出卖奴隶和大牲畜的出卖人,买卖时应将标的物的隐匿瑕疵告知买受人。一般是奴隶的颈上挂上牌子,写明情况,并在成交时再口头重复一次,这样,即使当事人间没有另订特约,出卖人也要负瑕疵担保责任。

2. 数量瑕疵的认定。罗马法中,标的物的瑕疵,原则上是指质量问题而与数量无关,但如果数量的欠缺能够影响质量,则亦作为瑕疵看待。如成套家具缺少某一件,造作坊的土地面积减少影响使用等,就变成了质量问题。数物同时出卖而其中一物有瑕疵,即属数量瑕疵,买受人原则上可以解除整个契约,如一对用来繁殖的家畜却性别相同。但出卖人为了自己的利益,也可以主张降价而由买受人买下全部标的物。本文所涉及的中国古代买卖文书,一般在土地买卖文书中,有明确的就数量瑕疵加以约定的条款,如"肆在之内,长不还,短不与"。① 再如"丈田即不足,计斗数环〔还〕钱"。② 根据文书条款推测,出卖人对于标的物(土地)出现数量瑕疵是否承担责任,是由买卖双方的合意约定的。在本文涉及的高昌地区的土地买卖文书中,出卖人对于标的物出现的数量瑕疵一般不承担责任。但有些土地买卖文书则约定了出卖人要承担数量瑕疵担保责任,根据短少的土地数目计数退还卖价。

3. 标的物为聚合物的瑕疵担保。罗马法关于聚合物的买卖,可分为三种情况:第一,如果标的物是法律上的聚合物,如遗产、特有产等,对于其中某一独立的物件有瑕疵,出卖人不负担保责任。第二,如果标的物是事实上的聚合物,对于其中的某一物件有瑕疵(如羊群中有病羊),除当事人特约排除瑕疵担保责任外,买受人可提起减价诉;有瑕疵的部分较多时,也可提起撤销诉。第三,当事人以特定的重量、容量规定聚合物的质量时,如规定羊群中每只羊的重量至少应在多少斤以上、整套器具中每件器具的容量应为多少等,则重量、容量不足时,可视为瑕疵,但重量、容量超过的,出卖人一般不得要求增加价金。本文涉及的中国古代买卖文书中,标的物是聚合物的文书极少见,由于资料所限,无法就聚合物的瑕疵担保作出明确的说明,有待于进一步研究。

三、出卖人因瑕疵担保义务而须承担的责任形式

1. 物质赔偿。在中国古代买卖契约中,出卖人就瑕疵担保所作的物质赔偿通常包括原物退还、金钱赔偿和实物赔偿,多由双方当事人合意而定;罗马法中的物质赔偿一般是指金钱赔偿。对于赔偿金额,中国古代买卖契约并未作以一般性的规定,而多是以双方当事人的合意为准。罗马法中,一般仿照上文提及的"土地面积诉"的责任,对于重要的财产,约定瑕疵赔偿责任为买受人所受损失金额的两倍;对一般财产,则是约定赔偿买受人因瑕疵所受的实际损

---

① 张传玺主编:《中国历代契约会编考释》,北京大学出版社 1995 年版,第 92 页。
② 同上书,第 40 页。

失。而且,根据出卖人是否明知标的物有瑕疵,出卖人所作的赔偿金额有所不同。乌尔比安就这一问题曾进行过明确的阐述:"尤里安在《学说汇纂》第15卷中写道:在买卖诉讼中,对那些明知和不明知地出售瑕疵物的人的判决是不同的。因为,不明知而出售病畜或劣质木材的人,仅仅是依据买卖之诉承担对瑕疵差价的补偿责任。但如果是明知而隐瞒真相、欺骗买方,那么,就要对由此给买方造成的一切损失承担赔偿责任。例如:用劣质木材建造的房屋倒塌了,就要承担全部房屋价值的赔偿责任。如果一群牲畜因病畜的传染而全部死亡,那么,就要赔偿该群牲畜的全部价金。"[1]

2. 刑事责任。纵览本文涉及的中国古代买卖文书,明确规定出卖人因负瑕疵担保义务而承担刑事责任的条款一般出现于买卖市券中。承担刑事责任的条款之所以多出现于市券中,应是由市券的性质决定的。市券是官府就民间买卖交易所出示的证明文书,具有法律效力。若出卖人(和保人)有欺诈的行为,即触犯了律令,要承担刑事责任。至于民间订立的契约,未有官府加以公证的,则出卖人一般只承担物质赔偿责任,而不涉及刑事责任。在罗马法中,买受人发现标的物有瑕疵后可依法令对出卖人提起诉讼,包括"土地面积诉""担保诉""撤销诉""减价诉""购买诉"和"欺诈诉"。其中,"撤销诉"和"减价诉"均有刑事性质,对恶意的出卖人要处以罚款。"欺诈诉"具有公法性质,是买受人对恶意出卖人提起的诉讼,但由于对出卖人要为"丧廉耻"的宣告,所以在有其他保护办法时,一般不得提起欺诈诉。在中国古代,出卖人因瑕疵担保而承担的刑事责任的处罚方式,既包括处以罚金,也包括处以笞刑、杖刑等其他刑罚。罗马法中,出卖人承担刑事责任的方式一般是指处以罚款;此外,在买受人提起欺诈诉时,出卖人将受到"丧廉耻"的宣告,名誉会受到损害。

四、买受人就标的物出现瑕疵所采取的措施

1. 中国古代买卖文书中,针对标的物出现瑕疵,买受人通常可以采取三种

---

[1] 丁玫:《民法大全选译·债·契约之债》Ⅰ,中国政法大学出版社1992年版,第176页。

措施以维护自己的权利:

第一,退还标的物。在牲畜买卖文书中,买受人针对牲畜出现宿疾或"不食水草"的情况,多采用退还标的物的方式。例如,"如立契后在三日内牛有宿疢,不食水草,一任却还本主"。① 买受人将标的物退还给出卖人,理论上可理解为双方就该标的物而订立的买卖契约解除。

第二,要求赔偿。在中国古代买卖文书中,要求出卖人就标的物瑕疵而进行赔偿是买受人最普遍采用的一种方式。例如,"若草好恶之中,任为左意。如身东西不在者,一仰妻儿及保人知〔支〕当"。② 出卖人须为标的物的瑕疵承担赔偿责任,若出卖人不在,买受人可要求其亲友及保人代其赔偿。

第三,告官。由买卖市券中的瑕疵担保条款可以看出,当标的物出现瑕疵,而以此标的物进行的买卖交易是经官府公证的,买受人可向官府对出卖人(和保人)提起诉讼,要求其承担刑事责任。例如,"如后虚妄,主保当罪"。③

2. 与此相应,罗马法中,买受人就标的物出现瑕疵,大致也可采取三种措施:

第一,解除契约。买受人可以提起"撤销诉",要求取消契约,回复原状,买受人返还原物、附属物和孳息,出卖人返还价金和利息,并赔偿买受人的保管费用和所受损失。优士丁尼《学说汇纂·买卖契约》中提及:"你在不知情的情况下,将一个镶银的托盘作为纯银的向我出售,而我对此也不知情,则买卖无效,可以请求返还为此而支付的价款。"④

第二,要求赔偿。买受人要求出卖人承担赔偿责任,一般原则是,对于重要的财产,约定瑕疵赔偿责任为买受人所受损失金额的两倍;对一般的财产,则是约定赔偿买受人因瑕疵所受的实际损失。马切罗针对这一问题阐述如下:"拉贝奥在《身后书》中写道:如果某人将翻新的衣物当作新的出卖,特雷巴西认为,如果买受人不知道自己购买的是翻新的衣物,则出卖人须对买受人的

---

① 张传玺主编:《中国历代契约会编考释》,北京大学出版社1995年版,第214页。
② 同上书,第201页。
③ 同上书,第205页。
④ [古罗马]优士丁尼:《买卖契约》,刘家安译,中国政法大学出版社2001年版,第51页。

利益损失承担责任。这也是彭波尼和尤里安所赞同的观点。后者还进一步说道：如果出卖人不知情，则只需就出卖物本身的价值负责。同样，出卖人在不知情的情况下，将一看似金罐的罐子当作金罐出卖，则须就其意欲出卖的金罐负责。"①

第三，诉讼。罗马法中，买受人就瑕疵担保可以提起的诉讼形式大致包括"土地面积诉""担保诉""撤销诉""减价诉""欺诈诉"和"买卖诉"。"土地面积诉"是关于瑕疵担保产生的最早的诉讼，"担保诉"则是对"土地面积诉"的补充。"撤销诉""减价诉"与"买卖诉"都有刑事性质，鉴于"买卖诉"在实际操作与时效上的优越性，逐渐取代了"撤销诉"与"减价诉"。"欺诈诉"是公法性质，惩罚比较严厉，一般不提倡采用。优士丁尼《民法大全》和《法学阶梯》中关于买卖之诉的规定较为常见，在此就不一一列举了。

可见，中国古代买卖文书与罗马法中关于买受人就出卖人的瑕疵担保责任而可以采取的措施非常类似。

五、瑕疵担保责任的要件

罗马法规定出卖人的瑕疵担保责任应具备以下要件：一是当事人未用特约排除该责任；二是瑕疵必为重大的；三是瑕疵须为订约时和诉讼时均存在；四是瑕疵须是隐匿的；五是订立契约时买受人须不知标的物有瑕疵。另外，值得提出的是，出卖人对标的物的夸张未超过市场习惯所允许的程度，这在罗马法上叫作"善意欺诈"或"合法欺诈"，出卖人不须负责。但若出卖人对其所炫耀之品质作出了保证，则对所缺乏的品质应视为瑕疵而负责。优士丁尼《学说汇纂·买卖契约》中对不同性质的欺诈作了详细的区分，并针对欺诈的不同性质对买卖加以规范："出卖人为吹嘘自己的物品而说了大话，如果事实是清晰可见的，则这些话不约束出卖人，例如，某人说奴隶多么英俊，建筑物造得多么好等。但如果说某奴隶具有文学修养或是一名手工艺人，则出卖人须因此而受约束。因为，出卖人因为这样的吹嘘可以获得更高的价格。如果出卖物的

---

① ［古罗马］优士丁尼：《买卖契约》，刘家安译，中国政法大学出版社2001年版，第55页。

实际情况清楚到买受人因此不可能不知晓的程度,则某些承诺并不约束出卖人。例如,购买一名双眼被剜去的奴隶,而出卖人承诺其处于健康状态。因为看来这只是就身体的其他部分的健康状况的承诺,而不是指向买受人本人搞错了的那一部分。出卖人负有义务使诈欺远离自己。诈欺不仅指为欺骗之目的而含糊地做出陈述,而且也包括狡诈地掩饰真实情况的行为。"[1]出卖人对于瑕疵的善意或恶意,并不影响其所担保的责任,即使出卖人善意,对标的物的瑕疵自己也不知道,亦不能免除担保的责任;如为欺诈,买受人可根据欺诈起诉,自不待言。

中国古代买卖契约并没有明确的关于瑕疵担保责任的要件,但根据买卖交易的一般规律与买卖文书的内容,可以推测,中国古代买卖契约中的瑕疵担保责任也应具备罗马法中瑕疵担保责任所具备的五个要件。关于出卖人对于瑕疵的主观态度,无论善意与恶意,都不应影响其承担的瑕疵担保义务,以便更好地保障买受人的利益。

---

[1] [古罗马]优士丁尼:《买卖契约》,刘家安译,中国政法大学出版社2001年版,第53页。

契约文书之于古人生活的意义

冯学伟*

古代中国社会中存在着稳定的契约秩序,契约文书之于古人的个人生活,具有重要的意义。契约本身是中国人的一种生活方式,古人的经济关系乃至人身关系在一定程度上都是靠契约文书来维系的。契约文书是古人生活中须臾不可离开的东西,为中国人追求自己的理想生活(二十亩地、一头牛,老婆孩子热炕头)提供了约束和保障机制及互相之间的行为规范,使每个人在追求各自理想生活的时候,有规则可循,从而形成稳定的社会秩序。

中国古代尤其是明清以来,制作了大量的契约文书,数以千万计,①种类繁多,分布极广。要想对数量如此庞大的契约文书的内容进行体系性的说明,在现在的研究状况下是非常困难的。这不仅是因为契约文书的内容近于无限的丰富多样,更由于能够有体系地说明其内容的理论框架目前还在形成过程之中。② 基于此,本文提出一种能够恰当把握这些契约文书的理论框架并以之来分析、理解古人的真实生活,同时对中国古代的社会秩序进行新的审视和诠释。

---

* 冯学伟,山西大同人,沈阳师范大学法学院讲师,法学博士。

① 据杨国桢先生估计,"中外学术机关搜集入藏的明清契约文书的总和,保守的估计,也当在1000万件以上"。(参见杨国桢:《明清土地契约文书研究》(修订版),中国人民大学出版社2009年版,第2~3页。)而岸本美绪教授认为,"这个估计可能过大"。(参见氏著:《明清契约文书》,王亚新译,载《明清时期的民事审判与民间契约》,法律出版社1998年版,第290页。)那么,目前我们可以方便利用(已校录或影印出版)及已探明储量但还不方便利用的契约文书到底有多少? 其在类别内容、时间跨度、地域分布上具有怎样的丰富性? 至今似还未见到相关的具体研究。

② 岸本美绪:"明清契约文书",王亚新译,载《明清时期的民事审判与民间契约》,法律出版社1998年版,第291页。

对于契约文书的研究,经济史学者往往只关注其中体现的物价变化、赋税轻重、租佃制度、阶级分化、生产关系、所有权制度的历史演进等——即其中记录的经济内容,基于对这些问题的关注,前辈学者傅衣凌、杨国桢等取得了令人瞩目的成果,但这种研究的缺憾在于没有把契约作为主体来研究。以天文数字计的契约文书的出现,只是为了记载其中的经济内容吗? 如果不是,其中必然有更深层次的原因。或如岸本美绪教授所说,"在旧中国社会里,支持私人之间契约关系的观念或秩序究竟是什么","从外部支撑着契约关系的社会秩序或契约文书发挥作用的社会空间本身构成了更为重大的课题。"①

而在研究方法上,战后通过对明清契约文书本身的研究,逐渐意识到以西洋近代法的概念和生产关系发展阶段论的框架来把握中国契约关系是非常困难的,应当有意识地立足于"中国农民、地主等主体日常使用的类别称呼以及他们在日常生活中获得的认识"来对契约关系进行分类和加以体系化的整理。这种从当时人们如何认识和理解自身所处社会的结构这一问题出发,把当时人们的观念世界作为分析社会结构时的中心的方法可称为历史研究的现象学方法或主观主义方法。② 这种由过去的观点看过去,设身处地地去感知古人的处境和观念,才能对历史有真正的了解,才能更加深入地了解虽欠缺严谨的科学精神或者现代意义的民主价值,却蕴含着丰富的人文主义精神的中国传统文化。而且这种方法可以避免以现代法学上的法律用语、分类及体系观点去分析、理解中国传统社会、法制所产生的误读。基于此,笔者在文中也将采用这种方法,因为用毛笔书写在宣纸、皮纸上的契约③是古人生活中极其普通却又极具中国特色的东西。欲对之进行总体把握并提出具体的理论框架,非以中国人的思维方式进行思考,并用中国人都易理解的通俗词汇表述出来而不

---

① 岸本美绪:"明清契约文书",王亚新译,载《明清时期的民事审判与民间契约》,法律出版社 1998 年版,第 283 页。
② 同上书,第 302 页。
③ 当然,早期的契约是刻在青铜器或写在竹帛之上的,但目前存世的契约中,绝大部分是写在纸上的。

能完成。

一、二十亩地、一头牛，老婆孩子热炕头——朴素的生活理想

面对那一张张或质朴或精美、经历千百年时光后展现在我们面前的契约文书，我们首先应该关注的就是它们之于古人个人生活的意义，[1]因为个人构成了人之科学中分析的终极单位，也是各种价值的最终归宿。不考虑有目的的行动者个人的计划和决策，所有的社会现象都不可能得到理解。社会中存在的超越个体的规则、结构和可理解的模型是个体协商和选择的结果。个人的利己本性是一切社会关系形成和展开的人性基础，应从个人追求自我利益最大化的自发互动和路径依赖这一视角去理解规则、结构和可理解的模型等的生成和变迁。[2] 从这个视角出发，笔者认为，古代中国社会[3]存在着稳定的契约秩序，契约本身是中国人的一种生活方式。[4] 也就是说古代中国社会中，人们之间的各种复杂的经济关系乃至人身关系都是靠契约文书来维系的，契约文书是古人生活中须臾不可离开的东西，不但元明清流传下来大量的日用类书，其间记载了各个时期的文书样式，指导着人们的契约实践，而且在南宋著名风俗画家李嵩的《货郎图》中走街串巷的老货郎的货郎担上亦有《杂写文约》

---

[1] 因为这些文书在当时的日常生活中是很普通的事物，但还由于其普普通通、无意造作的性质，反而更能够给研究者带来关于当时生活现实的实在感受。(参见岸本美绪："明清契约文书"，王亚新译，载《明清时期的民事审判与民间契约》，法律出版社1998年版，第314页。)

[2] 参见蔡立东："个体主义方法论与使用人侵权责任的重构"，载《烟台大学学报(哲学社会科学版)》，2009年第3期，第18～22页。

[3] 目前限于明清时期，因为这个时期保留下来的契约文书不但数量巨大，而且在地域上分布极广，更便于我们阐明契约社会这样一个宏大的命题。至于说之前的社会的情况怎样，本文暂不涉及，但并不是说这个问题不重要，相反，这是更应当深入理解和探讨的，因为，为有源头活水来，只有了解了之前社会的契约情况，才能寻出契约社会肇始时的基因，而明清时期的各种契约实践、契约制度、人们的契约意识、契约精神乃至整个发展的较为成熟的契约社会都只不过是由这些契约基因所控制的契约性状罢了。

[4] 国内最早提出这个观点的是霍存福教授(参见霍存福："中国古代契约精神的内涵及其现代价值——敬畏契约、尊重契约与对契约的制度性安排之理解"，载《吉林大学社会科学学报》2008年第5期。)而日本学者岸本美绪也以问句的形式提出，"明清时期的中国社会可以称之为'契约社会'吗？在那里存在具有一定稳定性的法的秩序吗？"并且认为，"对这些问题的不同解答"，"反映了研究者们观察历史上存在的社会秩序时所立足的多种角度或立场"。(参见岸本美绪："明清契约文书"，王亚新译，载《明清时期的民事审判与民间契约》，法律出版社1998年版，第313页。)

出卖,可见契约文书至少在南宋已是人们生活中必不可少的了。①

说到生活,笔者认为"二十亩地、一头牛,老婆孩子热炕头",这句从古到今广泛流传的俗语,是农耕社会的主体——农民对自身人生理想最朴素的语言概括:人类生存最重要的因素,耕地是农业社会的标志,象征人类生产劳动最重要的一次革命,土地是人类生存的直接资源;"牛为耕稼之本",②替代人进行耕作,是农业技术的巨大进步;老婆代表爱情,孩子是爱情的结晶,也是生物意义上的人类得以持续存在的先决条件,所谓"大哉造物心,天理托人欲"③是也!热炕头代表的是有温暖的居住条件,良好的睡眠是健康的保证,而老婆孩子热炕头合起来象征的是家(在古代和户的概念近似,也是法律调整的基本单位)——构成人类社会的基本单位。仔细想来,这短短十四个字,包含了人一生所有的追求和所有的幸福,几乎是人生的全部,这貌似庸俗的理想体现了人类对生产方式革命、生产技术进步、繁衍后代、个体幸福(健康、爱情等)的永恒追求,人类历史上所有最优秀的哲学家,考虑的不就是这些东西吗?当然,这句话是站在古代男子的立场上讲的,那么对于女子呢,有一头牛用来耕那二十亩地,贤惠的妻子热好饭菜,等着丈夫和孩子回到炕头来吃饭,我想,这才是最真实和幸福的生活吧。

基于上边的讨论,将"明清时期的中国社会是契约社会"这个命题进一步展开,可以表述为,契约文书为中国古人追求自己的理想生活(二十亩地、一头牛,老婆孩子热炕头)提供了约束和保障机制及互相之间的行为规范,使每个人在追求各自理想生活的时候,有规则可循,从而能形成稳定的社会秩序。如图1所示,中国古代出现的种类和数量都难以计数的契约文书,其目的都是指向"二十亩地、一头牛,老婆孩子热炕头"的。可以说,我们目前所能见到的契约类型均逃不出这短短十四个字。

---

① 原画藏故宫博物院,摹绘图参见沈丛文:《中国古代服饰研究》,香港商务印书馆1992年版,第302~303页。
② (唐)长孙无忌等撰:《唐律疏议》,刘俊文点校,中华书局1983年版,第282页。
③ 萧公权:《问学谏往录》,学林出版社1997年版,第103页。

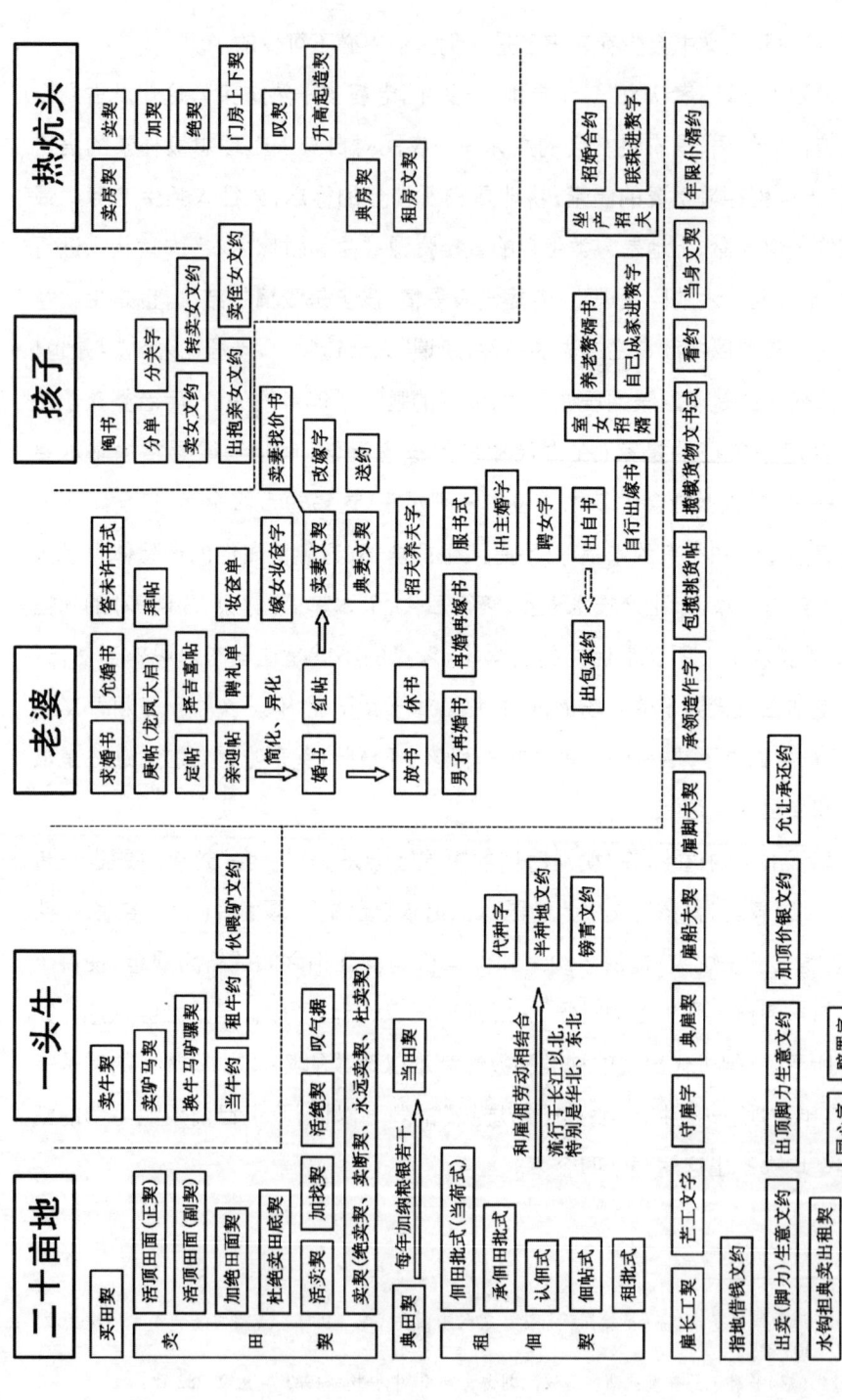

图 1 各类契约文书与古人生活要件的对应关系

二、地契、牛契、租契——个体生存的契约秩序

具体而言,在农耕社会,土地是最重要的生产资料,因而,围绕土地的占有、使用、买卖、典当、租佃等形成的契约种类最为繁多。要取得一块土地的所有权并进行经营,最常用的方式就是买卖,即买田契和卖田契,而且绝大多数都是以卖田人的名义写立的卖田契,由买受人所执,作为得业的凭证。买田契就笔者所见,只有在活顶田面时用的副契可以算作买田契(以买田人的名义书立):

立活顶田面副契某人,用价通足钱若干千文正,凭中顶买某名下坐落某县某保某区某字圩内田面若干亩正,春熟后收种,承还某仓额或实租米若干石正。言明若干年为期,年满之后,听其备价取赎,如无原银,仍得耕种。此两愿,各无异言,恐后无凭,立此活顶田面副契为证。

计开

其四至截明正契

光绪某年某月　日　　　　　　　　　　立活顶田面副契　某

中　证　某

保　正　某

代　笔　某①

卖田契依据可否加找又分为活卖契和绝卖契。② 而活卖既可回赎,又可以补价进一步出卖,直至成为绝卖。从活到绝不断加价的过程中,自然会形成各种名目繁多的补充性契约——找贴契、找断契、加绝契、叹气据、情借据,等等。然而,由于土地是农耕最基本的生产资料,要对土地进行买卖,从买主的角度讲,需要有一定的经济实力;从卖主的角度讲,非到迫不得已,出卖土地,总有败坏祖业的嫌疑。所以,在实践中渐渐发展起了另一种土地使用权的转移方式——典和当,对应的契约是典田契和当田契。典田既解决了田主的燃眉之

---

① 杨国桢:《明清土地契约文书研究》(修订版),中国人民大学出版社 2009 年版,第 24 页。
② 有的地方因绝字不吉利,有家产尽绝之义,而改称杜卖、永卖、断卖等。

急(尤其是在需要大比资金的时候),又保有了其对土地的部分所有权(将来回赎)。而在典主方面,取得了土地的大部分所有权(占有、使用、收益),却只支付了较卖价大为减少的典价。至于当田呢,只是在典田的基础上加纳粮银若干而已。

不过,现实生活是复杂的,也是丰富多彩的,土地的买卖典当仍不能满足人们的所有需要,因为典买土地所要支付的典价和买价对一部分人来说,总是超出了他们的承受范围,而生活是现实的,他们必须养家糊口,这时,他们可以选择一种将土地所有权和自身劳动力结合起来的土地经营方式——租佃。明清两代民间的租佃契式,可分为一般租佃与永佃两类。明代一般租佃的契约格式有二,即地主使用的招佃契式和佃户使用的承佃契式。招佃契式,包括田批式和园批式。其内容主要有如下几项:地租、交租期限、量秤、承佃人的义务、处罚规则等。明末的承佃契式依内容的繁简程度主要有佃田批式(当荷式)、承佃田批式、认佃式、佃帖式、租批式。这五种契约都是佃户所立交付地主的,包括如下各项内容:承佃原因、保人或中人、承佃田亩、地租、纳租时间与地点、量秤、承佃人的义务、处罚规则等。清代的租佃契约在形式上还是招佃与承佃两种,但由于各地长期形成的使用习惯不同,名目更加丰富多彩。在长江以北,特别是华北、东北地区,则流行一种和雇佣劳动相结合的租佃制,佃户使用的承佃契名为"代种字""半种地文约""镑青文约"等。这类租佃的特点是:佃户只出劳力(有的还出种子和肥料),地主出生产资料并安排、监督生产活动,收获按比例实物分成。但这种佃户已非"凡人",在法律地位上有一定的"雇工人"性质。① 类似的契约还有雇长工契、芒工文字、年限仆婿约②等。

---

① 以上是对明清租佃契的概括介绍,详见杨国桢:《明清土地契约文书研究》(修订版),中国人民大学出版社2009年版,第29~39页。

② 年限仆婿,是长工的一种特殊形式。充当"年限仆婿"的是贫困到无力婚娶的"凡人""雇工人"以至"庄仆",他们入赘于雇主之家,在议约年限内为雇主从事无偿劳动(主要是农业生产劳动)作为娶妻的代价,限满方能领回,离开主家。这虽然是一种以劳动力抵作财礼的雇佣,带有农奴制、奴隶制的色彩,但也为某些贫困农民通向"二十亩地一头牛,老婆孩子热炕头"的理想生活提供了特殊的途径,也为社会消除了潜在的不安定因素。一个能让各阶层的人都有过上理想生活的希望的社会才会真正的稳定、才会有底力!

有了土地之后,要进行高效率的生产,耕畜是必不可少的,其重要性仅次于土地,如《牛马驼经》所言:"六畜之大有功于人者,钩衡驾轭、负重致远,惟牛马驼为最。田猎战阵,马绩为良;任载力田,牛劳莫钜;万里千斤,驼功更远。故有之者,赋役充焉,财用足焉,诚富国之能材、宏家之桢干也。"①因此,农谚有云"一条耕牛,半份家私"。我国的耕畜,在北方以驴马为主,在南方以牛为主。要取得这些耕畜的所有权就分别要用到卖牛契和卖驴马契。耕畜非但可以买卖,有时为了生产的需要还可以交换,即用换牛马骡驴契。当然,有时为了生计的考虑,耕畜这种重要的生产资料也可以用来进行典当,以济一时之需。而且,"一般农家由于经济力量的限制,不少是几家合买耕畜共养使用的。这种耕畜往往存在'半头''一脚'的股份买卖与典当"。②

通过以上的分析可以看出,在传统社会里,契约文书基本上解决了"二十亩地一头牛"的问题,即为普通个体的生存、生活提供了保障。或者可以反过来说,个体的生存发展和契约文书是息息相关的,离开契约文书,人的经济生活将是无序的、混乱的,其中的不稳定性和不可预见性将极大地增加。

三、婚书、阄书、房契——种的繁衍的契约秩序

一个社会的长期发展不仅要维持个体的生存,还应该解决种的繁衍的问题。在这方面,契约文书在传统社会,依然发挥着相当重要的作用。这里,我们还是以个人生活为视角,因为对于社会中的绝大多数个体而言,生活是具体的、实在的、感性的,绝大部分时间里不会也不应该上升到理性的高度。试想,哪个人会在谈情说爱、结婚生子时,想到自己是在为人类的种的繁衍做贡献,又有哪个孤独一生、没有子女的老人,在临终时会因为自己没有为人类的种的繁衍做出贡献而死不瞑目!?绝大多数人追求的只能是"老婆孩子热炕头""不

---

① 和驼有关的契约在明清契约中似未见到,而在唐代敦煌契约中时有所见(如《辛卯年(九三一?)百姓董善通、张善保雇驼契》等,详见沙知辑校:《敦煌契约文书辑校》,江苏古籍出版社1998年版,第303页、307~313页。),这或许和契约分布地有关,明清契约目前所见且便于利用者少有西北地区的,而驼是西北沙漠地区的特有牲畜。

② 杨国桢:《明清土地契约文书研究》(修订版),中国人民大学出版社2009年版,第52页。

孝有三、无后为大""有子万事足"。也就是说，人类是在追求"老婆孩子热炕头"的过程中，无意识地完成了造物的使命——种的繁衍。再看附图一，每个个体在实现"老婆孩子热炕头"的理想时，契约文书依然提供着制度保障，避免了无序和"丛林规则"的适用。

为方便分析，先从"热炕头"谈起，即个人乃至一个家庭赖以遮风躲雨、避暑驱寒的房屋，欲取得这一重要不动产的所有权或使用权，主要有三种方式——买、典、租，①相应的契约形式为卖房契、②典房契和租房契。明清时期的房屋卖买，如果契中不写绝字，往往都是活卖，也就是说将来可以卖价不敷等为由，进行加找，要求加添卖价，所立之契为加找契。加找有时可以进行多次，直至立下绝契为止。绝后不可再加找，但有时依然没有取得整个所有权，所有权的取得以立叹契为标志，取其只能望屋兴叹之意。这几种契约从形式上看并无大异，不过是一次次地加价而已，随之，所有权也一步步地深入出卖，直至卖尽。这时，虽然买主已取得房屋的所有权，但如果想要拆卸改换、兴高起造、装修等，还应立装修据或升高起造据，否则容易受到卖主的阻拦。此外，房屋作为不动产，往往涉及和相邻房屋之间的出入道路等相邻权问题及由来已久的亲邻的先买权问题，所以，为确保所有权没有瑕疵，还应立门房上下契由相关权利人来确认。

和婚姻、子女有关的契约，由于和人身、伦理、家族道德等重要课题密切相关，显得较为复杂。正常来讲，男大当婚、女大当嫁，与此相关的文书有求婚书、允婚书、答未许书、庚帖、拜帖、定帖、择吉喜帖、亲迎帖、聘礼单、妆奁单、嫁

---

① 要取得所有权还有一种比较特殊的方式——博、换，即为生产或生活上的便利（如以离家较远的土地换离家较近的土地）或特殊需要（如内院房以换取铺面房），以自己所有的房屋、土地换取他人所有的另处房屋、土地，相应的契约形式博、换契，不过这种契约比较少见且特殊，为不显枝蔓，留待另文详述。

② 明清时期，房屋、土地在转移所有权时，往往由所有人出具卖契，（连同上手老契）交付新的所有人收执，作为所有权转移的凭证，所谓契随业转，"有契斯有业，失契则失业"。很少见到有买受人出具买契的。因此，许多契约校录、研究的论著把这类契约叫作"买卖契约"，笔者不敢苟同，似应称作"卖×买契"为佳。若是从学理上做总的称呼，也应叫作"卖买契约"。（参见霍存福："再论中国古代契约与国家法的关系——以唐代田宅、奴婢卖买契约为中心"，载《法制与社会发展》2006年第6期。）

女妆奁字等,其中体现了传统"六礼"的主要内容和形式。可以统称为婚书,是争讼中官府认可的婚姻成立凭证。

婚姻成立以后,夫唱妇随、举案齐眉、相敬如宾,是其常态,若是夫妻感情不和,或妻子犯有"七出"等情况出现,自然就要用到婚姻解除文书——休书、放书。虽说休书、放书均以男方为主,夫妻双方的地位是不平等的,但其结果却也是使双方都获得了自由,男方可以再娶,①女方可以再醮。此外,基于特定的事由,②经妻同意,夫可公然卖妻,此时就要用到卖妻文契和典妻文契。当然,买卖妻子的事情为一般正经人士所摈弃,大致上是通行于下等社会的习俗。

以上是以男方(夫)为主导的婚娶(包括婚书、休书、放书、卖妻书、典妻书)文书,如果在一个家庭中,丈夫由于疾病、极贫等原因处于弱势的地位(或丈夫已死,妻有财产或小孩不想再嫁),妻将新夫迎入家中(弱夫之家或亡夫之家),委托其管理财产,和妻共同维持家计,即习俗所称的"招夫养夫""招夫养子""坐产招夫",这时就要用到招夫养夫字、招婚合约、联珠进赘字等女方主导的婚娶文书。当然,女方主导的婚娶文书还包括养老赘婿书、自己成家进赘字等室女招婿文书,这时虽是以女方为主,但主要是以女方父母为主,只关乎女方的宗祧、女方父母的养老等问题,并不涉及伦理问题,因此与以妻为主导的文书还是有本质不同的。

最后,在古人观念世界里,婚姻的意义首先在于事宗庙、继后世,起码主流意识形态是这样宣传的。当然,普通老百姓不一定有那么高的觉悟,往往从感性上以利害的角度来考虑问题,"少年夫妻老来伴""儿女是父母眼前欢""养

---

① 传统中国奉行的是一妻多妾制,妻和妾在名分、权利、地位等方面有着严格的区分,也就是说此时,男方获得的是再娶妻的自由(至于妾,在未出妻时就可再娶),若不休即要要受到刑律的处罚,如《大清律例》"妻妾失序"条规定:"若有妻更娶妻者,亦杖九十,(后娶之妻)离异。(归宗)"

② 依据岸本美绪教授的观点,即以下四种情况:(一)通奸之妻经官府认定而卖者;(二)背夫逃亡经官认定而卖者;(三)本人情愿出卖为婢者。(四)因贫困而不得已者。这种情况虽因"不应为律"而受罚,但由妻归后夫且免除财礼之没收的判定来看,事实上仍认定卖妻之事。(参见岸本美绪:"妻可卖否——明清时代的卖妻、典妻习俗",李季桦译,载陈秋坤、洪丽完主编:《契约文书与社会生活(1600—1900)》,第 225~264 页。)

儿防老"等心理或感受才是其所认为的意义。但不管从哪方面来讲,结婚之后,生儿育女将是必然,儿女多了,代代繁衍,生活在一个家里,婆媳、兄弟、妯娌之间自然不免矛盾,否则,"张公百忍"也不会历代传诵。兄弟不和发展到一定阶段或父母一方亡故或家庭财富状况发生急剧变化时,往往要分家各过,所谓树大分枝、源远分派。① 此时就要用到阄书或称分单、分关字等。这种分书往往兄弟几人各执一份,②其中将家业肥瘦品搭均分,③还要留出父母养老之资、幼子婚娶之资及未嫁女妆奁等。

总之,通过上边的分析,我们可以看出,对于一个传统社会的中国人来说,契约文书必然是其生活的一个重要部分,无论对于田连阡陌的富家大户还是贫无立锥的小民百姓,在这一点上他们是平等的,这也是契约的本性。通过契约可以解决人生必要的物质前提——土地、房屋、牲畜、家庭等,契约文书不但关系个人的所有重大人生事件、家族变故,也关乎日常的生产经营、卖田置产,没有契约文书,这些活动将难有秩序可言,而且也缺乏必要的安全性和稳定性。

---

① 类似在词语,在分书中还有"木本同而枝叶分、水源同而支流别"等。
② 兄弟三人者,三份分书往往以天、地、人来区分,四人者以元、亨、利、贞,五人者以仁、义、礼、智、信,等等。
③ 家产的一般分配原则为诸子均分,不过有的地方也有"男赡家当女有分"的特殊习俗,不过,已嫁女之份不能以阄书来分得,只能在诸子均分之前,由父母赠与。

·司法实践与判词研究·

清末讼师群体消亡原因分析

浅论清代州县司法审判中的"自由裁量权"

清代诉讼费用与讼师收入初探

论《龙筋凤髓判》中对案件事实的推理方法

清代司法技术探析

"入词"之诉与"绝词"之判

民间纠纷解决机制的嬗变:以明清时期为视角

清末讼师群体消亡原因分析

王菲*

清末民初是社会急剧变革的时代。1912年3月5日的《时报》上，刊登了一篇名为《新陈代谢》的文章："共和政体成，专制政体灭；中华民国成，清朝灭；……律师兴，讼师灭；枪毙兴，斩绞灭。"①这篇文章提及的一系列"兴"与"灭"，是中国近代历史重要的转换标志，抑或说是转换符号，它们在向世人昭示，一个新的时代已经到来，这是数千年未曾有过的大变局，其中的"律师兴，讼师灭"，昭示着一个新旧社会群体的更替。

众所周知，明清时期讼师活动频繁，对司法已产生重大影响，然而清末的一场司法改革，却让传统讼师落个"消亡"结果。缘何官方的司法体制改革没有考虑国情习惯，未秉承"仿行西方""兼容国体"的修律原则，直接移植了西式的律师制度，没有给讼师提供容留空间和生存的制度基础，未考虑将中国历史上长期存在的讼师人群融入律师队伍，从而形成具有中国特色的法律服务群体？本文从以下几个方面探讨清末讼师群体消亡的原因。

---

* 王菲，北京市政府法制研究中心研究员，法学博士。吉林大学法学院法制史专业1993级硕士研究生、法律史专业2010级博士研究生，师从霍存福教授。

① 1912年3月5日的《时报》文章全文是："共和政体成，专制政体灭；中华民国成，清朝灭；总统成，皇帝灭；新内阁成，旧内阁灭；新官制成，旧官制灭；新教育兴，旧教育灭；枪炮兴，弓矢灭；新礼服兴，翎顶补服灭；剪发兴，辫子灭；盘云髻兴，堕马髻灭；爱国帽兴，瓜皮帽灭；爱华兜兴，女兜灭；天足兴，纤足灭；放足鞋兴，菱鞋灭；阳历兴，阴历灭；鞠躬礼兴，拜跪礼灭；卡片兴，大名刺灭；马路兴，城垣卷栅灭；律师兴，讼师灭；枪毙兴，斩绞灭；舞台名词兴，茶园名词灭；旅馆名词兴，客栈名词灭。"

一、弱势地位与消亡的命运

(一)讼师群体的构成

讼师也称"刀笔先生""刀笔吏",从史料来看,对"讼师官鬼"①的判词,指其本来身份是"士人"或"假儒衣冠"的人。"士人"即有功名的人或读书人,"假儒衣冠"大多是指那些与贵族宗室有关系、识文断字的冒充有功名的人。

讼师群体构成有非常浓厚的传统特色,其群体供给与古代的科举制度关系密切。科举制度的施行,给传统读书人提供了晋身立命的机会,同时也不可避免地出现了大量的科举落第者。落第的读书人很快发现,他们识文断字的本事在民间大有用武之地,那些无力继续专以读书为业的,迫于生计,有人做了教书先生,有人做了刀笔先生——讼师。官方科举制度的本意是为朝廷选拔良才,无意中却附带培养了大批讼师。正如霍存福先生的观点,事实上晚清时期多数讼师原是生员。② 清代的生员,就是在各级学校就读的文人,这些读书人未进入仕途或尚未进入仕途的,除了县生员,还包括庠生(州府县学生员的统称)、贡生(州府县学生员中成绩优异被选拔升入京师国子监肄业者)、监生(入国子监就读者的统称)等生员,未仕的读书人成为舞文弄墨的讼师的最好人选。

清中晚期的读书人,面临非常严峻的社会现实,满人任官的特殊优待政策,加之买卖官缺的社会现实,严重限制了科举出仕的人数。科举高中即可鱼跃龙门,在前朝可以,在清朝则不行,只有朝廷实授给官职,才算真正有了出路。不能出仕的人若无祖业可守,就将面临现实问题,这些人以读书为业,又何以为生?据《申报》记事,以漕米纳税的地方生员"以报揽漕米分得规费为才",而无漕米地方生员"则以学习刀笔挑唆词讼为务"。③ 资料可见,清时科

---

① 《名公书判清明集》卷十二、卷十三。
② 霍存福:"从业者、素养、才能:职业与专业视野下的清代讼师",载《辽宁大学学报》2006年6月刊。
③ 《申报》光绪二年九月十一日,《论士习》。

举无望的读书人不乏专以词讼为业的。如,嘉兴钱延伯,"习举子业,不售于有司,愤而为人刀笔"。① 清末王惠舟"读书不成",乃"包揽讼事"。② 道光时梁溪讼师查春帆,"弱冠时,埋首书斋,读八股文,固无意为讼师也"。③

清代的许多讼师最初都是苦读四书五经、专攻策论和八股文,这些读书人因仕途不顺最后转做了讼师。清代乾隆、嘉庆、道光时期的著名的四大讼师,谢方樽、诸福宝、冯执中、杨瑟言都是读书人出身。谢方樽是个秀才,曾乡试8次不中弟,诸福宝是举人,冯执中是个廪生,杨瑟严也曾入校学习。未仕的读书人作讼师的,有的并非迫于生计,还有的是为得到社会认可,以实现自我价值。"有才学的人一定不肯安分守己的,一定要想出种种办法来发泄他的本事",④常熟秀才谢方樽,学问很好,乡间百姓非常信服他,总是向他请教,俨然乡间土知县,他最初干预讼事,还不是靠此谋生,但作出大声名后,一案可收一百金,索性不作读书人,专门当讼师了。昆山的名讼师冯执中本是廪生,国家每月给廪米供应,家里也还过得去,祖上传下来的有数百亩良田,因为痛恨当地讼师颠倒黑白,淆乱是非,"横竖闲着无事",图一时好玩,为人代写了诉状,打赢了官司,之后又手到成功,打败恶讼师,于是声名大起,众人来求,不到三个月,弄得门庭若市,索性投身讼行,最后成为当地最为骄横跋扈的大讼师,连知县令都因他去官被逐。⑤

(二)对讼师不利的舆论背景

通常情况下,一个行业的生存基于社会需求,在此基础上,一个职业群体的整体养成,则需要国家行政的支持。对于中国传统讼师群体而言,是非常特殊的现象。自春秋伊始至明清,虽然已经发展到"词讼必由讼师"的程度,民间需求滋养了讼师的生存,民间讼师活动极其活跃,有的甚至成了家传生意一

---

① 襟霞阁主:《中国恶讼师》,东亚书局,第75页。
② 同上书,第82页。
③ 同上。
④ 吴麟瑞、高天平编译:《中国四大恶讼师传奇》,中国华侨出版社2002年版,第4页。
⑤ 同上书,第248~269页。

样,如光绪年间陕西泰兴县讼师孙长庚一门"三代讼棍"。① 但讼师身份却一直游弋在官方司法体制的边缘,始终未取得官方的正式认可。

历史上,官府对讼师执业一直持明确的严格压抑态度,讼师的整体社会评价不高。在古代的政治、社会生活中,诉讼以及与诉讼相关的一切活动都被认为与道德沦丧、社会混乱有关,甚至意味着官吏治理地方的能力低下。受儒家思想主导,传统的朝廷官员们认为,诉讼从根本上是不道德的,因此他们无法想象,私人法律服务在道德上是正当的。《周易》中对"讼"是消极解读,"讼,有孚、窒惕、中吉、终凶"。执着于把官司打到底,不依不饶的,就将有危险。儒家以为,品性高尚的君子不会为利益争执,只有斤斤计较的小人才拘泥于蝇头小利而争讼不休。从价值判断来说,儒家否定诉讼,从执政理想而言,儒家希望实现"无讼"。儒生出身的官员总是宣称,为官的首要任务是"息讼",经年对儒家经典文献的研读,塑造了为官者内心对和谐的渴望,以及对避免纠纷的致力追求。

讼师为民间提供打官司的帮助还以此谋生,这样的行为在官方眼中有悖于传统价值判断,官府不可能公开认可讼师的社会地位。虽然讼师有书写讼状的娴熟文字功夫,有出谋划策的狡黠智慧,有应对官府的灵活变通能力,但是这些素养在官方眼中,只能算底层读书人不入流的本事。读书人背诵圣贤文章,却在词讼中舞文弄墨,取巧弄法获取利益,本身就是背离了读书人的格调,不是高贵的德行,更不是正途。在官家看来,即使讼师的刀笔功夫了得,以词讼为生者就算不上真正的文人,只能列入道德败坏的下等人,读书人为了获取利益而涉足诉讼,本身就有不道德的嫌疑。如《中国四大恶讼师传奇》中所言,读书人如果因为仕途不畅,便把满腹才学发泄到做讼师的邪路上,纵然能得逞一时,却终难得逞于一世。结果人固受害,亦自误,该书作者警醒世人,有才干之人当"悚然自惧,自爱其身"。

清代生员做讼师,在当时承受的压力很大。因为在传统价值观中,讼师被

---

① 樊增祥:《樊山政书》,卷二十,中华书局2007年版,第562页。

视为堕落的一群。未仕生员构成讼师群体,读书人未能入仕途的现实,本身即意味着这些人群的社会地位不高。清末官府对讼师的蔑视,往往也基于此,有官员嘲笑讼师代书诉状,"是何处不通秀才用李陵答苏武句法",[①]由此,清末朝廷自上而下的司法体制改革进程中,讼师不会成为社会转型时期的改革受益者,实属自然。

(三)讼师的弱势与最终命运

讼师们大多幕后助讼,因为官府的严格压抑态度,清一代讼师书写诉状,都不署真实姓名,以规避追查。若有官府询问代书人是谁,当事人会推说集市上找的算命先生,因为算命先生行迹无踪,如此陈述无须担心官府追查。有讼师出庭助讼,多托词称是当事人亲属。若被官府追查,讼师助讼身份暴露,往往会依"讼棍"施以重责。讼师为客户提供法律服务时,读书人的价值,法律专业人的自信,只能曲折地展示,根本无法淋漓尽致地体现出来。

受传统价值观的影响,大部分未仕生员做讼师的,并没有完全放弃仕途希望,只是因为仕途稽滞,临时以讼为业,心里并不甘心以讼师行终老。有一则可笑又可怜的故事:清代有一秀才兼做讼师,去参加科举考试时,忘了将卷袋里书写诉状的草稿拿出来,进考场搜身被查出来,于是被怀疑是"夹带"作弊。刚好赶上朝廷整顿科举,严查舞弊,被当场褫夺秀才身份,并被枷号示众。秀才想不通,羞愤交加,被活活气死。官府对夹带的诉状不难分辨,明知属于误带入,还严惩了当事人。除了赶上整顿风口,很可能与对秀才投身讼业的鄙视有关。这个不走运的秀才缺乏自省,在当官的看来,读书人不安于本分,不固守清贫,做了讼师的勾当,就是背离了读书人高尚的德行,无异于走了邪路。不走正途者,不能姑息手软,或许官方就是要趁机表明态度,以正本清源。

虽然清中晚期的讼师群体,已经具备了提供法律服务的社会功能,但在传统语境下,其始终无法取得官方认可的地位和话语权,很显然主流社会对读书人以词讼取财的轻视,甚至可以称为鄙视的态度,加之讼师活动往往被片面地

---

① 樊增祥:《樊山政书》卷六,中华书局2007年版,第163页。

归于趋利、扰法、害民,这些都让会阻碍讼师取得正式职业地位。清末的修律大臣掌握着制度转型的话语权,无论其是否接受了西方的法律观念,但他们不可能超越其时的社会价值判断,其居于高堂之上,而讼师群体则由社会底层知识分子构成,其生存实况与高官们相距太远,讼师的命运天然地不在司法改革制度设计者的视野范围内。晚清政府进行司法改革时,高官们不会考虑讼师的命运,顶层的制度设计者创设的,是从西方直接移植来的全新的律师制度。目前尚无逻辑严密的整段文字,可以更明确地说明最终讼师被舍弃的原因,但是从零星的文字记载看,大多支持律师制度的,都是认为原有的讼师是社会弊端,于是清末政府就如同革除弊端一样,很干脆地在法律服务群体的制度构筑中舍弃了讼师的作用。

制度设计者从未考虑"律师兴"以后讼师的命运,他们选择了完全崭新的西式律师,放任了中国传统讼师的消亡。传统的价值判断无疑会影响讼师的命运,讼师群体的弱势地位与讼师的消亡不无关系,因其先天不足,而成为制度转型的利益牺牲者,就不难理解了。

二、清末讼师的执业状态加重了官方的压抑和否定

(一)讼师活动的民间表达形成了潜在的民权对抗

清末讼师的执业活动,处于特定的结构性变迁的时代背景之下。清中晚期的社会局面日趋复杂,人口的增加、财产关系的变化、下层文人相对于上层科举地位身份的恶化等,这一切都是清政府必须面对的问题。从整体而言,清末经济发达地区出现的社会经济的转型发展是缓慢的,还不能清晰地反映出任何与传统的突然断裂,但商业经济范围已经开始扩大,并且日渐复杂化,这些对不同层面的社会关系都产生了巨大影响。在经济发达地区,朝廷权力的行使与民间对权利的主张,开始出现了前所未有的抗衡,甚至在一定范围内引起矛盾激化,虽没有如西方一样形成浪潮,进而旗帜鲜明地主张民权,但在若干久悬未决的疑难案件中,已经可见平民阶层势力日强。而在民间与官府周旋以维护权利时,实际上讼师起到了非常重要的作用。

至清末司法改革前,讼师的执业活动已经非常普遍,许多戏曲、小说、笔记均不同侧面地描述了清代讼师的执业状况。关于清末讼师的活动,民间有着独特的生动表达。在民间话语中,讼师多是狡黠机智的,有的还不乏正义感,他们不仅仅是官方眼中诡计多端的人,有时会无赖行事,有时却散发一种豪侠气质,怀不平之心,行义侠之事。民间通常认为讼师是长于舌战之人,精于词讼智慧之人,善于权衡变通之人,光绪三十年(1904年)的常熟地方志中纪念了几位本地人,他们妥善解决了"上百起词讼",或者促使当事人在极其困扰的案件中和解。在民间的话语表述中,讼师代表着地方下层文人精英集团,满足了民众的法律需求,保护地方不受中央政府的盘剥。在一些民间故事中,讲述了讼师如何以机智狡黠取胜,并羞辱地方官吏以及有权势的富人,这些故事多少有些神化了讼师的智慧。还有的故事则透露一种观念,在一个道德沦丧的时代,只能通过不正当的却强有力的力量获取正义,这样的做法实际而有效。当然,官府从未因此改变其判断,一直视讼师为玩弄阴谋诡计之人。无可否认,聪明与狡诈的才能,往往也包含了谎言欺骗和取巧弄法。

清晚期的传统社会生活已经发生巨大变化,士绅家族的巨额财富使其可以捐得功名,或者获取本应是读书人享有的精英地位,讼师无力左右这样的变化,作为底层文人,他们鄙夷暴发的士绅家族,于是很乐意帮助弱者从暴发户那里夺取利益。因此,讼师为了客户利益,也为了展示自我价值,充当起民间私权与官府公权抗衡的力量。虽然从全国范围来说,清代讼师的活动还不至于肆无忌惮,但在经济发达的长三角、珠三角地区,他们已经在民间拥有了不低的社会评价。讼师为满足民间需求而存在,其对抗苛刻不仁的官吏,保护弱势民众免遭强势侵害。从讼师参与的许多案件看,他们已经开始承担着解决地方冲突与提供其他法律服务的责任。

(二)官方坚定地压抑否定讼师

清代官方对讼师活动的表达与民间截然不同,无论讼师是否在诉讼中起到了良性作用,官府从未放弃反对讼师的宣告。乾隆三十四年江苏巡抚高晋称,"江苏系讼多之省。依民人品性而言,松江[府]人多诽谤、慢法、背义之事"。① 讼师一直就是政府官员和良善士绅极度反感的对象。长期以来,传统社会精英的意识形态霸权,强调着讼师的道德败坏和政治危害,异常刻薄地渲染着讼师的种种劣迹,如:词讼文书的诬告,对法庭的操纵利用,对非分利益的贪欲。最令权力阶层无法容忍的,是讼师对官方法律权威(或者说官方权威)的挑战。长期的官本位意识让官老爷不会愿意公堂上再出现一个权威,如果百姓信服民间权威,必然将折损官威。

通过若干具体案例,可见清晚期的讼师实际上是以一种前职业身份从事活动,有些近似于英格兰早期法律职业的下层分支的地位。欧洲的这些人群最终成为通向王室法庭的大众渠道,他们还促进了正在王室法庭中进行的诉讼,有助于中央法院争取司法管辖权的优势地位,简言之,这些人是促使国家合法化及成长的一个因素。中国传统社会的讼师与之不同,他们始终在夹缝中求生存,没有历史机遇促成其合法化,即便讼师在民间取得大名望,也只能在法定秩序的边缘游弋。

不管民间如何渲染讼师的机智慧黠,其生存只能依存民间的需要,而非官方体制的需求。在民权势弱的大背景下,讼师无法成为官方保护并扶持的社会群体。民间对个体讼师的评价越高,与官方评价差异越大,都越可能催生当权者的反感,加重了官方对讼师群体的厌恶,从而成为讼师合法化的逆向阻碍。在清晚期特定的社会背景下,讼师实际承担的使命已经很复杂,《樊山政书》作为西北地区的司法实录记载,其中有不少因国家赔款加重民间捐赋而引发的案件,在这些讼案中,讼师或带头控告官吏贪腐,或代表地方利益出面抗捐抗粮。很明显,这些讼师执业不仅为自我生存,也多少有了民权代表和维护地方利益诉求的新使命,这些执业领域的新变化,更让官府头疼,同时,因其下层文人的身份,更加重遭到官府的贬低和排斥。如此一来,官方对待讼师的态度由厌烦而憎恶,表现得冷酷无情,讼师成为中央朝廷和地方政府都希望严格

---

① 《清史稿·高晋传》卷三十。

压抑的社会力量。

官方话语权和民间话语权的巨大冲突,深刻地反映了晚清时期日益尖锐的社会矛盾,讼师因为其执业的特殊性,在社会矛盾的对立冲突中无法两面逢源,由此必然见罪于官府。当晚清政府进行司法改革时,修律大臣们虽然具备了革新的素质和欲求,他们也依然无法摆脱正统的官家视觉,不可能考虑"惹是生非"者的生存和命运,由此也不可能在新制度创设时,考虑到讼师群体属于"天朝国情"而容纳。因为在官方眼中,讼师也一直是天朝的忧患。

(三) 累案积压归咎于讼师

清中期至晚期,诉讼率不断上升,18世纪到19世纪,人口稠密、商业发达的地区,词讼积压状况尤为严重。清政府对词讼积压的处理,以及对讼师的约束,无论中央朝廷,还是地方政府,都是以制定法的方式努力控制。不管出于公心,还是基于私利,无人希望看到累案积压的局面,政府官员必须阻止持续增长的涌向官府衙门的讼潮。对于诉讼,官方与讼师的态度完全是对抗的,讼师为了维护客户利益,官方为了维持地方秩序的和谐无事。

18世纪的清政府通过法律设法固定、界定并限制讼师的执业活动。雍正二年(1724年)出版官修典籍《圣谕广训》共十六条,其中四条涉及讼狱主旨都是劝民息讼、无讼。皇帝苦口婆心地警告子民:"(讼师)操刀笔,逞词讼。告不休,诉不已。破身家,谁怜尔?……每一事,须三思。远棍徒,屏讼师。虑其终,慎其始。无大仇,辄自止。"讼师大体等于恶棍刁徒,皇帝如此看讼师,则讼师在传统社会的地位就钦定了。

清雍正朝的法典将讼师认定为"唆讼者",讼棍则被确定是串通胥吏和欺弄乡愚的"积惯讼棍"。[①] "讼棍"实际上是个简称,其在清法典中完整的文字表述是"唆讼棍徒",属于"光棍"的一种。清律例明载,凡"教唆词讼及为人作词状,增减情罪,诬告人者,与犯人同罪,若受雇诬告人者,与自诬告同,受财者计赃以枉法从重论"。"若系积惯讼棍,串通胥吏,拨弄乡愚,恐吓诈财",要按

---

① 《读例存疑》,340.6。

照"棍徒生事扰害"罪名,发配到云贵两广"极边烟瘴"充军。并且在其他条例中还特意明确,凡此判"积惯讼棍"充军的,不能援引"存留养亲"的法律规定,即便是独子,家中老人已年过 70 的,仍然要执行充军,不得改罚。① 除此,大清律中有更严厉的特别规定,被判处了充军的"积惯讼棍",在充军地落户的,和"积匪滑盗"一样,其子孙永远不得参加科举考试。② 清朝法律对讼师和讼棍进行严格的界定的尝试,意图划分正常助讼和扰法害民的不同情形,但实际上,很难有客观的标准将二者准确地区分。

尽管国家官方法律一直严格规则讼师执业,但是因为实践活动的不断变化,经常超越了有限的政府控制力。清中晚期的官员认为,讼师活动与诉讼率不断增高密切相关,考虑到民间对讼师的客观需求,官府某种程度上也容忍了讼师在一定空间范围内的执业活动,同时也希望讼师起到些官方需要的"好"作用。例如,帮助陷入纠纷的庸碌百姓代写诉状,词讼文字上能够突出重点,言辞达意,使案件顺利受理。再如,教导当事人在庭审时如何应答,可以"理直气壮、要言不烦",以加速审理进程,等等。但是官员们很快发现,讼师参与的司法活动,并没有在官府希望的规范、效率等问题上,给官家提供多少帮助,讼师重利而无义,于是官方话语转而形成了统一认识,即老百姓在讼师帮助下,给官府增添了太多难题,讼师唆讼、吓财、挠法。官府认为,讼师就是玩文字游戏,混淆视听以获取非分利益;至于讼师交接衙门的下级胥吏,左右诉讼的种种伎俩,实属祸害公门,更是必须制止;同时因为讼师的助讼,让案件更复杂难审,严重干扰了诉讼秩序;最难以容忍的,讼师以娴熟的笔墨功夫在词讼上大做文章,有形成专业权威的态势,严重威胁了唯我独尊的官威,官方无法容忍任何与其抗衡的力量。事实上,讼师为传统社会提供的法律服务,的确是更立足于服务民间。如果讼师在诉讼中代表了地方利益,对抗中央政府的政令,无异于是挑战中央朝廷,更是撼动体制根本的祸端。由此官方得出结

---

① 《大清律·律例·诉讼》"教唆词讼"。
② 《读例存疑》,340.6。

论,讼师是当事人缠讼和案件积压的罪魁祸首,而造成这一切烦恼的讼师,只是为了取财,根本不是为了高尚的取义,其在道德话语权上原本就丧失了正当性。

因此,晚清时从中央朝廷到地方各级政府,都不可能正视讼师积极的社会作用。因为讼案经年累月积压,使官员(尤其是地方省府官员)处于尴尬境地,他们一直坚持这样的谴责态度,认为讼师教唆"易怒好讼之徒"架词兴讼,诱使当事人诬告与京控,造成大量积案。清政府官员应对上司或皇帝的诘问时,总是将积案的根源归于民无德、不安耕而无故兴讼,无知民众依赖不择手段的讼师来赢得"细故之争",破坏了地方和谐与安宁。因为案件积压,官吏惧上责罚自己怠于职守,而归咎于当事人和讼师的不道德,他们在谴责讼师与小民的同时,暗示自己的治理是不存在问题的,这显然有推卸责任的嫌疑。但这样的态度在传统社会,往往被认为是合理的。嘉庆年间,广东省官员曾上呈奏折,详陈讼师在词讼积压中的恶劣作用,皇帝完全接受了地方官员的意见,并在旁边做出诸如"此真恶行"之类的批注。① 官员清楚地意识到,他们面临严苛的监察时,倾向于将案件积压归咎于难以控制的个人,是可以安身保官的好辩解。江西巡抚曾上奏道,仅嘉庆七年,其衙门就有超过600件积压未决的讼案,至嘉庆九年,各级官员百般努力也只是设法将积案数字减至300件,他随附了一份详尽而复杂的月报,涉及诬控人命、诬控官员等讼案,称均受南昌府讼师的唆控,阴险狡诈的讼师被归结为不安宁的祸端。上级官员认同这一说法,同时他们也主观地认为,致使词讼滥行是地方官员无能,不道德的讼师狡诈兴讼助讼,可以获取非分利益,更是地方官员的失职。

如此种种弊端,在清政府的官员看来,必需革除,而破旧必须立新,正如有人阐释创设律师制度有六个好处:"一、教民无从表异;二、教士无从干预;三、领事之不能越俎代庖也;四、讼棍之自然消弭也;五、律法明而民智大开也;

---

① 《朱批奏折·法律·其他》,嘉庆 12.5.18。

六、渐可使外人收回治外法权也。"①由此看,清末"律师兴"的历史使命之一,就是要促成"讼师亡"。

三、司法制度改革直接推动了律师兴、讼师亡

(一)源于治外法权收回的改革动因

19世纪一场实力悬殊的鸦片战争,原本以天朝自居的清政府的优越感荡然无存,外来力量的压迫使近代中国的司法主权无法保持完整,加重丧失了主权国家的尊严。司法实践中,各国借其国家在军事、政治上的优势,利用清政府的积弱和无能,通过领事裁判权、会审公廨制度获取在司法管辖上更大的权益。到19世纪末,清政府开始认识到,丧失司法主权对于国家政权的巨大危害性。

1901年八国联军打入北京,清廷无力抵抗,西方列强的枪炮逼出《辛丑条约》,其后不久,清政府意外地接受了一个讯号,英国人表示,"中国深欲整顿律例,期与各国改同一律,英国允愿尽力协助,如成此举,一俟查悉中国律例情形及其案断办法,及一切相关事宜,皆臻完善,英国允弃领事裁判权"。②接着又有日、美、葡等国也相继做出类似承诺,遂使清廷受宠若惊,受压许久无力应付的清廷认为这是个良机,随即发布修律上谕:"一切现行律例,按照通商交涉情形,参酌各国法律,妥为拟议,务期中外通行,有裨治理。"③并成立了专门的修律机构"修订法律馆"和"宪政编查馆",委任沈家本、伍廷芳为修律大臣。为了使新修订的法律"与各国无大悬绝",沈家本提出,"以模范列强为宗旨",并在奏折中说,"方今改订商约,英、美、日、葡四国,均允中国修订法律,首先收回治外法权,实变法自强之枢纽,臣等奉命考订法律,恭绎谕旨,原以墨守

---

① "论中国亟宜教育律师",载《东方杂志》1904年第6期。
② 中英《续议通商行船条约》,光绪二十八年(1902年)。
③ 商务印书馆编译所:《大清光绪新法令》第一册,商务印书馆1914年版,第16页。

成规,授外人以口实,不如斟加甄采,可默收长驾远驭之效",①使"法权渐收回"。沈家本深信,中国的司法改良会迫使西方列强无借口不放弃领事裁判权,从而收回司法主权。另一位从海外留学回国的修律大臣伍廷芳,则进一步指出,朝廷想收回治外法权,不可能旦夕解决,因此"中国改良律例,慎重法庭,自是切要之问题也"。清末礼法之争中法理派的代表人物杨度,也认为中国的旧律不合世界文明共同的原理、原则,外人借此不受中国法律约束,因而确立了领事裁判权,使中国司法主权不能独立,现在西方列强同意中国在改良法律后,便撤去领事裁判权,我们就要"力尽人事,先由自己改变法律与审判制度"。②

清末司法改革的设计者一直乐观而坚定地认为,移植西式法律制度可以防止贿赂包庇,促进公正裁判,更是收回治外法权的关键。清末"律师兴"的初衷,不是基于制度进步的内在需求,并非清政府自发到自觉的正常节奏,而是源于外力压迫下的、仓促的功利性改良,其根本目的就是为了治外法权的收回。清末司法改革缺乏自我完善的核心力量,可以说,其促进制度进步的内在动力不足。

(二)清末律师制度初创仓促

1906年《大清刑事民事诉讼法》法典完成,交各省督抚、都统审议研究,其中有律师制度的内容,对此,朝廷大员意见不一。北方各省和西部省份持反对意见,如山西巡抚恩寿在光绪三十三年(1907年)上呈朝廷的奏折中认为,"惟中国当此预备之初,民间之知识未尽开通,新政之人才尤须培植,晋省地偏西北,近数年来,风气虽已渐开,地方士绅尚未有输入法律思想,而审判人员亦非能仓促养成。此原奏内陪审员、律师两项不免有待跨踬也。奏颁刑事、民事诉讼各法,大要准中国之情形"。③ 而南方省份对律师这一新事物则

---

① 《官中档光绪朝奏折》(第二十四辑),台北"故宫博物院"1975年版。
② 《资政院议场速记录》,第23号。
③ 《官中档光绪朝奏折》(第二十四辑),台北"故宫博物院"1975年版。

持接受态度,如两广总督袁树勋称"近年来通商各埠延请外国律师辩案,已成习惯"。①

最终,《大清刑事民事诉讼法》还是由于张之洞等各省督抚的强烈反对,被搁置下来而未能颁布实施。随后,1907年颁布、试行的《各级审判厅试办章程》,1910年颁行生效的《法院编制法》,其中均有律师代理、辩护的规定,从法律条文上确认律师活动的合法性,律师制度始植根于中国。但清末对律师制度的规定仅限于条文,并未真正实施,且其初创亦粗略,正如法学家杨鸿烈所说,"律师制度,尚未采用,虽规模初具,亦徒有其名而已"。

关于律师制度的整体设计没有给讼师提供任何存留空间,如关于律师资格的取得问题。国民要想取得律师资格,须在法律学堂参加考试,取得律师文凭。一是必须为法律学堂毕业,并获取能作为律师的文凭,才能具备律师资格。可由各省法律学堂俱培养法律人才,合格者给予文凭,分拨各省。二是也可选派"刑幕之合格者",送入法律学堂进行培训,以补学堂骤难造就之不足。新的律师制度,从制度设计之初,就没有考虑传统讼师命运。

由于种种原因,清末制定之诉讼法最终均未能施行,相关律师制度的规定因此无法得以实施,但在清末修律过程中,其制度框架设计基本完成,律师制度在很短的时间内被直接移植引入了中国。当时有人高度评价律师制度,"诉讼者信法官之心,终不如其信所延律师之深。故法官之言难入,律师之词易受",律师接受当事人聘请,参加诉讼,"然后当事者能各尽其辞,然后法官按律判决,实为上下两便之法","是有律师,方以尽司法独立之妙处"。今天看中国近代之"律师兴",很明显只是简单的制度移植,其借鉴西式司法制度的核心动力,是治外法权的收回,而不是制度改良的科学性和合理性。

清末司法改革从本质上不同于西方历史上的体制更新,它并非新兴的社会阶层对抗旧贵族势力阶层的武器,不是在革命中产生,也不是为巩固革命的胜利成果,更不是新的社会阶层为了体现并维护自身的利益。清末的司法改

---

① 《政治官报·奏折类》,宣统二年三月,第881号。

革完全是清政府迫于外来压力,为了寻求天朝延续,为保存旧体统,而不得已做出的法制改良,并非清政府基于制度进步的内在需求,不是自发到自觉的正常节奏,其仿行了西方舶来品,如做外科手术一样,直接移植了西式法律制度,由此产生了新旧更替的"律师兴,讼师灭"。一场严重缺乏自我完善动力的法制改良,连新旧社会力量的妥协都称不上,不过是外力内力综合作用下,引发了一场不情愿溃败的古老帝国的制度自救,就是希望迎合西方的需要,急功近利地借法律制度的移植,以解决眼前的危机而已。自上而下的启动,并未引发自下而上的呼应,仓促而又功利。

关于融合本土传统并兼顾讼师执业的现实良性作用,吸收讼师进入新制度框架设计,使其成为崭新法律群体组成部分,清末的司法改革者根本没有考虑。

(三) 对法律服务群体兴与亡的态度轻率

任何新事物的诞生,本应该阻力重重。但在清末律师制度的创设问题上,却很让人诧异,新制度的出现几乎没有遭遇太多强烈反对的意见。沈家本递送草案向各地督抚征求意见时,关于律师的使用,虽然有人以不成熟为由建议暂缓,但是并未遇到直接的阻力,崭新的司法体制并没有太多的鼓吹与反对,原则上就被接受了。

随后发生的,更让人不解,新的民事诉讼法在很长时间内未及颁布,清政府出台的《编制法》却简单地视律师的存在理所当然。《编制法》中规定,如果一个律师在法庭上"言语行动如有不当",法官可以"禁止其代理辩护",同时还规定了在职律师可以取得高级审判厅的推事资格。伴随清末司法改革的进程,律师制度如此随意地跟进了。

由此可见,"律师兴"从新制度创设时起就未受到重视。在当时的历史境遇下,对于新的律师制度,官员似乎无认真施行的企图,也无认真反对的必要。在西方外力压迫和中央朝廷无能溃败下,官员们对未来新制度的设计和施行效果,缺乏敏锐的判断力,他们反而清醒地意识到,个体的思虑根本没有意义。晚清时,社会上下弥漫着无能为力的颓势,对少数人推动的司法改良,大多数人的态度是观望的或无所谓的，必须表态时，就草草敷衍了事。外籍律师在通商口岸和租界地的执业活动，何曾是谁愿意的，从中央朝廷到地方官员不也是只能接受吗？！"律师兴"和"讼师灭"，清政府中大多数人不会认真地思虑。就中国的历史传统而言，对于国家法庭进行的诉讼，专业法律人才从来都不是不可或缺的，朝廷并不真正需要律师来建构或者维系国家建筑之法制或行政制度。清末司法改革时，不关心讼师之灭，也不重视律师之兴，这说明了一个事实，无论改革前，还是改革后，中国官方政府始终都是忽略为民众提供法律服务的社会群体。

"律师"对于晚清的中国社会，完全是一个新的术语，它没有遇到太多的阻碍就被轻而易举地采用，当然是多种历史条件下促成的。但其中一个重要的因素，可以归结为对旧事物的厌弃。

清末司法改革的制度设计者放弃了旧术语"讼师"，也没有采用日本人的"辩护士"，而是使用了"律师"，没有人对此说明理由。我们只能猜测，很可能"律师"一词颇符合中国人的语境，且遵循医师、法师甚至是讼师等的造词原则，可以表达某一领域的高手、能手，或者是示范、引导之师，是个容易接受的术语。放弃"讼师"的术语使用，本身就是一种明确的态度，除了地方官吏因为积压案件，应对上级诘问而苦恼时，考虑过让人厌烦的讼师，实际上官方体制内无人真正在意讼师群体的命运，讼师本就是半地下的职业，从未被官方正式认可，无人关心讼师之生存，因此更无人在意讼师之消亡，清廷的官员们，包括修律大臣们在内，正是希望借新制度的出现，让讼师彻底消失。

至于如何合理兼容本土传统性与西方现代性，移植西方制度时兼顾国情体制的习惯，启动司法改革的清朝廷根本无暇思虑。长期处于否定语境下的讼师，在新制度创设时，没有被允许或鼓励继续进行执业活动，传统讼师没有转化为人们在西方看到的那种自我规制、高度分化的职业，甚至也没有转化为人们在其他商贸行业中看到的那种经过官方许可的行会。

由此，中国传统社会长期活动频繁的讼师，并没有完成从量变到质变的过程，完全被排除于新制度之外，丧失了融入新群体的历史契机，讼师没有顺理成章地转化成合法的律师身份。兼之,清晚期大量新兴法律知识分子的出现,冲击了讼师的生存空间,清政府不担心在新体制下无人可用。由此,在诸多历史条件的综合作用下,伴随律师制度的创设与逐渐实施,从此"律师兴,讼师灭",作为传统社会的一个独特法律服务群体,讼师最终消逝在清末民初社会转型的时代大潮中。

附注:原文刊载于 2014 年《国家检察官学院学报》2014 年第 5 期。

浅论清代州县司法审判中的"自由裁量权"

——以《樊山批判》中"王庄临案"为中心

潘宇[*]

由于具有丰富的判牍资源,清代的州县一级司法审判不论是从官员个人角度,还是制度层面、文化层面上都折射出中国传统法律文化的烙印。作为判牍中的典范,《樊山批判》使我们能够窥探清代基层司法审判的全貌,其中有多个相关判词能够串联起来,向读者展现出一个个鲜活的案件的原貌,使我们能够推测事主的诉求、在诉讼中作为、案件的结果,及参与诉讼的各类群体等,涵盖司法审判的各个方面。笔者仅以"王庄临案"为中心解读在这样一个和息为结果的案件中所体现出的问题。

一、"王庄临案"

《樊山批判》中有一系列共 11 个相关的批词使我们能大概了解一个纠纷解决的始末,笔者将之简称为"王庄临案"。这场纠纷从"批常兆麟禀词"开始:常兆麟等告发了一个非法的小押当,并检举王庄临、田维心为幕后主使,由此触发了具有中国传统特色的纠纷解决机制,折射出诸多司法审判的相关问题。其中,官员在基层司法审判中平息纠纷的方式,以及认定犯罪的标准等问题十分值得探讨。

据"批常兆麟禀词"看,在被告发之前,王庄临这个人就已经被樊增祥熟

---

[*] 潘宇,吉林省吉林市人,吉林大学法学院讲师,法学博士。

知,"王庄临声名素劣,本县深知,近年年老力衰,或者不敢多事","该革生老而无耻,愈贪愈恶,实属一乡之蠹。而田维新依阿党附,狼狈为奸,均属不知自爱,候一并唤案究惩"。① 禀词被准后,原告常兆麟的父亲递上了呈词,声称之前的禀词不是他儿子所作,有人冒名。樊增祥推测:"此必因本县前日添唤王庄临等到案质询,尔恐开罪庄临,或即王庄临唆而具呈,以为上堂狡赖地步。"②可见,王庄临在当地的能量十分大,人们都畏惧他,甚至能调动原告的父亲为自己辩解。接着,王庄临便辩称自己行止无亏,未做违法之事。但是樊增祥在批词中斥其:"尔以革生复行捐贡,靦然人面,充作绅耆,兹被呼为老大讼师,犹复哓哓渎辩。试问,尔行止无亏,何缘被革?"由此,可以发现,王庄临是当地著名的讼师、缙绅,其已经被褫革过一次功名,但是又再次捐贡。这可以解释为什么樊增祥从其一经涉案就带有极其厌恶的态度,在中国古代,讼师都不是好人,按照官箴书的告诫,官员在上任之初就应知晓当地有哪些不安分之人,樊增祥作为循吏当然早就已经调查清楚。如果只涉及小押当应该也不是一个大的罪名,但王庄临在前任县令治下申请将路毙井毙之人由他相验,此行为就触动了司法审判制度中的刚性规定,作为现任县令这是不能姑息的事情。樊增祥对王庄临及涉案的田维心在批词中极尽挖苦,"田维心乃尔门下之狗,胯下之驴,从前随尔上控,还是民人,如今忽称生员,学校中有而两人,我咸宁遭膏不浅矣。尔自称精力衰竭,可谓老而不死,候集案讯惩"。③ 也许听到王庄临被传唤的消息,抑或有其他的意图,以曹彦为首的生员详细揭发了其在光绪十六年腊月禀请前任县令将"各村路毙尸骸由绅耆验明,凡饿毙无伤失足落井者免其报验,以期官民两便"的行为及为此所立的石碑碑文。此事由前任县令认可,已经施行了两年。王庄临还巧妙地在碑文中将路毙和井毙混为一谈,其作

---

① (清)樊增祥:《樊山批判》,载杨一凡、徐立志主编:《历代判例判牍》(第十一册),中国社会科学出版社2005年版,第95页。
② 同上书,第98页。
③ 同上书,第101页。

为当地士绅的代表理应处理这些事务。① 这种行为违反了清代的司法审判程序及行政法规，应得到严惩。至此，王庄临两案并发。

如果案件到此结束，结局应该是王庄临、田维心受到了刑罚，单单其做讼师一项罪名，按照清代的例文就可以被流放四千里。在"批陈铭扬禀词"中樊增祥有明确的态度："刘树、张鸟本系军犯，而又重利剥民，欺辱学校，本县恨之甚深。至王庄临，年老力衰，纵使平日声明不佳，本县亦何必穷究。因学校中两次指控，且有私刊碑记，凡路毙井毙者举不报官相验，由若辈看视掩埋，似此荒唐，身任地方者岂能置之不问。本县嫉恶素严，业已批饬严究。"②

但是，案件出现了典型的中国传统式的转机。当地的士绅出头以"绅衿被责，体面攸关"为由希望息销此案。按照中国古代司法审判的传统，在案件的任何环节，任何时候都可以要求和息，但并不是所有的案件都可以和息，《樊山批判》中就有一部分案件不准和息，大概统计，这类案件都与社会风化息息相关。这个案件是否能准予和息呢？显然，樊增祥选择了准理。他认为"恳请处息前来，足见桑梓敬恭，顾全大局，本县深为嘉悦"，但是"息讼最要持平，不宜颟顸姑息"，要求"小押当著即日停门，另寻生活"，给余秀才叩头赔礼，"王庄临、田维心所刊碑记，即时仆毁，嗣后遇有路毙井毙，由约随时报官请验，如敢仍前匿报，一经查出，照例严惩"。并将从前的批词付之炉烬，目地为掩官绅两失之羞。③ 这个同意和息的理由十分冠冕堂皇，士绅在古代的社会生活中发挥着重要的作用，尤其在清末，公局中的士绅是官员治理地方需要倚重的重要力量。保全士绅的体面，维护其权威成为这个案件能得以和息，官员与士绅都能接受的理由。

案件到此并未告一段落，和息是大家都能接受的好结果，但是有人并不买

---

① （清）樊增祥：《樊山批判》，载杨一凡、徐立志主编：《历代判例判牍》（第十一册），中国社会科学出版社2005年版，第101～102页。
② 同上书，第102页。
③ 同上。

账。后续的"批贡生陈铭扬禀"中出现了一个人——余藻,本来陈铭扬已禀告小押当已停,碑皆仆毁,但是余藻控告其"违批徇庇",不停办小押当,碑记也不仆毁,樊增祥做批词要求陈铭扬解释这个问题。① 同时,为了解决余藻对于该案件处理结果的不同意见,樊增祥又剖析了此案件。他认为,小押当的出头人无足轻重,王庄临因为年老,已经暮景无多,经其多次斥责已经不敢为非,之所以允许和息不是姑息养奸,"实恐学校相残,尔等宜体此心"。而陈铭扬"系县中正绅,前在里局办公妥慎,尔等亦不宜一概指摘"。这个案件樊增祥认为是"小事亦不值如此聚讼"。由此可见,余藻纠结了一批生员向官府提起控告。为了平息生员的聚讼行为,樊增祥提出召余藻、曹彦来案,发给其"封条、谕贴","尔等持往该镇,将小押当即日封贴,以后只准取赎,不准再当。并仰尔等同赴城隍庙,查看王庄临等所立之碑是否已经仆毁,如尚未毁,即由尔等唤同保约立时槌碎,并将残碑拾取一二块来县呈验,以凭销案可也"。② 余藻并未就此罢手,他接着控告乡约田维彦违抗命令,对于这样的控告樊增祥批示"原差赴该镇,查明田维彦有无刁阻情事,速将小押当封闭,石碑槌碎。如有敢于抗拒者,即锁拿来案,立毙杖下,以儆刁顽"。同时,他敏锐地意识到这可能是余藻等"不愿息销,故作此言,以激本县之怒,亦未可知"。③ 果然,经过调查,余藻是捏造情节,樊增祥肯定了乡约田维彦"将碎碑呈案,小押当遵谕封门"的做法和陈铭扬能够息事,处事公平的品质,④叮嘱二者不要再与余藻等结怨,销案即可。

对于余藻,樊增祥没有忘记他聚讼的行为,通过"批李荣春息词"可知,他的聚讼行为引来了樊增祥的愤怒,他已洞悉余作哲、余炳麟、余藻系一人,聚讼是其从中播弄所致,似乎要处罚这一干聚讼的生员。但是,另一场和息介入,李荣春出头恳息,使得樊增祥决定对其他相关人等不再质审,余藻"悖

---

① (清)樊增祥:《樊山批判》,载杨一凡、徐立志主编:《历代判例判牍》(第十一册),中国社会科学出版社 2005 年版,第 105 页。
② 同上书,第 105~106 页。
③ 同上书,第 106 页。
④ 同上书,第 107 页。

师务讼,舞弊抗传,为害闾阎,有玷黉校,候即日详请斥革,以为不守卧碑者戒"。① 从余藻"务讼""自入学以来甚不自爱,健讼讹人"的行为和构讼的做法来看,他应该精通讼事,似乎也是一个讼师,对于这类士人干讼的行为,首先即是革除其功名,然后再追究刑事责任。褫革功名是一件比较严重的事情,余藻的母亲宋余氏马上递交恳词,希望能够通融。最终,在恳请的作用下,"将详稿缓行,存卷待发,万一将来再滋事端,或被告讦,即不必另查年貌,立即褫革"。②

这一系列的批词十分引人瞩目,几个事主都是生员,有的还是著名讼师,或疑似讼师,参与纠纷解决的人同样为生员,一个罪恶累累的讼师和一个不安分的生员本应被惩罚,但最终以和息收场。讼师对司法审判的危害自古就被官员所认同,理论上应该严惩,而王庄临逃脱了,疑似讼师的余藻也未受进一步的处罚,他们的功名未被褫革,社会特权还保留着,出现这样结果的原因何在? 究竟在官员的心中什么案件不能和息? 和息是否有基本的限制? 是否可以不理会律例查拿讼师的规定? 对不安分的生员褫革功名的限度在哪? 宏观上,在基层的司法审判中如何界定罪与非罪? 什么样的案件基层官员敢于自己做主? 都是值得思考的问题。

二、"息讼"的限度与对"士人涉讼"的约束

由上述批词,可以直接窥见两个问题:其一,司法审判中"息讼"的限度,即什么纠纷可以息讼,什么不能息讼? 其二,整个案件中涉及多名士人,对于大量的"士人涉讼"案件是否有一个约束的机制?

(一)"息讼"的限度

追求"无讼""息讼"的主流思想普遍存在于中国古代的司法审判之中,"无讼"是一个遥不可及的理想,而在此思想指导之下的"息讼"则是可以通

---

① (清)樊增祥:《樊山批判》,载杨一凡、徐立志主编:《历代判例判牍》(第十一册),中国社会科学出版社2005年版,第140页。
② 同上书,第144页。

过具体的方法实现的。可以说,在中国古代的司法审判中,无处不贯穿着这样的思想,无处不体现着这样的努力。《樊山判牍》中就多处充斥着这样的话语,通过梳理可以发现,"和息"的结果几乎适用于各种类型的纠纷,在诉讼的各个阶段都可以请求和息。这对于永久解决纠纷,杜绝上诉有着非常积极的作用。关于息讼的研究成果在学界十分丰富,从宏观的角度上无须赘述。笔者则希望通过具体的判牍印证什么纠纷不能够和息,即和息是否有限度这个命题。

在《樊山批判》中有两例不准和息的案件:一例是母首子不孝,差役捉拿时有人殴打差役抢走犯人。"批孙甲禄息词""批魏玉印呈词"[①]"批生员梁培麟呈词"[②]三个批词构成一个链条串联起母亲首送儿子不孝的案件:单魏氏首送亲生长子单金德不孝,差役捉拿到单金德后被阎水渠、韩居居殴打,并抢走单金德。不孝罪本来就是重罪,加之殴打差役,抢走人犯的行为就更加严重了,涉案三人的舅舅、当地的生员经三次请求都未获得和息的结果。另一例则为"干名犯义"。"批何大宾等息词"[③]中胞侄与胞叔互相殴打,彼此受伤,这属于干名犯义的重罪,当然不能允许和息。这两例不准和息的案件共同点为:犯罪的危害程度都属于"十恶"重罪,直接有损传统礼教纲常、社会秩序。其中的不孝罪也许可以经过宗族、亲邻的调解实现和息,但是其殴打差役、强抢人犯的行为就是法所不容的。这两个案件集中代表了不适用和息的案件类型——危害程度较大、有伤礼教纲常、暴力抵抗官府的案件。

在中国古代,绝大多数的案件主观恶性并没有上述案件严重,和息还是官员最希望看到的结果。在中国古代的司法实践中,纠纷(尤其婚姻、立继、分家析产等)一旦入官,经亲邻、宗族、士绅等各方的共同努力大多都能最终和息,官员们也乐于亲自推动案件的和息,官箴书与判牍中充斥着对此类结果肯定、

---

① (清)樊增祥:《樊山批判》,载杨一凡、徐立志主编:《历代判例判牍》(第十一册),中国社会科学出版社2005年版,第135页。
② 同上书,第139页。
③ 同上书,第145页。

推崇的话语。从文化背景分析,案件的和息确实体现了"无讼"思想的要求。而具体到司法实践之中则更多地体现出理想与制度之间的张力。争讼是不可避免的,"饮食必有讼",中国古代的制度的设计则将州县这级基层官员的职权高度集中,地方官员有非常庞杂的职责,审理案件只是其众多事务之一。作为兼职法官的地方官,自然没有精力审理为数众多的案件。但是,对于案件审理期限的严格限制、审转制度又使得官员的压力很大,加之考绩制度又要求官员在审理案件时无冤滞,达到既无冤案又不拖延,还要词讼简约的目的。面对制度的压力,"息讼"就不再是一个理想,而是一种功利的追求,由此,"省事"思想在中国古代的司法审判中表现得比较突出,清代有很多官员一味地追求息讼,官箴书对这一做法有诸多批判。更有甚者,既然达不到中央的要求,那么就有官员如同樊增祥的前任一样选择了讳命,与其被揪出错处不如不上报,讳命的现象在清代屡禁不止。在理想与制度之间有冲突的时候,理想就是功利的,官员们则选择了消极的对策,这使得我们在判牍中能够看到大量的息讼诉求。

(二)对"士人涉讼"的约束

作为掌握知识权力的士人,他们是基层社会的中坚,是代表民意、解决纠纷时需要借重的力量。然而,士人也是社会最为不安定的因素之一,反映士人把持词讼、架词挑唆的内容在中国古代的官箴书、判牍中俯拾可见。"士人涉讼"是一个比较大的概念,包括了士人因自身利益参与诉讼和"告不干己事"。以《樊山批判》为例,粗略计算,"士人涉讼"的纠纷至少有 80 起以上,甚至更多,涉及生活的各个方面,从人员构成的角度上看,在该判牍中所占比例是很高的。除了因个人利益涉讼之外,因公局账目问题而兴讼是清末的特色,在《樊山批判》中杨士坊这个名字多次出现,他因为对公局账目的异议而多次递交呈词,充分体现出士人参与乡村社会管理的事实。① 另外,如本文所引用的"王庄临案",以生员的身份揭发社会问题在基层社会中也属于士人的责任。卧碑中"军民一切利病,不许生员上书陈言,如有一言,以违制论,褫革治罪。

---

① (清)樊增祥:《樊山批判》,载杨一凡、徐立志主编:《历代判例判牍》(第十一册),中国社会科学出版社 2005 年版,第 446 页、450 页、455 页、477 页、591 页。

生员不许纠党、立盟、结社,把持官府,武断乡曲。所作文字,不许妄行刊刻;违者,听提调官治罪"的要求在具体的运作过程中已经被大大弱化,愿意参与到乡村事务管理中的生员越来越多。

"告不干己事"的"士人干讼"行为是中国古代官员们比较头疼的问题。对于这部分行为从宋代开始有"告不干己事法",学堂的卧碑要求"生员当爱身思性,凡有司官府衙门,不可轻入;即有切己之事,止许家人代告;不许干预他人词讼,他人亦不许牵连生员作证"。对于这类生员,官员们总结了一系列的方法予以惩戒,汪辉祖就主张:"如是非切己……点名之后,概不问供,给予纸笔,令在堂右席地作文。临证中自有白丁在,审系白丁左袒,则与白丁并列之衿士,即以白丁之罪罪之,立会教官,当堂扑责。白丁非左袒者,衿士亦不复取供,而以所作之文,年终汇送学使。职员监生则先责后详,必不故恕。"①这样的方法在樊增祥那里得到了充分的支持,对于"告不干己事"或告诉情节支离的生员直接出题考试,如果文理不通就交由学政处理。②最为直接的处罚就是褫革功名。但是,遍览《樊山批判》,真正被褫革功名的士人凤毛麟角,基本都以告诫、警示结案。在中国古代褫革功名是一件大事,也许是读书人惺惺相惜,官员们在做出这个决定的时候都十分谨慎。

案件的和息和对生员的处罚这两类案件向我们展现了中国古代基层司法审判中的弹性,在诸多因素共同作用的"省事"思想背后,到底哪些案件被认定为犯罪,哪些案件通过和息及其他渠道没有受到处罚,基层官员们在这方面是否有一定的权力。

三、清代州县基层司法审判中官员的"自由裁量权"

法官的自由裁量权是一个现代的概念,与中国古代的官员,尤其是基层法官在司法审判中适用法律的弹性自由度在产生背景与理念等诸方面都有所不

---

① (清)汪辉祖:"学治臆说",载(清)张翰伯:《入幕须知五种》,清光绪刊本。
② 参见"批霍赟元禀词""批刘葆初呈词"。(清)樊增祥:《樊山批判》,载杨一凡、徐立志主编:《历代判例判牍》(第十一册),中国社会科学出版社2005年版,第76页、416页。

同,但是,限于古今法律概念无法同质性解释的缺陷,笔者姑且用法官的"自由裁量权"作为代称。由于篇幅所限,本文主要讨论清代州县一级的基层司法审判之中官员在认定罪与非罪,定罪量刑上的自由度问题。

州县自理案件在州县司法审判中占据了最大部分的工作量,户婚、田土、钱债、轻微的刑案本身的社会危害性不大,州县官员有较大的处置权力,这部分的自由裁量权毋庸置疑。另一类案件的处理则更值得我们注意,即在初审阶段就未被准理或被息讼的案件。当然这类案件中没有重大的刑事犯罪。

如本文所列之"王庄临案",其报请将路毙井毙的尸首由士绅,具体由自己勘验,而不向官府上报的做法本来就违反了清代律例的规定。"查,向例凡有路毙之人,无论有伤无伤,由该地主投明乡约报官请验,验明无异,殓埋标记,招属认领,由官详报立案,否则以讳命论。"依《大清律例》的规定,人命案件官员需要亲自参与验尸,如有延误要受到行政处罚。《六部处分则例》对于州县官员讳命不报的行为处以罚俸、降级、革职的处分,甚至要求上级官员知情不报也做出处分。按照清代的例文,樊增祥的前任县令批准王庄临由士绅验看路毙之人的请求本身就是讳命,王庄临的这个请求就是荒谬的。他认为"据称新筑镇穷民络绎,病毙甚多,逐一必报,诚恐无虚日等语。此言尤为荒谬。该镇地当孔道,自古已然,何独于十六年冬陡添无穷饿毙,该镇如此,省垣繁要百倍新筑,何以不闻日日报验。此外,验尸归士绅管理,士绅中当然以王庄临自身最为能干,"每验一尸,不知地主如何受累"。而且,王庄临"将路毙、井毙蒙混并列。夫投井身死,岂能与路毙同科","两年以来,不知讹钱多少"。① 如果沿着这个主题继续深究,也许真能寻找到不少王庄临诈财的证据,进而定罪。但是,樊增祥选择了和息。从案件本身考虑,毕竟路毙井毙之人在少数,王庄临能够诈财的对象有限,影响的范围不大;另一方面,前任的批示有违律例,如果一直追究下去也要受到处分,也许出于官场的潜规则,使其最终顺水推舟地

---

① (清)樊增祥:《樊山批判》,载杨一凡、徐立志主编:《历代判例判牍》(第十一册),中国社会科学出版社2005年版,第101~102页。

接受了和息,甚至在余藻一再挑起事端时恩威并施促成了这场和息,还试图以褫革功名恐吓其放弃缠讼。

王庄临的作为已经突破了州县自理的范围,作为讼师,违法官员必须查拿,依律要受到相当重的刑罚,这样的实例在《刑案汇览》中赫然存在。但是,我们在州县一级的判牍中并未搜集到很多因为做讼师而被褫革功名,进而流放的实例,反而很多官员惧怕讼师缠讼予以轻判,即使蓝鼎元在《鹿洲公案》中夸赞自己善于查拿讼师,也以痛打一顿而告终。由此案件可见,清代的基层官员在处理一些非重大刑案之时拥有一定的自由度,他们不一定绝对如实的将案情全部上报,否则就不会有讳命的出现。通过裁剪案情、息讼调解等各种手段,基层官员们获得了在律例规制之下的自由。

这种"自由裁量权"同样需要约束,笔者认为,从目前可见的判牍中分析,某些裁剪的内容及具有弹性的判决并不违律文的本意,其内部运行机理无处不体现着中国传统司法审判的智慧。不论是保护士绅、官员,还是裁剪案情,最直接的原因应是为保住官位、阴骘,这属于人之常情。而宽宥一些犯罪有时也是为了"情法兼到"的目标。

由此,樊增祥所言"做官第一要体人情"[①],正是用来解释州县官员"自由裁量权"的最好理由,法律的适用、司法审判的理念处处贯穿着这个因素。中国古代的法律向来有"三尺律令,人事出其中"之说,法律制度自身就是"人情"的表现,而受儒家思想影响的官员们在断案的时候更加推崇"人情"这个因素。这个"人情"应该是人之常情,官员的、事主的常情,甚至地方的风俗习惯。在这样的思想主导之下,"自由裁量权"的存在就理所应当了。

---

① (清)樊增祥:《樊山政书》,中华书局 2007 年版,第 182 页。

清代诉讼费用与讼师收入初探
——霍存福教授《唆讼、吓财、挠法：清代官府眼中的讼师》之后续研究

王成成　孙祺祺　宋婕　王睿麟[*]

一、清朝时期经济状况

针对霍存福教授论文中的15个讼师收入案例进行归类、剖析后，可以得出大多数之案例所处年代为雍正、乾隆、光绪、同治年间，其共同点是均处于封建社会制度当中。"中国封建社会是以地主经济为基础的大一统的专制主义国家"且"在漫长的年代里，它的发展是合乎封建社会发展的一般规律的"。[①] 在上述四个年代，其共性在于商品货币经济的发展，首先表现在粮食生产及其地域分工，从所谓"江浙熟，天下足"发展到"湖广熟，天下足"，这说明了粮食生产的提高，曾为工业原料和粮食生产的分工创造一定的条件，进一步地促进农工业的进一步分工。受"康乾盛世"之影响经济不断地发展，人民的生活也随之不断地改变。"吴云凤呈监生郑之凤、郑之秀霸占官溪"一案例中提及"岁登大有，斗米仅钱四十，薯十斤方获四文，万井盈宁，民生和乐……"，[②] 足见当时百姓生活还算平稳，物价比较低廉。处于封建社会后期的明清时期分工以及商品经济蓬勃发展，江南一带最为明显之特征就是"商农交集，贸易繁多"，清康熙二

---

[*] 王成成、孙祺祺、宋婕、王睿麟，沈阳师范大学法学院2012级法律史专业硕士研究生。

[①] 傅衣凌："关于中国封建社会后期经济发展的若干问题的考察"，载《明清社会经济史论文集》，商务印书馆2010年版。

[②] 陆林："鹿洲公案·林军师"，载《清代笔记小说类编·案狱卷》，黄山书社1994年版，第48页。

十四年(1685年)发展到"居民万有余家"。(《吴江县志·市镇》)从雍正到乾隆,清代的经济持续稳定地增长,有利于社会经济发展的政策得到了落实,国家经济发展达到空前繁荣的状态,因此出现了清代社会经济高度繁荣的局面,并在乾隆时期达到鼎盛。这种繁荣局面的取得,其重要原因,在于清政府在这个时期采取了一系列有利于社会经济发展的政策和措施,尤其是在赋税制度方面的重大改革,促进了社会生产力的增长。"摊丁入亩"赋税制度的改革,是康熙时期"滋生人丁,永不加赋"政策的直接延续,它从雍正初年开始,直到乾隆四十二年(1777年)结束,历时50多年。它简化了税收的手续,按照土地多少征税,减轻了贫苦人民的负担,在一定程度上改变了赋役不均的严重状况。"摊丁入亩"是我国封建社会最后一次赋役制度的改革,它从名义上废除了长达两千年的人头税,这是封建国家对人民的人身控制削弱的标志。这个时期社会经济的繁荣,也使早在明中叶就出现的资本主义萌芽,有了进一步的增长。但是从乾嘉之际开始,清朝社会经济发展开始由盛转衰,就在清代经济出现高度繁荣局面的时候,由于封建经济制度的弊端和清王朝的腐败,土地兼并加剧,出现由盛而衰的转变。由于清前期和中期社会经济的发展促进了清代人口的增长,到了清代中叶,人口的大幅度增长已经成为阻碍社会经济发展的消极因素。人口的激增,加速了清代经济由盛而衰的过程。当清代封建经济日渐衰微,资本主义萌芽的成长受到遏制的时候,西方资本主义迅速发展,闭关自守和贫穷落后的大清帝国,自然成为西方殖民主义者进攻的重要目标。他们通过罪恶的鸦片贸易,把中国一步步拖上殖民地半殖民地的轨道。英国资产阶级为了维护贩卖鸦片的特权,打开中国的大门,悍然发动了武装侵略中国的鸦片战争。徐珂之《清稗类钞》中对这两个时期有所定义:"商业养育期,为康熙时代。盖圣祖承世祖之后,务在与民休息,而革除一切病商之弊,如罢抽税溢额议叙例,严禁各关违例抽税,严禁商贾过关故意迟延指勒是也。"而"商业繁盛期,为乾隆时代。盖版图生齿倍于雍正,且承平日久,内部少兵革而营业兴。是以民力饶裕,工值廉,物价平,富商大贾满于海内。"(《清稗类钞·农商类·商业》)

二、委托人的经济状况

各行各业,从平民到商贩到富商,甚至到官员,皆需要依靠讼师来争取其自身合法或非法权益。

(一)委托人为平民或小商贩

首先,我们可以平民或小商贩之角度对委托人的社会地位、收入、案件支付对其本人及家庭的影响进行分析。

于"林炯璧教唆吴某诬告郑氏兄弟收十余两"一案中,可窥知涉案人以吴云凤为首,均系下垄一带居民,以小艇捕鱼捉蛤为生。文中说案件发生的原因是吴云凤等人因拖欠多年租税不还,殴打田主,并反告"监生郑之凤、郑之秀霸占官溪,凡小艇捕蚶者,日纳郑氏钱三十文,名曰'花红'"。① 据当时的物价情况,"潮地三年荒歉,余下车,斗米三百钱,地产番薯可代谷,一斤鬻钱十二。佃户抗租,踵相接也。幸迓天休,风雨以时,岁登大有,斗米仅四十,薯十斤方获四文"。② 因"竹山都华阳、下垄之间皆滨海",③所以"民之居其乡者,耕渔半焉"。④ 加上刚熬过三年灾荒,物价才逐渐趋于正常,"今岁初登大有,数载积逋,安能尽偿?即有挂欠田租,亦属寻常之事"。⑤ 然则林炯璧却要求委托人"先送贽仪三两五钱,许事毕之后,谢金十二两"。⑥ 当时属于清康熙末年,康熙钱八百文一两⑦,故"谢金十二两"相当于九千六百文,此金十二两于吴云凤等平民百姓亦属笔巨额支出。

"洙泾盛讼师夫杀通奸妻"案中,讼师获得了"二猪"作为报酬,委托人"有开豆腐店者"相当于小本生意人,而按照当时的物价,一头猪200斤算,这两头

---

① 陆林:"鹿洲公案·林军师",载《清代笔记小说类编·案狱卷》,黄山书社1994年版,第48页。
② 同上书,第49页。
③ 同上书,第48页。
④ 同上。
⑤ 同上书,第49页。
⑥ 同上书,第51页。
⑦ 邓云乡:"清代三百年物价述略",载《价格理论与实践》1982年第4~5期。

猪就值大约九两银子。《清俗纪闻》卷二《居家》，关于乾隆二年生活费的记载为，下贱之人，一个人需要三四十文才够生活，如果是三个人共吃的话，用百文左右简单度日。好的饭食只有鱼和蔬菜，吃不上肉食。①根据作者的描述，在乾隆初年，一个人一年的生活费用大致在12两银子左右，一个月的生活费在一两银子左右。那么两头猪的价值就相当于一个普通百姓大半年的生活费。本案委托人只是豆腐小贩，由此可见，"二猪"对其来说仍是沉重的负担，足以影响其及家人的日常生活。

"疙瘩老娘呈请江南放粜"一案中，"会江北岁不登，人皆贩米江南"，②所谓江南，刘石吉在其《明清时代江南市镇研究》③中表示，江南是指长江以南属于江苏省的江宁、镇江、常州、苏州、松江和太仓直隶州，长江以南属于安徽的宣州、徽州、太平、宁国以及浙江的杭州、嘉兴、湖州地区。《疙瘩老娘》的案例选自清代乾嘉时期文人曾衍东创作的文言笔记小说《小豆棚》。钱泳所说乾隆二十年的米价，在汪辉祖《病榻梦痕录》中也有记载，其"二十年"（1755年）一节中记云："绍兴秋收大歉，次年春夏之交，米价斗三百钱。"这与钱泳所记"涨至三十五六文"相去不远。④"乾隆初年，每白银一两换大钱七百文，后渐增至七百二、七百四……余少时每白银一两，亦不过换到大钱八九百文。嘉庆元年，银价顿贵，每两可换钱一千三四百文，后又渐减。近岁洋钱盛行，则银钱俱贱矣。"⑤如此换算法可得出疙瘩老娘所得三千金约为八万多斗米，米贩需数人耗费数时才可将这些米贩出，且暂不考虑买卖风险问题。

"某狂生甲斧杀商业对手二千金（一半给顶凶者，己得近千金）"一案中，"某甲者，在海昌城外业丝，其伙某乙"，此光绪年之海昌城相当于现今之浙江海宁，"业丝"为委托人甲的职业，而周广业在《宁志余闻》卷四《食货志·

---

① 转引自[日]岸本美绪：《清代中国的物价与经济波动》，刘迪瑞译，引自社会科学文献出版社，第157页。
② 陆林："小豆棚·疙瘩老娘"，载《清代小说笔记类编·案狱卷》，黄山书社1994年版，第136页。
③ 刘石吉：《明清时代江南市镇研究》，中国社会科学出版社1987年版，第1页。
④ 邓云乡："清代三百年物价述略续"，载《价格理论与实践》1982年第4~5期。
⑤ 钱泳：《履园丛话》，中华书局1979年版。

物产·货之属》中提及"卉织为布,出海宁硖石者,视他县为佳"。根据《清朝物价与白银价格》,"康熙年代苏州织造衙门里的一个熟练职工的月工资是一两四钱银子,另还有每月四斗米的实物口粮,这是工人中的最高等级的收入了。苏州织造衙门不免与太监打交道。太监的收入是最低的二两,最高的每月八两。而康熙年代的苏州的一名家家庭纺织女工大约一天可挣五六十文钱,按一个月计算,大致也是一两上下。如果是家庭纺纱,收入就要少一点,大致在二三十文左右。若是开开夜工亦可收入五十文,那便要熬夜了。五十文一天,大致可以养活一家四口,当然仅仅是养活",以此可得知狂生甲仅是作为一纺织工,于当时付出二千金于本案,此等付出于他也是一巨额负担。

(二)委托人为富商

以富商之角度对委托人的社会地位、收入、案件支付对其本人及家庭的影响进行分析。

在"某讼师逃奴窃资请惠千金"一案中讼师提道:"吾邑向属衡阳,至乾隆二十二年始分衡阳之半为清泉。今其所承卖身文契,系雍正年间所书……"委托人嗣音的居住地清泉县于乾隆二十二年才划分,说明案件发生的时间肯定在乾隆朝的中期以后。此时清朝的经济已经开始出现问题,货币贬值,通货膨胀严重。拿米价来说,康熙年间米价维持在每石一两的价格,但是在乾隆朝,每石涨到二两左右。文中"湖南衡州府清泉县人谢嗣音……系清泉富家",表明了案件委托人嗣音家境状况较好。此外文中提道"嗣音立取千金置其前","立取"二字就能形象地表现出委托人家境富裕,可支配的收入至少在千金以上。请教讼师所需要的千两白银在他的承受范围内,并不觉得吃力。而且当时案件的处理已经是"铁案已成不可复挽"的状态,吴讼师毛遂自荐并提出了可能扭转事态的方法,委托人嗣音也是自愿交纳了高额费用的。

而"曹用霖教唆通奸寡妇诬告收千金"①一案中,"知妇寡居,家富有,雇侄理家",②可知此案的涉案人乃是一富有寡妇;"马贡生骗富商父子千金"③一案中,"适有富家子"④"子回取银"⑤,可知涉案的父子实属富裕家庭,并且支出千金不费吹灰之力;"巴县某讼师收标的半数酬金"⑥一案中,"巴县有甲乙某,各开货店"⑦和"乙子觑甲富"⑧以及"甲家又富"⑨一案中可知此案的涉案人甲以开货店为生,并且十分富有。⑩"蜀道难难于上青天",陆路交通不便,进出四川,全凭长江。这样巴县就成了南下北上必经之路,通商航运的枢纽,一切南来北往的货物,南下西上的物资,皆上巴县境内吞吐集散,运往全川和整个大西南。为恢复经济,清廷制定了一系列优惠政策。随着经济的恢复和发展,商品路通日趋活跃,以重庆为例,重庆是清代四川府治所在,以巴县为附郭。"商贾云集,百货萃聚",逐渐发展为四川,也是长江上游最大的商业城市和货物集散中心。⑪汇集于重庆市场上的商品主要有山货、广货、粮食、药材、染料、竹木、棉花、布匹、瓷器、铁锅、烟草、糖、酒、丝、麻、绸缎等。⑫三个案例,涉案人均属于富商范畴。据整个社会环境分析可知,当时四川富商对于支付讼师的诉讼费用较为轻松。

---

① 陆林:"仕引斋涉笔·讼师滑吏",载《清代笔记小说类编·案狱卷》,黄山书社1994年版,第423~426页。
② 同上书,第425页。
③ 同上书,第425页。
④ 同上书,第425页。
⑤ 同上书,第425页。
⑥ 同上书,第426~427页。
⑦ 同上书,第426页。
⑧ 同上书,第426页。
⑨ 同上书,第427页。
⑩ 《重庆巴县古代档案述略》:巴县今属重庆市。清嘉庆七年,由于农民运动不断兴起,清政府为了维持其统治,在四川境内设府、厅、州、县,并增设五道。川东道下设重庆府。重庆府下辖十一县,巴县为其一县。在此之前,所有巴国、巴郡、川东道、重庆府的首府,均设在巴县境内,就是今天的重庆市中区。
⑪ 方行、经君健、魏金玉:《中国经济通史·清代(中)》,经济日报出版社2007年版,第890页。
⑫ 同上书,第891页。

"苏州王某追债,债人自缢收五百金"①—案中苏州陈社甫于富商王某收取"是须酬五百金,乃可为若谋"。② 根据涉案人"王某富而懦"可断定王某身为一乡间富商,又有苏州陈社甫收取的"是须酬五百金,乃可为若谋"。③ 清代苏州是全国工商业最繁荣的城市,为天下"四聚"之一,"为东南一大都会,市贾辐辏,百货骈阗"④"人烟稠密,贸易之盛,甲于天下"。⑤ 而直至第一次鸦片战争之后,上海被开辟通商口岸,苏州的交通优势逐步丧失,商业地位也逐渐被上海所取代,由此苏州商业由强盛转向衰落。时任江苏巡抚的林则就谈道:"苏州之南濠……近来各种货物销路皆疲。凡二三十年前,其货有万金交易者,今只剩得半之数。"⑥由此便可知苏州直至清朝光绪年间之前一直较为繁华,虽清末时期略有衰退之势,但讼师所收"五百金"于身为富商的王某也不会造成硕大负担。

（三）委托人为官员

以官员之角度对委托人的社会地位、收入、案件支付对其本人及家庭的影响进行分析。

"浙江某讼师为官诉讼收受三千金"⑦—案中其中讼师索取三千金之于当时浙江之地,应也不属一小数额,由于《清稗类钞》由徐珂于晚清时期撰写,我们大概推测该案例发生于光绪年间左近。而晚清时期随着《南京条约》的签订,宁波成为近代中国第一批对外开放的通商口岸,西方国家的各种势力不断渗入浙江,引发了浙江经济结构的变化。浙江因在东南温润之地,水量充足,农业在全国较为发达。浙江农业人口约占全部人口的70%,⑧鸦片战争之后,随着宁波、温州、杭州等地的开埠通商,浙江对外贸易发达,工商业发展迅速。

---

① 徐珂:《清稗类钞》(第3册),中华书局1984版,第1192页。
② 同上。
③ 同上。
④ 江苏省博物馆编:《江苏省明清以来碑刻资料选集》,三联出版社1959年版。
⑤ 顾禄:《清嘉录》卷五,关帝生日。
⑥ 齐思和:《中国近代史资料丛刊(第二册)》,人民出版社2000年版。
⑦ 徐珂:《清稗类钞》(第3册),中华书局1984版,第1195页。
⑧ 陈东原:《第二次中国教育年鉴》,商务印书馆1948版。

浙江的工业主要还是轻工业,其中又以棉纺织业和丝织业为大宗,机器工业所占比例甚少。如1895—1913年,浙江开办的民族工厂中,轻工业共有50家,占总厂数82%,资本额是6226千元,占总资本额的93.3%。① 由此可见当时浙江经济之发达,根据《清代地方官制简表》中所提及,巡抚属从二品官级,"每省一人。为一省之长,世称抚台"。② 根据《大清会典》卷二一"文职官之俸"条:"一品岁支银180两,二品155两,三品130两,四品105两,五品80两,六品60两,七品45两,八品40两,正九品35两,从九品、未入流31两有奇。"下表为基本工资,称"正俸";而"京员(中央机关和京城地方官员)例支双俸",即在基本工资之外加发同样数目的津贴,称"恩俸";此外"每正俸银一两兼支米一斛,大学士、六部尚书侍郎加倍支给",称"俸米";三者相加,就是清朝官员的工资了。

清代品官岁俸简表

品级	文官岁俸	武官岁俸
一品	180两	从一品正俸81两 加支524两
二品	155两	正二品正俸67两 加支444两 从二品53两 加支324两
三品	130两	正俸39两 加支240两
四品	105两	正俸27两 加支114两

---

① 魏颂唐:《浙江经济纪略》,全国图书馆文献缩微复制中心2002年版。
② 陈茂同:《中国历代职官沿革史》,百花文艺出版社2005年版,第516页。

续表

品级	文官岁俸	武官岁俸
五品	80两	正俸18两 加支72两
六品	60两	正俸14两
七品	45两	12两
八品	40两	
正九品	35两	
从九品、未入流	31两	

附注：1. 本表据《清会典》制。2. 本表所列为正俸，京官例支双俸。每正俸一两兼支米一斛。大学士、六部尚书、侍郎，俸米再加倍支给。3. 武官又有养廉银，如提督880两，下至把总100两。①

  由上表可得知清代的官员月俸银不多，实际上这些官吏不但要供养父母妻子，还要支付幕宾之薪水，家人之用度，亲故之周济，还要置产建业。除此之外，还有送往迎来，孝敬上司，贿赂权贵等难以估算的开支。根据冯尔康所写的《生活在清朝的人们》一书，可以看出，虽然清代官员的岁俸不多，但其开销却很大。比如书中提到的节寿礼，岁时节日和上司家庆日，僚属为其送礼。张集馨在《道咸宦海见闻录》里讲陕西粮道向上司和有关衙门官员送礼定规为：给西安将军三节两寿礼，每次银800两，表礼、水礼八色，门包40两；八旗都统二人，每人每节银200两，水礼四色；陕西巡抚，四季致送，每季银1300两，节寿送表礼、水礼、门包杂费；陕西总督，三节致送，每节银1000两，表礼、水礼八色及门包杂费。高级衙门的师爷节寿礼亦有规定，所谓"抚、藩、臬幕友一年节寿陋规，俱由首县摊派各州县书吏册费，藩司用印札代为催取"。② 在中央衙门，书吏给司官送"年终规礼"。光绪十五年，山东、杭、嘉、湖，以及江、浙其他

---

① 陈茂同：《中国历代职官沿革史》，百花文艺出版社2005年版，第524页。
② 《清宣宗实录》卷三二九。

区域都有严重灾情,山东更甚,留旧槽米(即上年度的)十万石,新槽米十四万石赈灾,影响到北京嘈米供应,所以涨到三两二。第二年北京水灾,《清史稿·德宗本纪》十六年六月,"近畿霪雨成灾,京师六门外增设粥厂,命拨京仓米万五千石煮赈,并发内帑五万充赈需"。七月发帑五万两,大钱五十万贯,米十万石,赈顺天府属灾。甲午年更是因著名的"甲午海战",一败涂地,刺激了米价。因而可以看出,当时米价逐年上涨,并且上涨幅度巨大。

如果我们把历代官吏的俸银和当时的物价及他们的消费水平作一比较,可以看到所有的官吏都不可能单纯依靠俸禄生活,必然有其他收入,而这些收入还远远超过俸禄。清代有人专门为当时的首府首县填了一首歌词云:"红,圆融,路路通,认识古董,不怕大亏空,围棋马吊中,梨园子弟殷勤奉,衣服整齐言语从容,主恩宠眷满口常称颂,坐上客满樽中酒不空。"①从这首歌词中,我们可以看出三个问题:一是官吏在俸禄之外另有额外的补充,二是官吏可以把部分公费作为自己应酬和生活开支,三是依靠贪污受贿和敲诈勒索。

案中"其从者偶语于酒肆中,为某讼师所闻,即大言曰:'了此,八字足矣。'从者惊询之,则曰:'何易言耶!予我三千金我即传汝。'从者阴以白巡抚,巡抚喜,诺之",②结合上述材料可推,如若该巡抚并未收受贿赂,以其每年之俸禄,更将其家人、生活消费及日常与同僚往来消费削减去后,不可能有此巨款剩余,更不会毫不犹豫将三千金予以讼师,于此可大胆推测该巡抚定有灰色收入无疑,三千金诉讼费用对该巡抚来说,应耗费不大。

三、清代讼师收入状况及其富裕程度

(一)清朝前中期(顺治元年至雍正末年)

据考证清代前期江南人的年生活费支出,大致是:每年每户(以一家五口计)日常生活所需口粮为 15—18 石(以常年米价 1 石值银 1 两为准,约需银 15—18 两);副食(包括油盐荤菜蔬之类),全年每户支出约银 7 两;全年每家

---

① (清)独逸窝退士:《笑笑录》卷五《十字令》。
② 徐珂:《清稗类钞》(第 3 册),中华书局 1984 版,第 1195 页。

用布支出约银 3 两;燃料每年支出约银 3 两。如此,全年生活费支出为银 30 两左右。①

据雍正年间编写的《鹿洲公案》"林炯璧教唆吴某诬告郑氏兄弟收十余两"中记载"先送贽仪三两五钱,许事毕之后,谢金十二两",林讼师一案所收诉讼费用共计十五两五钱,就相当于当时一户五口之家一年的口粮费用,也够这户人家半年的生活所需。原文中更描写林讼师出场时"银顶衣冠,摇曳而至",足见其生活富足,收入颇高的生活状况。

(二)清朝中后期(乾隆元年至宣统三年)

《清俗纪闻》卷二《居家》中,关于乾隆二年生活费的记载:为下贱之人,一个人需要三四十文才能生活,如果是三个人共吃的话,用百文左右简单度日。好的饭食只有鱼和蔬菜,吃不上肉食。根据作者的描述,在乾隆初年,一个人一个月的生活费在一两银子左右,一年的生活费用大致在 12 两左右。

根据身历乾隆、嘉庆、道光三朝的钱泳《履园丛话》记云:"乾隆初年,每白银一两换大钱七百文,后渐增至七二、七四、七六至八十、八十四文。(按由上文读下,此'八十四文'即八百四十文)。余少时每白银一两,亦不过换到大钱八、九百文。"可见,即使考虑到乾隆朝后期出现货币贬值的原因,在当时一个普通人一年的生活费用也不会超过 20 两。经过以上的简单分析,"一字定案"中的讼师吴老先生的"千金"诉讼费足够维持 50 个平民百姓一年的基本生活了。

此外,清初时人均耕地为 6 亩,清末为 6.5 亩,乾嘉时期由于人口增多,耕地相对减少,人均耕地只剩 2.5 亩。这就造成了地价的上涨,钱泳言:"至本朝顺治初,良田不过二三两。康熙年间,长至四五两不等。雍正年间,仍复顺治初价值。至乾隆初年,田价渐长。然余五六岁时,亦不过七八两,上者十余两。"据此,乾隆年间,每亩地价在十两以内,那么该案吴姓讼师所索取的诉讼费用"千金"就可以够一户农家置办 100 亩良田,相当于当时 400 人所拥有的

---

① 马学强:"清代江南物价与居民生活:对上海地区的考察",载《社会科学》2003 年第 11 期。

耕地数量。

根据《中国清代经济史》一书中介绍:乾隆四十四年,安徽怀宁人丁云高到休宁租山种植玉米。他雇工12人,每年工钱4两、6两不等。① 那么疙瘩老娘所接的"孀媳求改嫁案""呈请江南放粜案"这两件案子所获四千六百余两白银相当于这12个工人工作760余年的薪酬!

发生在同治至光绪年间的四川的"马贡生骗富商父子千金""曹用霖收千金教唆通奸寡妇诬告②"和"巴县某讼师收标的半数酬金③"案中,讼师所收费用都在"千金"以上。《四川通史》载,当时有人对川北地区1908年前后的农民生活状况作了一番调查,大概情况是:"农民生活费每岁不过十元……其食纯米饭者月食米六升(一升约合四斤),需制钱五百,其余薪费百文,油盐费百文,每岁食用不过十元。农民则并此而无之,致以每月食米二升为幸。"所以据此分析,当时农民每人每年的生活费用不超过20两,讼师们的"千金"收入可谓是高薪。

根据清代地方官制简表,贡生大多为正七品左右官职,再根据清代品官俸章服简表,正七品文官岁俸是45两。而马贡生要求的诉讼费是千金,是当时朝廷一品大员岁俸的五六倍。此外,即使他当上了七品官员,所收费用也是正常收入的近22倍。再加上他见委托人富家子时,"反著狐裘,坐书室中,烧火锅,食热面,床几皆铺豹皮褥",足以看出他富裕的程度,这与其岁俸是严重不符的,很明显狐裘、豹皮褥这些贵重物品,不是靠岁俸所制办,而是靠平时讼诉所得。

结　　语

清代之讼师并非均为"唆讼""吓财""挠法"之徒,霍存福教授所书《唆讼、吓财、挠法:清代官府眼中的讼师》一文足以证明这一观点。讼师之流收入颇

---

① 庞毅:《中国清代经济史》,人民出版社1994年版,第81页。
② 陆林:《清代笔记小说类编·案狱卷》,黄山书社1994年版,第424页。
③ 陆林:"仕引斋涉笔·讼师滑吏",载《清代笔记小说类编·案狱卷》,黄山书社1994年版,第426页。

丰,然社会地位却相去甚远。清代实际经济状况成为影响讼师行业发展之重要因素,"二猪""巨金"等均是时代造就之诉讼费用。然,委托人从事行业之广泛化、身份之多样化、佣金之庞大化不同程度地映衬出清代讼师收入之高,亦为相当一部分委托人生活遭受负面影响之原因。根据笔者的后续研究,清代讼师的高收入并非完全的吓财行为,他们运用自己的智慧与刀笔功力帮助委托人获得救济,并接受委托人自愿给付的高额费用,并不应该成为被世人诟病之处。清代讼师有着可观之收入、尴尬之地位、多面之影响以及强悍之能力,实可叹也。

论《龙筋凤髓判》中对案件事实的推理方法

夏婷婷*

一、前述

推理是人类理性思维的基本方法和形式之一,从思维类型的理性化程度的高低来考察,对案件事实认定的思维类型大致可以划分为原始思维、经验思维、逻辑思维三种类型。原始思维是古代民族认定事实共有的特点,该种思维注重神秘原因在事实认定中的作用,例如,人类社会早期事实认定的主要方式表现为神判,神判与神裁是各民族原始时代所通用的一种审判方法,一般认为,神判是审判制度发展的早期阶段。经验思维以传统中国司法实践为代表,是一种不分主体客体、重经验轻逻辑的整体思维。逻辑思维奠基于概念,以认识主体与客体的主客二分为前提,在因果关系的认定方面既强调必然性,又承认盖然性。从历史逻辑发展来看,从原始思维、经验思维到逻辑思维,大致呈现出了线性逻辑的历史发展轨迹,其理性化程度不断加强。而其中的经验思维可以说是中国司法史上认定事实思维的主要类型。

二、唐判中的类比推理方法

虽然古代正统思想的代表儒家是排斥邓析、公孙龙等学派善辩的逻辑学说的,荀子更是评论道:"不法先王,不事礼义,而好治怪说,玩奇词。"但就儒家

---

* 夏婷婷,沈阳师范大学法学院副教授,法学博士。吉林大学法学院法律史专业 2003 级硕士研究生、法学理论专业 2006 级博士研究生,师从霍存福教授。

基金项目:辽宁省社科联项目《唐代判词的方法论法律文化研究》(20101slktfx-29)。

学说自身来看,也不乏对推理方法的阐述。众所周知,孔子是我国古达最伟大的教育家和思想家,在他传授知识和思想的过程中,就很重视运用推理的方法。例如,我们所熟知的"温故而知新"的著名论断,"告诸往而知来者"的理论思想,都在传递着一种"推而知之"的说理方法,即教人以过去的事情,来推知后来之事。这种问一知二的思想明确揭示了由已知到未知的推理过程和推理作用。后世明贤对于类推的思想有较大的继承和发展,例如《吕氏春秋》中提出了"同类相召,气同则合,声比则应"的类推方法;《淮南子》中阐明的"以小明大""以近论远"的类推思想;王充、王符、徐干、嵇康等人也都相继提出了自己的类推理论。① 在唐判中,制判者也巧妙地运用了各种类推说理的方法,现将各种类推方法进行分类,并详细论述如下。

(一)典型事例归纳法

1. 借古评今

借古评今,顾名思义就是以过去发生的典型事例为论据,对所要裁判之事作出评价。就目前本人所掌握的唐判资料来看,《龙筋凤髓判》的作者张鷟更加善于用此种方法。

例如,御史台二条之二:

[判目]御史严宣前任洪洞县尉日,被长史田顺鞭之,宣为御史,弹顺受赃二百贯,勘当是实,顺诉宣挟私弹事,勘问宣挟私有实,顺受赃不虚。

[判词]田顺题与晋望,让佩汾阳,作贰分城,参荣半刺。性非卓茂,酷甚常林,鞭宵戚以振威,辱何夔而逞志。严宣昔为县尉,雌伏乔元之班;今践宪司,雄飞杜林之位。祁奚荐举,不避亲仇,鲍永绳愆,宁论贵贱。许杨大辟,讵顾微嫌,振白鹭之清尘,乣黄鱼之浊政。贪残有核,赃罪非虚,此

---

① 王充对论证提出了逻辑要求,即"引校验"与"立证验"的逻辑要求;"论贵是"与"事尚然"的逻辑要求;"言可晓"与"指可睹"的逻辑要求,并进一步提出了"引事物以验其行"的归纳论证方法。王符则注重对譬喻类推法的研究,他认为譬喻还可以进一步分为类同和类异的譬喻方法。徐干认为欲求服人必须"循理而论",要充分的说明理由以求得问题的解决,使人心服而不仅仅是口服。而嵇康则提出了类似于形式逻辑的"以甲为度校乙"的类推关系。以上具体内容可参见周云之主编的《中国逻辑史》诸章,陕西教育出版社2004年版。

乃为国除凶,岂是挟私弹事。二百锾坐,法有常科,三千狱条,刑兹罔赦。

这是一件御史严宣有公报私仇嫌疑的案件。张鷟在判词中,首先借用晋王承放犯夜学子归家的故事①和曹魏时的何夔常怀揣毒药、防加杖受辱的故事②来映射田顺在长史之位上耀武扬威做法的错误;接下来,张鷟在论述严宣从卑微县尉荣升为御史之职位而导致职权变化的时候,相继引用了祁奚举贤③和鲍永绳愆④这两个典型事例。晋国贤者祁奚站在客观公正的立场上,举荐仇人接替自己,在晋悼公问谁可以做国尉时,他又举荐自己的儿子。而东汉时期的鲍永,他曾被刘秀征用,任为谏议大夫,始终以忠直正言而著称,遭到豪门贵戚的忌恨。张鷟引用这两个故事,意在说明御史职权之核心——客观公正。既然田顺受赃是事实,那么作为御史就应该秉公办事,也就不存在严宣公报私仇之说。所以,张鷟最后说:"贪残有核,赃罪非虚,此乃为国除凶,岂是挟私弹事。"田顺自然是要受到法律科罪的。

在这个判词的写作中,张鷟分别用了两反两正四个典型事例作为其论据,从正反两方面对御史是否公报私仇进行了充分的说理论证。而在有些判词中,作者更倾向于使用反例来作为论据。这样的说理似乎显得更加充分。

2. 以甲为度校乙

曹魏时的嵇康曾经提出过一个"以甲为度校乙"的推理关系的例子。嵇康指出:"若神心独语,暗语而当,非理之所得也。虽曰听蹄,无取验于儿声矣。"

---

① 据《续晋杨秋》载:"晋王承为东海吏,録一犯夜人,云从师读书不觉日暮,承曰:'鞭挞甯戚以振威名,非政理之本,送令归家。'"转引自田涛、郭成伟校注的《龙筋凤髓判》校注部分,中国政法大学出版社1996年版,第14页。

② 据《三国志·魏志》载:"太祖性严,缘属公事往往加杖,何夔常蓄毒药,誓死无辱,是以终不见及。"转引自田涛、郭成伟校注的《龙筋凤髓判》校注部分,中国政法大学出版社1996年版,第14页。

③ 晋大夫祁奚请老,晋君问曰:"孰可使嗣?"祁奚对曰:"解狐可。"君曰:"非子之仇耶?"对曰:"君问可,非问仇也。"晋遂举解狐。后又问:"孰可以为国尉?"祁奚对曰:"午也可。"君曰:"非子之子耶?"对曰:"君问可,非问子也。"君子谓祁奚能举善矣。称其仇,不为谄;立其子,不为比。举其偏,不为党。《书》曰:"不偏不党,王道荡荡。"祁奚之谓也,外举不避仇雠,内举不回亲戚,可谓至公矣。唯善故能举其类。《诗》曰:"唯其有之,是以似之。"祁奚有焉。引自《新序·杂事》。

④ 鲍永,字君长。生年不详,卒于后汉光武帝建武十八年(42年),上党屯留(今山西长治市屯留县)人。他活动于西汉末年与东汉初年,曾为绿林军的重要将领。刘秀即皇帝位后,他又成为东汉初期敢于抗击强梁的地方官。http://baike.baidu.com/view/593988.htm? fr = ala0_1_1.

嵇康认为羊舌母尝听儿啼哭之声为恶,今之啼哭声似昔日之啼声,故用甲声为度,以校乙之啼声,来推知"今啼当恶也"。这个推理过程是:

由已知"度":尝闻甲声为恶

和乙声似甲声

推出结论"校知":乙声为恶。

这里的"度"是标准,是类似于形式逻辑中的大前提,只是这里的"度"是用归纳列举的方法得出的;而"校"是检验所得出的结论,连接两者之间的小前提就是"似甲声",这里的"似"具有一定的或然性。也可能是"不及"。在唐判中,制判者也善于用这种推理的方法来进行说理。

例如,水衡监二条之二:

[判目]水工郑国状请决汉水直山,凿山通道,至伊水入洛,须夫五百,乃运江淮租极便。

[判词]水曰润下,火曰炎上,顺性则易从,违方则难理。祗如汉江以北,伊瀍之南,岩嶂嶙峚,以造天岗,嶝峰嵘而括地,层峰切汉,飞鸟迷林,绝壑穷幽,奔豹失路。探深泉之月兔罕有其功,捉高标之日乌未闻其可。后稷之播殖九谷,不能使苗稼冬生,夏禹之引决百川,不能使江河西注。郑国才非识古,智未超今,乏袁敏之多能,谢郦长之博览,进不量力,退不省躬,逆地势而开山,绝天真以决水。区区浅见,辄与造化争功,琐琐庸情,拟共阴阳竞气。衔枚塞海,为蠢已深,捧土填河,在愚弥甚。妄为劳役,虚费人功,既贪妄上之条,合处欺天之罪。审问情状,方可论科。

这是一道对水工郑国欲改造河道的判词。张鷟在说理的过程中,先后以后稷、夏禹为"度",来与水工郑国欲行的做法进行比较。后稷是周族的始祖,善于种植各种粮食作物,被认为是开始种稷和麦的人。而夏禹更是众所周知的治水英雄,他是与尧、舜齐名的贤圣帝王。张鷟以两个圣贤的事迹作为大前提,认为像后稷这样具有神性的人,也不可能让麦苗在冬天里存活,像夏禹这样能打败滔天洪水的英雄,也不可能逆转江河东入大海的事实,而水工郑国不论是在才学上,还是智能上都没有突出之处,更远不及先贤。与这两个圣贤的能力相比,他又怎么可能"逆地势而开山,绝天真以决水"呢?张鷟所得出的结论也就可想而知了。

张鷟在这里所引用的用来作为标准的"度",是复数形式的,是通过选取两个相似的人物事件来作为大前提。这样的类推方法可以说是对嵇康的"以甲为度校乙"推理关系的实践和发展。

3. 以小知大

还有一种类推的方式,是从事物的某一个方面而推知整个事物,或者由一小的事件而推出大的、更重要的事件。

例如,户部一条:

[判目]户部侍郎韦珍奏称:诸州造籍脱漏丁口,租调破除倍多常岁,请取由付法依问。诸使皆言春疾疫死实多,非故为疏漏。

[判词]虞书五教,实委司徒之官,周礼六卿,爰开地官之位。莫不织成都邑,编辑甿黎,设九土之网维,成四方之管辖。班固申犬牙之制,疆埸绮分,应璩应马齿之规,井田鳞次。户标九等,俱陈万国之图,人有十伦,并挂三年之籍。岂容丁口脱漏,任意疏遗,租调破除,恣情抽减。遂使廒庾顿乏,帑藏皆空,军兴于是缺支,国用由其不足。付法科罪,仍敢薄言,依问款词,咸推遘厉。否终则泰,造化之常图,福谦害盈,幽明之极数。魏文帝修书永叹,念亲故之凋亡,刘孔才矫制征兵,促黎元之残丧。荐臻不息,僵毙相仍,遽离人符,多编鬼录。生者固宜存附,死者难以执留。灾疫不拘,案宜从记。

这是一起缘于人口脱漏而导致税收减少的案例。作者张鷟仍然开篇借用《尚书舜典》和《周礼》中的记载来表明地官的重要性。对土地进行划分管理,对人口进行划等登记,都是州县地方官最基本的职责。但张并没有只停留在对人口脱漏、税收减少这一点上进行论述,而是由这一件事继续推衍出可能产生的更加严重的后果,张鷟认为对人口管理的疏忽会直接破坏税收的征缴,而税收的波动会直接导致国家粮食储备量的下降、国库财力的降低,会导致军事武装和工程兴造上的停滞,最后导致的后果就是国力的下降。所以,诸州县的失职已经远远不是脱漏人口、税收减少这么简单的事情了,自然要付法科罪。

(二)引辟援类

比喻的方法,很早就从理论上受到人们的重视。《周礼·先郑注》说:"比者,比方于物也。"《墨子·小取》说"辟也者,举物而以明之也。侔也者,比辞而俱行也",这里说的辟,就是比喻,"也"即他,"侔"即比较。"辟"就是用人们已经知道和认识的事物来喻人们不知道或不认识的事物,从而使人们知道和认识原来不知道或不认识的事物。而已知道或已认识的事物与不知道或不认识的事物之间并没有直接的关系,但是构成比喻的本体和喻体之间必须有相似点。在唐判中,大量使用辟喻的方式来说理的例子也是不胜枚举的,现将其中比较典型的判词拿来作分析。

例如,尚书都省二条之二:

[判目]令史王隆每受路州文书,皆纳贿钱,被御史弹,付法,计赃十五足,断绞,不伏。

[判词]王隆忝沾趋吏,幸列胥徒,禄虽给于斗储,官未阶于尺木。鸡卵之馔,虽避嫌疑,鹅目之钱,若为窥觇。每受一状,皆取百文,未申疵面之功,翻起黑头之患。猎青蚨之小利,触骢马之威严。因事受财,实非通理,枉法科罪,颇涉深文,宜据六赃,式明三典。

这道判词中,张鷟用了大量的比喻,旨在讽刺令史王隆收受贿赂的恶劣行为。

"尺木"是传说中龙头上的一物,如山峦状,龙若没有尺木自不能升天。张鷟说王隆官未阶于尺木,就是用比喻的方式来说明,王隆虽供职于尚书都省,但也只是个属官,职位低微,但在尚书都省,令史的责任又很重。张鷟认为,正是王隆没有正确认识到自己的职位的神圣性和重要性,为他最后的可卑命运埋下了隐患。

鸡卵之馔、鹅目之钱都指小恩小惠,与后文的"猎青蚨之小利,触骢马之威严"相联系,以此来比喻王隆因为小恩小惠而触动了尚书省的威严,也败坏了令史之职的名节,所以,对王隆的判决自然不能轻慢。最后,张鷟也作出了"因事受财,实非通理,枉法科罪,颇涉深文,宜据六赃,式明三典"的判决。

再如,吏部二条之一:

[判目]吏部侍郎山巨源奏称:选人极多,缺员全少等邑之色,书判不公,词学优长选号复少,望请判事鉴镂,词理酸寒者,虽有等级十选并放。

[判词]……宏词硕学,不绩公劳,浅见狭闻,多求等级。只如视肉之辈,筷瑟莫分,走骨之徒,狐狸讵辨。食梅衣葛,无以暴其寒酸,咀梨餐荼,不足方其辛苦。鸳鸟累百,不如一鹗之雄,羊皮数千,不如一狐之腋。镂冰之子,万众不可滥收,画饼之夫,百选犹其堪总。自然私谒之门塞,公平之路开,长闻振鹭之飞,无复促牛之谤。

张鷟仍然在判词的开始,从吏部的渊源说起,阐述了吏部的职能之重。而不论是博学之士还是浅见狭闻之类,都想通过吏部的铨选,得到一官半职。接下来张鷟认为人的能力是不同的,而导致的学习成果自然会有高有低,此处是用比喻的方式展开的论述。根据《法苑珠林·堕慢篇》载:"庄子曰:'人而不学,谓之视肉,学而不行,谓之撮囊。'"又据桓谭《新论》载:"鄙人谓狐为狸,以瑟为箜篌,非徒不知狐与瑟,乃不知狸与箜篌也。"① 用"食梅衣葛,无以暴其寒酸,咀梨餐荼,不足方其辛苦"来形容学习的艰辛,用"鸳鸟累百,不如一鹗之雄,羊皮数千,不如一狐之腋"来说明能够为官的人都是千里挑一的人才;故不能随便选夺。故而,对于吏部的选人之事,张鷟认为是权重职艰的,应该开公平之门,着实的选举出智识拔萃之人。

(三)得类不可必推

古代人善于将事物进行归类,并用相近或者是相反的事例作为推理的有力论据,但是在类推的过程中,古人也注意到了推理中的一些谬误,许多事物从表面上看似乎是相似的,但实质上却是不一样的,所以不能随意地乱推。例如,吕氏在《吕氏春秋·别类》中就提出过"类固不必可推之也"的命题,指出:"过着之患,不知而自以为知。物多类然而不然,故亡国戮民无已。夫草有莘有藟,独食之则杀人,合而食之则益寿。万堇不杀,漆淖水淖,合二淖则为蹇,

---

① 田涛、郭成伟:《龙筋凤髓判》,中国政法大学出版社1996年版,第21页。

湿之则为干。金柔锡柔。合二柔则为刚,燔之则为淖。或湿或干,或燔或淖,类固不必,可推之也。"如果不对事物的本质进行区分,将本不是同类的事物相提并论,用同一的格式去推论不同的事物,必然会造成谬误。认识事物的本质,对类推结论的重要性,在秦汉时期已经得到了重视,在唐代的判词中,制判者也非常注意所论之事的本质,不可随意乱推。

张鷟对得类不可必推的方法也有清醒地认识。在分田训农判中,张鷟对廪牺令王尧效法诸侯分封,欲将无籍之田分给刺史的做法提出了批评。张鷟认为推崇古训的作法是好的,但今天的刺史实与古之诸侯已有本质上的差别,而训农之事在于长官的亲力亲为,持之以恒,跟分不分与田地关系并不大,"若令劝沮,必在躬亲。此虽识于朝三,犹未闻于暮四"说的正是此意。不能因为刺史与诸侯一样同为地方长官,就可以得出效法诸侯分封田地的结论。

通过上述两道判词主要思想的阐述,我们不难发现,在制判者分析推导案件事实的过程中,认清事物的本质,避免将表明相似的事物相提并论的类推方法已经得到了共识。

三、提高推理准确度的技巧

为了使推理的结论更加准确可靠,古代先贤在注重推理具体方法运用的同时,也总结出了一系列提高推理可靠性的方法,以防止在类推的过程中产生谬误。

(一)知类

"听其言而察其类,无使放悖",即"知类"就是要懂得事物之间的类比关系,进而做到依类推理,而不至产生自相矛盾的逻辑错误。显然,知类是类比推理方法中最基本的工作。如何才能做到知类?本人认为这与古人的知识储备有直接关系。

"学而优则仕",说明决定古人知识储备内容的是古代的选官制度。毫无疑问,科举考试是古代选官的主要渠道,从隋唐到清末,在这1300多年的时间里,科举逐渐成了选官的制度化形式,考试的科目也经历了由多元到单一的转变。由于本论文是以唐代为历史背景,所以就以唐代科举考试科目为例,来对唐人的知识储备做一考察。唐代的科举考试的科目有秀才、有明经、有俊士、有进士、有明法、有明字、有明算、有一史、有三史、有开元礼、有道举、有童子。考试的内容因各科之间的差别而有异,如"明经"考察的内容有:"凡礼记、春秋左氏传为大经,诗、周礼、礼仪为中经,易、尚书、春秋公羊传、谷梁传为小经,大经、小经各一,若中经二。通三经者,大经、中经、小经各一。"①

由于中国古代属"通才"型教育,所以在科举考试中,即便有分科,但就整体的知识储备而言无外乎经学和文学两种。经学主要包括了先秦史学和子学(主要是儒家学说),而文学主要就是对诗词歌赋的掌握。在科举考试中,就表现为通经致用,并且在论述时还要带有文采。可见,"知类"是有意识地训练的结果。

(二) 察故

事由因生,事情之所以会发生,都会有其中的缘故。要在推理中尽量避免认识错误的发生,就要持审慎的态度察其所以然。故而,制判者在作判时,也时刻不忘查明事情的缘故。

例如,在私习天文判中,张鷟正是在审慎地查明了案情缘由之后,才着手下判的。唐律是禁止私习天文的,其规定为:"诸玄象器物,天文,图书,谶书,兵书,七曜历,太一,雷公式,私家不得有,违者徒两年。私习天文者亦同。其纬候及论语谶,不在禁限。"其疏议对"私习天文者"也给予了解释:"谓非自有书,转相习学者"。② 从判目中的表述可知,太史令杜淹教他的儿子私习天文是实,且述有玄象器物,其情节完全符合唐律禁止之规定,本应该按照唐律的规定进行处罚,但张鷟却不以为然。他认为此案有别于普通的私习天文的案件,原因之一是杜淹的儿子对天文非常感兴趣,原因之二是杜淹为太史令,有传授天文知识的优越条件。那么,父亲教授儿子学习天文,还属不属于私习天文的范畴呢?张鷟给予了否定回答,在他的判词中有很明显的体现,"父为太史,子学天文,堂构无堕,家风不坠。私家不容辄畜,史局何废流行"。张认为,父子既然是太史令,教授儿子天文知识是很正常的事情,无损家风。倘若在太史令

---

① (唐)杜佑:《通典》,王文锦、刘俊文等点校,中华书局1988年版,第102页。
② (唐)长孙无忌:《唐律疏议》,法律出版社1999年版,第212页。

的家里都禁止天文藏书，那么太史局又该如何存续呢？所以，张鷟最后并没有按照唐律的规定作出判决，而是给出了"准法无辜，按宜从记"的结论。

张鷟在对该案进行分析时，显然注意到了"察故"的重要性，对该案的案由进行了分析，在发现此案案情有别于普通的私习天文的案件后，张鷟才选择了有利于杜淹父子的类推说理方法。可见，能体察个案的特殊性，斟酌情节的轻重和缘由，做到处罚得当、执法平宽，这也正是循吏优良作风的展现。

（三）当理

提高类比推理可靠性还有一个重要的方法，就是要"当理"。根据《吕氏春秋》中的解释，"辩而不当理则伪"。这里的"理"是指事物的发展规律，认定是非得失的标准。如果在推类、论证的过程中，不合事物之理，那么这个"不当理"的结论也是错误的。

如在太卜条中，御史预治太卜袁纲之罪，理由为太卜袁纲没能占卜到被害人术士荣俨的首级的下落。张鷟认为此案中御史的做法是"不当理"的。他说："莫知贼首，须察真踪，纲为研寻，竟无之状。"要想抓住凶手，就必须考司法手段追查其踪迹，靠占卜的方法未免有些愚蠢，况且"知有所不察，神有所不通"，也不是所有的占卜活动都会灵验，御史应该对占卜的失败给予一定的包容和理解。御史现在将精力放在弹劾太卜上，则"终纵大戮"。所以，对袁纲"即处重刑"的做法，显然在张鷟看来是不当理的，"恐亏平典"是他对此案给出的结论。

综上，张鷟所著的《龙筋凤髓判》被当时及后世应试的举子视为圭臬，而在整书中所蕴含的对案件事实的推理方法也自然被他人所学习和效仿。况且，在具有相似教育背景和知识储备的前提下，这样的类比推理方法也很容易被接受和认可。推而广之，在现存于世的其他唐代作者的判词中，类比推理的案情说理也是最为主要的推理方式。

附注： 本文原为本人博士论文的一个章节，其同名文章已在《当代法学》2011年第1期发表，借庆祝恩师执教三十年之际，节选其中核心部分录入纪念文集，以此感谢恩师当年对我博士论文的悉心指导。

清代司法技术探析

——以命盗案件中司法观念与法律规则之冲突实践为中心

章燕*

美国著名法学家庞德认为,除权威的传统理想、法律制度外,法律技术同样具有权威性及重要性。"这种意义上的法律包括各种法令、技术和理想,即按照权威性的传统理想由一种权威性的技术加以发展和适用的一批权威性法令。但是发展和适用法令的技术、法律工作者的业务艺术,都是同样具有权威性的,也是同样重要的。"①法律技术,即发展和适用法令的技术以及法律工作者的业务艺术,是适用法令、处理争议、践行法律理念、达到预期效果的重要手段。《牛津法律大辞典》对法律技术作了详细定义:"法官和律师的实务技能:利用和应用他们的知识去处理争议或者达到其他预期结果的手段。每一个法律实践部门都有一套实务技能和方法。在处理争议时,相关的技能是:拟具诉状、取证、解释立法,以及掌握先例。在财产法和财产转让中的技术是:起草文书、税负最小化、运用诸如信托之类的法律概念以达到某些预期的效果。商法中的技术包括起草协议和文件、担保付款、促使快捷、便利地达到预期的实效。"②司法技术,即法官利用和应用他们的知识、技艺去适用法令、处理争议、践行法律理念、达到预期效果的重要手段。

---

* 章燕,江西崇仁人,吉林大学法理学博士,北方工业大学文法学院法律系讲师。研究方向:法律文化比较、传统司法文化。
① [美]罗斯科·庞德:《通过法律的社会控制》,沈宗灵等译,商务印书馆1984年版,第22页。
② [英]戴维·M.沃克:《牛津法律大辞典》,李双元等译,法律出版社2003年版,第1095页。

"司法实践,对于多数人来说,永远存在更多的秘密,或者说不确定性。"①从司法技术的角度出发,将有利于我们探究隐秘的司法实践。由于篇幅所限,仅以命盗案件中司法观念与法律规则的冲突为中心,考察清代司法技术的主要手段,探究清代法官拥有的权力及司法公正。

一、清代司法技术的主要手段

清代司法观念影响着法官司法活动中的方方面面,如平允观念要求法官中立审判,仁恕观念之下法官审判哀矜勿喜、判决以宽为主、为爱惜百姓的身家名誉主速结、严吏治等,情理观念使法官以情理察案、说服百姓。从接受呈词、调解、审案速度、作证、吏治、刑讯、察案、判决、施刑到说服教育,处处可见清代法官平允、仁恕、情理的良苦用心。②

值得注意的现象是,大量与法律条文不相符的案例透露出清代司法观念对法律权威性的挑战。如平允观念要求清代法官审理刑事案件"情罪相符"以惩恶扬善时,法官不仅考虑法定之情还包括法外之情,因此判决刑罚不止限于法定惩罚。清代法官审理婚姻、立嗣民事案件,因尊重双方意愿以及坚持过错兼公平责任原则所做判决,可能与法律规定相矛盾。受仁恕观念影响清代法官判决以宽减为主。法官为保护百姓身家名誉、维护和睦的社会关系所做判决,都存在与法律发生直接冲突的可能性。如为保护百姓的名誉,慎用刑罚的态度;为维护和睦的社会关系,对于有血缘、地缘关系的当事人不予惩罚。受情理观念的影响,清代法官从情理的角度分析案情,说服当事人接受判决等,也会出现与法律冲突的状况。

不少研究结果认为命盗案件中司法观念与法律制度冲突时,清代法官依法判案。"通过阅读明清时期的司法判牍和档案资料中的刑事案件尤其是命

---

① 逢政:《主控官笔记——什么是法律问题的正确答案》,中国检察出版社2012年版,第56页。

② 有关清代司法平允、仁恕、情理观念的具体内容请参看章燕:《清代法官的司法观念》,法律出版社2014年版。

盗案件,中国法律史学者已经发现,这些判决文书基本上都明确地征引了相关的法律条文,因此,他们认为明清时期的刑事审判基本上遵循了'依法判决'的原则。"①命盗案件"依法判决"的特点源于清代命盗案件不同于自理案件,拥有较小的自主权。对应承受徒罪以上刑罚的案件,必须解送到上司衙门覆审,法官们出于对人命的慎重、对政治前途的担忧,表现出超凡的耐心和谨慎,是不难理解的。"这种特殊的司法程序,既与慎重人命的司法伦理有关,也与控制司法官员的裁判权力有关,更与维护中央集权和专制皇权有关。"②然而,从司法技术角度解密司法实践,将有助于清晰了解清代法官如何利用和应用他们的知识、技艺去适用法令、处理命盗案件争议、践行法律理念、达到预期效果。

(一)保守手段:向权力司法机关申请变通的合法程序操作与文书制作语言的主观倾向

于详文、禀文等文书中向上级申请变通判决是最常见的保守手段。州县法官向上级法官不断申请变通判决,变通请求甚至历经各级法官层层上递,最终到达皇帝手中。由于法律权威在命盗案件中的重要地位,有权力决定是否变通的是更高级的法官。下级法官只能尽全力申请,"求其生不得而死",这样才能"死者与我皆无恨"。

> 上或再驳,仍造原拟,并附以禀函,备言所以宜宽之情,与仰体上台慎狱好生之意,似亦同具恻隐者所乐闻。即或不从,仍应字句包含,为将来矜疑之地。不可因而拂意,遂竟改谳,致负造浮图初念耳。③

如果说清代法官因为政治前途,小心翼翼不敢违背法律的权威,那么出于同一目的,他们也会向上级申请变通法律。上级法官也深受平允、仁恕、情理观念的影响,因而变通同样是上级法官心中的本意。下级法官不妨备言宽宥

---

① 徐忠明:"明清刑事诉讼'依法判决'之辨正",载《法商研究》2005年第4期。
② 同上。
③ 陈重业主编:《〈折狱龟鉴补〉译注》,北京大学出版社2006年版,第846页。

的理由,"仰体上台慎狱好生之意"。即使原拟被驳,应该坚持不改,并随同附以禀函,说明变通的缘由。倘若仍然不同意,应在文书制作时语言有明显的主观倾向,要在判文中字字包含可矜之意,以待秋审能救活一命。以刘宝书、续妻居氏、母朱氏共同自杀一案为例。

  讯得刘宝书,本性愚笃,罔识大体,平日待母朱氏,尚无违忤情事。邻近亲戚,且有许其孝者。朱氏因续娶居氏,患有疯病,不能料理家务,贫难过活,起意自尽。宝书再三泣求,卒不允许。因情愿随后,以身殉母。其行虽可诛,其情尚可原。至行人捞救后,三人中唯宝书独生,转出意料之外,而非其本心。盖总观前后情节,宝书实不忍其母之死,而又计无复之,亦以一死相从。故拴腰系褡包,亦出朱氏手腕。是宝书实有死之心,无生之望。按律"见父母死而不救者,斩立决,其妻子兄弟及兄弟之妻子年满十六岁者,悉斩"。但查刘宝书本案情节,实有稍异寻常之处。且平日既以纯孝事母,临时又不惜以一身相殉,似未便再拟斩决,援律减二等处事,永远监禁。其疯妇居氏,虽患疯病,但伊姑及伊子两命之死,均实由该氏所致,亦着永远监禁,除申详抚臬宪听候核示外。此判。①

此乃拟判,"申详抚臬宪听候核示"。拟判重点分析宝书的"心"、法外情节、仁恕的理由及案情中的情理。刘宝书平日待母亲无违忤行为,为邻近亲戚称赞。母亲朱氏为刘宝书续娶居氏患有疯病,导致家贫难以过活,因此决定自杀。刘宝书再三请求被母亲拒绝,情愿与母亲、居氏一起自杀。不料事出意外,三人被行人捞救后,其母死而宝生、居氏活。袁枚认为"其行虽可诛,其情尚可原",又说"宝书实不忍其母之死,而又计无复之,亦以一死相从"。何况朱氏亲自拴腰系褡包,可知"宝书实有死之心,无生之望"。依照法律"见父母死而不救者,斩立决,其妻子兄弟及兄弟之妻子年满十六岁者,悉斩"。然而案情有稍异寻常之处,法官认为"似未便再拟斩决,援律减二等处事,永远监禁",拟

---

① 于成龙、曾国藩、李鸿章、袁子才、张船山、胡林翼、端午桥等:《断案精华:大清拍案惊奇》(上),金人叹、吴果迟编,海峡文艺出版社2003年版,第131页。

判字字包含可矜之意,请求上级法官同意变通。

(二)积极手段:将命盗案件纳入自理程序的非法操作、裁剪案情的朦胧手法和主导型的引术

1. 朦胧手法

清代法官审理命盗案件时,对平允、仁恕、情理观念的追求,不仅只表现为保守的行为——请求上级法官的认可,还有许多更积极的行为。将命盗案件纳入自理程序中是清代州县法官常用对策。一直以来我们对自理案件定义的模糊认识,是问题的症结。寺田浩明对州县自理案件解释为:"给以州县地方官的最大刑罚权限就是'笞、杖',反过来看,如果只是处以笞、杖这个限度内的刑罚,则地方官一个人就能决定并执行判决。"①解释依然模糊,事实上清代州县法官有权独立审结的,限于他们"决定"处以笞、杖刑罚的案件。法官"决定"处以笞、杖刑罚,而非法条规定"应该"处以笞、杖刑罚,当中存在"实然"与"应然"的区别。此区别,也是解开清代法官变通判决命盗案件疑团的关键线索。以常见的诬告案件为例。

> 审得季周易与已故之季苏升虽同系义乌人氏,然实风马无涉也。苏升有女寿娘,初嫁奚茂生为妻,茂生物故,继嫁杨仲启为妾,今又转嫁陈大佑为妾。是寿娘之别抱琵琶,甘心备位小星者,固已一而再矣。今季周易抹煞从前杨仲启曾经娶过寿娘为妾一事,霹控陈大佑、季美生等为拐骗卖良,其意亦何居乎? 夫同一寿娘也,同一为妾也,借曰卖良,试问周易何以不控杨仲启于前,而控陈大佑于后耶? 且对薄之下,周易与寿娘从不识认,即与美生等亦从不谋面,据供周易是季非季不得而知。合之证佐众口佥同,则周易之此控也,实属借端讹诈。今讯系伊子季从云、季从敬唆使所致,责其子而宽其父,洵非枉纵。寿娘仍令陈大佑领

---

① [日]寺田浩明:"日本的清代司法制度研究与对'法'的理解",载王亚新、梁治平编:《明清时期的民事审判与民间契约》,法律出版社1998年版,第115页。

归完聚,逐释免供。立案。①

经戴兆佳法官审实,季周易诬告陈大佑、季美生等拐骗卖良。《大清律例·刑律·诉讼》"诬告"律文规定:"凡诬告人笞罪者,加所诬罪二等。流、徒、杖罪,加所诬罪三等,各罪止杖一百、流三千里。……若告二事以上,轻事告实,重事招虚;或告一事诬轻为重者,皆反坐所剩。若以论决,全抵剩罪;未论决,笞、杖收赎;徒、流止杖一百,余罪亦听收赎。"条例规定:"无籍棍徒,私自串结,将不干己事捏写本词,声言奏告,诈赃满数者,不分首丛,俱发边卫充军。……"②《大清律例·刑律·贼盗下》"略人略卖人"律文规定:"凡设方略而诱取良人,及略卖良人,……为妻妾、子孙者,杖一百、徒三年。"③因此,依照法律季周易本应被责杖一百,流三千里。实际判决如何?戴法官认为季周易听从儿子季从云、季从敬唆使,故责其子而宽免其父。即戴法官受仁恕观念影响,对本应重惩的命盗案件,判决仅处以笞、杖刑罚,纳入自理案件的审理范围内。

一旦进入自理案件程序,清代法官享有更大的自主空间。首先,清代州县法官审理自理案件,无须经过上级官员复审即可自主判决,法官仅制定月册,向上级汇报每月审理案件的情况。断言上级法官对月册的审查限于形式,未免言过其实,然而与案拟判后由上级法官最终作出判决的命盗案件相比,审查月册的工作较简易。如樊增祥批长安县词讼册:"各案均问得清楚,断得平允。张令绍彩、方令汝士新硎初试,剖决无差,尤为喜慰。"④一月的辛劳,只换来寥寥数句批语。即使上级法官对案件判决持不同意见,仅在一番批评后,云:"案已断结,无复翻之理,本司特论其理耳。"⑤意见虽不同,但是判决如无重大错误依旧有效。州县法官常使用隐瞒案件不予上报月册的对策获得更大自由,上

---

① (清)戴兆佳:《天台治略》,清活字本,转引自官箴书集成编纂委员会编:《官箴书集成》第四册,黄山书社1997年版,第87页。
② 田涛、郑秦点校:《大清律例》,法律出版社1999年版,第481~482页。
③ 同上书,第404页。
④ (清)樊增祥:《樊山政书》,清宣统二年金陵刊本,转引自官箴书集成编纂委员会编:《官箴书集成》第十册,黄山书社1997年版,第292页。
⑤ 同上。

报月册的案件仅占实际总量的十分之三四。樊增祥感叹各属月报册的隐瞒情况,云:"各属月报册大抵三两案居多。本司是过来人,岂不知某州某县每月当有若干案。"樊法官一针见血指出州县官少报案件的原因,不过是自知不堪示人。

> 其少报者,盖亦有故。一则官不能动笔,幕亦不甚能动笔。每月必报愈多愈难,是以少报一则,所断之案,自己问心不过不堪示人。譬如秀才出场能文者,必出稿传观。若著名不通之生监,必匿而不出,此则审案虽多,可以告人者实少,是以少报。更有庸滑州县,臆度本司公事如猬,不报岂能察及,报则转恐挑驳,此则不但少报,而且直头不报。①

由于自理案件中上级法官的监督相对宽松、自由空间大,甚至可隐瞒不上报,因此清代法官运用上述手段,对于依据法律应被判决徒刑、流刑、死刑者加以变通,实现平允、仁恕、情理的目标。

受司法观念的影响,清代法官在审理命盗案件与法律权威性矛盾时,还会采取更积极但也更隐蔽的手段——对案件情节进行剪裁。《三异笔谈》提到当时云南师爷的"四救"伎俩:凡是人命案件,都处理成因琐事口角引起的斗殴受伤而死,将凶器都处理成是由受害人带来,这样罪犯可判为"斩监候",朝廷秋审时可能判为"缓决"或减等。如某村连续发生幼童病死,村民们认为乃"尸头蛮"作祟,怀疑一个新嫁到本村的女子是"尸头蛮"化身,将此女活埋。女家喊冤,县官逮捕了带头几个罪犯,但和师爷商量后,认为新娘已死,如果再治这些人的谋杀罪,要至少杀一个人、充军好几个。本着"救生不救死",最终起草将案情改为"因口角斗殴而死",主犯"斩监候",秋审时果得以减等发落。② 因无知迷信而残忍活埋妇女,改为因口角斗殴而死,案情可谓差之千里。

---

① (清)樊增祥:《樊山政书》,清宣统二年金陵刊本,转引自官箴书集成编纂委员会编:《官箴书集成》第十册,黄山书社1997年版,第260页。
② (清)乐钧、许仲元:《耳食录·三异笔谈》,重庆出版社2005年版,第254~255页。

徐忠明教授以一起清代命案为例，同样揭示了清代法官裁剪案情的真相。① 这是个案，还是普遍现象呢？学者如是质疑！"朦胧"二字即可解开。

朦胧，从月字部，常用来指不清楚、模糊；作动词时，意思是隐藏、遮挡。清代司法官员往往通过"朦胧"手法，隐藏、遮挡事实的方法，实现裁剪案情的目的。如下文三则案例。

批渭南县民妇王方氏呈词

再查余令本非胡涂无用，惟身任大缺一味懒惰，以寒士出身之人，而官场习气太重，深为本司不取。即如此案，杀死一家二命，而初禀即有意朦胧，又将原告管押三月之久，逼令私和，毕竟是何意见。此案非张令炳华前往审讯不可，并仰西安府知照。②

案例一。樊增祥批阅南县民妇王方氏呈词，得知案情重大，杀死一家二命。然而再查南县余县令的禀文，认为其"有意朦胧"，似未汇报真实案情。反将原告关押三月，有逼迫私和之意。可见，即使是重大命案，清代司法官也往往通过朦胧上报，逼令私和等方式，裁剪案情、掩埋真相。

案例二。筹赈局书办李克昌与南北科屡次互相告讦，樊增祥欲彻底根究此事。委任西安府提集原被告双方，简派精明公正谳员，细心推问调卷详核，叮嘱查案官员"务期水落石出，不准朦胧了事"。③

案例三。樊增祥批长安县胡令禀文，批文开头即警告，长安县胡令的禀文隐藏了众多真情。"此案情节本司洞悉，所禀隐而未发者尚多。"查明胡振彪假刻票板图书，有意诬害百姓而邀赏。假使诬告成功，则被诬百姓受立决处死之刑罚。按照律例，诬告反坐，胡振彪本应判决死罪。然而胡令删减情节，改重为轻，仅欲拟判系石五年。樊增祥感叹说，幸亏详知底细，未便宽容。判决如

---

① 徐忠明："台前与幕后：一起清代命案的真相"，载《法学家》2013年第1期。
② （清）樊增祥：《樊山政书》，清宣统二年金陵刊本，转引自官箴书集成编纂委员会编：《官箴书集成》第十册，黄山书社1997年版，第72页。
③ 同上书，第62页。

下:"胡振彪着锁系铁杆石墩足三百,斥监禁二十年,再行请示办理,以惩奸慝。"①

以上三则案例,贯穿"朦胧"二字。案件虽经层层审转,但上级官员大多根据州县案牍判案。深深了解司法游戏规则的州县官员,便可通过隐瞒事实、裁剪案情的手段,实践自己内心对平允、仁恕、情理司法观念的追求。高廷瑶在强调州县官员重要性时,就透露出鼓励州县司法官员"操纵"案件的态度,"不若州县之临事权衡,操纵在已为较易得手也"。②

2. 主导型引术

清代州县司法官员往往大胆采用"引"术,以实现预期目标。欲求生,需有生之情节,抑或当事人配合司法官员"操纵"修改情节的"悟性"。法律、行政监督之下,州县司法官员也只能隐秘进行。

> 然此外又有所谓引之之术。引者何?欲领之使悟而就于我也。其人所犯死而我欲生之,所犯重而我欲轻之。在彼自知所犯是重与死,当堂直供无讳,已安心于重与死矣。而我所以欲生之欲轻之之心,彼不知也。即彼所以能生之,能轻之之路,彼亦不知也。于是因而领之于覆审定案时,与云:"如此则生,如此则死,如此则轻,如此则重。但汝所犯果重与死,我不能为尔贷也。"则其人乃大悟,未有不舍重死而就轻生者矣。然此亦乡愚误蹈三尺,特为开其一线耳。③

何谓"引",即引领被告,使他了解轻重判决的关键所在,而主动修改供词。清代法官是司法判决游戏规则的主角,其欲生之心、欲轻之心,孰能知晓?其可以生之,可以轻之的技巧,旁人更是无法掌握。因此,便需"引"字要诀。在覆审定案前,告之曰:"如此这般就能生,如此那般方合死。如此行为即轻判,如此情节则重决。"还需客套一二:"但如果你所犯果真重与死罪,我也无法宽

---

① (清)樊增祥:《樊山政书》,清宣统二年金陵刊本,转引自官箴书集成编纂委员会编:《官箴书集成》第十册,黄山书社1997年版,第57页。
② (清)高廷瑶:《宦游纪略》卷上,国家图书馆普通古籍阅览室藏。
③ (清)觉罗乌尔通阿:《居官日省录》,清咸丰二年刊本,转引自官箴书集成编纂委员会编:《官箴书集成》第八册,黄山书社1997年版,第90~91页。

处。"如此之下，虽未明示，然而已经暗示了生之道。谁无舍重就轻之心呢？引领之下，必就法官宽仁心意，修改供词。如杜凤治官员审梁宽杀妻一案，在其日记中记载了他的"引"术。"提梁宽覆讯，颇欲翻异。予开导之，与言：你妻虽死得可怜，然既死了，你究竟是丈夫，且尚有二子，必可减等，详办断不至抵命。你如狡不供认，不得不严刑，连日熬讯，必有熬死之一日。你熬死，案亦就如此定了。梁宽颇有悟意。"①杜凤治表明因梁宽尚有幼小二子，实践中往往减等判决的规则，透露出"施恩"之心，梁宽顿悟，方有之后如实供述以求生之行为。

二、清代司法技术与法官权力

前文对清代司法技术主要手段的分析，必然得出清代法官权力很大的结论：法官为达到预期效果，在了解专业知识、技艺及整体运作的基础上，申请法律变通、操作法律文书语言、裁剪案件事实、纳入自理案件程序等。

不少学者、法官注意到司法工作人员的权力。当代中国逢政检察官在《主控官笔记》"司法父爱主义？"②一文中论及司法工作人员掌握司法实践知识、规则与"潜规则"。

> 他同样不知道的是，尽管法律没有明确规定，但在司法实践中，对于不认罪的被告人一般不适用缓刑或者取保候审，即便是被取保候审的被告人，法院最终也多数会收监执行，更何况不起诉。
>
> ....
>
> 他对刑事诉讼证明标准的把握，法律的具体规定，乃至司法实践中的"潜规则"不可能也没必要有一个全面的了解，而当他抱着出国留学的美好愿望为自己做了一道错误的选择题，结果反而把自己送进了大墙之内。

---

① 《清代稿钞本》第16册，第277页。
② 逢政：《主控官笔记——什么是法律问题的正确答案》，中国检察出版社2012年版，第53~56页。

尽管逄政检察官一再强调从那座危险的桥上把他拉回来,不坠入水中的救助,即分享自己的"潜规则"以实现正义、仁道价值,在当代中国是被绝对禁止的行为。"如果我们告诉他不认罪将会被收监,哪怕仅仅是可能,也会有威胁、逼迫他自证其罪的嫌疑,从而违背了犯罪嫌疑人自愿供述的原则。"然而检察官承认,在司法审判中,只有司法官员洞察行业内的一切规则和"潜规则",他知道如何为重,如何为轻。

美国大法官波斯纳更是超越中国检察官逄政的自白,分析了美国法官操作法律文书语言、裁剪案件事实的类似行为。他通过分析卡多佐撰写的Palsgraf案的法律意见书,得出以下结论。"首先是对案件事实的陈述,简单却有明显的倾向。""通过选择和改变事实,事故变得不可预见","卡多佐超越了冗长,可也有点误导和虚构事实——从一个修辞的立场告诉我们结果"。"在他的作品《法律与文学》中,卡多佐为法官故意错误陈述事实的权利辩护:'我经常说(法官写的法律意见书)应当允许法官有故意的、深思熟虑的,错误陈述的一个确定范围。'"[①]波斯纳在《法官如何思考》书中,描绘了当代美国法官清醒的造假和扭曲事实以最小化判决被撤销的可能性。在上诉层级,美国法官们在报告事实时,对事实会做出裁剪,使它"平滑地符合法律结论,或是塑造该决定将创造的这一先例"。有些事实,即使普通人都可能认为对案件的事实全景非常重要,但为了"平滑地符合法律结论",某法官也许还是"决定在司法意见中省略这个他认为无关的事实"。[②]上述即清醒的造假。初审法官还会由于厌恶自己的判决被上诉法院撤销,"因其职业生涯(当法官想晋升上诉法院时)和权力(撤销废除了他们的决定),也因其自尊心,初审法官有时想扭曲一下事实,让它们恰好符合某个没有争议的法定范畴"。[③]即扭曲事实以最小化判决被撤销的可能性。

---

① [美]理查德·波斯纳:《卡多佐:声望的研究》,张海峰、胡建锋译,中国检察出版社2010年版,第31~37页。
② [美]理查德·波斯纳:《法官如何思考》,朱苏力译,北京大学出版社2013年版,第64页。
③ 同上书,第65页。

然而，与现代法治社会法官权力限制不同，因监督机制不完善、法治思维的缺失，清代法官权力限制并未收到预期效果，易滥用司法技术破坏司法公正。而其中，又以法治思维的缺失最为重要。在古代统治者心中法并不是最好的统治工具。唐太宗云："守文定罪，或恐有冤。自今以后，门下省覆，有据法令合死而情可矜者，宜录奏闻。"即严格依法判决在某些案件中，无法实现正义。

法律本身并不能实现"无讼"的理想境地。如对治理百姓和奸行为提出以下观点："国家立法，期于令行禁止。有法而不能行，转使民玩法而肆无忌惮。和奸之事，几于禁之无可禁，诛之不胜诛，即刑章具在，亦只具文。必教育普及，家庭严正，舆论之力盛，廉耻之心生，然后淫靡之风可少衰。"又曰："防遏此等丑行，不在法律而在教化。即列为专条，亦无实际。"①杜绝和奸行为，不在法律而在教化。即使再严厉的刑罚也达不到良好的效果，惟有道德教育，由家庭管教治理，再加上舆论的谴责，百姓就能生廉耻心，和奸的行为慢慢可以减少。古代统治阶级对教化的重视，在司法领域中表现为强调教化为"本"的地位。康熙九年十月，上谕礼部：

> 朕惟至治之世，不以法令为亟，而以教化，其时人心淳良，风俗朴厚，刑措不用，比户可封长治久安，茂登上理，法令禁于一时，而教化维于可久，若徒恃法令而教化不先，是舍本务末也。②

最后，仁治才能得人心。儒家的"仁义"思想是治国之道的核心，是中国传统的治国理念。唐太宗云："朕看古来帝王以仁义为治者，国祚延长，任法御人者，虽救弊於一时，败亡亦促。既见前王成事，足是元龟，今欲专以仁义诚信为治，望革近代之浇薄也。"又云："林深则鸟栖，水广则鱼游，仁义积则物自归之。人皆知畏避灾害，不知行仁义则灾害不生。夫仁义之道，当思之在心，常令相继，若斯须懈怠，去之已远。犹如饮食资身，恒令腹饱，乃可存

---

① 《清史稿·刑法志》。
② 《圣祖仁皇帝圣训》卷六《圣治一》，文渊阁四库本。

其性命。"①

  由于法律在古代的特殊地位——法律权威并非古代司法的最高价值,平允、仁恕、情理才是实现正义、仁治、教化的最佳途径,故处于最高的位阶。法治思维的缺失,使得清代法官并未能以法律规范为基准的逻辑化的理性思考方式使用司法技术,往往导致违背法律,甚至利用司法权力使用司法技术造成司法腐败的结果。

---

① 《贞观政要·仁义》。

"入词"之诉与"绝词"之判
——宋代诉讼观念与实践

何君[*]

《名公书判清明集》[①]中,南宋官员胡颖指出:"词讼之兴,初非美事,荒废本业,破坏家财,胥吏诛求,卒徒斥辱,道途奔走,犴狱拘囚。与宗族讼,则伤宗族之恩,与乡党讼,则损乡党之谊。幸而获胜,所损已多;不幸而输,虽悔何及。"这也是一般古代官员审理民事案件时的观念,官员们认为兴词讼者伤害乡党、宗族感情,诉讼案件最好的处理办法,是不伤害涉案相关人的情感和伦理关系,在进入诉讼前就息讼止争。相对于维持感情和关系,双方能否得到公平和正义的判决似可在所不问。不能息讼结案的案件,则在官员迫不得已的情况下走向司法审判。利益受到侵害或发生冲突时,百姓借助国家公权力进行救济本是最有效也是最终的手段。但在陷于纠纷时,古代百姓却面临是否诉诸国家司法的抉择。对古人来说,一旦选择了司法干预,其自身和案件都处于一种完全被动状态。选择国家司法,就意味着跟国家官方主流话语和权力对抗,百姓选择词讼的结果不论好坏都会多少受到负面评价和影响。因此,即便到了审判环节,官员们仍然以抑制诉讼、减少诉讼为要务。一方面,百姓要用诉讼解决纠纷;另一方面官方极其不愿受理诉

---

[*] 何君,甘肃政法学院法学院讲师,吉林大学法学院法律史专业在读博士。

[①] 《名公书判清明集》(文中以下简称《清明集》)判词中以民事案件为最多,但本文不限于探讨民事诉讼,是以诉讼中的主体——官员和百姓为主要研究视角,以侵权、刑事、行政类判词中的文字体现出的诉讼观念进行考察。

讼,要抑制诉讼,这样的观念矛盾如何解决?在《清明集》的四百多篇诉讼判词中,"入词""兴词""惹词"和"绝词"等词汇的使用正体现了此种诉讼意识和观念的矛盾。

一、"入词"(入状)之诉

"入词"的"词"是指状词,也就是诉状,在判词中,"词"(状)代表官司的开始,诉讼的启动。"既是三世居于是邦,则就试已非一次,何为今日始有词?"①是说三代居于此,参加科举不止一次,为什么今天才来告状。"如敢再词"② "再敢有词"③"如再有词"④等都是指再次上诉、投写状纸之意。投递写好的状纸到官府,官府受理,收入了状词,案件才能进入国家司法程序。

官府受理了诉状,叫"入词"(入状),这是案件进入司法程序的标志。在《清明集》中,"入词"共出现了30次,"入状"有20次,除4个案件中有数次重复使用外,共计有41个案件的判词用到了"入词"(入状)这类词汇。而《清明集》共计四百余篇判词,写有受理状词这一环节的只占十分之一,这并不是说其他的案件没有受理状词这一环节,可以不投状纸便审理案件,而是在这41个案件中,谁提起诉讼、于何时何官衙提起诉讼,是非常重要的情节,所以才着重说明的。这41个案件中,记录了审案官员名字的共21个,其余的写有漕司、提举司、提刑司等。除去重复和无名的,至少有14个不同的官员使用了"入词"(入状)来表示官府受理案件,或详细说明了"入词"(入状)启动诉讼程序的情况。"入词"还表示状纸投于何处官衙,即当时哪一级官署机构受理了案件,如"经金厅入词"⑤"经丞厅入词"⑥"经县入词"⑦

---

① 《名公书判清明集》,中国社会科学院历史研究所、宋辽金元史研究室点校,中华书局1987年版,第97页。
② 同上书,第176页。
③ 同上书,第102页。
④ 同上书,第111页。
⑤ 同上书,第175页。
⑥ 同上书,第194页。
⑦ 同上书,第241页。

和"经府入词"①等；以及何时受理状词，如"自淳祐元年入词，至今四年"②等。对"入词"（入状）这一提起诉讼的程序，官员在判词中的表达褒贬不一。41个案件中，对"入词"持肯定态度的有9件，趋向或直接给予否定评价的有32件，也就是说官员认为有四分之三的案件是没有必要或者不应该诉至这一级别官府的。而作为掌握"入词"（入状）权力的官员，对"入词"（入状）采取的否定评价有3/4之多，说明官员对判词中涉案案情进入诉讼审判的程序并不赞同，审理此案时的观念和态度很可能是迫不得已而为之。细读这3/4的案件，官员所持态度的原因多为原告自身违反道德伦理还来告状，或者抢占别人财产或意图以诉讼取得本不该属于自己利益等。因此，官员并非否定诉讼，而是对随便运用国家司法资源来谋取自己不正当利益之人的否定。可见，官员的抑制诉讼的观念是有条件的，如果真有无法解决的纠纷，是可以诉讼的，对诉讼本身并不是全部否定的。

"词"（状）代表状纸，"入词"（入状）代表程序。虽然古代诉讼制度并不似当今之复杂严格，但对收受状词仍有较多程序要求，"不经书铺不受，状无保识不受，状过二百字不受，一状诉两事不受，事不干己不受，告讦不受，经县未及月不受，年月姓名不实不受，披纸枷布枷、自毁咆哮、故为张皇不受，非单独无子孙孤孀、辄以妇女出名不受"。③ 所以，能够得以"入词"（入状）的状纸都是比较标准化的文本了。需要是书铺统一誊写，有保证人，言简意赅，有明确诉求且一事一诉，不能告和自己无关的事，不能揭发别人的隐私短处，等等。

有的百姓不写状纸，到"书铺邀求"白纸就去告状或拦轿喊冤之事也是有的。"契勘人户多有不问事节紧慢，不候行押词状日分，辄行拦轿下状，或投白

---

① 《名公书判清明集》，中国社会科学院历史研究所、宋辽金元史研究室点校，中华书局1987年版，第391页。
② 同上书，第451页。
③ 同上书，第638页。

纸",①官员收到的白纸状纸就有"三四十纸"。官员只得发出榜文对投递白纸状词等进行约束,"投白纸人曾经书铺不为写状之人,乞赐唤上断治施行,不应受理,即行择退",②"拦轿状词并不受接","自今后除贫癃、老病、幼小、寡妇,或被劫盗,并斗殴杀伤,事干人命,初词许于放词状日投白纸外,自余理诉婚田债负,或一时互争等事人户,须管经由书铺,依式书状,听引状日分陈理,如有似此违约束之人,定当重行断罪"。③ 在百姓随意"入词"的无奈情形下,官员选择了对诉讼程序进行严格限制,否则拿着白纸就去告状,确实有藐视公堂之嫌。

"词"(状)即使具备上述形式要件,官府也不一定受理,官府"入词"(入状)要遵照程序,比如,必得在放词状日才能投告。放词状日亦称引押状词日、引状词日或行押词状日等。"引押词状,元系双日;引押公事,元系只日。蒙安抚到任,以只日引押词状,双日引押公事。"④就是一月之中,原来是双号为收百姓婚田债负等状词的日子,后来改为单号收押状词。百姓在单号去投递书铺写好的状纸才有可能"入词"。"引押状词日分,预批历,请台判轮委职官一员或两员,就大厅侧畔用硃划号数,监用朱批事因。"⑤当天收押状词时,有预批职官一名或两名在衙门大厅一侧先预判各个状词,并朱批写下基本案情供上级官员审查。这说明状词是否被受理是有严格的审核程序的,状词之多,不能都受理,不经审核,也难以断定受理标准。

由此观之,当时南宋基层诉讼之频繁,确实到了"紊烦官府"⑥的程度。

---

① 《名公书判清明集》,中国社会科学院历史研究所、宋辽金元史研究室点校,中华书局1987年版,第641页。
② 同上书,第642页。
③ 同上。
④ 同上书,第643页。
⑤ 同上。
⑥ 同上书,第110页。

"特田野小唇舌细故,此等讼州县无日无之,即非盗贼杀伤公事之比",①从官员的"无日无之"的表述里,州县衙门几乎天天都收到民事"唇舌细故"案件的词状。因此,为了更有效率地利用司法解决纠纷,对"入词"的程序和要件进行详细规定显然是必要的。而即便符合了程序和形式要件,州县衙门还是不一定受理状词,"大凡人家尊长所以心忿者,则欲家门安静,骨肉无争,官司则欲民间和睦,风俗淳厚",②为了家庭和睦、地方教化,官员不能轻易受理所有案件。

那么,告状百姓到底如何"入词"?一种可行的做法就是在诉状中夸大甚至虚构讼由。比如被占土地,"诉而不得直者十有四年",③就"称葬祖妣骨函在内",牵涉家族长辈骨灰安放,事关孝道,使官员不得不受理审断。又如婢妾被诱卖,"屡追不出",就到州府告发,"称本县将祖母绷吊",④就必须出面受理此案了。《清明集》中用此做法"入词"的案件有十余件。⑤ 这说明,国家司法这种公权力资源条件极为有限,百姓需要告诉的案件数量远远大于官府能够受理的案件数量,所以百姓需要运用各种方式争取司法资源的使用。以这种虚构讼由的方式达到"入词"(入状),即案件受理的目的,便可以理解了。

从百姓的现实生活角度考察,一件民事纠纷中的田土或房屋,往往关系着一个家庭甚至家族的生计,不顾一切取得诉讼的机会,进入国家司法程序,是

---

① 《名公书判清明集》,中国社会科学院历史研究所、宋辽金元史研究室点校,中华书局1987年版,第28页。
② 同上书,第254页。
③ 同上书,第133页。
④ 同上书,第451页。"绷吊"是县官将其祖母捆绑并吊起来拷打的意思。
⑤ 不只在南宋,在儒家思想统治一脉相承的明代,利用讼由得到案件受理是一种常用的状纸书写方式。《盟水斋存牍》中就有很多这样的实例。《盟水斋存牍》共有380多件民事判词,其中使用了这种虚假讼由以使案件得到受理的共有70余件,大约占18%。《清明集》中有230多件民事判词,其中使用了虚假讼由的案件只有十余件,大约占4%,在比例上比《清明集》中的使用比例要高出许多。明清嚣讼、健讼之频繁,从国家角度讲,固然是经济发展的结果和国家对诉讼的抑制导致的。但正是百姓对诉讼生活的需要,才导致健讼或嚣讼现象的频繁,和以诉讼为职业的人的存在和增加。从南宋到明末,虚假讼由的使用愈加频繁,说明随着社会经济发展,百姓提起诉讼的要求日渐频繁,而官府无法解决诉讼资源有限的问题,这种做法被沿用下来并且范围有所扩大。

他们必然的选择。这种争取国家司法资源的方式,虽然不够正当,却是一种显见可行的办法。基于以上分析,可以说,以"入词"(入状)为例,也就是诉讼开始的程序上,古代与当今有显著不同。古代的司法资源和诉讼环境有更多限制,百姓投递的状词非常多,而案件进入司法程序解决的几率却很小,为了进入诉讼程序、利用司法资源,有效并最终解决自己的纠纷,古代百姓宁愿选择虚构诉讼理由、虚构事实,甚至诬陷官员、自己被责罚也在所不惜的方式。这种独特的法律现象,是百姓在不得已的情况下对诉讼的争取和依赖,是百姓对国家诉讼制度的极度追求,是官方司法观念对诉讼的否定和百姓对诉讼的追求观念的矛盾所产生的一种畸形现象。但是这也是百姓诉讼观念和官员审案观念的互动和作用的体现,虽不尽正当,毕竟可说是在一定程度上达成了可以交互的状态。

二、"惹词""兴词"与"兴讼"

《清明集》的判词中还常见一些与"入词"类似的词汇,如"惹词""兴词"和"兴讼",都是引起诉讼之意。"惹词"或"惹谤"的表述,共有 21 处,"惹词"出现共 19 处,惹谤有 2 处,牵涉案件共 19 件。"兴词"共 20 处,"兴讼"有 17 处,牵涉案件共 36 件。"惹词"和"兴词"的表述比"入词"更明确地表达了官员对引起诉讼之人的态度。"入词"时,官员认为有近四分之一的案件是有必要提起诉讼的。而"惹词""兴词"和"兴讼"则是带有官员主观感情色彩的词汇。"惹词",是挑起诉讼的意思,而"惹"本有招惹、惹事,惹是生非的贬义。"兴词""兴讼"是发起纠纷、引发诉讼之意,而"兴"有兴旺发展的意思,兴起词讼、扩大词讼的影响,并不是官员审理案件的初衷和希望。比如欲以诉讼侵占他人田地之人,"如再惹词诉,定追邻保勘断"。① 又如地方巡检利用公职妄捕百姓,"因催科事引惹民词"②"冒役惹

---

① 《名公书判清明集》,中国社会科学院历史研究所、宋辽金元史研究室点校,中华书局 1987 年版,第 154 页。
② 同上书,第 28 页。

詞"①等。这类词汇表达的是官员对引发诉讼之人的贬抑的态度。"兴词"似乎比"惹词"的贬抑程度更甚,"妄兴词讼,残害其亲戚,"②"教讼兴词"则"兴起无根之讼",③"妄兴词诉,扰害乡人,累烦县道"④等。

　　这类词汇的表述说明官员对主动挑起诉讼和教唆别人诉讼之人的贬抑。"大凡市井小民,乡村百姓,本无好讼之心。皆是奸猾之徒教唆所至,幸而胜,则利归己,不幸而负,则害归他人。故兴讼者胜亦负,负亦负;故教唆者胜固胜,负亦胜。此愚民之所重困,官府之所以多事,而教唆公事之人,所以常得志也。"⑤"教唆词讼之人欲荡析别人财产,离间别人之骨肉,以求其所大欲。"⑥官员认为兴讼和教唆词讼之人都是为了一己私欲的利益,确实有这类案件,教唆之人本无权干涉他人田土,只好教唆利害相关人去诉讼,但是否能得到既得利益,还要看官员审理案件的结果而定。而《清明集》中的名公清官,是不会容许这样的事情发生的,⑦所以对此中教唆之人更为深恶痛绝。

　　有些案件虽用了"兴讼"之词并无贬抑诉讼人的意思,比如《女家已回定帖而翻悔》判词中,女方谢家回复男方刘家定帖,确认婚约后又悔婚,于是刘家告到官府。在初判之后的再判判语中,官员写道:"并劝刘颖母子,既已兴讼,纵使成婚,有何面目相见。"⑧这里的"兴讼"是说案件已经告到官府审判,"兴"的言下之意是此事即兴,众人皆知。而双方都公堂相见了,以后如何维系感情,自然不当成婚。虽然没有表达对兴讼之人的厌恶,但"兴讼"的使用是带有一定贬义的。"惹词"的使用也有这类情况:"照得上件事争诉日久,今若委

---

①《名公书判清明集》,中国社会科学院历史研究所、宋辽金元史研究室点校,中华书局1987年版,第34页。
② 同上书,第589页。
③ 同上书,第665页。
④ 同上书,第32页。
⑤ 同上书,第476页。
⑥ 同上书,第254页。
⑦《清明集》中共有涉及教唆词讼行为的判词22件,其中21件都是最后惩罚教唆者,而没有一件是鼓励教唆诉讼行为的。
⑧《名公书判清明集》,中国社会科学院历史研究所、宋辽金元史研究室点校,中华书局1987年版,第347页。

县尉检校,或有差出,恐致拖延,又惹词诉。"①这里的"惹词"理由是因为官员拖延案件的审理,恐怕原告可能还会告状,对告状者没有贬抑厌恶的评价,而是对又引发诉讼的一种预测。这里有古代案件审理期限的问题。"应诸县有人户已诉未获,盗贼限一月,斗殴折伤连保辜通五十日,婚田之类限两月,须管结绝,行下诸县遵从外,如尚有似此民讼,亦照今来日限予决。若县道违期不行结绝,方许人户赴州陈诉。"②县级衙门如果两个月内未能审结婚姻田土类民事案件,原告可以越诉,向州府告状。"契勘诸县民讼人户,自合从条次第经陈;其公事各有条限,民户越诉亦有断罪刑名。往往县道不能结绝,遂至留滞,引惹词诉;兼又有人不候本县照限追会圆备予决,便即先行经州,紊烦官府。"③县级案件不能按期审结,或者原告不等县级审理,就自行越诉,导致了同一案件多次诉讼。这样的"惹词",是官员也在极力解决的诉讼程序问题,所以,在这里,官员对诉讼本身的贬抑态度似乎多于"惹词"的原告。

总体而言,对"惹词""兴词"之人,官员的评价是比较明确的,就是不应该惹出纠纷,引发诉讼。而从判词中的整体使用上看,与其说官员对挑起诉讼之人的态度多数是否定的,倒不如说更多的时候官员是对诉讼过多出现的否定。所以,官员审理案件的最终目标其实是绝词。

三、"绝词"之判

基于对《清明集》的判词分析,官员在判词中经常强调和追求的一个价值观念是"绝词"。"绝"的字面意思是断、尽。绝,《清明集》中亦常用"结绝",就是结案,即审判结束。"绝词"可以理解为断绝讼事,是指审判结束之后再无讼事。从判词中分析发现,"绝词"通常用在判词结尾或分析案情部分,是案件受

---

① 《名公书判清明集》,中国社会科学院历史研究所、宋辽金元史研究室点校,中华书局1987年版,第267页。
② 同上书,第640页。
③ 同上。

理、冲突或纠纷有所判断、有公论后,希图百姓不再诉讼的意思。"绝"字单独使用也表示绝词之意,比如,"析开户眼,当官印押,以绝两家之讼",①"自侬随嫁田法矣,庶绝他日之争",②"户婚之法,不断则词不绝",③"如此则庶几有合公论,词诉可绝"④等。也有"绝""词"连用的,如"听从两家之便,庶绝词诉",⑤"虽使强认,焉⑥能绝词",⑦"若不惩治,押下地头,必致强横生事,无由绝词"⑧等。

"绝词",与一般意义上的"无讼"和"息讼"并不能等同。"无讼"是指完全没有诉讼,"绝词"则是审理之后的无讼。不是完全没有诉讼或完全没有争议,而是审理案件之后再不要出现诉讼争议。"不断则词不绝"意味着官员已经意识到纠纷是不可能自己消解的,"若不将两词究竟到底,则无以绝其诬罔之根"⑨。案件首先要受理,其次要经过审理并判决,而且判决要符合公众特别是两造的价值追求,如"定夺不当,词诉不绝,公私被扰,利害非轻",⑩只有做到公平正义,最后才能断绝词讼,不再上诉。"庶几觊觎之望塞,争竞之心息,人情、法理两得其平,而词诉亦可绝矣。"⑪

"息讼"是息止纷争,息事宁人的意思。在这个意义上,"息讼"和"绝词"有类似的意思,都强调不要有纷争和诉讼,但"绝词"则更注重不再诉讼的断绝之

---

① 《名公书判清明集》,中国社会科学院历史研究所、宋辽金元史研究室点校,中华书局1987年版,第139页。
② 同上书,第272页。
③ 同上书,第123页。
④ 同上书,第272页。
⑤ 同上书,第109页。
⑥ 原文为"乌",以上下文意推断,当为"焉","乌"应为誊抄之笔误。
⑦ 《名公书判清明集》,中国社会科学院历史研究所、宋辽金元史研究室点校,中华书局1987年版,第73页。
⑧ 同上书,第105页。
⑨ 同上书,第174页。
⑩ 同上书,第152页。
⑪ 同上书,第267页。

意。后来的诉讼程序中出现了专门的息讼①程序,是特指已经告到官府还未被受理就和解悔息,也包括受理之后未审判或已审未判而和息撤诉的案件。② 作为诉讼程序的息讼通常要写悔息词,③之后就不能再以此事到官府诉讼,是具有诉讼强制力的程序。"绝词"是官员在判词中带有主观价值判断的表述,案件的原告被告可以不受"绝词"的影响,对诉讼并无实质限制,也有为"绝词"而薄惩的,④但还是不具有有效的法律强制力,以后还可以就同一案情继续上诉,只不过有此威胁,以后想再诉讼时必会有所忌惮,也就达到"绝词"的目的了。"绝词"是官员审理案件时对案件的处理态度和其本人主观意愿的表达,也是官员群体价值观念追求的表达。

"绝词"是一种积极解决案件的观念,和双方都退一步的息讼和解完全不同。由这种积极的观念主导,为了一劳永逸地断绝词诉,防止两造任何一方再以同样事由起诉、彻底和国家诉讼切断联系,官员必然要做出能够使双方都信服的判决。

以这种价值目标为追求,官员首先需要在一次诉讼中就充分了解案情,才能彻底解决冲突,使得两造心悦诚服接受这次判决,才能避免下次再为此事争讼。其次,为了全部纠纷一次解决,会充分考虑道德伦理和情感关系,

---

① 笔者所见之息讼,尤其是明代之息讼,程序较完整。判词题头写有"息词"二字,判词中有"各自悔息,不愿终讼"或"俯从和息"等字样,然后官员最后写"姑不深究,注销某某案",便不再管此案的后续。具体请参见《盟水斋存牍》的第 226 页至 234 页的一部分息词判词。

② 《清明集》中有一个判词是类似息讼的判词"缘妒起争",提到了"庶息两家纷纷之讼",没有明确息讼程序,作为官员给出了息事宁人的做法。案情为黄定之正妻妒忌妾桂童生子,官员王实斋让黄定当堂给自己岳父和妻子余氏谢罪,并监督限期令妾桂童改嫁,给其子另找乳母。此条判词不似后来诉讼程序意义上的息讼,没有任何息讼程序可言。明代的"息讼",官员在息讼之后对案件结果是在所不问的,但此案官员对案件的处理给了意见,还要监督执行,的确和明代的诉讼程序上的"息讼"不同。因此此处无法进行诉讼程序意义上的"息讼"的详细比较和分析。

③ 明代的息讼写的悔息词是有写在案卷中这一程序的,如"具息在案""具词乞息"等,具体请参见《盟水斋存牍》的第 226 页、228 页的息讼判词。

④ 《清明集》第 212 页"婿争立"判词中,为防止女婿再次诉讼,对其加以杖惩,"若不惩治,则其词不绝,妻党被扰不已,老丈人死亦不瞑目也。徐文举勘杖八十,再犯押上,别作施行,申使、府照应"。

做到不伤宗族亲邻之情,"以绝他日之争,以全天伦之义",①"庶母、继母之所不乐,若强立之,何以绝词"。②再次,为了让两造都信服,又特别注重审判结果的公正性。依法律条文判决,"一从条令,非惟绝讼,死者可慰舐犊之念,生者可远兼并之嫌"。③既权衡各方利益,又考虑伦理亲邻,公正审判,做到对法律价值的彰显,"当人情,合法理,绝后患",④"人情、法理两得其平,而词诉亦可绝矣"。⑤"绝词"以息止纷争杜绝下次诉讼的初衷,作出解决纠纷且较为公正的判决,是古代官员在减少诉讼的前提下对诉讼资源充分利用进行的努力。这样的"绝词之判",是更有效率地利用司法资源的方式。如果"区处失当,不能绝词,辗转十年",⑥则只会拖累全家都不得安宁。最后,在案件判决时,有一种对证据的"绝词"做法,可以让案件以后没法再次上诉。这一做法叫"毁抹附案"⑦,有时只用"毁抹"。⑧ 毁抹,是勾销作废的意思。"毁抹附案"是对案件的相关证据进行勾销并附在本案案卷后的一种证据保存方式。这样,两造或相关人的手中没有证据,案件自然不能成功上诉。特别对于伪证和一些不符合规格的契证或文书,一经判决认定事实后,就勾销附案而不再还给两造,免去了再次纷争引起诉讼的机会。当然,"毁抹附案"的做法并非来源于"绝词"的审案观念,但这一做法在事实上与"绝词"的观念不谋而合,是解决纠纷、杜绝再次诉讼的有效做法。

当然,想法、做法与现实毕竟是有所区别的。也有没依照官员所期望的,

---

① 《名公书判清明集》,中国社会科学院历史研究所、宋辽金元史研究室点校,中华书局1987年版,第203页。
② 同上书,第268页。
③ 同上书,第289页。
④ 同上书,第233页。
⑤ 同上书,第267页。
⑥ 同上书,第287页。
⑦ 同上书,第267页。
⑧ 毁抹附案的用法多用于伪证,《清明集》中使用"毁抹"或"毁抹附案"的判词有四十余条之多,可见这是一种常用的证据处理方式。

"区处失当,不能绝词,辗转十年"①的,还有"无端兴词,横扰寡妇,自县而州,自州而监司,自监司而省部,滚滚二十余年,词讼始绝"②者,或者"始讼之于县,又三诉之宪台,又两诉之帅司"者,这是比较罕见的,就不做类型分析了。

结　语

"入词"与"绝词"两个词汇恰好体现了古代民事诉讼的开始和结束,二者都用了"词",可见"词"(状)是重要的诉讼标志。古代诉讼程序简要,以状词为诉讼的开始和结束的标志,简明易行。从观念角度看,虽然"入词"表明了百姓进入诉讼的困难,"惹词""兴词"又表达了官员对健讼烂诉之人的反感,"绝词"也体现了官员对诉讼的抑制。但这些观念仍有积极的方面,如"入词"体现了官员对诉讼程序规定的改变,"惹词"有对诉讼程序的调整,"绝词"则体现了官员对审判的积极努力。以上这些以"词"(状)为中心的诉讼观念,说明古代官员对诉讼的态度是比较明确的,就是对诉讼纷争本身是否定贬抑的,"讼乃破家灭身之本,骨肉变为冤仇,邻里化为仇敌,贻祸无穷,虽胜亦负,不祥莫大焉"。③ 但官员们对提起诉讼的百姓并没有完全否定,且国家诉讼制度较为薄弱的情况下仍能对诉讼程序进行适度的改变调整。没有因为案件繁多、诉讼资源有限,紊烦官府,就一味地以无讼和息讼为由将案件打回否定。而是以解决纠纷、不伤害亲族邻里关系又能息讼绝词的原则积极地解决纠纷,在判词中不厌其烦地劝导和论说,以期减少争讼,减少对伦理感情的伤害。百姓要诉讼,官员不让百姓诉讼,本是相互矛盾的观念,最后却相互作用达到了双方都能接受的结果,这是矛盾的统一,也是观念的转变。这是百姓诉讼观念和官员审案观念的互动和作用的体现,虽不尽正当,毕竟在一定程度上达成了一种可以交互的状态。

如何让司法资源得到合理利用,既不过分浪费司法资源,还可以解决纠纷? 宋代百姓和官员在"入词"和"绝词"之间的互动中给了现代诉讼制度和观念一个不一样的答案。那就是不要为了审判而审判,诉讼来源于纠纷,为

---

① 《名公书判清明集》,中国社会科学院历史研究所、宋辽金元史研究室点校,中华书局1987年版,第287页。
② 同上书,第504页。
③ 同上书,第267页。

了解决纠纷,维持伦理情感关系,自然可以做到不再有诉讼,使诉讼资源得到合理有效的利用。这也是给当今社会的一个启示,即如何在社会中维持良好的伦理道德和情感关系,诉讼审判和官员本身本可以为社会做一个话语先导和思想表率,并在与公民的诉讼和司法互动中逐步提升这种话语和思想的影响力。

民间纠纷解决机制的嬗变:以明清时期为视角

倪晨辉*

一、里老、乡保、宗族与官府:明清时期纠纷解决机制的主体

明太祖朱元璋在建立帝国伊始,便面临着如何治理疆域辽阔的帝国这一问题,对此,他的应对办法是在全国建立普遍的户籍制度,以编造的鱼鳞册、赋役黄册为基础,在全国范围内实行里甲制度,以此控制土地和户口,进行征收赋税。正如刘志伟所说:"将人口编入里甲户籍,征调赋税差役,是国家政权控制地方社会的基础。""明初基层行政组织以里甲体制为核心应为不争之事实。"①中岛乐章指出:"明朝以确切掌握土地和户口为基础,将不安定的、竞争的乡村社会,重编成以里为中心的固定完备的秩序。洪武二十七年户婚、田宅等诉讼处理事宜,委派给老人,通过三十一年的《教民榜文》,明初乡村秩序构想终于得以确立。"②洪武三十一年颁行的《教民榜文》最终赋予了里甲、老人以一定的案件裁判权,从而使得里甲、老人拥有了对户婚田土等纠纷的司法权。《教民榜文》规定:"民间户婚、田土、斗殴相争一切小事,不许辄便告官,务要经由本管里甲、老人理断。若不经由者,不问虚实,先将告人杖断六十,仍发

---

* 倪晨辉,浙江兰溪人,吉林大学法学院法律史专业在读博士。
① 刘志伟:《在国家与社会之间:明清广东地区里甲赋役制度与乡村社会》,中国人民大学出版社2010年版,第29~38页。
② [日]中岛乐章:《明代乡村纠纷与秩序:以徽州文书为中心》,郭万平、高飞译,江苏人民出版社2012年版,第85页。

回里甲、老人理断。"①这一规定也并非一纸空文,史书记载:"命老人理一乡词讼,会里胥决之,事重者始白于官。"②从现存的徽州文书及各处文献记载可以确认里甲、老人在明代中前期担负起处理民间琐细纠纷的职责。③而在明代中后期,因里甲制度本身的流弊,导致里甲制度逐渐被破坏,并随着社会经济变化及赋役改革的实施,里甲失去原有的作用,进一步催化其崩溃。④

鉴于里甲制度逐渐崩坏的情况,明帝国的执政者提出采用乡约、保甲等制度来填补里甲制度崩坏后所留下的空缺。嘉靖八年(1529),以王廷相奏议设立社仓并赋予其乡约、保甲的功能为契机,明廷开始在全国推广乡约。在朝廷的推动下,嘉隆万时期,明代乡约的推行进入了一个高潮阶段,并从农村扩展到部分城市。乡约的性质也发生了重要的转变,从一种以社会教化为主的自发性民间组织演变为封建政府控制乡村社会的工具。⑤王守仁在南赣平乱时实行十家牌法,用以维护当地治安、加强武备后,明帝国各地官府纷纷效仿,各地的保甲组织渐次设立,最终在基层形成了里甲、乡约、保甲组织并存的局面。清帝国建立后,基本沿袭了明代的基层架构,也设置了里甲、乡约及保甲等组织,虽稍有不同,但大体作用仍然一致。正如段自成所指出的:"清代北方确有一些地方的里甲由于赋役制度改革而彻底被乡约所取代,但在里甲组织尚存的地方,乡约和里甲也存在职能互相渗透的现象。这说明,尽管清代赋役制度的改革和清代北方社会经济的发展,曾使清代北方的里甲组织走向衰落,但里甲组织并没有完全在清代北方的基层社会中消失,也并非简单地保甲组织化,而是通过重新调整自己的角色,以适应变化的社会需要,从而与乡约、保甲一

---

① 《教民榜文·皇明制书第二册》,杨一凡点校,社会科学文献出版社2013年版,第275页。
② 《明史·刑法志二·历代刑法志》,群众出版社1988年,第537页。
③ 学界对老人、里甲理讼的实际情况做出了大量的分析研究,普遍认为,在明代前中期,大量民间纠纷是由里甲、老人进行调处息讼的。详见[日]中岛乐章:《明代乡村纠纷与秩序:以徽州文书为中心》,郭万平,高飞译,江苏人民出版社2012年版,第86~140页;韩秀桃:《明清徽州的民间纠纷及其解决》,安徽大学出版社2004年,第23~45页。
④ 郑锐达:《移民、户籍与宗族:清代至民国期间江西袁州府地区研究》,三联书店2009年第5页。
⑤ 董建辉:《明清乡约:理论演进与实践发展》,厦门大学出版社2008年,第223~224页。

起,形成了基层社会组织多元并存局面。"①他进一步指出:"清代乡约行政组织化,实际上是乡约向保甲、团练、里甲的职能渗透的过程;与此同时,保甲、团练和里甲组织的职能也逐渐向乡约的职能渗透。这种职能的相互渗透,造成这些基层社会组织职能的逐渐趋同。……尽管基层社会组织的职能逐渐趋同,但其间的差异仍然程度不同地存在,因而清代北方基层社会组织间的关系呈现出复杂、多变的状况。"②

通过官办乡约、保甲,使得乡约、保甲组织与里甲、老人共同享有对民间纠纷的审判权,乡保处理民间纠纷主要通过主动调解或由官府受理案件后发给乡保自行处理两种途径解决,现存的档案契约也证实了这一点。③吴佩林在研究四川省南部县档案时提出:"叶世倬曾言:'四川僻乡山中乡约,民口称为官府词讼,必先经其判断,然后闻于官。'事实上,官方赋予了他们解决纠纷的职责。"④乡约调解民间纠纷一直得到官府的提倡,州县官乐于把一些琐细的民间纠纷批与乡约长调解。在一些地方,民间"称乡约曰'官府'",说明乡约调解纠纷也得到民间的普遍认同。⑤虽然事实上乡保只拥有对民间纠纷的调处权而非审判权,正如瞿同祖所指出的:"(乡保)他也应上报轻微纠纷,如关于田土的争讼或亲属间的争讼,但他无权加以裁决。"⑥对此李艳君解释到:"从法律条文的规定上看,乡保只是协助知县进行调查,没有处理案件的权力。实际上多数情况也是如此,乡保在调查的同时,也常常与族长、亲友进行调处。如果调处成功,那么其在上呈禀报实情的同时,也常常代表当事人请求销案,而此时知县则只起到一个审查批准的作用。……如此,乡保的行为并没有超出法律的

---

① 段自成:《清代北方官办乡约研究》,中国社会科学出版社2009年版,第256页。
② 同上书,第270页。
③ 对于乡保的司法职能,春杨、段自成、董建辉已作出卓有成效的研究,其结论令人信服。详见春杨:《晚清乡土社会民事纠纷调解制度研究》,北京大学出版社2009年版,第143~152页;段自成:"明清乡约的司法职能及其产生原因",载《史学集刊》1999年第2期,第45~47页;董建辉:《明清乡约:理论演进与实践发展》,厦门大学出版社2008年版,第283~284页。
④ 吴佩林:《清代县域民事纠纷与法律秩序考察》,中华书局2013年版,第87页。
⑤ 段自成:《清代北方官办乡约研究》,中国社会科学出版社2009年版,第163页。
⑥ 瞿同祖:《清代地方政府》,法律出版社2011年版,第8页。

规定,他只享有调处权,并没有判决权。而且,他的这种行为是得到知县的批准与赞许的。"①虽然乡保并没有官府授予的真正意义上的案件审判权,但乡保对民事纠纷所作出的裁定或结果,经由地方官府的确认背书,最终达到了与官府判决同等的效力。

  刘志伟、郑振满、郑锐达等人对广东、福建及江西的档案、契约及相关方志的研究表明,在明中期以后,里甲组织与宗族之间存在着密不可分的关系,甚至可以说,里甲组织异化为宗族的一部分。② 由于里甲户籍的世袭化,使明清福建的家族组织具有基层政权的职能,强化了官僚政府对于基层社会的控制能力。③ 明中期以后,里甲制度逐渐衰落,官方指定的里甲、老人权威不再,官方大力提倡乡约等自治组织,并赋予其一定的官方背景,这表明帝国的统治从直接统治转为间接统治,地方自治化程度增加。与此同时,宗族组织规模逐步扩大,组织结构逐步完善,因此宗族成为联系官府与个人之间的重要纽带。官府也乐于把部分司法权力转由宗族来行使。李艳君根据冕宁县档案指出:"处理民事纠纷,特别是立嗣、继承,宗族族长更是拥有绝对的优先话语权"。④张小也同样认为户绝财产继承纠纷主要由宗族自行解决,即使当事人诉至官府,官府也往往按照民间习惯调处,甚至直接交由宗族进行处理。⑤

  宗族不仅仅处理户婚继承纠纷,同样,对于族内甚至是族人与外族人之间产生的田土财产纠纷也需进行调解处置。事实上,我们在现存的明清家规族

---

 ① 李艳君:《从冕宁县档案看清代民事诉讼制度》,云南大学出版社2009年版,第32页。
 ② 刘志伟认为,图甲制中"总户"及"子户"关系的形成源于宗族组织的发展。郑振满则提出,明中叶以后福建的里甲户籍,往往成为家族组织的代名词,甚至"每一甲为一姓所据"。对于一个正常发展的家族组织来说,里甲户籍事实上是世代相承的,或者说是世袭化的。郑锐达则在浏览分析江西袁州府的明清资料后肯定了上述两人的看法。参见刘志伟:"清代广东地区图甲制中的'总户'与'子户'",载《中国社会经济史研究》1991年第2期,第36~42页;刘志伟:"明清珠江三角洲地区里甲制度中'户'的衍变",载《中山大学学报》1988年第3期,第64~73页;郑振满:《乡族与国家:多元视野中的闽台传统社会》,三联书店2009年版,第120~121页;郑锐达:《移民、户籍与宗族:清代至民国期间江西袁州府地区研究》,三联书店2009年版,第157~158页。
 ③ 郑振满:《乡族与国家:多元视野中的闽台传统社会》,三联书店2009年版,第131页。
 ④ 李艳君:《从冕宁县档案看清代民事诉讼制度》,云南大学出版社2009年版,第32页。
 ⑤ 张小也:《官、民与法:明清国家与基层社会》,中华书局2007年版,第86~87页。

谱中,发现大都存有类似禁止争讼、和睦安定的文字,大多数的族规里都有关于和解、调停和仲裁的规定。① 在徽州文书中,我们也发现在田土财产及坟地纠纷中,宗族成员广泛地参与其中,并起到了重要的作用。② 春杨指出宗族进行定纷解争活动的内在动机:"作为以血缘为纽带联结形成的群体,家族和宗族的功能在于祭祀、造福族人,并保障族人之间的良好关系。所以家族自然乐于解决可能出现于其成员之间的争执和仇怨,也乐于协助与外人发生纠纷的族人,使他们的困难得以圆满解决。无须政府的指导与授权,它会随时随地承担起调停人的角色,从而减少族内诉讼案件的发生率,缓解与其他宗族的矛盾。"③关于宗族在民事纠纷中的作用,杨国桢在对民间多用口头契约而非书面契约这一现象进行分析时解释道:"在阶级分化不明显的地方,宗族关系往往是规范一切经济行为的准则,因此使用口头契约既是维护血缘或地缘关系的一种手段,即保持族内、村内'敦睦'的那层温情脉脉的面纱,不愿撕破情面要求订立书面契约;同时又是以乡党的裁决作为口头契约双方履行租佃条件的保证。口头契约发生纠纷,一般是在中邻、亲族内部解决,但也有酿成命案,经由官府处理的。这时,官府一般也承认口头契约的效力,遵从地方'乡规''俗例'审断。"④此外,正如上文所提到的,官府也会把受理的一些词讼交由宗族进行调处,有学者称之为"官批民调"。州县官在审理案件过程中,如认为纠纷事由主要涉及亲族关系,不便公开传讯,或因为情节轻微,不值得传讯和审理,或者认为家族族长出面调停会产生更好的效果,便当堂批令族长及亲族人加以调处,并将调处结果报告官府。⑤ 在面对民事纠纷时,不管是宗族组织自身主

---

① 刘笃才、祖伟认为宗族规约对犯事的族人设置了处罚措施,某些规约还详尽地列出了解决纠纷的场所和程序。吴佩林在收集四川大量家族规约后得出了相似的结论,参见刘笃才、祖伟:《民间规约与中国古代法律秩序》,社会科学文献出版社2014年版,第287~288页、293~294页;吴佩林:《清代县域民事纠纷与法律秩序考察》,中华书局2013年版,第80~81页。
② 参见[日]中岛乐章:《明代乡村纠纷与秩序:以徽州文书为中心》,郭万平、高飞译,江苏人民出版社2012年版,第141~213页;韩秀桃:《明清徽州的民间纠纷及其解决》,安徽大学出版社2004年版,第93~124页。
③ 春杨:《晚清乡土社会民事纠纷调解制度研究》,北京大学出版社2009年版,第60页。
④ 杨国桢:《明清土地契约文书研究》,中国人民大学出版社2009年版,第40页。
⑤ 春杨:《晚清乡土社会民事纠纷调解制度研究》,北京大学出版社2009年版,第142页。

动进行调处，还是经由官府转交调处，最终都能达到定纷解争的目的，维持基层社会的稳定。

无论里老、乡保还是宗族，均是国家在基层最基础的单位，他们并非互相独立的组织，而是相互作用、相互影响，有机结合在一起，与地方政府一同进行基层社会治理。具体到民间纠纷的解决机制上，可以形象地把明清时期的民间纠纷解决机制形容为一个稳定的金字塔，金字塔的塔尖是代表着国家权威的地方政府，而金字塔的基础则是里甲老人、乡约保甲和宗族等民间组织。缺少了基础的地方政府无法也无力解决数量庞大的民间纠纷，而缺少了地方政府的支持与背书，里老、乡保及宗族等民间组织也失去了其对民间纠纷调处的合法性依据及威权保障。刘笃才认为：官府与民间在司法方面的互动，是源于民间权威性的不足与官府控制地方、显示权威的需要。① 需要指出的是，从地方官员的角度来看，与民间组织在司法上的互动并不仅仅出于对自身权威的一种表达，而且是一种必然的选择。由于明清官府中官吏数量的严重不足，导致其在处理具体行政事务时不得不借助民间的力量，而通过对里老、乡保和宗族等民间组织的授权，便能保持基层社会的稳定，达到社会有效治理的目标。这便是为什么在里甲老人制度逐渐走向衰落时，明朝极力在地方大力推行乡约、保甲制度的原因所在。

二、法律授权与民间认可：纠纷解决机制的权威性与合法性来源

毋庸置疑，里甲老人制度之所以获得了对于民间纠纷的审判权来源于洪武三十一年（1398）颁行天下的《教民榜文》，但据中岛乐章考证，于洪武二十七年四月十三日朱元璋便下令各地户婚田宅斗殴事由老人或公正可任事者会同里胥一同审理，并颁发《教民榜》。② 史料记载："国初里编老人一人，得参议

---

① 刘笃才、祖伟：《民间规约与中国古代法律秩序》，社会科学文献出版社2014年版，第319页。
② ［日］中岛乐章：《明代乡村纠纷与秩序：以徽州文书为中心》，郭万平、高飞译，江苏人民出版社2012年版，第74页。

民间利害及政事得失,上谓之方巾御史。后乡都有婚姻、田土之讼,辄用平其曲直。"① 明洪武三十一年颁行的《教民榜文》是在洪武二十七年《教民榜》的基础上,增加了在此之后另外颁行的相关条例而最终汇编成文的。榜文规定民间细故均由里甲、老人审理,不得直接告官。对于犯除十恶、强盗及杀人以外的刑事案件,如当事人不告的,亦由里甲、老人进行审理。② 这些榜文不但是里甲、老人对民间纠纷进行审理的法律依据,也是乡约、保甲与宗族组织在对民间纠纷进行调处时所需遵守的边界及合法性来源。③

除了法律规定授予里甲老人在处理民间纠纷上的合法性地位,里甲、老人也有着自身的优势,或可称之为民间权威性。《教民榜文》规定,榜文中所指的老人需要达到"年五十以上""有德行、有见识、众所敬服",才能"剖决事务、辨别是非"。④ 如果仅仅是年岁痴长,但见识浅薄、不能辨别是非的,虽为老人,但不允许其剖决事务,即剥夺了其对乡里纠纷的审判权。老人需是见识广博、德高望重之辈,这类人通常为当地的富户、地主,或是士子生员与处士,其在乡里本身就具有相当的影响力及统治力。⑤ 里甲的构成也大体如此,明太祖朱元璋所设想的理想社会是静止的,社会各阶层泾渭分明,各自安居乐业,世代罔替。把乡里的富户或地主指定为里甲长,负责征收赋税,当贫户无力承担赋税时,由里甲代为缴纳,使国家赋税能够得到稳定的征纳,因此里甲长通常由当地的

---

① (明)顾炎武:"天下郡国利病书·苏松",载谢国桢选编:《明代社会经济史料选编·下》,福建人民出版社2004年版,第260页。
② 《教民榜文·皇明制书第二册》,杨一凡点校,社会科学文献出版社2013年版,第725~727页。
③ 在对各地族谱、乡规民约及实际案例的分析中,我们可以发现其中里甲老人、乡约保甲、宗族处理的纠纷中几乎均为《教民榜文》所规定的允许里甲、老人受理的民间细故,许多乡规民约及族谱中还明确规定了需要对《教民榜文》所载的某些类型的纠纷的处理。参见牛铭实:《中国历代乡规民约》,中国社会出版社2014年版,第125~225页;吴佩林:《清代县域民事纠纷与法律秩序考察》,中华书局2013年版,第75~91页;[日]中岛乐章:《明代乡村纠纷与秩序:以徽州文书为中心》,郭万平、高飞译,江苏人民出版社2012年版,第165~166页。
④ 《教民榜文·皇明制书第二册》,杨一凡点校,社会科学文献出版社2013年版,第726页。
⑤ 中岛乐章在考察了明初期徽州的契约文书后认为老人主要由地主、富户及民间读书人担任。参见[日]中岛乐章:《明代乡村纠纷与秩序:以徽州文书为中心》,郭万平、高飞译,江苏人民出版社2012年版,第78~84页。

地主富农担任，而地主或富农家庭有财力与时间前往各处游历、读书识礼，成为见识广博、德高望重之人的可能性比一般农民要大得多。

乡约、保甲制度是作为里甲、老人制度衰败后的替代制度登上历史舞台的，因此在人员选任等问题上与里甲、老人制度有类似的情况。明中期前的乡约作为一种主要负责教化的民间组织，通常是由约众共同推举德高望重、刚正不阿的乡民担任约正、副。① 嘉靖时期官方推行乡约后，官办乡约越来越盛行，约正、副大体由绅衿富民担任，注重其品行、声望及个人能力。清前期约正、副的选任仍十分严格，需由年高有德的生员担任，若当地无生员，则以素有声望、六七十岁以上平民统摄。在清代乡约行政组织化后，绅衿富民直接出掌官办乡约的局面被打破，但他们仍可通过控制乡约首事的选任、资助乡约首事的薪资和参与乡约的各种活动，确保其对官办乡约的控制。② 保甲的选任则与里甲有所区别，里甲长的选任以资产为标准，而保甲长则需由才力为众所服者才能担任，所谓的"才"，是指组织才能，"力"为武力，"为众所服"表示需要有一定的社会声望，三者缺一不可。③ 随着乡约保甲化或保甲乡约化情况的不断出现，乡约与保甲制度的结合日益紧密，乡约长与保甲长事实上有合二为一的趋势。④

宗族作为明清时期民间纠纷解决机制中的重要一环，有其存在的必然原因。宗族是以血缘关系为纽带，依照儒家"亲亲""尊尊"理念形成的拥有共同姓氏与祖先的社会单位。宗族族长、房长专司本族事务，对族内的纠纷及人际关系了如指掌，家法族规在宗族内部也得到普遍的承认和遵守，因此由宗族对

---

① 这从北宋时期吕大钧所主持的《吕氏乡约》、明中期王守仁实行的《南赣乡约》、吕坤的《乡甲约》中有关约正、副选拔的条款可窥一斑。参见陈俊民：《蓝田吕氏遗著辑校》，中华书局1993年版，第563～584页；[明]王守仁：《王阳明全集》，吴光、钱明、董平、姚延福编校，上海古籍出版社2011年版，第664～669页；[明]吕坤：《吕坤全集》，王国轩、王秀梅整理，中华书局2008年版，第1061～1070页。
② 段自成：《清代北方官办乡约研究》，中国社会科学出版社2009年版，第105～116页。
③ 罗远道："试论保甲制的演变及其作用"，载《中国历史博物馆馆刊》1994年第1期，第63页。
④ 董建辉：《明清乡约：理论演进与实践发展》，厦门大学出版社2008年版，第132～144页。

纠纷进行调处有着天然的优势。就户婚、继承、田产、坟地等纠纷而言，官府的权威甚至比不上宗族，即使案件交由官府处置，但地方官吏的判决同样需要考虑当地的习惯与宗族的意见。我们甚至可以发现，官府对于宗族对于民间纠纷的调处秉持着积极的态度，《钦定大清会典事例》规定："聚族而居，丁口众多者，准择族中有品望者一人，立为族正，该族良莠责令查举。"[1]国家制定法明确赋予宗族族长以调解户婚田土斗殴等民间纠纷的权力及劝道风化的职责，这肯定了宗族调解的合法性和优先权。[2]

里老、乡保及宗族这类民间组织在民间纠纷处理中有着自身的优势，包括他们的领导者自然形成的民间权威及对乡里财富、文化、道德风尚的话语权，还包括这些组织内部参与者对组织内部规则的认同与遵守，对违反规则的人的舆论及道德谴责。当这些压力不能使纠纷当事人和息时，这类民间组织则通过或由国家成文法授予的司法审判权力，或由地方官府对其调处结果的认可背书，借助国家强制力，达到定纷解争的目的。对于里老、乡保及宗族这类民间组织而言，虽然他们自身拥有民间的属性，但在与官府的交往中，逐渐拥有了官方的色彩，其民间色彩逐渐消失，因此通过公推而产生的组织领袖对组织内部的领导力与统治力逐渐下降，这也使得他们不得不依靠国家权威和强制来维持自身对组织的统领，于是他们也乐于接受官府的册封或授权。此外对于这些乡里的头面人物来说，人望是其立足于乡里的基础，如果事事不出头，出现纠纷不作为，那么乡里对他的评价便会降低，失去了人望，也就失去作为地方头面人物的地位，不能与官府打交道，民众也不再信任他。因此，对于民间组织的领导者来说，他们乐于处理乡里产生的纠纷，也乐于作为乡里的代表人物与官府进行交涉，而在民间纠纷中获得了官府的承认与授权，则使其行为更具合法性与权威性，这是他们所期望得到的。而对于官府而言，由于官吏人数不足，没有精力处理类似于户婚田土斗殴之类的民间细事，因此他们也需

---

[1] 《钦定大清会典事例（嘉庆朝）》，文海出版社1991年版，第5990页。
[2] 参见春杨：《晚清乡土社会民事纠纷调解制度研究》，北京大学出版社2009年版，第139～143页；吴佩林：《清代县域民事纠纷与法律秩序考察》，中华书局2013年版，第70～73页。

要一个中介替他们解决这类纠纷,维持基层的社会秩序。里老、乡保及宗族等民间组织因其自身的天然优势,使得官府选择他们作为社会治理的协助者。作为地域辽阔的帝国,各地风俗习惯各有不同,中央政府不可能对所有行为都细致地规定相应的法律条文进行规制,因此中央政府只会关注地方是否和靖,赋税是否足额征收;相应的,地方官吏所关注的并不是中央政府的权力是否受到侵犯,而是基于考课政绩的压力迫使他们必须学会因地制宜,因时制宜,让度部分权力给这些把持基层的民间组织及势力,以求得基层民间组织的配合,保证其治下的稳定和安宁、税赋的足额征收,在考课中获得一个优良的评价。①因此对于官府而言,他们也有内在的冲动要赋予里老、乡保及宗族这类民间组织以一定的民间纠纷处理权或变相承认其有调处的权力。

三、以史为鉴:对当今人民调解制度的反思

明清时期里老对民间纠纷审判权逐渐衰落的原因在于里甲制度不能适应政治经济的发展与制度本身无法克服的缺陷。国家编订赋役黄册后,把乡村户籍依照财产分为几个阶层,由富户担任里甲长,负责赋税的征收工作,在歉收的年份,由里甲长负责补足缺少的赋税份额。由于里甲世袭化的情况十分严重,里甲长由于需要负责补足赋税缺口,加重了其负担,十分容易导致家道中落甚至破败。加之"法律赋予了里甲相当重的责任与义务,却未制定相应的法律作为保护,导致里甲极其容易受到不公正的待遇。一旦受到诬陷,其能否洗脱罪名,完全依靠审判官个人的素质与业务水平。这一情况导致里甲有功无赏,无错亦可能受罚,长此以往,里甲户必然逐渐逃亡,里甲制度焉能不逐渐

---

① 在封建时期,对于官员是否称职的一个重要标准便是其治下案件数量的多寡,案件数量越少的官员得到的评价便越高。此外,对案件的处理是否合理准确,能否达到两造均满意,不再上诉越诉也是评价一个官员执政能力的标准。因此对于官员来说,如何在其治理一地时减少案件数量,或审理案件达到各方均满意便是一项极其重要的工作。把民间细故交由里甲老人、乡约保甲、宗族这类民间组织进行处理达到的效果及官吏因此而减少的时间精力成本均十分可观,故官吏岂有不乐于放权之理。

崩坏?"①当今的人民调解委员会属于基层群众自治组织,在人民公社时代,人民调解委员会的成员基本上是由国家基层政权中的行政人员担任,在乡村为人民公社与生产大队成员兼任;在市县则由街道办与居委会成员兼任;在企事业单位则由单位或工会领导兼任。从委员会成员的构成上可以看出虽然人民调解委员会的性质是基层群众自治组织,但实际上主要依托国家的政权体制,并非完全独立。可以说:"国家权力实现了对乡村的全面控制,乡村纠纷的调解更多地由国家权力介入来完成。"②人民调解制度通过其组成人员的官方身份,获得了对纠纷的调解权,并凭借官方的授权,获得了合法性依据与权威性。随着人民公社制的瓦解与乡村自治制度的确立,国家权力逐渐从乡村退出,"乡村传统的组织力量基本瓦解,村庄内部关联和认同感比较弱",③乡村自治后,村委会的权力来源不再是国家,这使得"不管是村干部还是村组织,在村民中的威信并不高,村干部在乡村已乏道德权威,其权力与权威出现了分离。"④这些情况表明,人民调解委员会在人民公社时代凭借由官方授权产生的权威性与合法性依据已经受到削弱。正如陈柏峰所指出的:"建国以来的现代化和二十多年来的改革开放过程既摧毁了传统中国社会的纠纷调解机制,又使新中国以来的纠纷调解机制陷入了功能式微状态,而现代化的目标纠纷解决机制——诉讼——并没有被乡土社会接纳。当国家试图将现代化的诉讼体制作用于乡土社会,以实现纠纷解决机制转型时,乡土社会不但没有直接接纳它,还陷入了某种程度上的无序状态。……现代化的纠纷解决方式导致的新冲突,使得村落社区共同体的和谐关系的维持变得困难,使得乡村社会进一步陷入无序状态。……这使得现代化的诉讼体制甚至整个法律制度在乡土社会陷

---

① 倪晨辉:"明朝里甲司法职能研究",吉林大学法学院2012届硕士学位论文,第37页。
② 张勤:《当代中国基层调解研究——以潮汕地区为例》,中国政法大学出版社2012年版,第79页。
③ 孔德永:《传统人伦关系与转型期乡村基层政治运作——以南镇为中心的考察》,中国社会科学出版社2011年版,第116页。
④ 肖唐镖:《宗族政治——村治权力网络的分析》,商务印书馆2010年版,第187页。

入了全面的合法性危机之中。"①在人民公社制瓦解后,基层的政治经济体制实际上已发生了天翻地覆的变化,而人民调解制度仍然延续人民公社时代的组织架构,并未因时而变,这是其在当今逐渐式微的根本原因。

纵观历史,明清时期民间纠纷解决机制失效的一个重要的原因就是这些民间组织失去了其民间属性而过多地受到官府的影响。明清乡约制度在发展过程中,行政组织化倾向愈发明显,其民间性逐渐消失,沦为了官府统治地方的工具。乡约长形同官府的仆役,"在这种情况下,一些有身份、地位的地方士绅都不愿出任乡约长,甚至避之唯恐不及。……而即使是普通乡民,也不愿出任乡约长。……所带来的结果是,'充此役者,非穷困无聊之徒借此以谋口食,则狡悍无赖之辈假此以遂阴私。'这些把持乡约的'狡悍无赖之辈',往往勾结吏役,横行乡里,鱼肉百姓。"②乡约长的民间权威性荡然无存,仅仅依靠国家强制力的背书,并不能使乡约长受到民众的信任,从而对民间纠纷进行有效调处。仅凭官府的指定,缺乏约众的合意推举,也使得乡约长甚至整个乡约制度的约束力与合法性基础受到动摇。反观当今的人民调解制度,调解员的构成主要由基层政权组织的成员兼任。虽然现在农村实行的是村民自治,村民委员会由村民民主选举产生,但实际上,作为基层组织的村(居)委会行政化、公务员化的趋势十分明显。③ 随着村(居)委会的日益公务员化,人民调解委员会

---

① 陈柏峰:"暴力与屈辱:陈村的纠纷解决",载苏力主编:《法律与社会科学(第一卷)》,法律出版社2006年版,第231页。

② 董建辉:《明清乡约:理论演进与实践发展》,厦门大学出版社2008年版。

③ 梁信志认为,村干部的职责、职责行使方式、工资提供、人事管理等情况基本与当前国家公务人员的情况相似,村干部行使国家权力和贯彻国家意图,领取国家俸禄,已经完全是国家在乡村社会的代理人角色。村两委主要职能并不是执行村民会议的决议,而是贯彻乡镇以上政府的行政指令。行政发展已经趋向于村干部公务员化。村民自治只是徒有其名。而居委会正在由"基层群众性自治组织"向街公所转化,居委会成员准公务员化已经明朗。赵一红也认为多数乡镇政府都对村委会的自治权利缺乏应有的尊重,并将其作为一个派出机构来对待,习惯于套用行政管理方法,把指导关系变成了上下级的管理关系。由此造成村民自治组织的行政化倾向,使村民自治组织过多地对上负责,而缺乏应有的对下负责,使村民感到村委会并不是代表自己利益的自治组织。此外,由于农民几十年的思维惯性和几千年的文化沉积,仍然将这一自我管理的机构认同为一级行政机关,而在这一自治管理的过程中实际上也仍然存在行政行为。参见梁信志:《村政组治——解读村庄治理》,社会科学文献出版社2012年版,第191、244~245页;赵一红:《中国村民自治制度中自制规章与国家法律关系研究》,中国社会科学出版社2008年版,第121页。

的官方色彩越来越浓,"地方权威'公共身份'的授权来源转移至官府系统,而其与地方社会政治经济利益的关联性逐渐弱化。这无异于将地方权威从地方体中剥离出来,将其整合到官方体系中去,而原来地方体中的权威和社会、由'共同利益'联系起来的内聚结构被瓦解。其结果,是地方权威和地方社会的利益一致性逐渐弱化,地方体整合结构逐渐解体,地方权威的合法性地位渐渐脱离了和地方社会政治经济的关联。"[①]缺少了与地方社会政治经济的关联,人民调解制度便逐渐丧失了其公信力与民间权威性,民众的不信任感与偏见十分普遍,这便是人民调解制度逐渐丧失效用的关键所在。

---

① 张静:《基层政权:乡村制度诸问题》,上海人民出版社2007年版,第29～30页。

·律令与律学研究·

唐武德时期律令制定刍论

宋元"八字例"考辨

唐武德时期律令制定刍论

董劭伟*

唐代法制建设具有承上启下的意义,对中华法系的意义影响极为深远,学界已有研究对唐代立法活动进行了多角度讨论,日本学者浅井虎夫、大陆学者刘俊文等对史籍所载唐代的立法成就进行了梳理,①但寡见所及,目前学术界的成果,没有对唐代参与立法活动的人员群体进行全面考察和分析,从立法者角度去分析唐代立法活动。本文即在借鉴已有成果基础上,试对唐代参与立法人员的身份等问题进行考述,以窥察唐代法制建设的有关方面。

唐代立法活动按照制定和修改的重点不同,大致分为三个阶段。李玉生先生划分为四个阶段。笔者认为唐玄宗之前,是唐代法制建立、完善和发展阶段,具有一体性特点,联系学界一般以安史之乱为唐代剧变的转折点,对前期并未做进一步分析,唯唐玄宗时期法律建设不同寻常,故视为一个相对独立阶段考虑。唐代法律体系继承隋代,在武德时期初步建立,及后贞观时期开始逐渐完善,形成在中国历史上占有举足地位的唐律。毫无疑问,武德时期的法制建设具有重要意义。

一、案例分析:吏部尚书与唐前期律令制定

众所周知,律令为唐代行政运转所遵循的法规,亦是统治者意志的体现方

---

* 董劭伟,历史学博士、法学博士后,东北大学秦皇岛分校社会科学研究院副教授、马克思主义学院科技史专业硕士生导师。

基金项目:本文属于中央高校基本科研业务费(项目编号N130223001,六至十二世纪中央人事政策制定与执行情况研究)阶段性成果。

① [日]浅井虎夫:《中国法典编纂沿革史》,陈重民译,中国政法大学出版社2007年版。刘俊文:《唐代法制研究》,文津出版社1999年版。

式。一般而言，律令具有一定的延续性，①唐代根据政治形势的变动又多次修订法律例令。《新唐书》卷五六《刑法志》曰："唐之刑书有四，曰：律、令、格、式。令者，尊卑贵贱之等数，国家之制度也。格者，百官有司之所常行之事也。式者，其所常守之法也。凡邦国之政，必从事于此三者。其有所违及人之为恶而入于罪戾者，一断以律。律之为书，因隋之旧，为十有二篇：一曰名例，二曰卫禁，三曰职制，四曰户婚，五曰厩库，六曰擅兴，七曰贼盗，八曰斗讼，九曰诈伪，十曰杂律，十一曰捕亡，十二曰断狱。"律、令、格、式属于国家制度与行政规章方面的法规，自然涉及对吏部的规定，如"格者，百官有司之所常行之事也"，当包括吏部在行使其职掌时所须遵守的条例。

学界已就史籍可考的二十八次立法活动做了相关讨论②，对唐代立法人员的研究则尚未细化至参预者之职官情况及法学素养等的考察上。本书拟对在立法活动中职任吏部尚书者参预的情况进行考述。按立法先后时间来说，总计八次，即第二、三、四、十、十三、十四、十五、十六次。第二次中，李纲参预时本官为礼部尚书，参预者还有吏部侍郎殷开山及中书舍人刘林甫，后者在贞观时期曾担任吏部尚书，且曾经对铨选制度有所调整③。此次立法内容为："大略以开皇为准。于时诸事始定，边方尚梗，救时之弊，有所未暇，惟正五十三条格，入于新律，余无所改。"④李纲与殷开山以吏部正副长官参预其中，应该对其中涉及吏部的法律条文的修订有所贡献，而刘林甫的参预为其熟悉与吏部相关的律令有所帮助，故而能在之后任职吏部侍郎时有所表现。⑤

第三次，"太宗即位，又命长孙无忌、房玄龄与学士法官，更加厘改"。⑥其中长孙无忌在贞观元年任吏部尚书，此次涉及内容包括律令格式。第四次编

---

① 张金龙师在界定"禁卫"内涵时进一步肯定："《唐律》与魏晋南北朝诸律有直接的传承关系，是在参考前朝法律的基础上制定的，很多内容便是对前朝法律的直接采用。"（《魏晋南北朝禁卫武官制度研究》，中华书局2004年版，第21页。）
② 有关唐代立法的研究成果颇多，其中刘俊文先生《唐代立法沿革考述》（《唐代法制研究》，台北文津出版社，1999年版）较全面地梳理了唐代历次立法实施的大致情况。
③ 《唐会要》卷七五《选部下》"选限"条，第1355页。
④ 《旧唐书》卷五〇《刑法志》，第2134页。
⑤ 唐武德律令修订人员的职官情况反映了律令的礼法合一性。详见后文。
⑥ 《旧唐书》卷五〇《刑法志》，第2135页。

修则在高宗永徽元年(650年),除有长孙无忌外,其他涉及吏部官员还有高季辅(宰相兼吏部尚书)与吏部侍郎高敬言,而黄门侍郎柳奭在永徽四年(653年)官吏部尚书。整体来看,此次修订律令,吏部官员在参预者中人数较多,主持修订的宰相有长孙无忌、李勣、于志宁、张行成、高季辅,可见吏部尚书属于主持者之一。修订内容包括律令格式,其中"曹司常务为《留司格》",①当包括"吏部格"。

第十次修订,在中宗神龙元年(705年),由宰相唐休璟与韦安石主持,时韦安石兼任吏部尚书,唐休璟在此后不久亦兼任吏部尚书。二人与"礼部侍郎祝钦明、尚书右丞苏瑰、兵部郎中狄光嗣等,删定《垂拱格》后至神龙元年已来制敕,为《散颁格》七卷",②苏瑰后亦曾官吏部尚书。第十三次,"开元初,玄宗敕黄门监卢怀慎、紫微侍郎兼刑部尚书李乂、紫微侍郎苏颋、紫微舍人吕延祚、给事中魏奉古、大理评事高智静、同州韩城县丞侯郢珊、瀛州司法参军阎义颛等,删定格式令,至三年(715年)三月奏上,名为《开元格》"。③卢怀慎在开元三年(715年)正月兼任吏部尚书,应该说,其以宰相身份修订,在即将完成时迁为吏部尚书,这样宰相兼吏部尚书是这次修订主持者的最后身份。

第十四次,由吏部尚书宋璟主持,此外还有中书侍郎苏颋、尚书左丞卢从愿、吏部侍郎裴漼与慕容珣、户部侍郎杨滔、中书舍人刘令植、大理司直高智静、幽州司功参军侯郢珊等八人。据《唐会要》卷三九《定格令》:

> 至(开元)七年(719)三月十九日(4.13)修令格,仍旧名曰《开元后格》。吏部尚书宋璟、中书侍郎苏颋、尚书左丞卢从愿、吏部侍郎裴漼、慕容珣、户部侍郎杨绦、中书舍人刘令植、大理司直高智静、幽州司功参军侯郢珊等同修。

由此可知,这次修订,尚书省官员占一半以上。宋璟作为吏部尚书是其中级别最高者,即主持者,故而《旧唐书》卷四六《经籍志上》载:"《开元后格》九

---

① 《旧唐书》卷五〇《刑法志》,第2138页。
② 《旧唐书》卷五〇《刑法志》,第2149页。
③ 《旧唐书》卷五〇《刑法志》,第2150页。

卷宋璟等撰。"同书卷五〇《刑法志》:"皆以尚书省二十四司为篇目。"可见,该书内容主要是关于尚书省职官的法律规定。吏部作为尚书六部之一,其特殊的地位不言而喻,所以这次修订以尚书省为主,吏部尚书在其中发挥了主导作用。另外,裴漼之后曾任吏部尚书。

第十五次,自开元十年(722)开始修订,至二十六年(738)完成的《唐六典》,萧嵩、李林甫曾以宰相兼吏部尚书主持。第十六次,开元"十九年(731),侍中裴光庭、中书令萧嵩,又以格后制敕行用之后,颇与格文相违,于事非便,奏令所司删撰《格后长行敕》六卷,颁于天下"。① 时裴光庭兼任吏部尚书,而萧嵩不久亦兼任吏部尚书。这次修订中,吏部尚书起主导作用。

综合来看,自第四次起,有六次参与的吏部尚书同时皆为宰相身份。具体内容虽不可详知,但根据唐代律令特点来看,其中应当不乏与吏部有关的条款。以上根据学术界考订的二十八次立法活动,对吏部尚书在其中的作用作一归纳。由于唐代的令、格、式等多已散佚,根据日本学者仁井田陞《唐令拾遗》复原的唐令来看,其中篇目中如《官品令》《职员令》《选举令》《封爵令》《考课令》等②,这些内容皆与吏部职掌有直接关系,由此判断在唐前期历次立法当中,吏部尚书的主持参预的必要性。

除了以上在有关成果上的考察外,另外有些律令内容可以明确认定属于吏部内部职能需要的并未在这二十八次中论及。如玄宗开元时期,裴光庭任吏部尚书曾奏用《循资格》,文宗朝吏部尚书王涯亦著有《唐循资格》五卷③,两者皆是对铨选的有关法律规定,属于"百官有司之所常行之事"范畴。

整体可见,在可以考察的立法活动中,唐后期多以刑部官员为主,偶有吏部职官涉及其中亦多是吏部郎中之类,不见吏部尚书或侍郎参与。由此可判断,吏部职权的削弱,以及先期立法的完备,后期多可因循。不过,后期亦有与吏部工作有关的法令,如《旧唐书》卷一七下《文宗纪下》谓:开成二年(837)夏

---

① 《旧唐书》卷五〇《刑法志》,第2150页。
② [日]仁井田陞,栗劲、霍存福、王占通、郭延德编译《唐令拾遗》,长春出版社1989年版。
③ 《新唐书》卷五八《艺文志二》,第1475页。

四月"丁卯,宰相李石奏定长定选格"。时吏部尚书阙员,"文宗自德裕、宗闵朋党相倾,大和七年已后,宿素大臣,疑而不用。意在擢用新进孤立",①李石即在这种背景下深得文宗信任,从而"上弼圣政,下理群司",②在这种情况下,李石对吏部工作进行了调整,主要通过奏用"长定选格"来实现,可能因为他没有吏部职官的历练基础,以及开成三年(838)正月其被仇士良指派盗人袭击,不久又为排挤出外,三年春正月"丙子(2.15),以中书侍郎、同中书门下平章事李石为荆南节度使,依前中书寺郎、平章事"。③ 故而这次调整持续时间不长,至开成三年(838)二月"庚子(3.11),吏部奏:'去年所修长定选格,或乖往例,颇不便人,不可久行,请却用旧格。'"④

二、武德律令编撰的参与者

武德时期为唐代开国时期,这一阶段自公元618年李渊称帝,建立唐朝,仍要进行大小规模不同的战争,以平地各地割据政权及镇压反唐势力,到武德七年(624),消灭立足丹阳的辅公祐政权,这时方基本确立全国统一的李唐政权。而这一年亦颁布了自武德元年即开始下诏修订的律令。对于武德时期律令修订的记载,各种史籍略有不同,其中主要记载史籍为《旧唐书》卷五〇《刑法志》,《新唐书》卷五八《艺文志》,而《唐会要》卷三九《定格令》与此有较多不同。试作具体分析。

《旧唐书》卷五〇《刑法志》:

> 敕尚书左仆射裴寂、尚书右仆射萧瑀及大理卿崔善为、给事中王敬业、中书舍人刘林甫颜师古王孝远、泾州别驾靖延、太常丞丁孝乌、隋大理丞房轴、上将府参军李桐客、太常博士徐上机等,撰定律令,大略以开皇为准。于时诸事始定,边方尚梗,救时之弊,有所未暇,惟正五十三条格,入

---

① 《旧唐书》卷一七二《李石传》,第4483页。
② 《旧唐书》卷一七二《李石传》,第4483页。
③ 《旧唐书》卷一七下《文宗纪下》,第572页。李石罢相与牛党联合宦官势力排斥宰相李石与郑覃有直接关系,参见:傅璇琮,《李德裕年谱》,河北教育出版社2001年,第273~275页。
④ 《旧唐书》卷一七下《文宗纪下》,第573页。

于新律,余无所改。至武德七年五月奏上。

《唐会要》卷三九《定格令》:

> 仍令尚书令左仆射裴寂、吏部尚书殷开山、大理卿郎楚之、司门郎中沈叔安、内史舍人崔善为等,更撰定律令。十二月十二日,又加内史令萧瑀、礼部尚书李纲、国子博士丁孝乌等。同修之。……至七年三月二十九日成,诏颁于天下。大略以开皇为准,正五十三条,凡律五百条,格入于新律。他无所改正。

《新唐书刑法志》唐兴,高祖入京师,约法十二条,惟杀人、劫盗、背军、叛逆者死。及受禅,命纳言刘文静等损益律令。武德二年,颁新格五十三条,唯吏受赇、犯盗、诈冒府库物,赦不原。凡断屠日及正月、五月、九月不行刑。四年,高祖躬录囚徒,以人因乱冒法者众,盗非劫伤其主及征人逃亡、官吏枉法,皆原之。已而又诏仆射裴寂等十五人"更撰定律令",凡律五百,丽以五十三条。流罪三,皆加千里;居作三岁至二岁半者悉为一岁。余无改焉。

《旧唐书高祖纪》七年春正月己酉,封高丽王高武为辽东郡王,百济王扶余璋为带方郡王,新罗王金真平为乐浪郡王。二月,高开道为部将张金树所杀,以其地降。丁巳,幸国子学,亲临释奠。改大总管府为大都督府。吴王伏威薨。三月戊寅,废尚书省六司侍郎,增吏部郎中秩正四品,掌选事。戊戌,赵郡王孝恭大破辅公祏,擒之,丹阳平。

夏四月庚子,大赦天下,颁行新律令。以天下大定,诏遭父母丧者听终制。五月,造仁智宫于宜州之宜君县。李世勣讨徐圆朗,平之。六月辛丑,幸仁智宫。

两种记载在人员上的不同之处,主要有四点:

其一,前一种载有十二位撰修人员。后一种明确者为八位,其中三位是稍后增加人员。

其二,后一种记载中有前一种记载所无之吏部尚书殷开山、大理卿郎楚之、司门郎中沈叔安及礼部尚书李纲,共四位。前一种则有后一种所无之给事中王敬业、中书舍人刘林甫颜师古王孝达、泾州别驾靖延、隋大理丞房轴、天策上将府参军李桐客、太常博士徐上机,共八位。

其三，两种记载皆有人员中，左仆射裴寂结衔一致，另有三人职衔不同，前一种记载为：右仆射萧瑀、大理卿崔善为、太常丞丁孝乌，后一种记载为：内史舍人崔善为、内史令萧瑀、国子博士丁孝乌。

其四，由官名来看，《旧唐书》卷五〇《刑法志》所载和唐武德元年不甚相符，《唐会要》卷三九《定格令》则更为符合。此由内史舍人、内史令及中书舍人、给事中可以窥知。因为武德三年"己卯，改纳言为侍中，内史令为中书令，给事郎为给事中"。

另，《旧唐书》卷一八九下《儒学下·郎余令传》："郎余令，定州新乐人也。祖楚之，少与兄蔚之，俱有重名。……楚之，武德初为大理卿，与太子少保李纲、侍中陈叔达撰定律令。"《旧唐书》卷八〇《韩瑗传》载："父仲良，武德初为大理少卿，受诏与郎楚之等掌定律令……于是采定《开皇律》行之，时以为便。"可见侍中陈叔达、大理少卿韩仲良亦参预了武德年间法典的编纂。

综合以上，可以基本确定有十八人明确参与了律令撰修工作。若加上刘文静，"及受禅，诏纳言刘文静与当朝通识之士，因，尽削大业所用烦峻之法。又制五十三条格，务在宽简，取便于时"。则明确可知有十九人参与了武德时期的法制建设工作。本文重点考察武德律令的修撰，暂不考察刘文静的情况。

需要分析之处，为何在武德七年时最终上奏律令时，"《武德律》十二卷，又《式》十四卷，《令》三十一卷。尚书左仆射裴寂、右仆射萧瑀、大理卿崔善为、给事中王敬业、中书舍人刘林甫颜师古王孝达、泾州别驾靖延、太常丞丁孝乌、隋大理丞房轴、天策上将府参军李桐客、太常博士徐上机等奉诏撰定。以五十三条附新律，余无增改。武德七年上"。此处结衔及编订人员极有可能是武德七年上奏时的人员情况。如此则《旧唐书》卷五〇《刑法志》所言"敕"并非原始"敕"文，不过，不可否认，武德元年确曾下敕修撰律令。现在结合史籍记载对十六位编修人员作具体分析。

先看，职官不同的原因。由于武德时期这次立法时间跨度相对较大，故而最终上奏律令时的官职与下诏时有较多不同，如裴寂，由尚书右仆射迁至左仆射，其职官迁转，史载较为清晰，且与上引史料无异。再看萧瑀、崔善为、丁孝乌三人。

萧瑀，《新唐书》卷一〇一《萧瑀传》："武德元年迁内史令，帝委以枢管，内外百务悉关决。……王世充平，进尚书右仆射"其迁转为，内史令→尚书右仆射，则《旧唐书》卷五〇《刑法志》为其武德七年官职无误，而《唐会要》卷三九《定格令》则为其武德元年实际官职。这样来说，后者记载在时间和实际官衔上与史实更为吻合。

崔善为，担任大理卿在武德五年与九年间，则《旧唐书》卷五〇《刑法志》为其武德七年时官衔，而《唐会要》卷三九《定格令》载为"内史舍人崔善为"，两《唐书》本传不载此任职经历，但可以推断武德年间，其迁转大致为内史舍人〔正第五品上阶〕→尚书左丞〔正第四品上阶〕→大理卿〔从第三品〕。

丁孝乌，两《唐书》仅两处载以太常博士衔撰修律令事。其职官变化，自国子博士〔正第五品上阶〕→太常丞〔从第五品下阶〕，后者品阶低于前者，苦于史料短缺限制，不可尽解其故。《大唐创业起居注》载，"与国子博士丁孝乌等数百人具礼仪择良日"云云，显见国子博士为丁孝为担任隋朝官职。

就此三人而言，《旧唐书》卷五〇《刑法志》及《新唐书》卷五八《艺文志》所结衔概为武德七年上奏时职官称号。

再看前边所及第二种情况。《旧唐书》卷五〇《刑法志》及《新唐书》卷五八《艺文志》记载所无之吏部尚书殷开山、大理卿郎楚之、司门郎中沈叔安及礼部尚书李纲，共四位。前一种则有后一种所无之给事中王敬业、中书舍人刘林甫颜师古王孝达、泾州别驾靖延、隋大理丞房轴、天策上将府参军李桐客、太常博士徐上机，共八位。

先看，殷开山，最后上奏时没有其署名，因其在武德四年，"从讨王世充，以功晋爵郧国公。征刘黑闼，道病卒"，在武德七年律令修订前已过世，所以最后无其署名，另外也可看到，武德年间战事不断，即便是撰修人员，根据需要，亦当参与战争。

郎楚之，《新唐书》卷一九九《儒学传中·郎余令传》载，郎余令"祖颖，字楚之……武德时，楚之以大理卿封常山郡公，与李纲、陈叔达定律令。持节谕山东，为窦建德所获，胁以白刃，终不屈。贼平，以老乞身，谥曰平"。窦建德于武德四年被平，则武德四年及其以后，郎楚之即"以老乞身"，不再涉及政事，亦包括修订律令,所以武德七年时,其自然不包括在上奏人员中,但其确实曾"与李纲、陈叔达定律令"。

沈叔安,两《唐书》无传,《旧唐书》卷一九九《东夷传·高丽传》载,武德"七年,遣前刑部尚书沈叔安往册建武为上柱国、辽东郡王、高丽王"。可见至少武德七年其已致仕,则与郎楚之类同,不再参与修撰。

李纲,《旧唐书》卷六二《李纲传》载:"武德二年,以老表辞职,优诏解尚书,仍为太子少保。高祖以纲隋代名臣,甚加优礼,每手敕未尝称名,其见重如此。……(贞观)五年卒,年八十五。"可知武德七年时,年近八十,又早在武德二年辞职,转为散秩太子少保,则其参与修订律令时间在武德一年和二年辞职前,之后不复参与。故最后上奏是无其名号。

王敬业、王孝远,两《唐书》无传。刘林甫,《旧唐书》卷八一《刘祥道传》载:"刘祥道,魏州观城人也。父林甫,武德初为内史舍人,时兵机繁速,庶事草创,高祖委林甫专典其事,以才干见称。寻诏与中书令萧瑀等撰定律令,林甫因著《律议》万余言。久之,擢拜中书侍郎,赐爵乐平男。"颜师古,《新唐书》卷一九八《儒学传上·颜师古传》载:"颜师古……高祖入关,谒见长春宫,授朝散大夫,拜燉煌公府文学,累迁中书舍人,专典机密。师古性敏给,明练治体。方军国务多,诏令一出其手,册奏之工,当时未有及者。太宗即位,拜中书侍郎。"燉煌公为李世民在隋末的爵位,而中书舍人为颜师古在唐初的官位,据此在武德时期颜师古基本担任中书舍人一直,故而"方军国务多,诏令一出其手,册奏之工,当时未有及者"。

靖延,两《唐书》亦无传,其官衔为泾州别驾,据《旧唐书》卷三二《地理志一》:"武德元年,讨平薛仁杲,改名泾州。"而武德元年秋七月,"薛举寇泾州",十年九月,"秦王大破薛仁杲于浅水原,降之,陇右平"。则在开皇元年下诏修撰律令时,泾州尚未改名,则泾州别驾靖延亦不是此时应有之官职,别驾,上州别驾正五品上。这是此次修订中唯一一位地方官员。

隋大理丞房轴,两《唐书》无传,大理丞,隋炀帝时期,"大理寺丞改为勾检官",唐高祖时有改为大理丞,则隋炀帝时期大理丞应为大理勾检,则此处或为史籍记载以唐时官职比附隋时官职。但大理丞属于大理寺属官,与司法有直接关系。此房轴或许对隋代法制熟悉，而为唐武德时期重要编修人员。

　　李桐客，《旧唐书》卷一八五上《良吏上·李桐客传》："后隋灭，从宇文化及至黎阳，转没窦建德。建德平，太宗召授秦府法曹参军。贞观初，累迁通、巴二州。所在清平流誉，百姓呼为慈父。后卒于家。"窦建德于武德四年被平，则李桐客是年归唐，时李世民为秦王，稍后"加秦王天策上将"，"武德九年，罢天策上府将"。则武德七年李桐客以天策上将府参军身份与其他官员一起上奏新律令，与史实不存在逻辑冲突。

　　徐上机，《唐书》无传。其职衔为太常博士。为太常寺属官。

三、参与立法者的身份体现了武德律令的礼法合一性

　　对于唐律而言，其为礼法合一的特点已为学界通识，论述较为充分，本节主要从参与者担任官职与其个人素养来补充分析这一特点。

　　武德七年上奏时官员职官结衔为，尚书左仆射裴寂、尚书右仆射萧瑀及大理卿崔善为、给事中王敬业、中书舍人刘林甫颜师古王孝远、泾州别驾靖延、太常丞丁孝乌、隋大理丞房轴、上将府参军李桐客、太常博士徐上机等。这些职官如前文所言有所变动，但最后结衔时情况亦反映问题所在。其迁为该职，说明其具备这方面素养和才能。综合来看，有尚书省官员，其中左右仆射为宰相官职，一般来说，唐代宰相职权除具备必要职责外，还有许多其他相应职责，其中作为主持者参与编修与重要典籍等亦为其一，如唐代有关的重要族姓图书、礼仪等往往会由宰相主持进行，唐代前期重要律令典章修订则由宰相主持进行，如《唐律疏议》《唐六典》《大唐开元礼》等，皆如此。而武德时期的律令修订具有重要意义，是唐代立国之初的重要制度建设的一环。由宰相主持体现了其重要性。其他官职大理卿，有三省中门下省给事中，中书省中书舍人，二者皆是部门的重要官职，体现了三省部门之间互为配合的特点。除泾州别驾唯一一例以地方官参与，其缘故不得而知外，太常丞与太常博士为太常寺官员，负责礼仪事务的较为重要的官员，隋大理丞虽结衔为隋官员，但既然担任此职，必然有相关方面的历练和素养，另外，亦当熟知隋朝律令情况。这正符合武德律"大略以开皇为准"的特征。上将府参军为李世民亲信，是其天策府

府佐,法曹参军一职在唐代一般负责司法方面的事务,即"掌律令格式,鞫狱定刑,督捕盗贼,纠逖奸非之事",可知与律令关系较大。

对于吏部侍郎殷开山、大理卿郎楚之、司门郎中沈叔安及礼部尚书李纲四人,其职官中,礼部尚书、吏部侍郎为尚书之正副长官,司门郎中为刑部四司之一司门司之长官,大理卿则为大理寺长官。对于侍中陈叔达、大理少卿韩仲良,前者为宰相,后者亦为大理寺重要官员。

综合来看,涉及十九人中,有宰相三位,司法部门(刑部、大理寺)官员五位,礼仪部门官员三位,另外,李桐客担任法曹参军与司法关系紧密,则武德时期律令修订官员中与司法有关系官员六位,值得注意的是,在太宗贞观时期,同为法曹参军的张弘献亦对律令贡献颇多,史称:"蜀王法曹参军裴弘献驳律令四十余事,乃诏房玄龄与弘献等重加删定。"且"《贞观律》十二卷、又《令》二十七卷、《格》十八卷、《留司格》一卷、《式》三十三卷,中书令房玄龄、右仆射长孙无忌、蜀王府法曹参军裴弘献等奉诏撰定"。可见张弘献以其律学修养,为贞观时期法制建设做出重要贡献。其他职官除泾州别驾外,给事中与中书舍人都是门下省和中书省中重要的中层官员。这些官员对唐高祖武德时期具体贡献颇多。从参与者个人素养家学背景分析,亦可看到礼法合一的特征。就法学而言,刘林甫曾"著《律议》万余言",就礼学而言,颜师古出自琅琊颜氏,家学渊源,在贞观时期,"于秘书省考定《五经》,师古多所厘正";殷开山为陈郡殷氏,"峤少以学行见称,尤工尺牍"。总体来看,参与修撰者或精于律学,或有礼学渊源。充分体现了唐代武德律令的礼法合一性。又值得注意者,参与者不乏南朝入隋人士,其参与修撰,则体现唐朝对南方法制在一定程度上的吸取。

四、武德律令修订的过程

武德时期律令修订是一个制度建设的过程,到武德七年战争基本结束时,律令修订基本完成,而统一局面的开始也是在继承前此制度创建基础上展开。之所以说武德令修订是一个制度建设过程,可以以武德法制建设中的一些具体事例来说明。现以《武德令》为例作简略说明。

天策上将,武德七年所上奏《武德令》,"有天策上将",《旧唐书》卷一《高祖纪》谓,武德四年"冬十月己丑,加秦王天策上将,位在王公上","又置天策上将府官员"。此后便制定了天策府的僚佐及其品级。

　　因为前朝的律令等制度,若完全割弃,则无所适从,若完全照搬,亦有其缺陷。所以要逐渐调整,这个调整过程也是实践摸索过程,经过近七年的摸索,才较为初步确立了律令制度,其中亦包括政治制度和经济制度等。《武德令》中有关于官品的规定,而武德时期官品调整变化较多,每一次调整时间不一。武德七年,定令前,"三月戊寅,废尚书省六司侍郎,增吏部郎中秩正四品,掌选事"。《武德令》:"吏部郎中正四品上,诸司郎中正五品上。"

　　另外,唐律之所以历经了一个修订过程,这也与唐武德时期政治军事形势有直接关系,正如史籍在记载唐初制度时所言,职官制度,"高祖发迹太原,官名称位,皆依隋旧。及登极之初,未遑改作,随时署置,务从省便。武德七年定令","武德初,杂用隋制,至七年颁令"。而时统一过程,制度自与武德七年后统一局面有所不同,故而,"武德初,以诸道军务事繁,分置行台尚书省"。舆服制度亦然,"武德初,因隋旧制","唐初受命,车、服皆因隋旧。武德四年,始著车舆、衣服之令,上得兼下,下不得拟上"。"显庆元年,长孙无忌等曰:'武德初,撰《衣服令》,天子祀天地服大裘冕。'"总之,唐武德时期,统一战争是政治生活的重要主体,又是继承隋代的新王朝,因此武德律令等法制建设是一个过程。

余论

　　以上论述了,唐高祖武德时期的律令制度的有关问题,囿于史料的短缺,有些具体问题并不能详细揭示。就武德律令的制定而言,根据以上论述,可以确知宰相裴寂和崔善为自始至终是参与者,而其他人士亦不同程度的参与并贡献各异。总体来看,武德律令作为唐代第一部成文法律,影响较为深远,虽无直接材料证明,但从武德七年颁布,直到贞观十一年(637年)颁布新删定律令,实施了近十三年,虽然,唐太宗即位后便开始对法制进行调整,总体来看,武德律令仍是新律令颁布前的主要法制规定。

附注：欣逢恩师霍存福先生从教三十年，兹献上小文祝贺先生教学生涯半个甲子，而桃李天下。我是2010年申请入吉林大学法学院博士后流动站，2014年出站，在博士后报告致谢中，我回忆了师从霍师学习期间的诸多体会，今迻录于此，以向霍师再次致敬："多学科研究是一个新的趋势，历史学研究似乎是多学科交融的一个典型学科，因为研究对象的多元化，必然会引入一个新的学科的视角，如研究经济史，或多或少会采用经济学的概念；研究法律史也就必然会引入法学的范畴，等等。在我做博士后的几年里，让我获益匪浅的就是在思考问题中有了两个改进，第一，我较为粗浅地了解了很多法律或者说法学的概念，这些概念之于我此前便进行的制度史研究有很大的帮助，比如在解读史料中的具体指导意义。第二，阅读了一些法学背景的学者的著述后，扩展了学术视野。我的博士后合作导师是法学背景的法律史专家，但在他的诸多著述中，却很完美地体现了史学与法学的恰到好处的结合。在吉林大学博士后流动站三年多的时间里，我虽以历史学研究为主，但从思维意识里加入的法学学科的视角，对我的研究有了很大的促进和帮助，除了博士后基金，我此后申报成功的教育部、国家社科等项目，虽然也都是在历史学学科申报，但我也深知在撰写申请书过程中，法学专业对我研究视野的打开起了不可忽视的作用，而这还仅仅是在我对法学知识一知半解的了解下。博士后的经历不仅仅是一个难得的体验，将会助益我今后的研究。因此在这里感谢我的博士后合作导师霍存福教授。霍老师特有的学术气质，忝列其弟子行列之于我是学术道路上的幸运。在多次的学术求教中，先生总是结合自己当时的研究，娓娓道来法史的研究方法，既有广博的知识信息，又包含了专深的心得体验。对于先生的教诲，我将在今后的学术道路中学习先生的学术人生，探求自己的发展之路，争取做出不愧师门的成果。"

宋元"八字例"考辨

张田田*

一、问题的提出

古人读律在"八字例"方面曾衍生出种种论述,说明"八字例"是古代法制中的要点。然而,传统的律学论述,要有所本、有所追求;现今对"八字例"的研究,也不能停留在仅仅意识到"八字例"的律学价值上。为何要选取八个字称之为"例"?用字之"例",相对于"名例""断例"等,独特性何在?自应融合定律与读律两端,打通"八字例"的各时段表现,探明其源与流,尤其将"八字例"置于法律制度、法律思想存续、传承与演变的背景中探讨。

在中国古代,留心律法实用者从字义角度钻研"八字例",关注词语表达的前后一致与词语运用的鲜明特征,而将"八字例"视为确定字眼释义的组合与文义解读上有特殊效用的工具,这主要与"义例"相关;另一类留心律条措辞风格、法典内部协调等问题而不执着于成规的落实与操作的人士,则关注律典整体的塑造,对条文从多角度评价、考察,将"八字例"视为法律内容的组织方式、法律条文的构成要素,这又涉及法典的特殊风格、"体例"。一方面,"八字例"中,八个字眼各具特色。另一方面,字眼的运用状况中,又都体现出用字效应的多面性。换言之,八个不同字眼组成的这一集群,经传承与演变,已不仅是常用字的偶尔交会,而是不同字眼咬合、渗透而构成的体系。是以"义例""体例"两

---

* 张田田,沈阳师范大学法学院讲师,法学博士。吉林大学法学院2008级硕士研究生、2011级博士研究生,师从霍存福教授。

种观察角度都有其依据,且相互联系,在分析"八字例"时不可偏废、不妨兼顾。本文拟对"八字例"探源,对宋元时期"八字例"的相关论述与"八字例"性质进行考辨,以进行传统法典体例、法律用语的意义提取与价值挖掘。

二、宋元有关"八字例"的论述

历史上"以准皆各其及即若"八个常用字作为整体而受到重视的记载,始见于宋。"八字例"提出的前提,在我看来,则是隋唐律的体例结构与条文形态。原因在于:1. 近古对"律"的整体性重视和全局性认识,在唐律颁行以后,且往往以唐律为"律"之典型。2. 从既成规范推理,则隋时对"以""准"二字的法律功能已有区分认识,这在唐五代也延续,唐律中又可辨别出"皆""各"的功能差异。3. 至于"及其即若"的提法,目前见到的最早材料出处是宋代著述。一般而言,从留意个别字眼,到系统提炼规律,需要酝酿准备,宋人所论之"律",主要仍为唐律的延续,宋元时人理解"八字例",常援引唐律规定为例,这些现象也可作为"八字例"与唐律关联密切的旁证。

明人张楷称,"八字例"明确提出的标志是傅霖撰《刑统赋》,其说不为无见,但"八字例"的提出过程,仍需细思。宋代有关"八字例"的论述如下:

1. 傅霖:"刑异五等,例分八字"。
2. 范镇:"律之例有八:以、准、皆、各、其、及、即、若。若《春秋》之凡,学者不可以不知也。当条八者之意与夫著于篇者之说,则可以观从政之能不能也。"
3. 王雱"以此八字概括法律"。
4. 王应麟辑"律八例"条。

可见,宋人从多方面议论"八字例",实际上是在研究这些字眼在法典、法条中的角色,思考法律用语与法律规范的关系。上述材料中,第一条影响延及后世,第二条的信息量尤其丰富。在宋代有关"八字例"研究的确证稀少、详情不传的状况下,范镇所作"律之例……若《春秋》之凡"的类比,为把握宋人"八字例"观念提供了新的认识角度扩展了思路。

首先,何谓"《春秋》之凡"? 概言之,"凡"即《春秋》记事之凡例,被奉为经典的《春秋》相传为孔子笔削史料而成,一定程度上,"凡"也可看作对孔子著书的"笔法"的总结。所谓"发'凡'而起'例'",晋杜预作春秋左氏传之"集解"与"释例",从而阐发,《左传》有"五十凡",皆有深意。随后,立"凡例"逐渐成为注经修史等领域中的必要步骤。需要注意的是,(1)凡例为我们现在所熟悉的独立成篇以及置于正文之前的形式,在唐宋时期还没有大规模通用。在此之前,汉唐阶段,凡例的存在形式多是"随文见例",与文义密不可分,如顾炎武所云:"古人著书,凡例即随事载之书中。《左传》中言'凡'者,皆凡例也。"(2)"凡"与"例"虽同样呈现为某种反复出现、普遍适用的通例、法则,例如词语、表述方法在文本中反复出现且可推导出特定含义的规律,但二者并非一事:"凡"强调经义、规范中某种条件与结果的必然联系,特适宜表示耐久的伦理法则等,"例"始终要借灵活具体的表征而呈现,特适宜展现各类事实与评价多面性、多样性。在春秋经传注疏中即有此种区别意识。

其次,"律八例若《春秋》之凡"这一比喻中,重点在对用字之"例"的定性论断,而点睛之笔则在以《春秋》为喻体。在某种程度上,古代学术不出六经,经典也滋养文辞:"经也者,恒久之至道,不刊之鸿教也……义既极乎性情,辞亦匠于文理,故能开学养正,昭明有融。"六经之中的《春秋》,在古人意识中,与律令有着较多的联系,则不止于法律内在的"应经合义",还包括用字有法度这一外在表现。正因为"圣人作《春秋》,正欲褒善贬恶,示万世不易之法",即从立意到内容均需明辨是非,所以须寓议论于叙述中,行文笔法上要特别讲究。而定律所欲达到的权衡罪刑之轻重的任务,往往也要借助强调一字之褒贬的行文笔法来完成。

"八字"堪为法典之凡例,与律博士傅霖的"刑异五等、例分八字"的判断相比,表述不同而理路相通。《刑统赋》起首申说作赋的用意,即在"著而有定者律之文,至变而不穷者法之意"与"律义虽远,人情可推"的前提下,追求"能举纲而不紊,用断狱以何疑""撮诸条之机要,触类周知",为此,"问答""疏议"等形式与"刑异五等""例分八字"等论断,都是解决"文有未备""意有未显"的办法与贴近"法意""律义"的途径。由此《刑统赋》列举条文精义、对比常规与变体,从定律角度讲,原因是"制不必备也,立例以为总。条不必正也,举类而可明",从读律角度讲,体现为"首从之法有正而有权,加减之例或后而或先",从社会现实与法律规定关系的角度讲,理由是"大抵情伪不常也,宜以万变通;色目有异也,难乎一概理"。即是说,纵然唐律中是"随文起例",而宋人已能将律中有规律、有特点的定罪方案与措辞方法收集起来,提取出"八字例"线索,为读律提供便利。

宋人从"例""纲""类"等角度认识律中的八个字眼,均着重对要素之于整体的体察、兼顾分解与综合。可以说,儒生读律,意蕴悠长。

宋元之际,郄某有《刑统赋》之"韵释",分释八字之义如下:(序号为本文所添)

解曰:《名例》内有八字,以准皆各及其即若也。(1)以者,谓以盗论,同真犯,当除名,有倍赃。(2)准者,止准其罪,当复职,无倍赃。(3)皆者,罪无首从,其罪皆同,谓如强盗及私度关桥并军人逃亡者也。(4)各者各重其事谓二人俱得加减也。(5)及者,连于上也。(6)其者,反后意也,谓文义与前不同也。(7)即者,文虽同而义殊,谓九十曰耄、七岁曰悼,虽有死刑而不加刑,即有教令者,坐在教令之人。(8)若者,会于上意也,再续前文也。若于词状文归及一切公式文状亦用此八字也。

歌曰:《名例》六卷,八字分类,以盗除名,准盗复职,皆无首从,各俱加罪,及连上文,其反后意,即同义殊,若会上意。八字不同,各掌体例。

附于郄氏"韵释"后的元代王亮增注内称"例分八字"中八字:

谓以准皆各及其即若也。(1)以者,与真犯同,(2)准者,与真犯有间矣,准枉法论、准盗论,止同其罪,不在除免倍赃之例。(3)皆者,谓不分首从一等科罪。(4)各者,彼此同科此罪。(5)其者,反于先意。(6)及者,事情连后。(7)即者,意尽而复明,又曰,条虽同而首别陈。(8)若者,文虽殊而会上意。

元代围绕"例分八字"衍生出多种见解。《刑统赋》赋文扼要,宋元时有多人为其作解释,一度成为律学中的流行,现今传世的有其"韵释""解""疏""粗解",等等。各种作品中,对"刑异五等,例分八字"的解释,大多沿着"例分八字"所揭示出的此八字系"诸条为例之事"展开,而从分释字义入手。只是在例证来源上有所区别,又有两类。一类是援"律疏"为据,如《刑统赋解》中的

"增注",严守"律疏"尤其是"义疏"之意,对《刑统赋》的还原度最高。一类是援元时制度为据,如《刑统赋疏》中的"通例"。当然,元时断案,通过"检旧例"查阅前代律法等活动,也引入唐宋制度为直接裁断依据,如《刑统赋疏》讲解"各其及即若文意有变"所举"通例":

至元三十年四月刑部呈:德州德平县官枉勘郭瘦儿勒死张牛儿事内,检旧例:"官司出入人罪者,若入全罪,以全罪论;从轻入重,以所余论……其罪出者各如之。即断罪失于入者各减三等,失于出者各减五等。若未决及放而还获,因囚自死各减一等。于决罚不异者勿论。"

所检法例应为唐律总第487条,文字无大出入。

《吏学指南》中设"八字"一条,分释字义,举元制说明,简洁易明,切近实务。徐元瑞自序称"夫读律则法理通,知书则字义见",考虑到"初学之士,妙龄而入,律书要旨,未暇师承","因摘当今吏用之字及古法之名"分类排列字词,纂成此书。结合序言,可知,"八字例"已被认为是习吏者应该通晓的法律知识,且含义已较为确定。

解析"八字例"的新格式即"表析"。王元亮为唐律所作"纂例",有"例分八字"表格,这一私家著述被明人张楷称为明清律收入"例分八字之义"图表的先导。

元人对"例分八字"的阐发,在释字义之余,透露出的对用字之"例"性质的认识,也值得注意,盖其与之后的明清阶段认识存在差异,也许显示出,元人偏向说明这八个字用例之典型、用途之广泛,而暂无对这八个字作法律领域与法律之外领域功能界分的意识。如《刑统赋解》中"解"称:若于词状文归及一切公式文状亦用此八字也。

沈仲纬《刑统赋疏》亦称:然考之刑统,惟以、准、皆三字明定罪名,各、其、及、即、若五字文意有变。乃后之尽心为律者推而言之举此为法耳。

孟奎对这八字的看法,则更为直接,"粗解"而通晓大意即可,拘泥则无谓,因为这些字眼本就"用各不同,随文转意,提撕宛曲,指实活法,井然有条,不至杂乱,又何必展为固执不通"。

元代将"'律'之'凡'"之说泛化、具体化,从视字眼为凡例,扩展到分析字眼为凡例的过程,展示出理论的适应性与通俗化。

"八字例"理论演变中的节点之一,便是将"例分八字"中八个字分开来辨识。对每个字的典型用法的寻找中,隐含一种追求浅近易懂的实用倾向。具体而言,分释字义的前提是对"例分八字"中八字的选取全盘接受、并无争议,对比社会状况的嬗变,这八字的稳固着实不可思议,反映出其地位的稳固定是伴随着将唐律作为理想、模板的法制传承与借鉴活动,或许也展示出明清学术相对宋代那种从整体中抽取线索的境界的距离。当然,明清律学对"例分八字之义"的阐发中,那些法言法语与经义的共鸣或隐而不彰,但"八字例"对于解析法典、律条所具有的意义亦未曾磨灭。

"八字例"理论的提出过程,在宋人论用字之"例"方面,前文分析已详,而作为"八字例"背景的,宋人论"律"的大略,也须涉及。接下来,将宋元"八字例"与其时形态较为成熟的"名例"作区别,有助于进一步明确"八字例"的性质。

三、宋元"八字例"的性质——从其与"名例"的关系切入

"八字例"的提炼,须打破条文篇章框架而对律典内容作贯通把握,这也就示意着"例分八字"与律典、法律条文汇编中其他要素如"名例"的配合。目前所见对"例分八字"的最早释义,即郏氏《刑统赋》"韵释"中表示,八个字眼的使用范例均是从"名例"篇规定中搜集得来,且后四字是按照"及、其","即、若"的顺序安排的,正呼应前四字的"以、准","皆、各"次序。"八字例"中八字的来历,若据郏氏释义考虑,确实均可从律典"名例"一篇中发现这八字的频繁使用;也基本上可以依据"名例"律条来归纳这八字的出现规律。首先是以准二字释义,对应唐律第53条,皆字释义可从唐律第43条中找到支持,即字释义中所举之例,仍应是节录自唐律第30条的律文以及"义疏"内容。宋代于"刑统"中当然也照录之。

"八字例"的提出,其实透露出宋元时研究条文措辞规律的一则可能的动机,即补"名例"所不及。进一步追查,为何要选取八个字称之为"例",换一种形式提问,即,需要某种"凡例"指引条文读、写的必要性何在? 答案在最初便

隐藏在"八字例"与"名例"的关联之中。古代法典的总则性内容涵盖"刑名"和"法例",而《刑统赋》即称"刑异五等,例分八字",这一点不应仅被当作巧合;唐律中"随文见义"的用字指南,正发挥了印证、强化"名例"的效应;各篇中,以准等字规律最显著、用例最集中的场合也当属"名例"。这应是《刑统赋》的"韵释"中会指认"例分八字"自"名例"出的原因。

"八字例"学说得以提出、发扬,基础是以"名例"部分的成熟为代表的条文的配合、律典的完善,以及"八字例"与"名例"同属体现一定理论的"义例"的相似性。而促使"八字例"出现的因素,或者还有"名例"理论层面的不可或缺与现实层面的不尽完善。"名例"的性质与地位,古今学人多有研讨,在此也附带论及。事实上,学者言说的"名例",从抽象与具体、理论与实践的角度,也可以再严格区分:作为法律观念的"名例"较为抽象,相关论说多侧重对其性质、功能的评说,如唐律"义疏"对"名例第一"的阐释,称"比例即事表",又如王明德在"例者五刑之体例"基础上所做的"名例"之"例"示意"活法"的阐发;而作为某一时期法律制度组成部分,以及一部法典中确定篇章的"名例"篇或《名例律》,其实是具体规则条文的组合,如"本条别有制、与例不同"规定中所言之"例"其实是通过指明所在篇章来模糊索引条文,又如官箴书、官员心得往往称《名例律》不可不读",指的是收录于"名例"篇中的具体制度。"名例"通常被认为相当于现代法典中的"总则",这是偏重其抽象的功能层面而言的;而《名例律》中条文与他处条文,在规定形式上呈现错综状态,在规定内容上往往互补。因视角不同,既不妨认可陈顾远说法,即律中"名例"部分分别是有关定罪量刑、名词解释等等"通例"的条文的集合,亦不可否认梁启超的《名例律》未能总括整部法典的指摘。这也意味着,若依一般文献的合理编纂方法而言,具备类型化特征或指示功能的内容自应移置或径直置于起首部分,开宗明义,以备查阅。但这类方法是经历漫长摸索而得到推广的,且设"名例"定然要求定律者吃透整部律的内容与精神,具有统揽全局而条分缕析的高超技艺。就现实层面而言,首篇为后面各篇总括设立可遵循之"例"而无遗漏的需求,唐律也未能完全满足。但从整体体例上讲,"名例"篇条文数量虽被限定,但法律原理、原则演生发挥之意犹未尽,且注疏在某种程度上本具有爬梳文本、发凡起例的效应,则"随文见例"也不失为一种办法,自然不应当因"名例"篇既定而排斥更精细、更专门的新发现。"八字例"得以概括,也应当是爬梳全律和精研"名例"的产物,其中有脱胎"名例"者,更有细致入微者,因其切实,用字之"例"也从学说的确立中获得了某种确定性。

由此可知,在"例"宽泛的指示作用、指导功能上,"八字例"与"名例"相通,均在条文纂集中发力,作用遍及全律。而在专门效应上,"八字例"区别于"名例",其对文本的考察更细致,效应也更基础:考量字眼的规律性用法、用意,使字眼参与到从思想到文本的立法过程中,以字眼为线索解读律意。"八字例"与"名例"终归各有所长,是以随后对二者的功能认识分途,如《明史》卷72《职制一》所言,"以名例摄律条,以八字括辞议"。

四、结论

第一,为何"例"分为八? 其一,以、准、皆、各四字的用意,在唐律正文或注疏中均见说明,宋仍之;其二,及、其、即、若四字,均属于儒家经典中为层次划分、文义阐释乃至意图褒贬提供线索的常用字眼,定律亦可创设或遵循一定之体例,适用须用此字、用此字而不可用彼字、用此字不同于用彼字之方法。譬如邹氏"八字例"两两对举作释义所揭示出来的,其实是这八字以"以—准"关系为模板加以推演,对律条中常见虚字加以排列组合的深意:用"以"还是用"准"必须斟酌,因为涉及处罚方式、处罚内容的差异,如"以盗除名,准盗复职"等;用"皆"还是用"各"不得轻忽,因为涉及刑罚轻重裁量,"皆无首从,各俱加罪";用"及"还是用"其",必须要辨别前后内容的性质同异,因为"及连上文,其反后意";用"即"还是用"若",必须要联系上下文来把握,因为"即同义殊,若会上意",而从用字诀窍中反推,则罪刑之轻重、规定之条理便清晰可辨。

"八字例"之"八"或有一定的模糊性,"以准皆各其及即若"这八字,至少在唐律之中,确实功能显著、无可取代,至明清,也因其被论述已久,定见已成,其他字眼一时也难以替代。其中关键仍在于,唐以后读律已得窥"例分八字"之理,修律均不同程度地再现八字运用之妙。即是说,关注字眼用意的微殊,是"八字例"的理论成就之一,是"八字例"学说发挥作用的前提;"例"有实据,

"八"之数即便起初为虚,其后也不妨落实。

第二,何为"例分八字"之"例"?"例分八字"之说的内涵,要广于仅仅作为法律知识的"八例"或"八字之义"。前者中"例"是贯通一致的,"微言大义"是其底蕴,不随单字而游移;而字是"例"的体现。"例"其实来源于在语境下即律条中此字与彼字的对比,又以同一字在此处与彼处贯彻意思一致或"万变不离其宗"为前提。求用字适得其所,这其实才是回应"例"的要求。

然而,"一字之褒贬"可能穿凿、"微言之大义"往往迂阔,此种用字之"例",如"随文见义",则不易琢磨。若依"文成法立",则一代之典章,有一代之用字凡例,不必为八,字眼也不必重复,但后世修律向前朝制度中寻找资源,所以"例分八字"的影响有机会延续。而诠释者采取的方法多是从收集不同字眼的典型用例入手,分别描述每个字的特点,于是几乎成了"例分为八"。

综上,一方面,在宋元"例分八字"阶段,"八字例"不等于单个字眼的释义,而代表着应留意字眼用意微殊而文义、律意有别的灵活的读律方法。这种读律之法,由研读律典、提炼定律之"笔法"而生,在明清时又以"例分八字之义"为载体附着于律典,成就律之"书法",影响定律之体例。另一方面,宋元"八字例"的总结,本于唐律,对特定字眼的运用能使律典行文简明、能从文势中反映出制度变化原理的特质,有所认识。但"八字例"要诀与八字的切实运用,仍存在偏与全、专与泛的距离,问题也往往因此产生。"八字例"之精义本是由字眼到律意的透视,是由"一字之差"而生的对法律深意的辨析。若但求实用,不理解或不重视"八字例"的系统性与深意,则难免要将"例"强解为八种,每字一义,其释义或嫌片面、流于琐碎。至清,官修典籍中"律之书法"、律令必察之"字义"等评判,方才回归"八字例"的本真。

附记:跟不少师门中人相似,我此次所交之稿,出自学位论文(题为:律典"八字例"研究——以《唐律疏议》为中心,吉林大学法学院2014届博士学位论文)。篇幅所限,注释从略。我硕博均跟随霍师学习,霍师对我的硕士论文改得很细,改稿我始终珍藏。读博阶段的论文写作,霍师给予我极大的信任和帮助,他的指导重点不再是改字句,而是在延请专家等方面,让我有了相对能自如挥洒、绝对是受益终身的一场答辩,每次听答辩录音都激发灵感,霍师虽然回避了,但最能支持我。

博士论文中我分析"以准皆各其及即若"八个字的法律意味,这远承霍师与丁师兄合作的对"以""准"字例的研究。说到底,此类选题,就是从经典的规则即唐律中,采经典的方法即字斟句酌的规则分析,探寻遣词造句的用意,关注字句中的"一字之差",无疑要依托书面语。

汉语言滋味长,言以载道,如古有"一言兴邦",又如法史学人熟悉的"片言折狱",判与断,须看得明,讲得清。话一出,一句顶一万句。我学术路上的诸多大事,屡屡得益于霍师此种精辟的指导。霍师对学生的关怀与提携,同门兄弟姐妹们时常说起,令人感动;我这里仅举两例,回忆霍师的"一句顶一万句"之点拨。

一是博士学习,读博头两年,我选题虽定在唐律,硕士论文所涉清代问题仍在打磨,侥幸投中一篇文章到《清史研究》。有次蹭午饭("蹭饭"或共进午餐事,前文中祖伟、武航宇等学长曾详述),吉大陈兵老师留意发表之事,对我多加鼓励。霍师淡淡说一句,大意是,这样就不用操心如何毕业了。(因为吉大规定博士生须在核心期刊上发文两篇以上,方可申请答辩。)有了这句话,动力与压力同在,我算是咬了牙,屡退屡投,改了又改,最终在毕业前,独立攒出了几篇论文,其中有两三篇登在核心刊物上。(答辩前见刊两篇,另一篇在答辩前一天获录用通知。)虽然未能与霍师合作发文,是一憾事,但以后应还有机会。重要的是,霍师适时提醒了我作为应届博士生的分内事,学生既要领悟老师的言传身教,又要独立思考,争取出成绩,让导师"不用操心"或少操点心。

二是项目申报。第一次申报国家社科项目,学校、学院重视,我却心间惴惴。既无经验,更乏信心,又逢学术会议密集,虽零打碎敲找资料,断断续续想问题,初稿总算在夜航与夜半返家途中草成,但心里想的不过是熟悉个流程,当个"分母"。好在院里及早组织了专家评议,霍师一句话便把我点醒。他的原话不表,其意是,不认真做不成事。霍师的话,极贴合我的情况,也指明治学大义。言犹在耳,铭记在心。学生何其有幸!

·情理法研究·

法理与情理
天理于中国传统法律文化观念的源本性
"情理"法及其文化意蕴初探

法理与情理

——霍先生从教三十年有感

包玉秋*

一、拜读《权力场》

2013年始,霍存福先生作为特聘教授被沈阳师范大学有幸引进,先生的到来,将一股新鲜而质朴的学术春风带进校园,带进法学院。沐浴在学术的春风里,本人有幸成为"邻居",从此有机会近距离接触"大家";更有幸成为"学生",能够亲耳聆听先生的教诲,一场场精彩的学术报告,一次次关于研究方法和选题的讲座,更有今年与姚建宗老师共同主讲的"双周论坛"开坛之讲。文如其人,讲亦如其人,无不以朴素平凡而又接地气的学术语言,表达深刻的法律真谛,进行"法言寻踪"式的历史追问与现实回应。今年,恰逢先生从教三十周年,谨以小文表示祝贺!

先生欣然赠送其大作——《权力场》[1],并在书中题词:"古今事大抵相似,中外理其实皆同。"果然文如其人,简单而深刻,尽显大师风范。结识了先生,再拜读《权力场》,感觉在与作者对话,娓娓道来,醍醐灌顶,尽享"精神大餐"。

《权力场》之"场",用得实在是妙,从历史之场到现实之场,从自然之场到社会之场,从社会之场到政治之场,从政治之场到权力之场,从法理之场到情理之场,从实证研究方法到规范研究方法,从感性认识到理性认识,既给读者留下了无限的思索领域和想象空间,也体现了中国传统法律文化的独特魅力。

---

* 包玉秋,沈阳师范大学法学院副院长、教授。
[1] 霍存福:《权力场》,法律出版社2008年版。

美国著名历史学家西里尔·诺斯古德·帕金森曾提出著名的"帕金森定律",①阐述了20世纪50年代英国官场的怪象,"帕金森定律"在翻译过程中,受"定律"词汇的影响,在汉语的语境下被译为"官场病"。从"场"到"定律",本身就映射出东西方文化的差异。

由"权力场"引发的"场效应"和"场定律",有王者之道,"躬亲庶务"与"委任责成""操术任使"与"推诚委任";也有为相之道,辅佐君主之道、总领百官之道;还有为吏之道,"长吏躬亲"与"委务僚佐""温和感化"与"严厉督责""拘执法吏"与"弘通儒吏";王道、相道、吏道合成了中国古代的"官道"。

《权力场》从三对基本的"权力行使类型"的概括和提炼,即"躬亲庶务型"与"委任责成型""温和感化型"与"严厉督责型""拘执法吏型"与"弘通儒吏型",到权力行使的"三不欺"模式,即不能欺,不忍欺,不敢欺。通过大量的历史资料,以具体历史事实,再现权力的类型、权力的行使及其社会效果,形成了"权力的场化"理论和"权力行使的类型化"理论,并把这一理论建立在可靠的证据基础上,经受实践的检验。以史为镜,可知兴衰,以中国古代的素材,得出贯通于现代的结论,"历史是过去,也包含着现在,更预示着将来"。

通过阅读《权力场》,通过"近朱则赤"的近距离接触,提升了自己的学术品味,一是开阔了学术视野,从情理法的互动与互融,重新审视法律现象,法律从来都不是孤立存在的,"横看成岭侧成峰",对法律的本质、法的实施等又有了新的认识;二是丰富了研究方法,"工欲善其事,必先利其器",以中国传统文化史料为研究依据,将实证研究方法进行到底,得出研究结论更加可靠可信,在我所关注的"制度反腐"论域,有"三不腐"提法,包括不能腐、不想腐和不敢腐,而这与《权力场》中的"三不欺"理论不谋而合,从"三不欺"到"三不腐",历史在这里惊人的相似。

《权力场》中的"权力行使类型理论"和"权力行使三不欺模式",既有权力行使之法理,也有权力行使之情理。

---

① 参见[美]帕金森:《官场病(帕金森定律)》,陈休征译,生活·读书·新知三联书店1982年版。

二、法之理

法之理,强调公理,是基于人类社会发展共同规律的正确认识。社会发展表现为经济形态的演变和交替,经济形态代表着人类不同时期的生产力水平,包括生产模式、主导产业、基本结构及制度观念等。

按照马克思的设想,人类社会有三种基本的经济形态——自然经济、商品经济和产品经济,其中前两种经济形态,人类社会已经出现,而且,商品经济是不可逾越的"卡夫丁峡谷",而第三种经济形态,迄今为止还没有出现,"一旦社会占有了生产资料,商品生产就将被消除,而产品对生产的统治也将随之消除。社会生产内部的无政府状态,将为有计划的自觉的组织所代替"。①

"经济条件归根到底制约着历史的发展",②自然经济的特点是自给自足,"这种生产方式是以土地及其他生产资料的分散为前提的。它既排斥生产资料的积聚,也排斥协作,排斥同一生产过程内部的分工,排斥社会对自然的统治和支配,排斥社会生产力的自由发展"。③ 自给自足的自然经济,自然有它的脆弱性,"小生产者是保持还是丧失生产条件,则取决于无数偶然的事故。而每一次这样的事故或丧失,都意味着贫困化,使高利贷寄生虫得以乘虚而入。对小农民来说,只要死一头母牛,他就不能按原有的规模重新开始他的再生产。这样,他就坠入高利贷者的摆布之中。而一旦落到这种地方,他就永远不能翻身"。④ "死一头母牛都能影响再生产"的自然经济,如何在中国存在两千多年?按照黑格尔的"凡是现实的都是合理的,凡是合理的都是现实的",其现实的合理性在哪里?权力场中的权力运行方式,正是基于自然经济的基础之上,这符合经济基础决定上层建筑这一马克思主义的基本原理,也显示了古人的政治智慧,以"普天之下莫非王土,率土之滨莫非王臣"的大一统方式,治国理政。

---

① 《马克思恩格斯选集》第3卷,人民出版社1995年版,第633页。
② 《马克思恩格斯全集》第39卷,人民出版社1974年版,第199页。
③ [德]马克思:《资本论》第1卷,人民出版社1975年版,第830页。
④ [德]马克思:《资本论》第3卷,人民出版社1975年版,第678页。

法之理,强调法理,主要存在于法律规则和法律原则中。"社会不是由个人构成,而是表示这些个人彼此发生的那些联系和关系的总和"。[①] 而法律规则是社会关系的基本准则,是通过立法表达的社会关系的理想状态,是立法主体对社会主体的行为所遵循的一般过程、共同标准和可行界限进行认识和总结,使其个人的、任意的、偶然的行为,纳入一定的规矩和模式之中,确定人们行为的结构和规律,即行为动机——行为方式——行为结果,运用法律主体——权利义务——法律程序——法律后果——法律责任的法律运行模式。因此,在法律规则之中,以权利义务或权力责任为核心,以严谨的逻辑结构来展示。

法律原则是法律规则的指导和基础,虽然法律原则没有具体的行为模式和法律后果,但仍然是法的组成部分。无论是公理性原则还是政策性原则,无论是基本原则还是具体原则,无论是实体性原则还是程序性原则,都以实现公平正义等价值准则为目的。有的法律原则在规范性文件中直接以文字方式表现出来,有的法律原则虽然没有直接的文字表现,但隐含在规定之中,可以合理地推定出来。

三、法之情

"用法恒行法外意",[②]法之情,关注情节、情感,是基于人性和风土人情的认识。

法之情,首先是基于人性的认识,是看不见、摸不着的。因为"权力场",归根到底是人活动的场所,无论是"性善论""性恶论",还是"善恶结合论",都从人性出发,探索权力的运作模式、运行特征和规律。

法之情,同时也是对风土人情的反映,所谓"法本原情",是看得见、摸得着的。任何社会都有不同的风土人情,由此表现出不同的社会现象,而各种社会现象之间具有相互联系,存在于社会之中的法律体现了社会现象之间的普遍

[①] 《马克思恩格斯全集》第46卷(上),人民出版社1979年版,第220页。
[②] 这是在2013年3月霍先生的学术讲座中提到的古语。

联系,"从最广泛的意义来说,法是由事物的性质产生出来的必然关系"。[①] 孟德斯鸠将其概括为"法的精神",法律受到许多因素的影响,如地理、地质、气候、人种、风俗、习惯、宗教信仰、法律、政府、道德,等等。法律不能用来改变习惯风俗等社会制度性结构,反过来,立法应该与法的一般精神相符合。法律现象必须结合一定的社会现象相互之间的关系来考察,社会现象的变化源于社会内部结构中某个因素的变化,社会中某些因素的变化,是法律变化的根源,法律变化也会带动社会的变化。先生亦从汉语惯用语中剖析中国社会的法文化现象,"惯用语以简洁生动形式反映法律内容,描摹出刑事法律规范、民事法律规范,以及诉讼法、行政法等制度在现实生活中的实施细节"。[②]

法之情,还体现出法的伦理基础。从法的执行和适用看,所谓"徒法不足以自行""徒善不足以为政""法律的生命在于实施",纸面上的法律只有通过实施,才能从成为"活法",才能实现法的生命和法的价值,否则不过拥有一种"语词的力量"。"良法善治",既需要制定得完备的法律,也需要将良法付诸实施,以保障经济的发展和社会的进步。从法的效力看,法的有效性来自于外在强制性和内在正当性的结合,但是,法的效力的终极动力在于法自身的正当性及由此而产生的主体对法律规定的自觉遵守,强制性不过是法律自身"合法性"文化演绎的必然结果。法律蕴含着利益,遵守法律可以使行为人从中获益,同时,法律规则的习惯遵守,会使规则本身逐渐内化为人的自我约束,形成一种支配人们行为的伦理观念,进而升华为伦理自觉,形成社会的普遍认同,达成法治的理想。

---

① [法]孟德斯鸠:《论法的精神》,张雁深译,商务印书馆1982年版,第1页。
② 霍存福:"汉语惯用语的法文化剖析",载《法律文化论丛》2014年第3辑,第34页。

天理于中国传统法律文化观念的源本性

杨秋生　施光磊[*]

　　法文化的传承与转化,是人类法律理性之光延续不衰的秘诀,而法律文化观念结构的支配性范畴支撑着它的合理存在。天理作为永恒的自然法则,在中国传统法律文化观念结构中处于最高位阶,是"法上之法",国法依天理而设,人情依天理而酌,信仰因天理而成,法治因天理的合理存在可能成为现实。本文拟对天理观念作一梳理,以证其源本性法律范畴的地位。

一、天理是永恒的自然法则

　　自然法则源于古时候的神明崇拜,《论语》有言:"君子有三畏:畏天命、畏大人、畏圣人之言。"[①]可以看出,孔子将天命理解为自然的生命力,是一切的主宰,但他并没有像宗教那样将自然力人格化为神的形象。当把自然神明人格化为神的形象的时候,就有了汉民族心中的神的存在。由此可以推导出礼与法本身当然也就是天的意志,从而把对天的崇拜与对法的信仰与敬畏统一起来。正如西塞罗所说:"要知道,存在过源自万物本性,要求人们正确的行为和阻止人们犯罪的理性,它成为法律并非始自它成文之日,而是始自它产生之时,它是同神明的灵智一起产生的。"[②]当然,西塞罗这里所说的神明也还不是

---
　　[*] 杨秋生,吉林大学法律史专业博士研究生,辽宁工程技术大学教授。施光磊,辽宁工程技术大学管理与科学工程专业博士研究生。
　　基金项目:辽宁省社会科学基金 2010 年基金项目(L10DZZ052)。
　　① 程树德:《论语集释》,中华书局 1990 年版,第 167 页。
　　② 西塞罗:《论共和国 论法律》,王焕生译,中国政法大学出版社 1997 年版,第 88 页。

后来基督教教义中的人格化了的神明,而就是原始自然神明。

冯友兰将"天"的意义归为五种:第一是"物质之天",就是日常生活所看到的苍天,与大地相对;第二是"主宰之天"或"意志之天",即宗教所说的人格化的有意志的至上神;第三是"命运之天",也就是民间所谓的运气由天主宰;第四是"自然之天",亦即作为自然界整体意义上的天;第五是"义理之天"或"道德之天",强调天是人类道德生活的终极价值,人类道德生活的超越性根据,道德律法都可以溯源于此。① 按他的划分,"天理"之"天"指的就是"义理之天"。"天理"就是天之义理。天之道,地之理,也就是自然法则,是最高的理性,普遍适用的法律,是永恒的规范。

规定人伦秩序的"礼"降自于天。梁启超认为:"在程度幼稚的社会,固不能无所托以定民志,而况夫既持'道本在天'之说,则一切制作,自不得不称天而行。"②这样,有"天"作为起点,对最高理性的信仰就有了寄托。老子认为:"人法地,地法天,天法道,道法自然。"③《易传·序卦》曰:"有天地然后有万物,有万物然后有男女,有男女然后有夫妇,有夫妇然后有父子,有父子然后有君臣,有君臣然后有上下,有上下然后礼义有所错。"也就是说天之下的一切存在都是由天衍生出来的,是天决定了这一切的存在及秩序,这是至明之理、不证自明之法则。庄子说:"夫至乐者,先应之以人事,顺之以天理,以之以五德,应之以自然,然后调理四时,太和万物。"郭店楚墓竹简记载:"凡物由亡生。有生乎名。有命有度有名,而后有伦。有迩有形有尽,而后有厚。有生有知而后好恶生。有物有繇有绿,而后教生。其生也亡为乎其型。知礼然后知型。型非朕也。有天有命,有迩有形,有物有容,有家有名。有物有容,有尽有厚,有美有善。有仁有智,有义有礼,有圣有善。亡物不物,皆至焉,而亡非己取之者。"④这说明,人伦秩序降自于天,是天道或天命的人间化表现。程朱理学更

---

① 程帆:《我听冯友兰讲中国哲学》,中国致公出版社2002年版,第48~49页。
② 范忠信:《梁启超法学文集》,中国政法大学出版社2004年版,第86页。
③ 朱谦之:《老子校注》,中华书局1984年版,第78页。
④ 刘钊:《郭店楚简校释》,福建人民出版社2005年版,第59页。

将"天理"引申为"天理之性",是"仁、义、礼、智"的总和,即封建的伦理纲常。所谓"理则天下只是一个理,故推至四海而准。须是质诸天地,考诸三王不易之理"。①"(理)礼之所去,刑之所取,出礼则入刑",刑是礼之手段,以礼教化,以刑惩罚,礼刑相辅相成,并由此衍生出来准国法、揆人情、求公平、使平等、达无讼等相关法律价值观念。然而,在这一切法律观念中,天理始终是最高的理性,因为它就是自然法则。

二、"天理"在中国传统法律观念中的最高位阶

在作为中国法文化内核的传统法律观念准国法、揆人情、求公平、使平等、达无讼等相关法律价值观念中,天理、国法、人情三位一体是占支配地位的法律观念,包含了"法上之法"("天理""礼")、"法中之法"(律条、律例)、"法外之法"(伦常之情、人之常情)②三个方面的内容,在这三者之中,天理是最高的,是上天之道,不能轻易违背。国法的地位次于天理,其正当性来源于天理。只有体现和符合天理的国法才是良法。而人情则是充斥于社会中的"活着的法",一般也体现天理、实践天理,并与国法相辅相成、互为补充。天理是法律的生命,人情是法律的土壤,国法是公正与善良的艺术。③ 因此,天理在三者中处于最高的地位。

天理是弥漫于整个宇宙的支配法则,天理是自然与社会的发展规律,它高于一切人类社会立法的权威,它代表了古代中国的人们对公平、对正义的理解,体现了人们积极向善的价值追求,是与西方"自然法"理念相通的范畴,它制约着世界各个角落的所有自然人。韩非认为法之权衡赏罚是决不可逆天理而定的:"寄治乱于法术,托是非于赏罚,属轻重于权衡;不逆天理,不伤情性。"④国法的制定必须符合天理、国法要受天理的制约。老子在《道德经》

---

① 程颢、程颐:《二程遗书》(卷二上),上海古籍出版社2000年版。
② 范忠信、郑定等:《情理法与中国人》,北京大学出版社2011年版,第9页。
③ 李正斌:"天理·国法·人情",载《北京人大》2012年第8期,第1页。
④ 转引自霍存福:"中国传统法文化的文化性状与文化追寻——情理法的发生、发展及其命运",载《法制与社会发展》2001年第3期。

七十七章写道:"天之道,其犹张弓欤? 高者仰之,下者举之;有余者损之,不足者补之。天之道,损有余而补不足。人之道则不然,损不足以奉有余。孰能有余以奉天下,唯有道者。是以圣人为而不恃,功成而不处,其不欲见贤。"由此可以看出,老子认为,若按人道,余者愈余,不足者匮乏之无产之境地了。然公平是天之本性,平等是自然之理,故应损有余而补不足。国法的制定就必须以此为法则,此等国法方可称为国本也。

在山西平遥县衙二堂宅门的上方,悬挂着"天理国法人情"的匾额。① 这"天理国法人情"的先后排列顺序,体现了天理是最高规范,也即依天理而立国法、以国法而断天下之事,同时考虑人之常情。明人刘惟谦等《进明律表》:"陛下圣虑渊深,上稽天理,下揆人情,成此百代之准绳。"这是讲,经朱元璋钦定的明律,是依据天理酌定的。清乾隆皇帝御制《大清律例序》云:"朕……简命大臣取律文及递年奏定成例,详悉参定,重加编辑。撰诸天理,准诸人情,一本于至公而归于至当。"这是讲,乾隆命人制定的清律,也是依据天理订定的。《明史·礼志十四(凶礼三)·服纪》中记载了明初朱元璋变母丧服一年为三年而成为与父丧服制三年一致的情形中说:"夫人情无穷,而礼为适宜;人心所安,即理之所在。"国法以天理为指导将纲常具体化为国法的基本内容。宋文帝元嘉七年,郑县人黄初的妻子赵氏,打了儿子黄载的媳妇王氏,致王氏死亡。后遇赦。王氏有父母,且有儿子黄称,因有近亲在,故"依法徙赵二千里外"。司徒左长史傅隆议论说:"礼律之兴,盖本自然。"②所以,法的至上权威源于"理",法由天生,即由自然法则而生。

在天理的最高准则下,准法而断,才能维护和彰显公平。谨守法律条文,也就是要以法律为准绳,实现社会的公平、正义、平等、安定有序等目标。现时,公平正义就是社会各方面的利益关系得到妥善协调,社会矛盾得到正确处理;安定包括政治、经济、社会以及人心安定等诸多层面;有序则是指在经济、

---

① 李少华等:《古城平遥》,山西经济出版社 2001 年版,第 47~48 页。
② 转引自霍存福:"中国传统法文化的文化性状与文化追寻——情理法的发生、发展及其命运",载《法制与社会发展》2001 年第 3 期。

政治、思想、文化、社会、生活秩序等方面都有章可循。一切以制度和法律为准,而不以领导人的改变,不因领导人的看法和注意力的改变而改变,准法而断,维护和彰显公正这在中国古代就有实例。聪慧的君主凭借法律而不是凭借个人的小聪明来治理国家,依靠公正而不依据私利来处理事情。唐太宗与大理寺卿戴胄论法律大信与皇帝失信之事就说明了这个问题。《通典》卷一百六十九《刑法七·守正》:"其年九月,盛开选举,或有诈伪资荫者,上令自首,不首者死。俄有诈伪事泄,大理少卿戴胄断流。"上曰:"朕上敕不首者死,今断从流,是示天下以不信,卿拟卖狱乎?"胄曰:"陛下既付所司,臣不敢亏法。"上曰:"卿自守法,而令我失信邪?"胄曰:"法者,国家所布大信于天下;言者,当时喜怒之发耳。陛下发一朝之忿而许杀之,既知不可而之於法,此乃忍小忿而存大信。若顺忿违信,臣为陛下惜之。"上曰:"法有所失,公能正之,朕何忧也。"《唐律疏议》规定,"诸断狱皆须具引律令格式正文,违者笞三十",这是中国封建时期援法断罪、罪刑法定的最简明的概括。这说明在中国古代,援法断罪、罪刑法定作为一项原则性的法律制度早已确立。

中国传统的人情观念比较复杂,既有人情世故,又有体现天理的伦理道德、风俗习惯,还有民情、民意的成分。这里既有人情世故、民情、民意之义,又有人之私情的成分。

"以理制情"是说在"理"与"情"(人情世故、民情、民意之间),"理"在上位、"情"在下位。所谓"理自天设,情由人生。以理制情,而礼乐之用行焉"。① 林语堂在分析情理精神在儒学中的地位以及在中国人际关系互动和社会秩序整合中的作用时作了如下阐述:"中国人在判断某论点正确与否时,并不仅仅诉诸道理,而是既诉诸道理,也诉诸人情。……'情'代表着可变的人的因素,'理'代表着不变的宇宙的法则。这两个因素的结合,就是评价某项活动,或某个历史问题的标准。……中国人将合情合理置于道理之上。道理是抽象的、分析性的、理想化的,并倾向于逻辑上的极端;而合理精神则更现实、更人道,

---

① (元)脱脱等:《辽史·礼志一》,中华书局1974年版。

与实际紧密联系,能更正确地理解和审时度势。"① 这是说,"理"上"情"下。当然,在当代中国人心目中的"理"的具体内容也许发生了一些变化,但其核心价值目标——公平、正义、道德、公共利益等大的范畴是没有变的。在许多场合,人们仍沿用着古老的概念,表达对现实存在的合理性作出评价,并形成价值认同。

"法不容情"体现在司法中是处理情(人之私情)与法的关系时不徇私情。中国法谚说:"王法无情""法不容情"。清代河南内乡县衙刑房的对联是:按律量刑昭天理,依法治罪摒私情。② 当然,这里的"人情"是"人之私情",是人情中人际关系的一面,即亲友、乡邻、同事之私情。这种私情是一定要摒弃的,因为这种人情与天理不符,有悖天理,会导致不公、不正、不平,会使社会秩序发生混乱,影响社会的正常运转。

三、天理是中国公众法律信仰的内核

美国法学家哈罗德·J. 伯尔曼在他的《法律与宗教》有这样一段话:"法律必须被信仰,否则它将形同虚设。它不仅包含有人的理性和意志而且还包含了他的情感,他的直觉和献身,以及他的信仰。"美国学者伯尔曼也曾说过:"没有信仰的法律将退化成僵化的教条。"法律信仰其实是通过灌输培养起来的又被社会良性运转的现实证明行之有效的一种社会意识形式,这种社会意识形式在初期表现为这样一种社会心理,即法律是至上的,人类社会的一切事务都必须有统一的规范体系,并在这种规范的基础上形成一整套运行机制,任何人都必须在规范体系内活动,任何事都必须由这套规范来制约,使整个社会呈现一种不断接近人类的社会理想状态——公平、平等、正义、和谐。这样,社会越是向着这个目标前进一步,民众对法律规范的信心就越来越大,情感就越来越浓厚,对法律的信仰就逐步地树立起来,然后又反过来推动社会更加进

---

① 林语堂:《中国人》,学林出版社 2001 年版,第 147 页。
② 尹先敦:《历代官署衙门楹联选》,中国文联出版社 2003 年版,第 80~90 页。

步。当这种社会心理转化为人们对法所表现出的一种忠诚的意识和高度信任的感觉时,它就转化为了法律信仰。而只有树立普遍的法律信仰,法律才能被自觉地服从、普遍地遵守,从而为实现法治的合理存在奠定坚实的社会法律心理基础。日本学者穗积陈重有言,只有那些能够"人法兼用"即把人的作用和法的作用结合起来的法律才堪称永恒的法律。① 实在法的作用只在制度层面上起作用,而人的作用——主要的是守法者的作用在于服从。亚里士多德说:邦国虽有良法,如果没有民众的普遍的服从,也不能实现法治。② 民众的服从仅靠制度法是不够的,必须而且一定依靠的是理念层面的规范。因为,只有理念层面的规范才是永恒的规范,才是能够永远有效地发挥作用的规范。

公众法律信仰的形成不是自发产生的,需要向整个社会全体民众的内心灌输核心法律文化观念才能实现,也即是说必须有一个永恒的、最高的理性存在。公平正义、安定有序、人与自然和谐共处等价值目标之上必须有一最大的、最高的理性作为终极信仰。

在西方的政治法律思想中,公众法律信仰的最高理性就是自然法观念。自然法是凌驾于人的理性之上的最高的理性。"对自然法的信仰,乃是西欧政治思想之独特标记。"③古罗马西塞罗把法律与人的理性紧密地联系起来,认为法律的本质应该从人的本性中去探求,而人的本性就是理性。但是人的理性是受主观愿望影响的理性,只有法律才是不受主观愿望影响的理性,而自然法就是不受主观愿望影响的理性之理性,是最高理性。在西方政治法律思想观念中,自然法是指反映自然之秩序、体现人类之理性,普遍适用于人类一切行为的永恒法则。古希腊克里西普《论主要的善》:"我们个人的本性都是普遍本性的一部分,因此主要的善就是以一种顺从自然的方式生活,这意思就是顺从一个人自己的本性和顺从普遍的本性;不做人类的共同法律惯常禁止的事情,

---

① [日]穗积陈重:《法律进化论》,黄尊三等译,中国政法大学出版社1998年版,第53页。
② [古希腊]亚里士多德:《政治学》,商务印书馆1965年版,第199页。
③ [英]登特列夫:《自然法——法律哲学导论》,李日章译,联经出版事业公司1884年版,第10页。

那共同的法律与普及万物的正确理性是同一的,而这正确的理性也就是宙斯,万物的主宰与主管。"①自然法是西方法治思想的基石。美国当代法学家昂格尔指出:"法律秩序得以产生的第二个主要条件就是存在一种广泛流传的信念,在不那么严格的意义上,可称其为自然法观念。它包括了一些把规则与描述结合在一起的、普遍适用于各种社会形态的原则。"②

在中国,公众法律信仰的最高理性也即内核法律文化观念就是天理。法文化的传承,不以我们是否喜欢哪个概念、哪个范畴而定。作为文化基因,它或它们已经在我们不经意之时已楔入我们的脑子里,外化在我们的语言中、行动中。旧传统并没有终结,所需要的只是创造性的转化。③ 当此世界大争之世,中国要实现中国梦想,实现社会的民主、正义、公平价值目标,就必须实现观念层面的总动员,诠释"天理"这个中华民族数千年来积淀的法律文化观念的主要内涵,并对其进行创造性的转化,赋予新内容,使之作为最高理性,同时以之为中心,形成准国法、揆人情、求公平、使平等、达无讼等中国传统法律文化观念体系,灌输给公众,普遍地培养社会公众的法律情感,激发起他们对法律高度认同的热情,将法律作为整个社会所信仰的对象,从而以社会公众内心的原动力支撑起法治大厦的精神结构,社会主义和谐法治的合理存在才可能成为现实。

---

① 北京大学哲学系外国哲学史教研室编:《古希腊罗马哲学》,商务印书馆1961年版,第375页。
② [美]昂格尔:《现代社会中的法律》,吴玉章、周汉华译,中国政法大学出社1994年版,第68页。
③ 转引自霍存福:"中国传统法文化的文化性状与文化追寻——情理法的发生、发展及其命运",载《法制与社会发展》2001年第3期。

"情理"法及其文化意蕴初探

邓勇*

皇皇中华法系,①传承数千年,光耀全东亚,其利国利民之广大深远,虽竭尽吾辈之智亦难测知!面对纷繁复杂之社会人心,能矗立数千年而不倒,全世界亦绝无仅有。余以为,众多先贤所言绝非溢美之辞。② 于是,笔者不揣鄙陋,在前辈研究的基础上,尽力深入古人法律生活、尤其是古人观念世界,认为中华法系中存在一种根本性的、总体上的、亘古不变的核心法律精神——情理精神。以此为基,"情理"法之提出乃水到渠成。"情理法"与"礼法、儒家法(伦理法)"之类提法不同,与"道德法"范畴更是大异,其关键在于所采用之"内外层级论"思维路径:把中华法系之方方面面分为数个层级,在内外结合中统摄其"躯体"与"灵魂"。

一、"情理"是中华法系的普遍标准

通过对我国古代司法实践、精神依据、立法贯彻中的"情理"进行实证考

---

* 邓勇,湖南武冈人,吉林大学法学院讲师,法学博士。
① 为了集中研究视野,"知之为知之",本文在狭义上使用"中华法系"这一范畴,意指从汉代到清末(公元前202年~1911年)的中国法律,我国汉代以前以及整个古代东亚国家的法律,本文不作具体论证。瞿同祖先生的《中国法律与中国社会》即以此为研究范围,"本书的第二个目的即在于讨论中国古代法律自汉至清有无重大变化"(瞿同祖:《瞿同祖法学论著集》,中国政法大学出版社2005年版,第1页)。另外,为了表达的需要,如果不作特别说明,本文在同等意义上使用"古代法律"和"中华法系"(其实,从文化意义上看,汉代前后的整个古代法律是相通的,只是本文未论证之,所以作此说明)。
② 对于中华法系及其文化精神,许多近代思想家早有深刻研究,比如陈顾远先生、李钟声先生、张金鉴先生、梁启超先生、丁元普先生、张天权先生等,他们学问精深、论证严谨,对中华法系的赞叹之情实发自内心。各家相关论述丰富充实,本文不具引。请参见俞荣根先生对"中华法系学"的系统总结,俞荣根等编著:《中国传统法学述论——基于国学视角》,北京大学出版社2005年版。

察,并且引用近现代诸多学者的类似看法,霍存福先生认为,我国古代法律中的情理(精神):发轫于古人断狱的司法要求,扩展于古人对法律依据、法律精神的理解,贯彻于古代的立法之中,分化于近代社会的巨变过程中。①

从总体上看,"情理"确实是我国古代法律生活中的主流观念,"情理"正是古人评判法律和实践法律的普遍标准。笔者认为,对于今人而言,理解该标准有两大关键:第一,"情理"是天理和人情的融合,而不是二者的简单相加,"情"中含"理"、"理"中含"情",不是纯粹的天理或人情,这方面在古代是很明显的;第二,"情理"具有基本情理、更高情理的不同层级,而非僵化硬性的标准,此方面则需要进行较深概括,因为古人没有直接论述之。笔者认为,"基本情理"的内容是"起码仁义";"更高情理"则是古人说的仁义道德。从此层级区分,可以明显看出中华法系的最大特色:针对不同的对象,在不同的场合,具有不同的要求和提倡,它是一种符合中庸和谐之道的法律。

"基本情理"是指人之为人的起码要求,其要求是比较低的,先圣孟子说:

> 人之有道也。饱食、暖衣、逸居而无教,则近于禽兽。圣人忧之,使契为司徒,教以人伦……父子有亲,君臣有义,夫妇有别,长幼有序,朋友有信。(《孟子·滕文公上》)

> 恻隐之心,人皆有之;羞恶之心,人皆有之;恭敬之心,人皆有之;是非之心,人皆有之。(《孟子·告子上》)

可见,所谓"起码仁义",就是最基本的伦常之道,就是符合人之常情的最起码的做人道理,是每个人做人的本分,其内在是基本的恻隐之心、羞恶之心、恭敬之心、是非之心等。古人认为,如果人们违反了起码的最基本的仁义,父子之间没有亲情、君不礼臣不忠、夫妇不完成各自的本分,长幼没有上下伦序,朋友之间不讲信用,就会侵害他人,自己也失去称之为"人"的资格。如果再具

---

① 霍存福:"中国传统法文化的文化性状与文化追寻——情理法的发生、发展及其命运",载《法制与社会发展》2001年第3期。另外,霍先生认为,近代"礼教派"和"法理派"的分裂与争论,并没有完全终结中国法律中的情理精神,先生对近代法律精神的研究,是其对古代情理精神研究的继续。参见霍存福:"'合情合理,即是好法'——谢觉哉'情理法'观研究",载《社会科学战线》2008年第11期。

体一下,起码仁义可以归结为"孝悌"二字。孔子说:"孝悌也者,其为人之本与!"(《论语·学而第一》)古代圣贤都认为,是否孝悌是判定一个人仁与不仁的最低标准所在,并且经常运用这一标准。可见,做到了基本情理(起码仁义)当然不能说是道德的人,只是具备了基本的做人资格而已。古代治民之法中的要求,主要是基本情理方面的,比如,不要杀人放火、偷盗伤害、欺骗诈伪、打架斗殴,不要触犯"十恶"等常赦不原之罪,都只是起码仁义而已,所有人都不应当违反。

"更高情理"就是古人说的仁义道德,根据其高低不同可以分为完全仁义、中等仁义与浅层仁义。古代法律领域说的仁义道德主要是中等仁义和浅层仁义,但也隐含着天道天理这种完全仁义。古代治民之法的要求,大部分是起码仁义,少部分是浅层仁义;治官之法的要求,大部分是浅层仁义,少部分是中等仁义或起码仁义;起码仁义、浅层仁义与中等仁义,都趋向于回归天道天理(完全仁义),而逐渐远离邪恶。从历史事实看,明君忠臣都能够做到中等仁义或完全仁义,比如汉文帝、光武帝、唐太宗、宋太祖、岳飞、文天祥、张居正、曾国藩……至于清官贤相则往往能够做到完全仁义,比如魏征、白居易、范仲淹、包公、海瑞、真德秀、于成龙、薛允升……列入正史的循吏清官,历代"清明"案件中的法官,基本上都是具有中等仁义或完全仁义的官吏。浅层仁义与中等仁义的区分,在官吏的考课制度中最为明显,历代往往把官吏分为上、中、下三等,其标准分别相当于完全仁义、中等仁义与浅层仁义。

根据上述对情理标准层次性的揭示,笔者认为,可以把"情理"界定为"天理和人情的紧密融合",即具体人情与做人道理的结合,是古代对于人们行为最起码的仁义要求,以及更高仁义的要求与提倡。古人法律生活中的"情理"标准,适用于一切人,几乎在一切时候都是人们评价法律和法官的标准,即使是君主,也要受到是否"合情合理"的严正评判。古代法律并不是僵硬死板地以一个标准去评判不同条件下的不同人,而是对不同条件下的人有不同要求,力图促使所有人在自己原有基础上向善向上。

二、情理精神是中华法系的核心精神

所谓"内外层级论",就是以天理和人情的结合及其结合的不同程度,作为古代法律的内在方面,以礼制法刑及其实施作为古代法律的外在方面;以主流文化为基础、不忽视非主流文化,兼顾理想中的精神、现实化的人性表现,立体统一地阐释古代法律中的情理(精神)。在此路径中,情理、仁义与情理精神的实施效果具有一一对应关系,请参看附表"情理法的层级性与治理效果的优劣"。

(一)情理精神的界定

情理精神是现实中的人依据"情理"标准行事的现实精神,具有主动性、自觉性。情理精神的实现程度也就是情理标准被遵循的程度。在我国古代法律生活中,情理精神更着重于要求治理主体对情理标准进行主动把握,[①]古代法律治理系统正是围绕此一核心形成。因此,根据上文界定的"情理",加上法律实践因素,可以对情理精神进行明确界定:指治理主体对治理对象的具体人情依据天道天理进行主动把握的良善精神,即在治理过程中谨慎判断治理对象是否符合起码仁义或浅层仁义,然后根据天道天理,针对治理对象的具体人情作出符合起码仁义(基本情理)或符合仁义道德(更高情理)的处理。

(二)情理精神造就了中华法系的灿烂辉煌

中华法系稳定长久地存在了数千年,对当时的社会秩序和文化秩序起到了良好作用,这是没有疑义的。这种良好作用主要来自它对人们的适中"要求"和向善"提倡"。所谓"适中要求",是指古代法律要求民众的行为应当符合"基本情理(起码仁义)",并且提倡而不强求其行为符合"更高情理";对君主和官吏则要求应当符合起码仁义、浅层仁义,并且提倡其行为符合中等仁义与完全仁义。

所谓"完美情理精神",是指完全符合治理对象常情常理的法律运行情况,

[①] 当然,古代法律并不反对治理对象具有情理精神,只是不以此为重点。

治理主体对治理对象的具体人情，能够深切体谅，对各种对象能够运用天道天理进行适当引导，能够完全使治理对象心服口服，完全达到惩恶扬善的目的，所以说是"完美的"。所谓"有缺情理精神"，是指基本符合治理对象常情常理的法律运行情况，治理主体的行为有所欠缺，对治理对象的具体人情不能完全明确或者体谅不足够，只能在一定程度上达到惩恶扬善的目的，所以说是"有缺的"。完美的与有缺的情理精神，共同构成了古代法律情理精神的历史运行。如果以是否实现了完美情理精神进行衡量，古今中外将没有一个法律系统是合情合理的。如果以是否实现了有缺情理精神进行衡量，则中华法系实现了此种"情理精神"。中华法系的灿烂光辉正是来自于情理标准在现实生活中的基本实现，而非完全实现。

笔者认为，以《唐律疏议》为代表的很多成文法，减免刑罚制度、录囚制度、御史制度、死刑复核复奏制度等很多制度，以及许多实际的案件中，立法者与司法者的行为，都非常符合和基本符合当事人的常情及其背后的常理，所以说体现的是完美的或有缺的情理精神。至于不符合情理的现象，从来都是古代法律所反对的，腐败司法、权力斗争、贪官污吏、杀人盗窃、欺骗诈伪等所有人的为非作歹，都是古代法律的治理对象。符合或基本符合情理的法律精神，正是希望这些现象减少、消除，希望民众、官吏和君主都要尽可能向善，趋向于回归天道天理。

（三）情理精神能够统摄各种具体法律精神

近代当代学人，对古代法律精神，有诸多总结。笔者认为，只要不故意歪曲理解，这些符合古代法律真相的特点或精神都可以用情理精神进行有效阐释，能够涵摄于情理精神之中。比如，德主刑辅、先教后刑、仁道恕道、以德服人等，既符合天理，又考虑了人情：人情容易为非犯错，必须要礼制和法刑两手并用，才能有效遏制；依照天理，惩恶不是目的，扬善是更重要的，因此先教化、以德服人就非常重要。再比如，中华法系主张义务互负，所谓君礼臣忠、父慈子孝、夫良妇顺、兄友弟恭、朋友有信，彼此之间各有其义务和责任，"在礼字方面，无非求其克己尽己，以禁之于未然；在法字方面，逼而使其就范，改过自新，而以个人对社会尽其义务为出发点"。① 人们互相负有义务,强调每个人都要尽自己的本分和责任,而不是单向要求某一方负责任,这是对人情的考虑,对于一般人而言,对方不尽义务、只是自己尽义务是很难做到的,要求人人尽责任则可以激发人的善性;人人所负义务的内容,则是天理的体现,礼、忠、慈、孝、良、顺、友、恭、信等是基本情理和更高情理,其实现的深浅程度包括了从起码仁义到浅层、中层、完全仁义的不同层级。可见,情理精神能够统摄各种具体的法律精神。至于情理精神实施不够和完全违反之因,则是人性的负面,那显然不是法律导致的。

三、"情理"法的提出

由上文可知,中华法系的观念与实践,对所有人都有适中要求与向善提倡,确实是尽力追求合情合理,并且实践中基本上符合情理标准,"情理法"能够概括中华法系的总体。同时,"情理法"范畴也能够弥补学界既有认识的某些不足,并且为当代法律实践在总体精神上奠定历史基础——至少是理解古代法律和古代文化的有效路径之一。

学界对古代法律(中华法系)的精神已有诸多研究,对其总体上的核心文化精神也有一些认识,并且提出了"礼法、儒家法(伦理法)、道德法"等总体范畴。对于今人而言,这些范畴的提出,确实具有重要意义:"礼法"可以让人们了解,中华法系是以礼的制度和精神为核心的,以法刑代表古代法律常常会使人误入歧途,因为"礼治"并不是法家说的"刑治"与今人说的"人治";"儒家法(伦理法)"凸显了儒家思想与宗法伦理在古代法律中的中心地位,有助于把握中华法系的主流思想;即使是"道德法"的提法,如果去掉论述者的主观成见,"道德"本身揭示的向善意蕴,和中华法系的惩恶扬善也是一致的,在一定意义上有助于人们了解古代法律背后的总体原则或精神追求。

遗憾的是,对于今人了解中华法系的真意而言,这些范畴或多或少总有一

---

① 范忠信等编:《中国文化与中国法系:陈顾远法律史论集》,中国政法大学出版社 2005 年版,第 41 页。

些不足之处：其一，"道德法"的论述，往往以自己的观念强加于古人，认为法律和道德应当分开，所谓"泛道德(化)"是不好的，直接导致人们对古代法律的否认，更遑论了解其文化精神了。殊不知"泛道德"的提法本身就是有问题的，法律和道德实为同质异态、一体两面，①二者不可能、也不应该完全分离，不以道德为基础、缺乏德性的法律在古今中外都不能长久存在，根本上是缺乏实效的。论者经常以物质外在为标准、强行以西方为中心比较法律文化的优劣，此种弱肉强食的强权逻辑是人类一切文化精神所反对的，和世界各国历史文化的实际情况也不符合，于世道人心实在是有害无益。其二，"儒家法(伦理法)"意图从古人的观念出发，以"儒家"或"伦理"区分于西方的法观念，但是，很多"儒家法(伦理法)"论者对儒家及其伦理的基本否定，容易引起对儒家思想和古代思想的巨大误解。此提法非常容易遮蔽差异伦理背后的义务互负、天下为公、民本思想等深具意义的文化精神，即使有些论者没有否定儒家伦理，社会大众既有的否定儒家伦理的观念，也会使其一看到"儒家、伦理"就不再对古代法律产生所谓"同情地理解"，更不能善意地了知其背后的文化精神了。因此，至少在人们对儒家伦理误解巨大的时期，不宜多用"儒家法(伦理法)"范畴。其三，"礼法"范畴本身是想澄清人们对古代法律范围乃至精神的误解，论者具有敏锐的眼光。但是，由于近代以来人们对礼、礼制的严重误解，使得今人一谈到"礼"就自动趋向于误解其精神，根本不去深究礼制伦序背后的文化理由和文化追求，不容易拨云见日知深层。可见，如果不对上述范畴本身及其带来的误解加以澄清，不但不利于了解古人的生活与智慧，而且也不利于当代的法律实践，因为任何法律制度都有其历史文化基础，那是不应抛弃、不必抛弃、也根本抛弃不了的，就像一条河流抛弃不了自身的源头，就像一个人不能没有祖先而凭空产生一样。

---

① 这点陈顾远先生有精辟论证："实则法律与道德固非同源同流，亦非异源异流，更非同源异流，仍非异源同流，乃一种同质异态之事物；一个法身，两个法相而已。法律为道德之甲胄，道德为法律之宝藏，需要庄严相时则以法律出之，需要慈和相时则以道德出之。今既如此，古亦同然。是故以道德法律混淆攻击中华法系，前提已有所误。"参见范忠信等编：《中国文化与中国法系：陈顾远法律史论集》，中国政法大学出版社2005年版，第541页。

本文明确提出"情理法"范畴，目的是避免今人对古人的误解。内外层级论的思维路径，全面考虑了中华法系的内在、外在及其不同层面，是一种立体的从古人法律生活出发的理论视野，希望能达此目的。笔者认为，情理法范畴至少能够在三方面克服其他范畴的理论局限：第一，情理法指向和注重的是古代法律的内在文化精神，可避免从外在规范和表象出发而带来的误解；第二，情理法指出了儒家思想或宗法伦理在古代法律领域的内容实质，是天理和人情的紧密融合，可避免对古代主流思想的误解；第三，"情理法"避免了很多无谓的争论，不容易陷入今古观念之争、高低优劣之争的泥潭，能够避免在未明古法精神之前就武断地论述其优劣。比如，情理法不纠缠于道德与法律的关系，而是直接指出各种法律现象的精神来源，不论道德和法律是否分开、是否应该分开，古代立法和司法所追求的都是合情合理。

需要声明的是，情理法的提出，首先要归功于霍存福先生的严谨研究，其《中国传统法文化的文化性状与文化追寻》一文，实际上"潜隐着把情理法作为整部法律史理解的意识，对古代讲究情理的传统在立法、司法上的主要表现作了尽可能详细的叙述"（见该文之"内容提要"），只是该文没有从概念范畴上明确论证"情理法"而已。本文观点及其详细论证（即笔者博士论文《试论中华法系的核心文化精神及其历史运行——兼析古人法律生活中的"情理"模式》），正是以霍先生的精深研究为基础的。

结语：悠悠"情理法"，天地共生辉

"情理"法者，上求天道天理，下顺人情民心，得到了当时社会上下广泛尊重和仰信的，要求治理主体合情合理地对待治理对象、深切体谅人之常情的，通过惩恶扬善，力图恢复被为非作歹者破坏的社会秩序和文化秩序，从而促使个人、社会回归和谐乃至趋归天道天理，在实践中有效奉行了"仁义（善良）面前人人平等"的伟大法律也。

依据正文，情理法（即中华法系）的文化意蕴，包括三个方面：其一，此法系

针对的是古代中国人的人性负面;①其二,此法系的文化精神是追求合情合理的情理精神;其三,此法系的治理效果是基本合情合理,其正面和负面因素基本上处于动态平衡状态,较好地维续了古代的社会秩序和文化秩序。笔者认为,这三个方面,正是我国法律文化研究的范围:如果欠缺对人性负面的警觉,视而不见,社会治理系统就会无的放矢,成为没有针对性的空中楼阁;如果欠缺对文化精神的深入领悟,迷惘困惑,就会在众多的法律现象中无所适从,找不到法律治理的光明方向,乃至以自己的研究增加社会人心的黑暗;如果欠缺对治理效果的考察,以己度人,则会武断地轻视(只看到其负面)或高估(只看到其正面)中华法系,往往以自己心中所谓的完美标准强行判断古人的是非善恶,其标准在古今中外都行不通。情理法的研究,能够兼顾这三大方面,而且,其文化意蕴的重心是第二方面,能够把握古代法律的文化核心和灿烂光辉。

不过,情理法的研究,仅仅是万里长征的第一步。一方面,本文提出此范畴,是探讨性的,并非定论共识。情理法探索,理当百家争鸣、百花齐放,只要有利于中华文化,有利于世道人心,任何研究都是有意义的。另一方面,本文的探讨,还是初步的,很多重要问题本文并未阐明。比如,情理精神和中国文化的具体关系,天理和人情结合的具体方式,现实人性的具体制约,近代情理精神的变迁……故此,本文对情理法的初步探讨,有待于各位方家贤人批评指正,中华法系的熠熠光辉,有待于理论界和实务界的共同努力。本文不过是抛砖引玉而已,若能引来诸多智慧贤哲共探悠悠情理法,未尝不是吾国吾民之幸也。

情理悠悠,天地同辉,本文所言,意犹未尽,遂总而叹曰:

情理法者,上求天道,下体人情,惩恶扬善,合情合理。情理精神,惠泽古代,影响深远,为非作歹,得以受限,良善治理,得以实现。乱世腐朽,人之所为也,非情理之罪,实灭情理所致。吾国文化,原本广大,世易时移,精神失落,呜呼哀哉!总体而言,现实人性,黑暗无尽,古今中外,莫不如是。人类制度,若可阻遏,滔滔人欲,必可控制恶性、回归善性,社会和谐、渐至治世。情理之法,

---

① 惩恶扬善显然慎重考虑了人性的正面,但法律显然不是针对人的善性。

正有此效。形式可变,精神永恒,但愿情理,引国复兴,民族振兴,莫此为甚。仰应天理,俯顺人情,合天地之德,成治世伟业,舍情理精神,何能至焉!幸此精神,已渐复兴,吾国吾民,深有望焉!治国立制,合情合理,庶可国泰民安、风调雨顺,所谓天下太平,指日可待也!祈愿情理精神,与天地同光,与日月同辉,引吾国吾民,共赴致治之域,引世界天下,共享太平盛世!

附表:

情理法的层级性与治理效果的优劣

情理的层级	仁义的层级		情理精神的实现程度		治理效果
更高情理	完全"仁义"(天道天理)		完美的	完美情理精神	超常世
	常言仁义	中等仁义	有缺的	中等情理精神	常世
		浅层仁义		浅层情理精神	
基本情理	起码"仁义"(做人资格)		做到最低正义 (人堪忍受的治理)		乱世
不合情理	为非作歹(违法犯罪)		违反情理精神 (不堪忍受的邪恶)		

附注: 本文曾经发表于中国法律史学会成立30周年纪念大会暨2009年会《会议论文集(上)》,代表了笔者主要的学术观点,这次选编,是为了纪念恩师执教30周年,更是为了向导师汇报,以谢深恩。

·法律制度与法律思想研究·

战国时期国家法律的传播
法家学派的渊源与属性考论
再论秦汉律中的谋杀
重审董仲舒与"春秋决狱"之成说
浅谈南宋财产继承制度
论谢觉哉的新民主主义民主宪政思想
论谢觉哉对新民主主义宪政观的理论发展
博物馆藏品著作权法律问题探析

战国时期国家法律的传播

——竹简秦汉律与《周礼》比较研究(三)

朱红林[*]

战国时期是中国古代中央集权制度逐步确立并完善的时期,法制建设则是其标志之一。战国时期的变法运动已为学界详论,但关于列国法律自上而下的传播方式及其相应的保障制度,则论述不多。本文主要以《周礼》等传世文献与出土的秦汉简牍中的史料相结合,做一些初步的探索。请专家批评指正。

一、自上至下,逐级传达

战国时期法律传播的可以概括为:从上到下,先官后民,抄法读法明法用法。

所谓从上到下,就是说法律的传播首先从中央机关开始,先中央后地方,逐级传达。就《周礼》而言,《周礼》六官分别为天官冢宰、地官司徒、春官宗伯、夏官司马、秋官司寇、冬官司空。冬官部分亡佚,故在此不论。天官冢宰亦称大宰,是周王之下总理全国的最高行政长官,总掌"建邦之六典",即治典、教典、礼典、正典、刑典、事典,这六类典章既包括针对诸侯国的,也包括针对王朝直辖区的。

以地官系统为例,乡大夫在司徒那里领受法律之后,回到本乡便逐级向下

---

[*] 朱红林,吉林大学古籍研究所、出土文献与中国古代文明研究协同创新中心教授。

传达，直到每家每户。《乡大夫》：

> 正月之吉，受教法于司徒，退而颁之于其乡吏，使各以教其所治，以考其德行，察其道艺。

"教法"指的是《大司徒》掌握的"十二教""土会之法""土宜之法""十二荒政"等等。"乡吏"则指的是乡大夫属下的各级地方行政官吏，依次为州长、党正、族师、闾胥等，这些官吏则把其所领受的政策法令依次传达给辖区百姓。如：

> 《州长》：各掌其州之教治政令之法。正月之吉，各属其州之民而读法，以考其德行道艺而劝之，以纠其过恶而戒之。若以岁时祭祀州社，则属其民而读法，亦如之。春秋以礼会民而射于州序。凡州之大祭祀、大丧，皆莅其事。若国作民而师、田、行、役之事，则帅而致之；掌其戒令与其赏罚。岁终，则会其州之政令。正岁则读教法如初。三年大比，则大考州里，以赞乡大夫废兴。

> 《党正》：各掌其党之政令教治。及四时之孟月吉日，则属民而读邦法以纠戒之。春秋祭禜，亦如之。国索鬼神而祭祀，则以礼属民，而饮酒于序以正齿位：一命齿于乡里，再命齿于父族，三命而不齿。凡其党之祭祀、丧纪、昏冠、饮酒，教其礼事，掌其戒禁。凡作民而师、田、行、役，则以法治其政事。岁终，则会其党政，帅其吏而致事。正岁属民读法，而书其德行道艺。以岁时莅校比。及大比，亦如之。

> 《族师》：各掌其族之戒令政事。月吉，则属民而读邦法，书其孝、弟、睦、姻、有学者。

> 《闾胥》：各掌其闾之征令。以岁时各数其闾之众寡，辨其施舍。凡春秋之祭祀、役政、丧纪之（数）[事]，聚众庶。既比，则读法，书其敬、敏、任、恤者。凡事，掌其比，觵挞罚之事。（引文重点号为笔者所加）

这种由中央到地方，从上到下逐级传达的制度，保证了国家政令的畅通，保证国家的政令不仅官吏熟练掌握，而且百姓也都耳熟能详。

再以《周礼》的春官系统为例。《周礼·春官·御史》：

掌邦国都鄙及万民之治令，以赞冢宰。凡治者受法令焉。掌赞书凡数从政者。

郑玄注："为书写其治之法令，来受则授之。"孙诒让曰："法令，谓应行之条律。其文繁多，故为书写授所司，使受而行之也。"①御史是辅佐冢宰治理天下的，所以他那里保存着一份国家法律的副本。因为法律条文繁多，所以由专人抄写，授予来受法的国家的各级职能部门②。

如果仅从《周礼》本身的这些记载分析，我们或可以怀疑其中理想化的成分，但是再与《战国策》《商君书》《管子》以及睡虎地秦律相印证，我们就不得不承认其真实性还是占很大比重的。

《战国策·魏策》："安陵君曰：'吾先君成侯受诏襄王，以守此地也。手受大府之宪，宪之上篇曰：子弑父，臣弑君，有常不赦。国虽大赦，降城亡子不得与焉。'"安陵君的先人受封之时，即从国家的法令管理机构接受了作为指导方针的法律条款，忠于家国，永不背叛，否则必受严惩。

《商君书·定分》篇虽非商鞅所作，但学界公认它确系商鞅一派法家的作品，可能产生于战国后期，其中记载当反映着商鞅变法以后秦国的情况③。《定分》：

法令皆副，置一副天子之殿中。为法令为禁室，有铤钥，为禁而封之，内藏法令一副禁室中，封以禁印，有擅发禁室印，及入禁室视法令，及禁剟一字以上，罪皆死不赦。一岁受法令以禁令。

天子置三法官，殿中置一法官，御史置一法官及吏，丞相置一法官。诸侯郡县皆各为置一法官及吏，皆此秦一法官。郡县诸侯一受宝来之法令，学问并所谓。

---

① 孙诒让：《周礼正义》，第8分册，中华书局1987年版，第2140页。
② 彭林：《〈周礼〉主体思想与成书年代研究》（增订本），中国人民大学出版社2009年版，第81页。
③ 黄留珠："略探秦的法官法吏制"，载《西北大学学报》（哲学版）1981年第1期。

孙诒让指出,"宝来"即"禁室"之误。① 按照《定分》篇的说法,秦国的法令除原始文本之外,中央还分别抄录几个副本。这些副本分别藏在天子之殿、禁室、御史府及丞相府等处。禁室中的法令每年公布一次,中央各级部门及郡县政府的主法令之官都要来这里接受法令。

《管子》一书也记载了国家法律颁布并逐级传达的过程。《立政》云:

> 正月之朔,百吏在朝,君乃出令布宪于国。五乡之师,五属大夫,皆受宪于太史。大朝之日,五乡之师,五属大夫,皆身习宪于君前。大史既布宪,入籍于太府,宪籍分于君前。五乡之师出朝,遂于乡官,致于乡属,及于游宗,皆受宪。宪既布,乃反致令焉,然后敢就舍。宪未布,令未致,不敢就舍,就舍谓之留令,罪死不赦。五属大夫,皆以行车朝,出朝不敢就舍,遂行。至都之日,遂于庙,致属吏,皆受宪。宪既布,乃发使者,致令以布宪之日,蚤晏之时。宪既布,使者以发,然后敢就舍。宪未布,使者未发,不干就舍,就舍谓之留令,罪死不赦。宪既布,有不行宪者,谓之不从令,罪死不赦。

国家的法律法令由国君签署发布,但具体的工作由大史来实施。五乡之师和五属大夫都是地方行政部门的最高长官,他们从大史那里领取法律文本进行学习和研究,"身习宪于君前",是说他们对法律的熟悉得到了国君认可。之后,这些地方长官离开首都,把他们所接受的法律逐级传达给其属下的各级职能机构。这一过程要及时准确,不能迁延时日,否则相关的官员就会受到严厉的处罚。《立政》篇属于《管子·经言》诸篇之一。关于《经言》诸篇的成书年代,学界观点不一,但多倾向于战国中期。② 可以看出,《管子》中关于法律颁布过程的记载与《商君书》非常相似。睡虎地秦简《内史杂》:"县各告都官在其县者,写其官之用律。"同样证明了这一点。

可以看出,战国时期国家法律的颁布,在立法完成之后,由主管法律文书

---

① 蒋礼鸿:《商君书锥指》,中华书局1986年版,第144页。
② 张固也:《〈管子〉研究》,齐鲁书社2006年版,第65页。

的部门向前来首都受法的各地方部门的行政长官颁布法律文本,地方长官接受之后要在首都详加研习,然后接受国君或有关机构的询问考核。在证明其已对新法律熟练掌握之后,即可离开首都返回本辖区,回去之后,按照同样的程序,依次把新法传达下去,直到每一个编户齐民。睡虎地秦简《为吏之道》说:"将发令,索其政〔注一七〕,毋发可异史(使)烦请。令数凶环〔注一九〕,百姓摇(摇)贰乃难请。"就是强调,官府发布政令,一定要清晰明了,让百姓看得懂听得懂,如果政令不明,歧义难懂,就会造成人心不稳,政令就得不到有效执行。侯家驹先生指出,《周礼》中关于法令传播的记载,正是战国时期法家"以吏为师""以法为教"的描述,"地官高级行政官员(由大司徒至乡大夫),都是在'以法为教',而其基层官员则是'以吏为师'的实践者"①。徐复观先生认为《周礼》乃王莽、刘歆伪造的观点,我们当然不同意,但他认为《周礼》中普及法令的各种措施是法家"以吏为师"政策体现,却值得肯定。他说:"从乡大夫受法、颁法起,通过州长、党正、族师、闾胥,都把'考其德行,察其道艺'的这种教育性质的事情,与大司徒所颁之法紧紧地连在一起,亦即是把人民的品格、能力,与政府的法令紧紧地连在一起,便自然会以政府的法,作为衡断人民品格、能力的唯一标准,而使德行道艺不能不因之变质,这是法家'以吏为师'的巧妙运用。"②胡寄窗先生指出,《周礼》中"所谓'法'的内涵有'治''教''政'和'刑'的区别,除'刑'可以肯定为法家意义的'法'之外,其余三项不一定是法,很可能是方针政策、具体指示或道德教谕之类"③。金春峰先生的看法与之相同,他也说:"《周官》的法,有法家严刑峻法意义上的法令刑法之法,有礼与制度之法,还有作事程序、法式、法仪之法。……《周官》的'读法'也包括上述三

---

① 侯家驹:《周礼研究》,台湾联经出版事业公司1987年版,第83页。
② 徐复观:"周官成立之时代及其思想性格",见徐复观:《徐复观论经学史二种》,上海书店出版社2002年版,第285~286页。
③ 胡寄窗:"《周礼》的经济思想",见中国社会科学院经济研究所中国经济思想史组编:《中国经济思想史论》,人民出版社1985年版,第432页。

方面的内容。"①彭林先生也持同样的观点。② 他们的看法是很对的,现在看来,杨向奎、顾颉刚两位先生把《周礼》中的"读法"认为主要是有关刑法的论述,看来确实有些欠妥③。

不过,战国时期的法家之法是否就只是"严刑峻法意义上的法令刑法之法"很难说。现在我们所见到的《商君书》《韩非子》虽然强调"严刑",但"峻法"之中是否就只是刑法,根本无法证明。《商君书》中的《垦令》就是关于农业方面的法令,睡虎地秦简和张家山汉简《二年律令》中除了刑法之外,也包括大量的经济行政法规,其中也不乏金春峰先生所说的"礼与制度之法""作事程序、法式、法仪之法"。

所以,我们关于法家之法的全貌还应进一步探讨,不应该把它限制在严刑峻法的框框之内,也不应该一看到"作事程序、法式、法仪之法",包括一些仁义教化的内容,马上就说是受到儒家思想的改造。一个人的思想是很复杂的,一种学说的思想体系更是如此。法家思想中就不能有忠孝,儒家思想中也不能有严刑,这种一刀切的做法应该到了反思的时候了。

战国时期国家不但要求官吏明法,更要求其严格执法,依法行政。《周礼》多处强调官吏"不用法者,国有常刑",《商君书》告诫官吏"不敢以非法遇民",《管子》也一再要求官吏"奉法无奸"。可以说,国家政令法规的畅通与普及,确实成了战国以来列国竞相追求的目标。

二、定期核对,确保无误

法律在逐级传播过程中,如果文字的抄录或理解有误或发生偏差,就会影响到其贯彻执行的最终效果。这一点,战国时期各国的统治者已经认识到了。

---

① 金春峰:《周官之成书及其反映的文化与时代新考》,台湾东大图书股份有限公司1993年版,第63页。

② 彭林:《〈周礼〉主体思想与成书年代研究》(增订版),中国人民大学出版社2009年版,第79页。

③ 杨向奎:《中国古代社会与古代思想研究》,上海人民出版社1964年版,第431页。顾颉刚:"周公制礼之传说和《周官》一书的出现",见《文史》第6辑。

因此，各国采取了相应的措施以防止或减少这种情况的发生。

以《周礼》地官系统为例，《周礼·地官·乡大夫》：

岁终，则令六乡之吏皆会政致事。正岁令群吏考法于司徒，以退，各宪之于其所治。

"正岁"与"岁终"同义。"正岁令群吏考法于司徒"，即上引《小司徒》所谓的"正岁，则帅其属而观教法之象，令群吏宪禁令，修法纠职，以待邦治"。"修法纠职"，就是对原有的法令进行核对订正。岁终六乡的长官到司徒那里去核对抄录法律，然后带回去悬挂在自己的治所，以供属下机构抄录核对，同时亦以此来考核本部门所属官吏。《管子·立政》也说："考宪而有不合于大府之籍者，侈曰专制，不足曰亏令，罪死不赦。"这就是说，国家各机关使用的法律文本要与大府保存的原件定时核对，擅自增加或减少文字都属于死罪。

国家机关定期核对法律的制度亦见于秦律。睡虎地秦简《尉杂》：

岁雠辟律于御史。

整理小组注："尉杂，关于廷尉职务的各种法律规定。"又说："《商君书·定分》说法令都藏有副本，以防止删改。本条应指廷尉到御史处核对法律条文。"[①]

"岁雠辟律于御史"，是说廷尉每年都要在固定的时间去御史那里核对法律条文。他所核对的法律条文就是廷尉府原来在中央主管法律的御史府那里抄录的那部分法律，即《尉杂》。御史府是秦国国家文书档案的主要保管机构。所以刘邦攻破咸阳时，萧何"独先入收秦丞相御史律令图书藏之"。[②] 秦简的记载表明，定时到御史府或相关机构去核对本部门所适用的法律，这不只是廷尉一个部门需要这样做，而是国家各级机构都要这样做。不同级别或地区的部门有具体负责核对的机关。上引《内史杂》规定都官要到各自所在县去抄写本部门的适用法律，那么核对法律条文也应该到他所抄写的地方去。睡虎地秦简《为吏之道》说："将发令，索其政，毋发可异史（使）烦请。令数凶环，百姓摇

---

① 睡虎地秦墓竹简整理小组：《睡虎地秦墓竹简》，文物出版社1990年版，第64页、65页。
② 《史记·萧相国世家》。

(摇)贰乃难请。"也是要求国家有关机关发布政令要明确无误,避免朝令夕改,使下面的办事人员及百姓无所适从。①

由于古代的法律传播要靠抄写,那么传抄过程中出现各种误差就是难免的,这就需要定期核对原文。另外法律的变更、增减以及新法令的产生,都需要使用者及时准确地掌握,尤其是国家行政机关,这也是秦简中要求定期核对法律条文的原因。

《商君书》中的有关记载也可以为我们以上的分析提供佐证。《商君书·定分》:

> 法令皆副,置一副天子之殿中。为法令为禁室,有铤钥,为禁而封之,内藏法令一副禁室中,封以禁印,有擅发禁室印,及入禁室视法令,及禁剟一字以上,罪皆死不赦。一岁受法令以禁令。

> 天子置三法官,殿中置一法官,御史置一法官及吏,丞相置一法官。诸侯郡县皆各为置一法官及吏,皆此秦一法官。郡县诸侯一受宝来之法令,学问并所谓。

按照《定分》篇的说法,秦国的法令除原始文本之外,中央还分别抄录几个副本。这些副本分别藏在天子之殿、禁室、御史府及丞相府等处。禁室中的法令每年公布一次,中央各级部门及郡县政府的主法令之官都要来这里接受法令。当然也可以对照禁室法令核对上年所受之法令有何变动或误抄,以便及时更正。不过,既然除禁室之外,天子之殿、御史府、丞相府分别负责吏民对于法令的询问,那么各部门来此核对所抄录之法律条文也是可以的。睡虎地秦律《尉杂》所说的"岁雠辟律于御史",或即与此有关。地方郡县所抄录的法律副本来自禁室,那里同样设有专职的机构和官员负责国家法律的传播。郡县属下的各级机构及中央驻地方的派出机构也都要定时到郡县主法令机构去抄录或核对法律。这也可以解释睡虎地秦律《内史杂》所谓"县各告都官在其县者,写其官之用律"的规定了。

在这里,我们有必要再解释一下秦律中《尉杂》《内史杂》这类法律称谓及

---

① 吴福助:《睡虎地秦简论考》,文津出版社1994年版,第185页。

相关问题。

《尉杂》既然是"关于廷尉职务的各种法律规定",所以有时候又称之为"尉律"。"尉律"之称见于《说文解字·叙》,徐锴认为是汉律篇名,王应麟不同意徐说,李学勤先生根据张家山汉简《二年律令》证明"尉律"确是泛称,王说是对的。① 张金光先生也说:"此《尉律》当本于出土秦律之《尉杂》篇。"②睡虎地秦简中除了《尉杂》这样的法律泛称外,还有《内史杂》,整理小组注"关于掌治京师的内史职务的各种法律规定",也是非常正确的。③

《尉杂》和《内史杂》这样的法律集合,从竹简的抄录形式来看,是官方的有意编纂行为,它们相当于廷尉和内史的职官法或者说部门法。所以在岳麓书院所藏秦简中又称之为《内史杂律》《尉杂律》。④ 那么,当时既然有关于廷尉和内史的部门法,无疑也存在着其他机构的部门法。

这一推断从《内史杂》有关规定中可以得到印证。《内史杂》:

县各告都官在其县者,写其官之用律。

整理小组注:"写,抄写。都官各有所遵行的法律,所以所在的县要去抄写。"⑤这句话解释有误,或者是排版的错误,应该是"都官各有所遵行的法律,所以要去所在的县抄写"。都官作为一类国家行政部门,所适用的法律有很多,他们把这些法律抄录在一起,便于参照使用,抄录的结果就如《内史杂》《尉杂》这样的法律集合,或许可称为《都官杂》。国家的法律是从上到下逐级颁布的。廷尉要到中央主管法令的机构去抄录与本部门相关的法律,都官要到所在县抄录本部门所适用的法律,同理,国家的其他各级机构也都需要到本机构的上级机构或者相应的机构抄录本部门的部门法。⑥ 因此,我们相信,秦律中一定还存在不少类似《内史杂》《尉杂》的法律集合。《效律》:

---

① 李学勤:"试说张家山汉简《史律》",载《文物》2002年第4期。
② 张金光:《秦制研究》,上海古籍出版社2004年版,第711页。
③ 睡虎地秦墓竹简整理小组:《睡虎地秦墓竹简》,文物出版社1990年版,第61页。
④ 陈松长:"岳麓书院所藏秦简综述",载《文物》2009年第3期。曹旅宁:"岳麓书院所藏秦简丛考",2009中国秦汉史研究会第十二届年会暨国际学术研讨会会议论文。
⑤ 睡虎地秦墓竹简整理小组:《睡虎地秦墓竹简》,文物出版社1990年版,第62页。
⑥ 于凌博士亦持此观点。《秦汉律令学》,东北师范大学2008年博士学文论文。

>**为都官及县效律:其有赢、不备,物直(值)之,以其贾(价)多者罪之。**

"为都官及县效律",表明《效律》这条的规定是专为都官和县而制定的,这意味着《效律》中有的条款并不适用于都官和县。《效律》是国家颁布的有关经济审核的基本法律。秦以法治国,最强调政令统一,因此不同机构所适用的《效律》应该是源于国家颁布的《效律》的一部分,而不是单独制定,各不相关。也就是说,都官和县政府从《效律》中摘抄适用于本部门法律的时候,就抄这样的律条。

上文提到,"尉律"就是适用于廷尉的各种法律的统称。秦汉律中把不同篇章中关于同一类事务的法律规定统称为"××律"的现象,除此之外,睡虎地秦简中所谓的"赍律""平罪人律",张家山汉简中所谓的"私自叚(假)律""奴婢律""匿罪人律"等等[1],含义与此相类似。与秦律《内史杂》《尉杂》体裁相类似的传世文献就是《周礼》。《周礼》中每一个职官下的内容就是适用于本职官或者本部门的各种法律规定。

《周礼》一书有的学者认为是齐国的著作[2],有的学者认为它反映了山东六国之制[3]。果真如此,《周礼》与秦律有关职官法的记载形式,就表明了这是战国时期列国行政部门及官员的一种普遍做法。《内史杂》《尉杂》的编纂是明显的例证。《周礼》则是职官法编纂的一个集大成,不管它中间存在着怎样的矛盾或理想化成分,但它无疑是受到了当时官方编纂体例的影响。于凌博士通过秦汉时期律令学发展的深入后指出:

>不论是官方的强制行为还是个人喜好所致,秦墓中出土秦律与汉墓中出土汉律都表明秦汉时期抄录当朝律并以之随葬并不是个别的现象而是一种具有连续性的社会存在[4]。

我们认为,正是因为战国时期的列国行政部门和官员有从国家法律中各

---

[1] 朱红林:"再论睡虎地秦简中的'赍律'",见霍存福、吕丽主编:《中国法律传统与法律精神》,山东人民出版社2010年版,第585~593页。
[2] 杨向奎:"周礼内容的分析及其制作时代",载《山东大学学报》1954年第4期。
[3] 吴荣曾:"《周礼》与山东六国的刑制",载《仰止集——王玉哲先生纪念文集》,天津人民出版社2007年版。
[4] 于凌:"秦汉律令学",东北师范大学2008年博士学位论文。

取所需而摘抄法律条文的制度,受其影响,墓葬中出土的法律简牍也大多残缺不全,只是墓主人生前所需的那部分。与此同时,一些官吏日常必须遵行的行为规范也被广泛传抄,如睡虎地秦简中的《为吏之道》与岳麓秦简中的《为吏治官及黔首》,其中大同小异之处也就在所难免①。

这里还有一点需要指出的是,近年来随着出土文献特别是郭店简、上博简的出现,学者们对于先秦文献的传布方式进行了一系列讨论。有的学者认为,先秦文献的传布以口耳相传的方式为主,有的学者则认为以书面传播的形式为主,冯胜君教授的研究赞同后一种观点,他认为"先秦两汉文献主要是通过辗转传抄而非口耳相传或凭记忆写录的方式传布的"。② 战国时期国家法律的传播在国家机关之间主要是以文本的形式进行的,这一点毫无疑问。同时,官吏私人之间转抄所需法律文件也同样是必不可少的。里耶简8-477:"式谒朢季,朢季籍式诊式,式?(愿)写之。"③但是越往下层,特别是官吏对基层百姓传播时,口头传播就起了主要作用,《周礼》所记载的"读法"制度就是一种反映。当时国家无疑也已经注意到了抄手在法律传布过程的作用,所以不论是传世文献,还是出土材料,都不时出现关于核对法律条文的规定。

三、吏、民明法,互相监督

法律公布之后,国家采取各种措施,强化官吏和百姓学法,懂法。定期公开法律,以供国家各级机关及万民瞻仰,这在《周礼》的记载中已成为定制。如:

> 《太宰》:"正月之吉,始和布治于邦国都鄙。乃县治象之法于象魏,使万民观治象,挟日而敛之。"

> 《小宰》:正岁,帅治官之属而观治象之法,徇以木铎,曰:"不用法者,国有常刑!"乃退,以宫刑宪禁于王宫。令于百官府,曰:"各修乃职,考乃

---

① 肖永明:"读岳麓书院藏秦简《为吏治官及黔首》札记",载《中国史研究》2009年第3期。
② 冯胜君:"从出土文献看抄手在先秦文献传布过程中所产生的影响",载《简帛》第四辑。
③ 陈伟主编:《里耶秦简牍校释》,武汉大学出版社2012年版,第162页。

法,待乃事,以听王命。其有不共,则国有大刑。"

《大司徒》:"正月之吉,始和布教于邦国都鄙,乃县教象之法于象魏,是万民观之,挟日而敛之。乃施教法于邦国都鄙,使之各以教其所治民。"

《小司徒》:"正岁率其属而观教法之象,徇以木铎,曰:'不用法者,国有常刑。'"令群士,乃宣布于四方,宪刑禁。

《大司马》:"正月之吉,始和布政于邦国都鄙,乃县政象之法于象魏,使万民观政象,挟日而敛之。"

《大司寇》:"正月之吉,始和布刑于邦国都鄙,乃县刑象之法于象魏,使万民观之,挟日而敛之。"

《小司寇》:"正岁率其属而观刑象,令以木铎,曰:'不用法者,国有常刑。'"

《周礼》中所谓的"正月之吉"与"正岁"是两个不同的时间。孙诒让引戴震说曰:"异正月正岁之名而事不异,其为二时审矣。凡言正月之吉,必在岁终正岁之前,未尝一错举于后,其时之相承,正月为建子之月,岁终为建丑之月,正岁为建寅之月也。先之以正月之吉,布政之始也。继之以正岁,于是而后得遍奉以行也。六官之正,有止言正月之吉,不言正岁者,上之所慎,在宣布之始也。六官之属,有止言正岁,不言正月之吉者,待上之宣布,乃齐同奉行也。"① 王都正月之吉展示法律,是给万民看的。正岁展示法律,则主要是给王都的各级国家机关的官员看的。上引地官系统的《州长》《党正》《族师》《闾胥》的资料表明,地方各级机关也在每年的正月之吉与正岁两个时间向所辖区域的百姓与官吏展示法律,召集吏民读法、明法。此外,据《周礼》的记载,国家各级机关在组织大的活动包括军事、祭祀等之前,都要向参与者宣布相关的制度或法规。《周礼》中所载的国家各级机关每年定期观法,就包括了秦律所谓的抄录和校对法律;万民定时观法,则与《商君书·定分》所说的普及法律于万民相似。

战国时期国家的法律传播,对于国家官吏来说,要明法懂法,依法行政,所

---

① 孙诒让:《周礼正义》(第1分册),中华书局1987年版,第118页。

以《周礼·天官·小宰》考核官吏的六项指标,第五条就是"廉法";对于百姓来说,不但要懂法守法,也要依靠法律,维护自身的权利,监督官吏的不法行为。《商君书·定分》说:

> 故天下之吏民无不知法者。吏明知民知法令也,故吏不敢以非法遇民,民不干犯法以干法官也。遇民不修法,则问法官。法官即以法之罪告之。民即以法官之言正告之吏。吏知其如此,故吏不敢以非法遇民,民又不敢犯法。

百姓懂得法律,就会遵守法律,遇到官吏非法侵犯自己的利益时,就会以法律为武器来维护自己的权益;官吏知道百姓懂法,就不敢非法行政以侵犯百姓的利益。

秦国的法家代表人物强调依法治国首先要依法治吏,只要官吏能依法行政,百姓自然就会按部就班遵守国家的政令,国家就会大治。故《韩非子·外储说右下》说:"人主者,守法责成以立功者也。闻有吏虽乱而有独善之民,不闻有乱民而有独治之吏,故明主治吏不治民。"

但是如何治理官吏,则是让统治者大伤脑筋。单纯依靠官吏监督官吏,显然是不够的。因为官吏彼此也有私欲,他们在行使权力的过程中当然就会徇私舞弊,串通一气。但如果采取措施,让官吏与其所治理的百姓彼此之间互相监督,那么官吏就会时刻处于被监督的地位,他们就再也无法渎职了。《商君书·禁使》说:

> 今乱国不然,恃多官众吏。吏虽众,同体一也。夫同体一者相不可。且夫利异而害不同者,先王所以为保也。故至治,夫妻交友不能相为弃恶盖非而不害于亲,民人不能相为隐。上与吏也,事合而利异者也。今夫驺虞以相监,不可,事合而利异者也。若使马焉能言,则驺虞无所逃其恶矣,利异也。利合而恶同者,父不能以问子,君不能以问臣。吏之与吏,利合而恶同也。夫事合而利异者,先王之所以为端也。

"驺虞以相监",就是说让养马的人彼此之间互相监督,未必能把马养好;但如果马会说话,用马来监督养马的人,那么养马者就不敢再有丝毫的马虎。《商君书》以此为喻,提出国家大治的最佳办法就是让官吏与百姓这利益对立的双方互相监督。而要达到这一目的,就必须在全国上下普及法律知识,不但官吏要明法,百姓也要明法。法律的这种双刃剑作用,在春秋时期就已经被当时的政治家认识到了。《左传》昭公六年记载郑国铸刑书时,晋国大臣叔向就反对说:

> 民知有辟,则不忌于上,并有争心,以征于书,而徼幸以成之,弗可为矣。(省略)如是,何辟之有?民知争端矣,将弃礼而征于书。锥刀之末,将尽争之。(省略)

钱穆先生说:"刑律预定了,平民在那预定的刑律上,便有他们的地位(即仲尼所谓民在鼎矣),自然为一辈明白的贵族们所不喜。"①百姓根据法律维护自己的权益,就必然会对贵族的尊严和地位提出挑战。叔向所反对的,正是战国时期的法家所追求的目标。

《周礼》中的大史就负责国家法律文书档案的管理,并就相关疑问及纠纷进行公证裁决。《周礼·春官·大史》云:

> 掌建邦之六典以逆邦国之治,掌法以逆官府之治,掌则以逆都鄙之治。凡辨法者考焉,不信者刑之。

"典"是诸侯国在周王室的规范下行使权利与义务的法律规定,"法"是周王室直辖的各级官府行使职权的法律规定,"则"是都鄙的王子弟及卿大夫采邑机构行使职权的法律规定。所谓"辨法",郑玄注:"谓邦国、官府、都鄙以法争讼来正之者。"②指的是对法律条文文字的辨证及对其内容含义的理解,包括"典"与"则"在内。因为大史这个机构掌管着邦国、官府以及都鄙的法律副本,所以邦国、官府和都鄙在遇到有关法律条文的纠纷时,就要到大史这里来求证裁决。

除大史之外,《周礼》中的"讶士"也有进行司法解释的义务。《周礼·秋官·讶士》:"掌四方之狱讼,谕罪刑于邦国。"郑玄注:"告晓以丽罪及制刑之本意。"贾公彦疏:"丽罪者,谓断狱附罪轻重也。"孙诒让曰:"谓以刑书告晓邦国

---

① 钱穆:"周官著作时代考",载《燕京学报》1932年第11期。
② 孙诒让:《周礼正义》(第8分册),中华书局1987年版,第2080页。

制刑之本意,谓依罪之轻重制作刑法以治之,其意义或深远难知,讶士则解释告晓之,若后世律书之有疏议也。"①这就是说,中央王朝的讶士有义务向四方邦国解释王朝法律的意义及运用技巧。孙诒让指出,这种解释相当于后世法律的"疏议",是非常正确的。

综上所述,战国时期国家法律传播的制度化,对于建立新型集权制的国家有着重要意义。国家各级机构定期核对法律、读法明法的措施,直接促进了中国古代律学的产生和发展。《周礼》有关机构关于"辩法"的规定,已经包含了对国家的法律条文进行解释的职能,而地方官吏在给百姓读法时,也必然要对法律条文进行解释。睡虎地秦简中的《法律答问》,正是秦国官方对当时法律进行解释的集大成之作,②因此它被学界视为目前所见中国古代最早的律学成果。③汉代的悬泉月令诏条在公布时,每条后面都加了官方的注解,使月令的内容更为明确,便于吏民执行,④它的作用与秦律《法律答问》是一样的。

附注:原文发表于《法制与社会发展》2009年第3期,本次增补了一些新材料。

---

① 孙诒让:《周礼正义》(第11分册),中华书局1987年版,第2813页。
② 陈公柔:"云梦秦墓出土《法律答问》简册考述",载《燕京学报》1996年,新二期。《先秦两汉考古学论丛》,文物出版社2005年版,第179页。
③ 何勤华:"秦汉律学考",载《法学研究》1999年第5期。
④ 杨振红:《出土简牍与秦汉社会》,广西师范大学出版社2009年版,第203页。

法家学派的渊源与属性考论

张伯晋*

21世纪之初,中国知识界新道家、新法家等民间学术思想与流派兴起,对法家思想的研究进入新的上升期。针对学术界"法家"这一范畴曲解颇多的情形,不利于进一步探讨,笔者力图以整体解释的方法,重新对法家的渊源和属性作出诠释。重新审视法家学派的渊源与属性,析清法家——而非儒家,作为先秦诸子思想集大成者的地位,具有承前启后的重大历史意义。通过追溯法家学派渊源,考辨诸子家派划分标准,还法家一个明确清晰的范畴限定。在考析法家与儒、墨、道三家显学演变传承、互相影响的过程中,达成对法家作为先秦诸子思想集大成者地位的论证。

一、法家学派的确立

(一)诸子学之滥觞

今日中国之文化基因中,仍饱含诸子争鸣时期所提出的宝贵思想。随着诸子兴起,研究诸子之间关系的诸子学也随之兴起,诸子学也是记录中国古代哲学史的宝贵资料。庄子《天下篇》开诸子学研究之滥觞,随后荀子、韩非、吕不韦、司马谈、刘安、刘向、刘歆等人,分别从不同角度对诸子给予评述划分。

法家思想在法律史和法律思想史研究中拥有重要价值,理顺法家思想与

---

* 张伯晋,检察日报社新媒体工作室副主任,法学博士。吉林大学法学院法律史专业2004级硕士研究生、法学理论专业2007级博士研究生,师从霍存福教授。

儒家思想的对立、统一、融合,对于理解中国古代政治文明和法律文明具有重要启示作用。笔者在思考法家思想的过程中,颇含惊讶地发现,析清法家这一范畴的渊源具有先决意义。换言之,法家是否真的存在?

法家诸子首次被划分在同一阵营,见于《庄子·天下篇》。"公而不党,易而无私……古之道术有在于是者。彭蒙、田骈、慎到闻其风而悦之。"①不过庄子将慎到等人归为道家阵营,法家的概念此时尚未出现。

《荀子·非十二子》亦将田骈、慎到归纳为一类,但是并未冠以法家之名。"尚法而无法,下修而好作……是慎到、田骈也。"

《淮南子·要略》对诸子的划分依旧沿革先秦视角,以诸子的承接先后和学术观点、政治作为的不同,作出区分。《要略》列举了管仲的"《管子》之书"、申不害的"刑名之书"与商鞅的"商鞅之法",对慎到、韩非没有提及。

明确提出法家概念,首推司马迁之父司马谈,其文《论六家要旨》附于《史记·太史公自序》,其中首次使用法家的称谓。诸子学研究从对诸子划分进入家派划分的时代,司马谈首开先河。

(二)司马谈与《论六家要旨》

司马谈将先秦诸子分为阴阳、儒、墨、名、法、道德六家,其中对法家的定性为"法家不别亲疏,不殊贵贱,一断于法……故曰严而少恩。若尊主卑臣,明分职不得相踰越,虽百家弗能改也。"②司马谈是第一个使用家派的划分标准对诸子进行科学分类研究的学者,他将诸子学研究带入了家派划分的新阶段。

儒家、墨家概念被明确提出,早于司马谈。《韩非子》中有"世之显学,儒、墨也"的描述,即为证据。③ 名家、法家等概念系司马谈首创,在司马谈之前谈到法家诸子多涉及"形名""刑名""任法"等概念,但从未有人明确提出法家概

---

① 《庄子·天下篇》。
② 《史记·太史公自序》。
③ 《韩非子·显学篇》。

念。作为学术流派,法家概念首见于史记。司马谈之后,将先秦诸子划分为若干流派进行研究成为诸子学主流,特别是刘歆《七略》所提出的九流十家划分,成为影响力最大的诸子学通说观点。以不同家派为标准进行划分的观念,一直延续到清末民初。章太炎与胡适之间著名的"信古"与"疑古"之争,也是以家派划分为前提进行的学术考古辩难。

然而,仔细分析司马谈、刘歆等人对诸子家派划分所依据的标准,似乎法家的确立并非毫无争议的事实,法家与儒家、墨家、道家之间泾渭分明的划分也禁不住更进一步的推敲。

(三)诸子家派的划分标准

对诸子家派的划分,司马谈给出的标准是"天下一致而百虑,同归而殊途。夫阴阳、儒、墨、名、法、道德,此务为治也,直所从言之异路……"诸子学说为治世之言,也因为治世思想不同而产生了区分。此种划分标准,是以政治上的言论为主要标准。至此,我们可以确知司马谈将诸子划分六家,并非将六家视为学术流派,而是将六家作为不同政见的政治派别。刘歆《七略》对诸子划分,亦持此种观点,以政论的区别来划分诸子。

无论是以诸子政论作为标准抑或是以诸子出于王官的学术渊源作为标准,划分标准的政治性确然无疑。而法家恰恰是以发政治议论为代表的家派,如管仲、子产、李悝、尹文、申不害、商鞅、慎到、韩非等,即使他们的政论观点不尽相同,哲学观更是迥异,然而因为重视"法律"对政治的作用,于是全部被归入法家名下。胡适认为中国古代只有法理学和法治学说而无法家,所谓法家不过是后人没有历史眼光,把一切讲法治的书统称为"法家",其实是错的。但法家之名沿用久了,故现在也用此名。① 胡适此言道中法家内部诸子学术思想矛盾之肯綮,与儒、墨、道三家相比,法家学派缺乏一以贯之的学术主张。究其原因,盖因法家不过是三家显学衍生支流苗裔的大杂烩,真正系统融贯的法家

---

① 胡适:《中国哲学史大纲》,东方出版社 1996 年版,第 279 页。

思想,在韩非时始成型。

二、法家诸子学派渊源探析

(一)近代学者对法家划分的质疑

1. 诸子不出于王官

近代学者以胡适为代表,对诸子出于王官的说法提出质疑。胡适认为,刘歆以前论诸子学派者,从未提出"诸子出于王官"的说法,刘歆此说系汉儒对先秦诸子源流的揣测,并且毫无根据。胡适认同《淮南子·要略》的观点,认为诸子之学皆起于救世之弊应时而兴。同时,胡适认为《七略》《汉书·艺文志》的九流划分,也不符合诸家派别之实。例如,认为名学乃是诸子各自具备各自不同的方法论,不应当被单独划分为一家,单立名家等于抹杀了先秦学术的方法论的存在。胡适认为所谓法家,如管仲、韩非等皆属于道家,任法、任术、任势以为治,皆"道"也。① 同时,驳章太炎诸子出于王官论,胡适提出古者学在王官是一回事,诸子之学是否出于王官是另外一回事。"若谓九流皆出于王官,则成周小吏之圣知,定远过于孔丘、墨翟。"胡适指出,《管子》《商君书》系托伪之作,更断言商鞅没有著书。② 秦始皇焚书坑儒之后,先秦学术传承受到破坏,经历汉初兵祸毁坏,学术散失,汉儒固陋,难以把握先秦诸子学术要旨,以至于胡乱划分诸子家派,更对诸子源流进行"出于王官"的荒谬解释。胡适的观点,从理性角度驳斥了诸子出于王官的说法,为后人研究诸子流派源流开启了革命性的"疑古"路径。从胡适起,质疑诸子家派划分合理性的思想肇端,笔者正是沿着前人的这种大胆质疑,对法家的划分进行越发深入的思考。

2. 诸子出于职业

傅斯年沿着胡适的思想路径,提出除墨家外,诸子出于职业说。以职业来划分诸子,更加具备历史唯物主义的科学性。对此种职业的考察,与春秋以降

---

① 胡适:《中国哲学史大纲》,东方出版社1996年版,第310页。
② 同上书,第280页。

的社会历史变迁,亦能契合。例如,傅斯年认为墨家为宗教性组织,儒家出于"教书匠"。而法家,他认为"法家非单元,出于齐晋等地学政习法典刑者"。傅斯年此论,明显受到其师胡适否认法家的影响,认为法家不过是许多不同职业者发政论的集合。同时,傅斯年对《管子》《商君书》的真实性提出质疑,认为是后人托伪之作。①

冯友兰借鉴傅斯年的观点,明确提出诸子出于职业说,在"信古"和"疑古"学风之外提出第三条"释古"的道路。他认为"儒家出于文士,墨家出于武士……道家之学,出于隐士……阴阳家者流,出于方士;名家者流,出于辩士;法家者流,出于法术之士"。② 冯友兰对胡适的观点提出质疑,指出在中国哲学各时期中,哲学家派别之众,讨论问题之多,范围之广,研究兴趣之浓厚,气象之蓬勃,皆以子学时代为第一。其能有此特殊之情形,必有其特殊之原因。对于胡适所给出的原因,"政治那样黑暗,社会那样纷乱,贫富那样不均,民生那样痛苦。有了这样的时势,自然会生出种种思想的反动"。③ 冯友兰认为这些原因太过笼统,中国历史上具有同样特征的时期很多,胡适的"因救时弊"说不具有解释力。冯友兰进一步提出自己的诸子出于职业说观点,以政治制度和经济制度的变迁等物质因素来解释诸子思想繁荣的黄金时代。这种观点实际上调和了章太炎和胡适的矛盾,历史性地解释了王官士人阶级衰落、井田制崩溃、诸子学说兴起的过程。

(二)诸子学派划分的现代标准

职业说取代王官说的内在合理性毋庸置疑,然而职业说依然存在一种逻辑上的缺陷,其从王官到职业的历史发展过程,仿佛暗示九流十家的划分具有合理性,诸子家派在王官之学中都能找到自身的渊源。事实上,无论王官说抑或职业说,都造成了这种错误认知的效果。今日治中国传统文化与哲学的学

---

① 傅斯年:《中国古代思想与学术十论》,广西师范大学出版社 2006 年版,第 95~96 页。
② 冯友兰:《三松堂学术文集》,北京大学出版社 1984 年版,第 330 页。
③ 胡适:《中国哲学史大纲》,东方出版社 1996 年版,第 29 页。

人,动辄比较儒、法优劣,完全站在形而上学的思想层面,把二者作为两种并列的思想体系进行论说。笔者要强调的是,先秦诸子的学术思想具有时间上的承接性、内容上的继承性,儒、墨、道三家显学在思想上具有互补性,同时衍生了各自不同的学派分支。但是儒、墨、道三家在思想上的互补性,正是其时间上承接性的结果。理解先秦诸子思想,必须要对诸子进行整体性把握,这种整体性更多应当强调诸子之间纵向的历史性把握,而非简单粗暴的横向肢解。纵向历史性把握要理清的主要问题,既是不同时期各家显学由盛转衰被新学派取代显学位置的原因,也是中国传统哲学发展进化的内因。这也是笔者所谓的现代性标准,唯有整体把握先秦诸子哲学思想的谱系,才能达成中国传统哲学的历史进化。从历史纵向的意义上而言,不仅要研究儒、墨、道家各自内部的历史传承,更要明了墨家对儒家的反动和继承,道家对儒家、墨家的反动和继承,以及三家后学交缠在一起的互相杂糅并合的思想演进过程。在此意义上,笔者梳理先秦至清末诸子学术思想脉络,得出韩非子是法家集大成者,更是先秦诸子思想集大成者的结论。诸子哲学的转向并非自董仲舒开始,而是自韩非开始。自韩非始,诸子学从多学派共存式的并列发展模式,嬗变为单一学派主导式的轮替发展模式。

自孔子兴办私学开启诸子争鸣的学术大争之世,先秦诸子大略可以分为儒、墨、道三家显学,三家之外的子家,或采前人之长,或综合各家之言,林林总总衍生出旁的学术流派分支。

(三)法家诸子内在联系的梳理

1. 儒、墨、道三家显学及其衍生分支

孔子开创了儒家学派,在孔子同时代没有与之并列的学术流派存在,这一点可以从论语中得到证明。《论语》中提及一些隐士,似乎是道家思想的启蒙先行者。孔子见老子一事,缺乏史料证据,不足采信。墨子亦师从孔门弟子,然而其思想是对孔子儒学的反动,形成有别于儒家思想的墨家宗教式理论。墨子破孔门而出另立门户,是先秦诸子学术思想的第一次分立,也昭示儒家与墨家分别代言的不同阶级利益均已成熟,逐渐产生思想上的争鸣。墨子之后,杨朱的贵己为我之学兴盛,发展为《老子》、庄子一脉的道家学说。至此,道家达成对儒家、墨家的双重反动,三家显学框架形成。

三家显学互采众长,不断更新自身的理论,使得先秦诸子学术得以蓬勃发展。其中,儒家历经孔、孟、荀三代,理论日趋完善;墨家演化别墨、农家等分支;道家演化纵横、阴阳、刑名法术等分支。荀子门徒韩非,继承荀子儒家理论同时,再次破而后立,形成独到的学术见解,综合刑名法术之学与别墨名学,完善为法家学说。至韩非法家始可以称家,为单独分立一学派。然而,就其属性而言,依旧是三家显学的衍生支流,是对三家显学超越式的集大成。

三家显学内部的传承分为若干分支,儒家自孔子后一分为八,墨家自墨子后一分为三。后学对本学派损益继承的基础上,对其他学派的理论也予以吸纳,促成三家显学的不断演进,互采众长。例如,孔子提倡复礼、亲亲与等差之爱等;作为对孔子思想反动的墨子则提出兼爱、尚贤、尚俭、薄葬、非乐等。至于杨朱的贵己为我,则又是对儒、墨两家积极入世思想的反动。此处所谓反动,并非一味抵制,而是既抵制又融合的辩证过程。后世所谓法家的松散学术集合体,则是在这种思想的反动过程中,不断凝聚,最终由韩非子集大成而形成的。

2. 法家诸子内部的齐、晋之别

文明的早发时期,一切知识都具有鲜明的地域性。法家诸子因其地域性差异,形成后世所谓的齐法家与晋法家的分立。齐法家盖指以春秋时期管仲、晏婴为代表的齐国政治家及其政治言论;晋法家指思想起源于晋国及其晋亡后取而代之的韩、魏两国的刑名法术之士与政治论者。齐法家的著作留传下来多为托伪之作,但抛开其作者仅以思想而言,齐法家与晋法家的学术思想与政论主张有明显差异。

齐国富庶,沿海的地理位置,赋予它发展商业的便捷条件。政治上齐国气氛宽博,从国君到臣民重视享乐,学术风气自由,天下贤士云集稷下学宫,宣扬不同的学说。在这种社会环境中,《管子》一书更多探讨了利用齐国经济上优势为治的经济政策。史记记载,"管仲既任相齐,以区区之齐在海滨,通货积财,富国强兵,与俗同好恶。故其称曰:'仓廪实而知礼节,衣食足而知荣辱,上服度则六亲固,四维不张国乃灭亡。下令如流水之原,令顺民心。'故论卑而易行。俗之所欲,因而与之;俗之所否,因而去之"。① 管仲的法治思想,实际上是一种朴素的适应社会需要的实用主义立法。在这一点上,与晋法家有显著差异。

晋国初年为军事国,政治上实行军事化管理,崇尚武力。秦、晋两国边境接壤,互相联姻,文化上多有共通之处。晋国分为赵、魏、韩之后,李悝、商鞅、申不害等政治家所持政论,以富国强兵、统一行政、加强中央集权为主要目的。以韩国为例,三家分晋之后,"晋国之故礼未灭,韩国之新法重出,先君之令未收,后君之令又下,新故相反,前后相缪,百官背乱,莫知所用,故刑名之书生焉"。②《韩非子·定法篇》之中也有类似记载。至于秦国,地处偏僻,气候苦寒,物质匮乏,必须依赖百姓努力耕战,才能获得富强的资本。晋法家排斥儒、墨,主张绝"五蠹""六虱",抑制商贾行为,严格依照法律行事,也是受其所处特殊地域环境所决定的。晋法家在秦国将其理论发扬光大,地域性原因是第一位的。晋法家的法治思想,更多带有精英政治的特点,为百姓设下令行禁止的种种赏罚刑错,为富强的目的一丝不苟执行已经上升为法律的政治设计。《韩非子·显学》用一则比喻来说明晋法家认为民心、民智不可用的精英政治观点,"民智之不可用,犹婴儿之心也。夫婴儿不剔首则腹痛,不副痤则浸益,剔首、副痤必一人抱之,慈母治之,然犹啼呼不止,婴儿子不知犯其所小苦致其所大利也。……夫求圣通之士者,为民知之不足师用"。这些譬喻和观点,和齐法家的因俗立法观点已经截然对立。

3. 法家诸子内部的儒、墨、道之别

汉儒将先秦发政治议论和法理学见解的子家都归入法家阵营,于是法家

---

① 《史记·管晏列传》。
② 《淮南子·要略》。

内部形成了儒法家、墨法家、道法家三派。司马迁将老子与申韩同传,认为法家乃是道家的分支。任法、任术、任势,皆道术也。法家内部的道法家一派,实际上是持有道家哲学观的子家所发政论的集合。墨法家之称,以名法家置换似乎更为适合。这是将形名哲学引入政治领域,演进为刑名之术的一派。正名主义本是儒家主张,然而儒家过分重视名,而忽视了名是为实而设。名学受到墨家改良,趋重"以名举实",正名的手段也不再依靠春秋笔法,而是依靠法律。尹文、韩非的形名哲学,都是墨家改良后的这一派。再有如管仲及后学宋钘、尹文,思想偏重于儒家,亦发法治议论,后世或将其归于法家,遂成为法家内部之儒法家一派。法家内部的儒、墨、道三大派分立,与道法家法、术、势三小派分立,共同组成韩非之前法家的内部复杂结构。韩非在继承荀子道论的基础上,对儒、墨、道三派进行融合,形成了一套自成体系的法治理论,也标志法家学派的成型。韩非的法治理论在秦国得到了实践,为革除旧周封建制、开创秦帝国提供了巨大的理论支持。《韩非子》一书为韩非及其后学对法家理论的一次系统总结,同时也是对儒、墨、道三家显学的融合,衍生出自身诸子集大成的理论属性。

三、法家学派的属性——韩非集诸子大成的论证

(一) 对儒家的继承

韩非对儒家的继承,主要来自荀子的哲学与政治思想。中国古代的哲学与政治思想,皆带有心理学和伦理化倾向,追求向内求的知识论,儒家这种倾向最为明显和典型。从孔子始,儒家的演绎推理方法论即带有强烈的伦理指向。这种道德演绎法,被孟子、荀子继承,成为诸子治学发议论的本根气质。具体而言,韩非继承的儒家思想包括以下方面:

1. 性恶论

荀子的人性论和孟子不同,他认为"人之性恶,其善者伪也。"荀子将性定义为"不可学,不可事,而在人者谓之性"。荀子之性的观念,更多倾向阐释人的自然性,是"生之所以然者谓之性"。后天的种种教化手段,人的学习能力,

则是伪。伪即人为,是一种人类独有的能动性学习能力。荀子认为后天的学习,可以导人向善,这也是儒家经典礼义教化的作用。孔子说"性相近,习相远",与荀子的性恶论观点具有同构性。孔子没有明确给出人性的善恶,但是强调后天教化的作用。荀子对人性的悲观,是对其所处时代的反映,也是其功利心理学的直接结果。

2. 正名主义

荀子的正名主义,和孔、孟一脉相传,都具有鲜明的伦理指向。孔子正名欲使用君君、臣臣、父父、子子名实相副;孟子正名,斥无父无君者为禽兽;至于荀子,明确提出正名的伦理目的,"制名以指实,上以明贵贱,下以辨同异"。正名的权力应由政府统一行使,制定后人民不能随意改动。这实际上为法家一准于法的政治举措提供了法理学上的依据。

3. 反辩论

孟子、荀子一向致力于同儒家以外的诸子辩论,维护儒学的显学地位。然而,孟、荀个人却不认可辩论的价值,以反辩论为己任。荀子将诸子的辩论分为三类:以名乱名者、以实乱名者、以名乱实者,分别给予辩驳。最后,以儒家的学术不宽容态度给出解决办法,"凡邪说辟言之离正道而擅作者,……故明君临之以势,道之以道,申之以命,章之以论,禁之以刑。故其民之化道也如神,辩说恶用矣哉?"这种反辩论的正名主义态度,也为法家大一统的学术专制提供了理论支持。

4. 法后王

荀子主张法后王,并非是持什么历史进化论,真正持此论的是道家。孔子提倡克己复礼,效法文王、周公,墨子和孔子辩论,为了加强自己言论的分量,就扯出更远古的夏禹来压儒家文王、周公一头。这种托古的辩论模式,渐渐形成恶性循环,到了孟子的时代,已经是"祖述尧舜",越扯越古,其保守复古的学术辩论模式已然定型。荀子赞同孔子效法文王、周公的理念,但是对于孔子而言是先王的文王、周公,对于荀子时代而言已经沦为"后王",他们头上还有三皇五帝、尧舜禹汤压着。荀子提出法后王,其实是出于这样一种可笑无奈的形势。荀子论说法后王的必要性,言道"圣王有百,吾孰法焉?……舍后王而道上古,譬之是犹舍己之君而事人之君也。……五帝之外无传人,非无贤人也,久故也。五帝之中无传政,非无善政也,久故也。……传者久则论略,近则论详。略则举大,详则举小。愚者闻其略而不知详,闻其细而不知其大也,故文久而灭,节族久而绝"。① 只因先王言论传流粗略稀少,不足采征,所以法后王成为必要。荀子又言道,"欲观千岁,则数今日。欲知亿万,则审一二。欲知上世,则审周道"。则其所持历史退化论,和孔、孟无异。荀子法后王的思想,在形式上对韩非给予启发,至于其保守的历史观,韩非则没有继承。荀子之前的诸子,除庄子之外,大多持历史退化观,墨家也不例外。韩非能摆脱荀子保守历史观的影响,竟是一件可贵而不可思议的事。

5. 道统观

道统观乃是儒家最不关学术问题的观念,乃是儒家自孔子始以复兴周道为己任的道德责任感和道德自信的集合。这种责任感和自信,甚至表现为带有神秘主义的自负和自大。孔子曾有"天生德于予","天之未丧斯文,匡人其如予何?"等等感叹议论,言语中表现出强烈的神圣使命感和责任感。孟子也有同样的道统观"乃所愿则学孔子也"。孟子自信地说道,"如欲平治天下,当今之世,舍我其谁也?"②荀子与孟子一样,尊崇孔子,有以一身所学匡扶天下的气概,每发议论都是王道政治的建议。这种道统观既是儒家积极入世观的体现,也是儒家以天下为己任救世观的彰显。这种道统观具有先天的排他性,即便是孟子、荀子同属儒家,荀子对孟子也进行毫不留情的批驳,否定孟子的思想。持有道统观的子家,对大一统学术思想,有先天的认同感。韩非无疑继承了这种道统观,只不过将儒家道统转换为法家道统。

韩非对荀子儒学的继承,有针对性地改造并形成了法家的哲学观、历史观。

(二) 对墨家的继承

韩非对墨家的继承,主要集中在对墨家伦理学的继受和改造,对墨家最宝

---

① 《荀子·非相篇》。
② 《孟子·公孙丑上》。

贵的知识论几乎无涉,而且持排斥态度。韩非对形名哲学的继受,也是将之政治化、工具化为刑名之术,为其充实任法而治的理念。特别值得指出的是墨家平等主义思想,为韩非法律平等主义思想提供了思想准备。韩非继承的墨家思想包括以下几个方面。

1. 功利主义

墨家尚俭节用,一切行为的最终目的都是增加人民的富庶。墨家三表法第三表,"发以为刑政,观其中国家百姓人民之利"。欲天下人交相利,成为墨子哲学的基础,其兼爱非公、尚俭节用、短丧节葬等一切主张,都可以从这种功利主义推导出来。韩非将功利主义与形名哲学融合,衍生出控名责实、追求功用的政治功利主义。

2. 形名哲学

墨家的名实观,是最贴近西方所谓哲学的哲学思想,以《墨经》六篇和墨家分支名家辩士的名实论说为代表。墨家的名实观比之孔子的正名主义向逻辑的层面发展出一大步,对名、实的概念作出界定,提出"以名举实,以辞抒意,以说出故"的论辩方法。墨家的名实观,是实用主义的名实,以知识应用于行为。韩非的形名哲学,与墨家的名实观如出一辙,名即言、概念、共相,实即形、物、事、个体实在。韩非的形名参同,也是来源于墨家辩士的名实耦合观念。

3. 平等主义

墨家主张"官无常贵,民无终贱""虽在农与工肆之人,有能则举之,高予之爵,重予之禄,任之以事,断予之令"。① 这些反对世卿世禄贵族特权制度的思想,和法家已然毫无二致。

法家对墨家的思想继承,更为深入,并非停留表象上的虚名继受,而是对整个墨家伦理倾向的认可。如果说法家的官术、阴谋、策略、手段等工具主义的思想来自道家,那么法家激进的伦理诉求和政治关怀,则大半来自墨家的传承。韩非的内心,确实渴望建立一个法律至上、君主也受到法律约束的理想国家,最初的平等主义思想萌芽,正是墨家所赋予。

---

① 《墨子·尚贤上》。

(三) 对道家的继承

司马迁将老子申韩同传，显然认为韩非和道家有天然的联系，后世许多学人分析韩非思想，也主张他是道家的继承者。韩非对道家思想继承颇多，其中最值得玩味的乃是对道家无为主义的继承，以无为主义整合法术势三种"道术"，整合形名参同、控名责实的政治统治术，这一切努力最后都在追求打造一个无为而治、任法而治的君主。其对道家的继承粗略归纳如下。

1. 无为主义

道家无为主义乃是战国时代一部分知识分子对战争、贫富分化、社会矛盾尖锐等时代问题的反动，提出一套无为的解决办法。道家认为，"天下多忌讳而民弥贫……法令滋彰，盗贼多有"。提出无为的政治主张，"天下神器，不可为也；为者败之，执者失之"。主张统治者无为，"我无为而民自化"，无为而能有为。庄子的齐是非、齐物我观念，比《老子》中思想更进一步，竟是要人内心忽视万物差别，求得唯心的逍遥。韩非对无为的继承，将无为仅限在君主身上，将君主的无为与臣民的有为二分，变道家的消极避世为积极入世、建功立业。

2. 愚民政策

道家的愚民主张，表现在《老子》书中，"不尚贤，使民不争。……是以圣人之治，虚其心，实其腹，弱其志，强其骨，常使民无知无欲"。这种愚民政策，也正是道家无为主义的题中之意。君道无为，百姓更加需要无为。

3. 自然进化观

道家的自然进化观，体现在庄子思想中。庄子所持的进化观是朴素的生物进化观，他认为"物之生也，若骤若驰，无动而不变，无时而不移。何为乎？何不为乎？夫固将自化"。[①] 韩非前诸子持类似观点者，似乎只有邹衍的五德转移之说可以对照。然而，邹衍的历史观是环形的封闭远行，周而复始，比起庄子的万物自化观念，又差了一筹。韩非的形名哲学主张形名参同，从物的进

---

① 《庄子·秋水篇》。

化达成名的进化、制度的进化,自不待言。

韩非对道家的继承,中心全在无为主义上,因无为才能任法术势三者结合,才能控名责实、操赏罚二柄任法而治。因君道无为,故而不可听信贤人、辩士的蛊惑;因百姓无为,不可贪图商贾之利,专心耕战,各安其职,恪守法律。

四、余论

通过韩非对儒、墨、道三家显学的继承和改造,不难看出法家海纳百川、学术一统的属性。韩非奠定了法家的理论基础,终结了百家争鸣的时代,开启了学术正统交互轮替的新时代。秦帝国解体之后,汉初道家思想复兴、汉武帝时董仲舒复兴儒家,以阴阳五行学说糅合儒家伦理,开启两汉儒家学术正统的发展肇端。再至两晋玄学兴盛,南北朝至唐佛学大兴,宋明理学、心学成为正统,至清帝国重述汉儒正宗,中华传统文明之大一统的气质、道统传承的责任感,自韩非始从未衰减。对法家的研究,绝不能停留在典章制度的表面化,而应深入探寻其学术气质与伦理关怀,理解其深深蕴藏于经传之下的"革命性"因子。笔者对法家渊源与属性的重新析清,也是为更深入研究作一基础的铺设,以期望对法家未竟之事业的整体解释提供时代性的理论入口。

再论秦汉律中的谋杀

刘晓林 李芳*

笔者曾撰文对秦汉律与唐律中的谋杀在罪名的独立性、共同犯罪的类型、行为阶段的划分等方面略作比较,①限于篇幅、体例,对竹简秦汉律中谋杀具体内容的探讨未能深入,根据睡虎地秦简、岳麓秦简、张家山汉简的相关内容,我们在探讨秦汉时期谋与谋杀的含义时,在谋杀的犯罪主体人数、犯罪行为阶段等方面尚有一些不明之处需要进一步探讨;结合传世文献的记载,对秦汉律中谋杀的具体处罚情况也可以做大致的梳理。

一、谋与谋杀的含义

(一)问题的提出

《说文》载:"虑难曰谋。"段玉裁注:"《左传》叔孙豹说《皇皇者华》曰:访问于善为咨,咨难为谋。《鲁语》作咨事为谋。韦曰:事当为难。《吴语》大夫种曰:夫谋必素见成事焉而后履之。"②谋强调的是针对疑难问题进行咨询或针对

---

* 刘晓林,法学博士、史学博士后,甘肃政法学院教授、法律古籍整理研究所所长,国家司法文明协同创新中心兰州基地办公室主任。吉林大学法学院法律史专业 2006 级硕士研究生、法学理论专业 2008 级博士研究生,师从霍存福教授。李芳,法学博士,甘肃政法学院副教授。吉林大学法学院法律史专业 2006 级硕士研究生、法律史专业 2010 级博士研究生,师从吕丽教授、霍存福教授、汪世荣教授。

基金项目:本文系国家社科基金青年项目"秦汉律与唐律杀人罪立法比较研究"(项目号13CFX015)的阶段性研究成果。

① 刘晓林:"秦汉律与唐律谋杀比较研究",载《甘肃社会科学》2013 年第 2 期。
② (汉)许慎撰、(清)段玉裁注:《说文解字注》,三篇上"言部",上海古籍出版社 1981 年版,第 91 页下。

既定目标制定计划,以便实施。睡虎地秦简《法律答问》中可以见到一些关于"谋"犯罪的记载:

> 甲谋遣乙盗,一日,乙且往盗,未到,得,皆赎黥。(4 简)

> 人臣甲谋遣人妾乙盗主牛,买(卖),把钱偕邦亡,出徼,得,论各可(何)殹(也)？当城旦黥之,各畀主。(5 简)①

> 甲乙雅不相智(知),甲往盗丙,毚(才)到,乙亦往盗丙,与甲言,即各盗,其臧(赃)直(值)各四百,已去而偕得。其前谋,当并臧(赃)以论;不谋,各坐臧(赃)。(12 简)②

> 夫盗三百钱,告妻,妻与共饮食之,可(何)以论妻？非前谋殹(也),当为收;其前谋,同罪。夫盗二百钱,妻所匿百一十,可(何)以论妻？妻智(知)夫(15 简)盗,以百一十为盗;弗智(知),为守臧(赃)。(16 简)③

首先,这四条简文所记载的皆为谋盗的相关内容,其中犯罪主体的数量一致,皆为两人共同实施犯罪。前三条是甲谋遣乙实施犯罪行为或甲乙共同实施犯罪行为,最后一条说的是夫妻共同的盗窃行为。其次,4、5 简中皆有"谋遣"的表述,从其含义来说,应当是先有"谋",即谋遣他人者与被谋遣者双方已对犯罪实行行为的大致内容有了基本一致的认识;而后有"遣",即被谋遣者着手实施犯罪行为。12、15 简皆有"前谋"的表述,其含义与前述传世文献中"夫谋必素见成事焉而后履之"的含义一致。"前谋"关注的是犯罪行为实施之前,行为人之间是否有关于犯罪意图及大致犯罪内容的策划与沟通,若是则为共同犯罪,法律认定双方实施了共同的盗窃行为,应当"并臧(赃)以论"或"同罪";若否则非共同犯罪,法律根据各自的实行行为认定具体的罪名,应当"各坐臧(赃)"或夫为盗赃、妻为守赃。

岳麓秦简中也有一些关于"谋"犯罪的记载,内容较为丰富,既有多人参与、实施"谋购""谋埱冢"的记载,亦有"邦亡""盗卖公列地"而两人共谋的

---

① 4、5 简,睡虎地秦墓竹简整理小组:《睡虎地秦墓竹简·释文》,文物出版社 1990 年版,第 94 页。
② 睡虎地秦墓竹简整理小组:《睡虎地秦墓竹简·释文》,文物出版社 1990 年版,第 96 页。
③ 同上书,第 97 页。

记载。

"癸、琐相移谋购案"

癸等利得羣盗购,请琐等鼠(予)癸等,癸等诣,尽鼠(予)琐等死皋(罪)购。琐等(027简正)鼠(予)。癸先以私钱二千鼠(予)以为购数。行弗诣告,皆谋分购。未致购,得。……(028简正)①

"猩、敞知盗分赃案"

……猩独居舍为养,达与仆徒时(蒔)等谋掓冢。不告猩,冢巳(已)劈(擗),分器,乃告(053简正)猩。蒔等不分猩,达独分猩。"它如猩。·猩曰:达等冢,不与猩谋。……(054简正)

……·达言如敞。·〖问〗:达等掓冢,不与猩、敞谋,得衣器告;猩、敞受分,臧(赃)过六百六十钱。(059简正)【它】如辞(辞)。·鞫之:达等掓冢,不与猩、敞谋,【得】衣器告;猩、敞受分,臧(赃)过六百六十钱。得。……(060简正)②

"芮盗卖公列地案"

材私与喜谋:喜故有棺列,勿争。材巳(已)治盖,喜欲,与喜□□贸。喜(069简正)曰:可。……(070简正)③

"多小未能与谋案"

多曰:小走马。以十年时,与母儿邦亡荆。亡时小,未能与儿谋。它如军巫书。(089简正)

鞫之:多与儿邦亡荆,年十二岁,小未能谋。……(092简正)④

"癸、琐相移谋购案"中记载了士伍琐、渠、乐等人捕得群盗治等男子八人、女子二人,因接受私钱而将治等人移交给校长癸、求盗上造柳、士伍轿、沃等人。"谋购"自然是经癸等数人与琐等数人事先共同策划而予以实施。"猩、敞

---

① 朱汉民、陈松长:《岳麓书院藏秦简(三)》,上海辞书出版社2013年版,第103~104页。
② 同上书,第122页、124页。
③ 同上书,第131页。
④ 同上书,第141~142页。

知盗分赃案"中记载了士伍达与仆徒蒔共谋盗墓,士伍猩、上造敞虽未参与共谋盗墓但参与了事后分赃。"芮盗卖公列地案"中"谋"的内容显然是材与喜两人之间的策划。"多小未能与谋案"中小走马多与其母儿共同"邦亡",虽然此案中争议的焦点正是多与儿是否"共谋",但就"谋"的含义来说,显然是多与儿两人之间存在共谋,只不过多在当时年幼,是否应当对这种共谋承担刑事责任或承担何种刑事责任才是该案的核心问题。岳麓秦简中所见"谋"的含义与睡虎地秦简及传世文献中基本一致,共谋人数方面,既有两人为谋亦有多人为谋。

仅从以上秦简的内容来看,可以总结出秦律中"谋"犯罪的两方面含义:一是犯罪主体为两人或多人;二是事前犯意的策划与沟通。

张家山汉简《二年律令·盗律》中可以见到谋盗的相关记载:

谋遣人盗,若教人可(何)盗所,人即以其言□□□□□及智(知)人盗与分,皆与盗同法。(57简)

谋偕盗而各有取也,并直(值)其臧(赃)以论之。(58简)①

劫人、谋劫人求钱财,虽未得若未劫,皆磔之;罪其妻子,以为城旦舂。其妻子当坐者偏(徧)捕,若告吏,吏(68简)捕得之,皆除坐者罪。(69简)②

相与谋劫人、劫人而能颇捕其与,若告吏,吏捕颇得之,除告者罪,有(又)购钱五万,所捕告得者多,以人数购之,(71简)而勿责其劫人所得臧(赃)。所告勿得者,若不尽告其与,皆不得除罪。诸予劫人者钱财及为人劫者,同居(72简)智(知)弗告吏,皆与劫人者同罪。劫人者去,未盈一日,能自颇捕,若偏告吏,皆除。(73简)③

四条律文中,"谋遣人盗""谋偕盗"与"谋劫人"等皆未明确限定犯罪主体

---

① 57、58简,张家山二四七号汉墓竹简整理小组:《张家山汉墓竹简〔二四七号墓〕(释文修订本)》,文物出版社2006年版,第16页。

② 张家山二四七号汉墓竹简整理小组:《张家山汉墓竹简〔二四七号墓〕(释文修订本)》,文物出版社2006年版,第18页。

③ 同上书,第18~19页。

为两人。虽然"谋遣人盗"的表述与睡虎地秦简《法律答问》中的表述非常相似，但《法律答问》中具体规定了谋遣之人与被遣之人，张家山汉简中的"谋遣"则既可能是谋遣一人，亦可能是谋遣多人。从71简的内容中我们能明确看到谋劫人是可以由数人共同实施的，并且具体人数方面未有上限，因为汉律中规定捕告谋劫人并抓获后，官府会对捕告之人予以奖赏，而赏金的具体数额是根据捕告的人数计算的，"所捕告得者多，以人数购之"，其中并无人数或赏金的限制。

从竹简秦汉律"谋犯罪"的相关内容中我们可以看到，谋的含义强调的是犯罪行为的策划与实施。以此为基础，我们可以进一步探讨谋杀的含义。秦简中关于谋杀的内容不多，仅在睡虎地秦简《法律答问》中有以下两条记载：

> 甲谋遣乙盗杀人，受分十钱，问乙高未盈六尺，甲可（何）论？当磔。（67简）①

> "臣妾牧（谋）杀主。"·可（何）谓牧（谋）？·欲贼杀主，未杀而得，为牧（谋）。（76简）②

67简中的"甲谋遣乙盗杀人"，说明犯罪人是甲、乙两人，甲主要负责策划、乙主要负责实施盗杀行为。那么，盗杀行为实施之前，甲乙双方自然有事先的犯意沟通并且对将要实施的盗杀行为内容有大致的认识。这与前述"谋遣"的含义一致。76简中的"臣妾牧（谋）杀主"，其中作为犯罪主体的"臣妾"未有数量上的限定，仅表明奴、婢谋划杀主，至于是一人单独谋划、两人共同谋划还是更多人参与谋划并不得而知。其中值得我们注意的是"牧（谋）"的含义："欲贼杀主，未杀而得，为牧（谋）。"整理小组注："什么叫谋？企图杀害主人，没有杀就被捕，叫作谋。"按照整理小组的注释，秦律中的谋杀应当指的是已形成犯罪意图，尚未实现犯罪结果，犯罪人就被抓获的情况。但问题是从前述秦简中的相关内容来看，"谋"既有表示未达犯罪目的的情况，亦有犯罪既遂的情况。如67简所记载的"谋盗

---

① 睡虎地秦墓竹简整理小组：《睡虎地秦墓竹简·释文》，文物出版社1990年版，第109页。
② 同上书，第111页。

杀",甲"受分十钱",自然是犯罪已达既遂状态。那么,"欲贼杀主,未杀而得,为牧(谋)"的解释便不具有普遍意义,应当是针对特定情况所做的注解。另外,秦律中的"谋"本身应该未表达究竟属于犯罪预备、犯罪中止、犯罪未遂或是犯罪既遂等具体的犯罪阶段的含义。

张家山汉简中关于谋杀的记载较之睡虎地秦简稍显丰富,我们可以见到《二年律令·贼律》中的相关内容:

谋贼杀、伤人,未杀,黥为城旦舂。(22 简)

[贼]杀人,及与谋者,皆弃市。未杀,黥为城旦舂。(23 简)①

谋贼杀、伤人,与贼同法。(26 简)②

子牧杀父母,殴詈泰父母、父母、叚(假)大母、主母、后母,及父母告子不孝,皆弃市。……(35 简)③

贼杀伤父母,牧杀父母,欧〈殴〉詈父母,父母告子不孝,其妻子为收者,皆锢,令毋得以爵偿、免除及赎。(38 简)④

从探讨"谋"之含义的角度,我们特别注意到的是 35、38 两支简的内容。"子牧杀父母""牧杀父母"是否说明汉律中的"谋杀"也可能单独实施?从简文的表述来看,不排除这种可能。同时,谋杀是否也可由二人以上参与实施?从张家山汉简《奏谳书》的记载中我们看到了多人实施谋杀的相关内容:

……苍曰:故为新郪信舍人,信谓苍:武不善,杀去之。苍即与求盗大夫布、舍人簪褭余共贼杀武于校长丙部中。……鞫(鞠)之:苍贼杀人,信与谋,丙、赘捕苍而纵之,审。敢言之:新郪信、絜长苍谋贼杀狱史武,校长丙、赘捕苍而纵之,爵皆大庶长。律:贼杀人,弃市。以此当苍。律:谋贼杀人,与贼同法,以此当信。律:纵囚,与同罪。以引当丙、赘。当之:信、

---

① 22、23 简,张家山二四七号汉墓竹简整理小组:《张家山汉墓竹简〔二四七号墓〕(释文修订本)》,文物出版社 2006 年版,第 11 页。
② 张家山二四七号汉墓竹简整理小组:《张家山汉墓竹简〔二四七号墓〕(释文修订本)》,文物出版社 2006 年版,第 12 页。
③ 同上书,第 13 页。
④ 同上书,第 14 页。

苍、丙、赘皆当弃市,系。①

淮阳郡新郪县县令信令其舍人髳长苍杀害狱史武,髳长苍与求盗大夫布、舍人簪褭余共同将武杀死。很明显,信谋遣苍、布、余杀死了武。② 另外,武被杀死,与前述秦简中"未杀而得,为牧(谋)"的记载也有出入。

从以上内容的梳理与初步分析来看,关于秦汉律中谋杀的含义有两个尚待探讨的问题:一是犯罪人数问题,即究竟是二人为谋还是一人、多人均可为谋? 二是犯罪阶段问题,即谋所指究竟是未杀而得,还是既遂也可为谋? 以下分别讨论。

(二)关于谋杀的人数

从睡虎地秦简《法律答问》中,我们看到的"谋犯罪"多为谋盗,其在人数方面一般明确列举甲、乙两人实施。关于谋杀的两条记载中,有一条采用此种体例,即"甲谋遣乙"盗杀人,另一条载"臣妾牧(谋)杀主",犯罪人数方面无法详究。岳麓秦简中未见谋杀的相关内容,仅一些谋盗、谋购等犯罪的记载,人数方面既有两人为谋的情况,也有多人共谋的情况。张家山汉简《二年律令》中,关于谋盗、谋杀的记载中,人数方面未有明确的特征,既有一人实施的情况,亦有三人甚至多人实施的情况。张斐《晋律注》及后世律学著作皆谓"二人对议谓之谋",③这种注释为唐律所继承:

《唐律疏议·贼盗》"谋杀人"条(256)

诸谋杀人者,徒三年;……

《疏》议曰:"谋杀人者",谓二人以上;若事已彰露,欲杀不虚,虽独一人,亦同二人谋法,徒三年。

---

① 张家山二四七号汉墓竹简整理小组:《张家山汉墓竹简〔二四七号墓〕(释文修订本)》,文物出版社2006年版,第99页。

② 关于多人参与谋杀的事例,传世文献亦有记载。《列女传·有虞二妃》:"瞽叟与象谋杀舜",瞽像是舜的父亲,象是舜的兄弟,舜的"父顽母嚚"、弟象"遨游于嫚",三人品行不佳。实际上参与谋划并实施杀人行为的有舜的父、母、弟三人。就其谋杀的过程来看,三人事前商定了计划,但最终谋杀未成功。参见(汉)刘向:《刘向古列女传》卷一《母仪传·有虞二妃》,民国涵芬楼《四部丛刊·史部》。

③ (唐)房玄龄等:《晋书》卷三十《刑法志》,中华书局1974年版,第928页。亦可参见(元)徐元瑞:《吏学指南(外三种)》,杨讷点校,浙江古籍出版社1988年版,第60页。

唐律中谋杀人的含义为二人以上共谋杀人,律《疏》中"'谋杀人者',谓二人以上"与张斐及徐元瑞的注释是一致的。而此处强调"二人"只是在行为外观上对"预谋"的判断,如戴炎辉谓:"余意,谋杀宜以预谋为其本质的要素;其二人谋议者,即可说是有预谋。"①若预谋已非常明显,则不需借助人数来判断,即"事已彰露,欲杀不虚,虽独一人,亦同二人谋法"。"张斐晋律注'二人对议谓之谋,'《唐律疏义》'谋杀者,谓二人以上,若事已彰露,欲杀不虚者,虽属一人,亦同二人谋法';清律注:'或谋诸心,或谋诸人。'又'谋者计也,先设杀人之计,而后行杀人之事,谓之谋杀';是谋杀之意义,凡三变也。"②律《疏》中又规定了除造意者外的其他犯罪人"从而加功""从而不加功""从而不行"等具体情况,即三人、四人乃至数人皆在谋杀的范围之内,只要其杀人行为实施之前有谋计、谋划之过程皆为谋杀。故"二人对议"在外观形态上作为典型的谋杀存在于律文中,但不排除一人或多人谋杀的情况。唐律中关于谋、谋杀的这些认识应当是在秦汉律与晋律的基础上产生的,那么从竹简秦汉律中的记载与唐律的相关内容来推测,秦汉律中的谋与谋杀并不限于二人,甲乙谋盗杀、夫妻谋盗皆是"谋犯罪"的典型形态,但其并不排斥一人、三人甚至多人为谋的情况。睡虎地秦简《法律答问》中关于甲乙、夫妻之间共"谋犯罪"的内容应当是"谋"犯罪比较典型的实例,而岳麓秦简、张家山汉简中多人、一人为谋的情况也是秦汉律中的"谋"犯罪的具体内容。

(三)关于谋杀的行为阶段

睡虎地秦简《法律答问》载:"欲贼杀主,未杀而得,为牧(谋)",这似乎是对谋与谋杀作了限定,即谋、谋杀仅指犯罪未达既遂就被抓获的情况,但从睡虎地秦简的其他内容中,我们看到了谋杀既遂而被处罚的情况,如甲谋遣乙盗杀人,甲受分钱则说明犯罪已达既遂。张家山汉简中不但能看到谋杀未杀、已杀的表述,从《奏谳书》中也能看到谋杀既遂而被处罚的情

---

① 戴炎辉:《中国法制史》,三民书局1995年版,第67页。
② 陈顾远:《中国法制史》,中国书店1988年版,第301页。

况,同时张家界古人堤汉简存有汉律"谋杀人已杀"篇目。① 因此,秦汉律中的谋杀应当不是仅限于未杀阶段。但问题在于《法律答问》中的记载是明确的,这如何解释?"'臣妾牧(谋)杀主。'·可(何)谓牧(谋)?·欲贼杀主,未杀而得,为牧(谋)。"从内容来看,大致有两种可能:一是简文不完整,表意受到影响;二是表意无误,其含义有具体的指向。从整理小组公布的图版与简文的内容来看,②我们更加倾向于后一种解释。《法律答问》中所举的事例是臣妾谋杀主,整理小组注释为:"奴婢谋杀主人",③此处的"臣妾"与"人臣甲谋遣人妾乙盗主牛(5简)"中的人臣、人妾是一致的,整理小组注:"私家的奴、婢。"④那么,臣妾谋杀主从性质上来说就是私贱谋杀主人。可以推测,秦律此条内容所强调的是奴婢谋杀主人只要形成犯意,不论是否实施杀伤行为、也不论是否出现犯罪结果,皆予以处罚。换句话说,这种关于谋杀犯罪行为阶段的限定只适用于奴婢谋杀主人的情况。从唐律中奴婢谋杀主人的规定来看,这种推测的可能性非常大:

《唐律疏议·贼盗》"部曲奴婢谋杀主"条(254)

诸部曲、奴婢谋杀主者,皆斩。

《疏》议曰:称部曲、奴婢者,客女及部曲妻并同。此谓谋而未行。但同籍良口以上,合有财分者,并皆为"主"。谋杀者,皆斩,罪无首从。

对于"部曲、奴婢谋杀主",律《疏》释为"谋而未行……皆斩",这与秦律中的规定是一致的。区别在于唐律关于行为阶段的划分更加详细,"谋而未行"较之"未杀而得"表意更加具体,"未行"仅指谋划而未曾实施杀人行为。

根据现有记载,秦汉律中关于谋杀行为阶段的表述仅有已杀与未杀。

---

① 湖南省文物考古研究所、中国文物研究所:"湖南张家界古人堤简牍释文与简注",载《中国历史文物》2003年第2期。
② 参见睡虎地秦墓竹简整理小组:《睡虎地秦墓竹简·图版》,文物出版社1990年版,第55页。
③ 同上书,第111页。
④ 同上书,第94页。

已杀的含义非常清晰,而未杀包含的内容却比较复杂。以现代刑法理论中的犯罪形态审视秦汉律中的"未杀",其可能包括三种具体含义:犯罪预备、犯罪未遂与犯罪中止,依据现有材料无法进一步判断更加具体的含义。仅可以推测秦汉律中谋杀行为阶段的判断完全是以犯罪对象死亡之结果是否出现为标准,即以单一的客观方面为标准,若谋杀行为已致犯罪对象死亡,自然属于谋杀已杀;若未致犯罪对象死亡则为谋杀未杀。竹简秦汉律中谋杀的行为阶段无法进一步在犯罪预备、犯罪中止、犯罪未遂之间有所区分的原因除了所见材料有限外,还有一个非常重要的原因,即犯罪预备、犯罪中止、犯罪未遂等故意犯罪的未完成形态划分的标准中,行为人主观方面的具体内容是非常重要的评价因素。竹简秦汉律中所见关于谋杀行为阶段的律文中,犯罪人主观方面的具体内容显然未纳入评价标准。至于犯罪行为人主观方面的具体内容何时开始纳入谋杀行为阶段及定罪量刑等方面的判断标准尚不清楚,但从《魏律》的相关内容中,我们发现行为人主观方面的内容已被立法所关注:"谋杀人而发觉者流,从者五岁刑,已伤及杀而还苏者死,从者流,已杀者斩,从而加功者死,不加者流。"①谋杀行为阶段的划分在秦汉律的基础之上逐渐丰富,这一变化产生的原因是犯罪行为人主观方面的因素开始受到重视。"已伤"与"杀而还苏"就犯罪结果来说是一致的,即犯罪对象未死亡但受到了伤害;"已伤"强调的是行为人对犯罪对象未死亡这一事实情况认识清晰,"杀而还苏"则是说行为人主观方面认为犯罪对象已死即"已杀",但事实上未死即"还苏",两者之间的差异显然是行为人主观方面具体内容的不同。由于主观方面的因素开始纳入单一的客观方面评价体系,谋杀行为阶段才逐渐丰富,未杀、已杀两阶段的划分发展为谋而被发觉(谋而未行)、已伤及杀而还苏(谋而已伤)、谋而已杀,其科刑由轻逐渐加重。魏律与唐律中谋杀行为阶段的划分已基本一致:

---

① (唐)杜佑:《通典》卷一百六十七《刑法五》,王文锦等点校,中华书局1988年版,第4316页。

《唐律疏议·贼盗》"谋杀人"条(256)

诸谋杀人者,徒三年;已伤者,绞;已杀者,斩。从而加功者,绞;不加功者,流三千里。造意者,虽不行仍为首;(雇人杀者,亦同。)即从者不行,减行者一等。(余条不行,准此。)

唐律中谋杀的行为阶段包括谋而未行、谋而已伤、谋而已杀三个阶段,谋杀罪其他各条也以谋而未行、谋而已伤、谋而已杀不同阶段为标准科刑。这一变化显然是唐律在魏律基础之上更加注重犯罪人主观方面因素的结果。

二、谋杀的处罚

睡虎地秦简《法律答问》中的"甲谋遣乙盗杀人,受分十钱",甲最终被处以磔刑。岳麓秦简中所见的盗杀人即处以磔刑:

"说、妘刑杀人等案"

九月丙辰,隶臣哀诣隶臣喜,告盗杀人。问,喜辞(辞)如告。·鞫,审。己卯,丞相、史如论磔【……】(141 简正)

"同、显盗杀人案"

……同、显□大害殴(也)。巳(已)论磔同、显。……(147 简正)

"鬻盗杀安、宜等案"

·问如辞(辞)。臧(赃)四百一十六钱。巳(已)论磔鬻。·鬻,晋人,材狁(伉)。端买城旦赤衣,以盗杀人。……(166 简正)①

结合张家山汉简《二年律令·盗律》中关于"盗杀"的规定:"群盗及亡从群盗,殴折人枳(肢)、胅体及令彼(跛)恋(蹇),若缚守将人而强盗之,及投书、县(悬)人书恐猲人以求钱财,盗杀伤人,盗发冢(塚),略卖人若已略未卖,桥(矫)相以为吏、自以为吏以盗,皆磔。"②盗杀在汉代亦被处以磔刑,可以推断,

---

① 朱汉民、陈松长:《岳麓书院藏秦简(三)》,上海辞书出版社2013年版,第176页、180页、190页。
② 张家山二四七号汉墓竹简整理小组:《张家山汉墓竹简〔二四七号墓〕(释文修订本)》,文物出版社2006年版,第17页。

甲谋遣乙盗杀人而被处以磔刑,则甲很有可能是根据盗杀的法定刑予以处罚的。那么,甲是否受分钱便不影响其处罚,因为秦汉律中,盗杀人是否得到财物原则上并不影响其定罪量刑,换言之,关于盗杀的定罪量刑考虑的主要是杀人而非盗财。

张家山汉简《二年律令·贼律》中,关于谋杀定罪量刑的记载较多,我们首先可以看到谋贼杀的处罚原则:"谋贼杀、伤人,与贼同法。"①即谋贼杀与贼杀处以同样的刑罚,谋贼伤与贼伤处以同样的刑罚。"贼杀人,及与谋者,皆弃市。未杀,黥为城旦舂"。②即谋贼杀已杀的,处以弃市之刑;谋贼杀已伤但未杀的,处以黥为城旦舂之刑。另外,我们还可以见到子谋杀父母的记载,《二年律令》中规定子谋杀父母处以弃市之刑,并且还要对子"锢",即限制其身份方面的殊遇,具体内容为"毋得以爵偿、免除及赎"。③从刑罚适用来看,汉律中的弃市是法定刑罚体系中最重的死刑,④这与后世的唐律是一致的,《唐律疏议·贼盗》"谋杀期亲尊长"条(253)中规定了卑幼谋杀尊亲属的处罚:"诸谋杀期亲尊长、外祖父母、夫、夫之祖父母、父母者,皆斩。"这大概也说明汉律与唐律对待谋杀父母之类犯罪行为的态度并未发生变化。

《二年律令·贼律》关于谋杀人处罚的记载中,我们还见到了关于"皆"的表述,"贼杀人,及与谋者,皆弃市""贼杀伤父母,牧杀父母,殴詈父母,父母告

---

① 张家山二四七号汉墓竹简整理小组:《张家山汉墓竹简〔二四七号墓〕(释文修订本)》,文物出版社2006年版,第12页。
② 22、23简,张家山二四七号汉墓竹简整理小组:《张家山汉墓竹简〔二四七号墓〕(释文修订本)》,文物出版社2006年版,第11页。
③ 参见张伯元:"汉简法律术语零拾(四则)",见氏著:《出土法律文献研究》,商务印书馆2005年版,第229页。还可参见朱红林:《张家山汉简〈二年律令〉研究》,黑龙江人民出版社2008年版,第133页。
④ 水间大辅认为汉代死刑之轻重顺序为:枭首、腰斩、磔、弃市。石冈浩认为汉代死刑之轻重顺序为:腰斩、磔、枭首、弃市。参见[日]石冈浩:《张家山汉简〈二年律令〉之〈盗律〉所见磔刑的作用》,中国政法大学法律史学研究院:《日本学者中国法论著选译》(上册),中国政法大学出版社2012年版,第72~74页。两人具体观点虽有差异,但就弃市为汉代最重之死刑来说是一致的。

子不孝,其妻子为收者,皆锢,……"这些内容出现在关于谋杀定罪量刑的表述中,引起了我们的注意,因为"皆"在唐律乃至后世刑律谋杀的定罪量刑中,具有极其重要乃至决定性的意义与地位。故在此处将汉律谋杀处罚中的"皆"与唐律中的相关内容做一比较。

"皆"在秦汉律中的使用非常普遍,睡虎地秦简《秦律杂抄》载:"当除弟子籍不得,置任不审,皆耐为侯(候)。""吏自佐、史以上负从马、守书私卒,令市取钱焉,皆迁(迁)。"①张家山汉简《二年律令·贼律》载:"以城邑亭障反,降诸侯,及守乘城亭障,诸侯人来攻盗,不坚守而弃去之若降之,及谋反者,皆要(腰)斩。其父母、妻子、同产,无少长皆弃市。其坐谋反者,能偏(徧)捕,若先告吏,皆除坐者罪。"②"皆"在其中表达的含义比较单纯,作"都、均",并未包含其他内容,涉及谋杀时,亦作此种解释。唐律中的"皆"字面上也作"都、均"理解,但其作为法律术语在法典中具有极其固定的含义,"以、准、皆、各、其、及、即、若"标曰八字之义,在后世律学中谓之律母,③徐元瑞释:"罪无首造谓之皆。凡称皆者,不以造意随从人数多寡,皆一等科断也。"④涉及谋杀的定罪量刑时,"皆"则包含了共同犯罪中首犯与从犯处罚原则方面的内容。唐律谋杀原则上以造意者为首犯,其余为从犯,在谋杀的三个阶段中,首、从所包含的行为内容各有不同。若规定具体处罚的各条律文中出现"皆"字例则不再考虑首、从量刑方面的差异而同等处刑:

《唐律疏议·名例》"共犯罪本罪别"条(43)

……若本条言"皆"者,罪无首从;不言"皆"者,依首从法。

《疏》议曰:案贼盗律:"谋杀期亲尊长、外祖父母,皆斩。"如此之类,本条言"皆"者,罪无首从。不言"皆"者,依首从法科之。又,贼盗律云:"谋杀人者,徒三年。"假有二人共谋杀人,未行事发,造意者为

---

① 睡虎地秦墓竹简整理小组:《睡虎地秦墓竹简·释文》,文物出版社1990年版,第80页、82页。
② 张家山二四七号汉墓竹简整理小组:《张家山汉墓竹简〔二四七号墓〕(释文修订本)》,文物出版社2006年版,第7页。
③ 参见(清)王明德:《读律佩觿》,怀效锋等点校,法律出版社2001年版,第3~5页。
④ (元)徐元瑞等:《吏学指南(外三种)》,杨讷点校,浙江古籍出版社1988年版,第54页。

首,徒三年;从者徒二年半。如此之类,不言"皆"者,依首从法。

因此,"皆"所表达的是唐律共同犯罪首从减等处罚原则的一种例外情况,而汉律中所见的"贼杀人,及与谋者,皆弃市。""贼杀伤父母,牧杀父母,殴詈父母,父母告子不孝,其妻子为收者,皆锢,……"则未表达此种例外的含义,因为秦汉律中关于谋杀等共同犯罪的处罚并未有首犯与从犯的区别,不论参加人在共同犯罪中的地位与作用,都予以同样的处罚。① 由此可以看出,"皆"字含义的进一步发展是伴随着共同犯罪理论的发展而逐步深化的,至于其何时开始具有"不分首从一体科刑"的含义,目前尚不清楚。

传世文献中也能看到一些关于秦汉时期谋杀处罚情况的记载。《史记》《汉书》中有一些杀人案件的记载,这些记述中有的直接称"谋杀",有的称"使……杀人",根据这些表述与内容,大致可将其判断为谋杀。但需要注意的是,这些正史中记载的谋杀人案件皆为具有王、侯等爵位的官员或丞相、御史等其他高级官员谋杀人的案件,从最终的处罚来看,官员身份对刑罚科处产生了比较大的影响。

《史记·惠景间侯者年表》:"元狩五年,(梧)侯戎奴坐谋杀季父,弃市,国除。"②

《史记·留侯世家》:"后八年卒,谥为文成侯。子不疑代侯。"徐广集解曰:"文成侯立十六年卒,子不疑代立。十年,坐与门大夫吉谋杀故楚内史,当死,赎为城旦,国除。"③

---

① 参见[日]水间大辅:"岳麓书院藏秦简《为狱等状四种》所见共犯处罚",《华东政法大学学报》2014年第2期。
② (汉)司马迁:《史记》卷十九《惠景间侯者年表》,中华书局1963年版,第981~982页。
③ (汉)司马迁:《史记》卷五十五《留侯世家》,中华书局1963年版,第2048页。《汉书·高惠高后文功臣表》也记载了这一事件:"高后三年,侯不疑嗣,十年,孝文五年,坐与门大夫吉故楚内史,赎为城旦。"(汉)班固撰:《汉书》卷十六《高惠高后文功臣表》,(唐)颜师古注,中华书局1962年版,第540页。但两则材料对同一杀人行为进行描述时所用的概念不同,前者为"谋杀"、后者为"故杀"。这并无实质上的差异,与他人共谋故杀之行为实际上就是汉律中多次出现的"谋贼杀"。关于"谋杀"罪名的独立性及谋杀与贼杀、盗杀等罪名的派生关系可参见刘晓林:"秦汉律与唐律谋杀比较研究",载《甘肃社会科学》2013年第2期。

《汉书·景十三王传》:"子海阳嗣,十五年,坐画屋为男女裸交接,置酒请诸父姊妹饮,令仰视画;又海阳女弟为人妻,而使与幸臣奸;又与从弟调等谋杀一家三人,已杀。甘露四年坐废,徙房陵,国除。"①

以上记载中,有几个需要注意的问题:一是犯罪对象有所差异,一例是谋杀尊亲属、一例是谋杀官员、一例是谋杀一家三人。② 二是谋杀行为的具体阶段有所差异,至少是由于文献记载不明所导致的差异,《汉书·景十三王传》记载了海阳与从弟谋杀一家三人,已杀。另两件案例中仅述"谋杀",未有其他可供判断行为阶段的信息,但结合前述睡虎地秦简与张家山汉简的相关记载,"谋杀"表示"谋杀未杀"的可能性较大。三是科刑上有所差异,其中谋杀尊亲属(季父)科刑最重,处以弃市。但结合犯罪行为的阶段来看,谋杀季父未杀,处以弃市;谋杀一家三人已杀,处以徒刑,其中似乎并无明确的逻辑关系。三件案例有一个共同点,即王、侯犯谋杀人,皆被剥夺了封地、爵位,即"国除"。但严格地说,"国除"的制裁方式并非在法定刑罚体系内,至少是不具有普遍意义的。

《汉书·王子侯表》:"(荣圉侯骞)十月癸酉封,坐谋杀人,会赦,免。"③

《汉书·高惠高后文功臣表》:"孝文侯三年,侯始嗣,九年坐谋杀人,会赦免。"④

《汉书·外戚恩泽侯表》:"元光三年,侯常生嗣,十年,元狩元年,坐谋杀人,未杀,免。"⑤

《汉书·萧何曹参传》:"宣帝时,诏丞相、御史求问萧相国后在者,得

---

① (汉)班固撰:《汉书》卷五十三《景十三王》,(唐)颜师古注,中华书局1962年版,第2432~2433页。
② 就《汉书·景十三王传》的记载来看,这起案件应当是数罪并罚,谋杀一家三人已杀仅是数罪中的一罪。该案最终被处"徙房陵,国除"。
③ (汉)班固撰:《汉书》卷十五上《王子侯表上》,(唐)颜师古注,中华书局1962年版,第450页。
④ (汉)班固撰:《汉书》卷十六《高惠高后文功臣表》,(唐)颜师古注,中华书局1962年版,第537页。
⑤ 同上书,第684页。

玄孙建世等十二人,复下诏以酂户二千封建世为酂侯。传子至孙获,坐使奴杀人减死论。"①

这四则材料记载的均为有爵位的官员杀人而免死。其中,前两件案例免死的理由为"会赦"。针对第三件案例,沈家本在《汉律摭遗》中有一段按语:"此谋杀人而未死者,常生仅止免侯。或是行而未伤者,又以恩泽而得从宽也。"②常生免死的同时,免去侯爵,理由应当是"谋杀人而未杀"。第四件案例中"使奴杀人"自然属谋杀,但"减死"的理由不详。那么,这四件案例中,具有爵位的官员谋杀人均被免于死刑,但免死的理由并不一致,谋杀行为与刑罚科处上也无严格的逻辑关系,似乎比较随意。

就以上两组案件的记载来看,汉代关于具有爵位的官员谋杀人的刑罚适用方面,没有严格的规范,随意性比较明显,而现有材料不足以进一步探讨其中的原因。沈家本在《汉律摭遗》中收集了《汉书·高惠高后文功臣表》与《汉书·王子侯表》中关于"使人杀人"的五个案件:"《王子侯表》:乐侯义,坐使人杀人,髡为城旦。武安侯受,坐使奴杀人,免。富侯龙,坐使奴杀人,下狱,瘐死。阳兴侯昌,坐朝私留他县使庶子杀人,弃市。《功臣表》:酂嗣侯获,坐使奴杀人,减死,完为城旦。"③"使人杀人""使奴杀人"等自然属于谋杀,其行为内容与竹简秦汉律中记载的"谋遣"相似。对这五个案件的处理结果,沈家本有一段按语:"此谋杀而身不行者,当以为首论。各侯,一弃市,一瘐死,一减死完为城旦,一髡为城旦,一免,凡分五级。其分别之故,不可详矣。"④正史中所记载的谋杀案件的处断结果不尽一致,而竹简秦汉律又未能提供更多的可查资料,因此,这一问题目前只能是"不可详矣"。

竹简秦汉律及传世文献中所见关于秦汉时期谋杀人的处罚情况详见

---

① (汉)班固撰:《汉书》卷十六《高惠高后文功臣表》,(唐)颜师古注,中华书局1962年版,第2013页。
② (清)沈家本:《历代刑法考》(下册),商务印书馆2011年版,第464页。
③ 同上书,第466页。
④ 同上。

下表：

行为	处罚	出处
谋遣盗杀人	磔	睡虎地秦简《法律答问》
谋贼杀、未杀	黥为城旦舂	张家山汉简《二年律令·贼律》
贼杀人，及与谋者	弃市	
子牧杀父母	弃市，皆锢	
（梧）侯戎奴坐谋杀季父	弃市，国除	《史记·惠景间侯者年表》
文成侯（子不疑代立），坐与门大夫吉谋杀故楚内史	当死，赎为城旦，国除	《史记·留侯世家》
子海阳嗣（戴王），与从弟调等谋杀一家三人，已杀	徙房陵，国除	《汉书·景十三王传》
荣圂侯骞坐谋杀人	会赦免	《汉书·王子侯表》
侯始嗣，坐谋杀人	会赦免	《汉书·高惠高后文功臣表》
侯常生嗣，坐谋杀人，未杀	免	《汉书·外戚恩泽侯表》
酂侯，坐使奴杀人	减死	《汉书·萧何曹参传》
乐侯义，坐使人杀人	髡为城旦	《汉律摭遗》引《汉书·王子侯表》
武安侯受，坐使奴杀人	免	
富侯龙，坐使奴杀人	下狱，瘐死	
阳兴侯昌，坐朝私留他县使庶子杀人	弃市	
酂嗣侯获，坐使奴杀人	减死，完为城旦	《汉律摭遗》引《汉书·功臣表》

三、结语

秦律中关于"谋"犯罪的表述多为二人，但也有一人、多人为谋的情况，汉律中将"谋"限定为二人犯罪的内容已不多见，结合唐律的相关内容可以推测，秦汉律中仍是以"二人对议"为谋之典型,但不排除一人、多人为谋的情况。竹简秦汉律中,谋杀的定罪量刑区分为已杀、未杀两种情况,这也是犯罪行为阶段的划分,划分标准是犯罪对象是否死亡,这是以犯罪结果是否出现这一单纯客观方面的内容为评价标准的,犯罪人主观方面的具体内容尚未纳入评价体系。后世的《魏律》《唐律》中,谋杀行为阶段及定罪量刑其他方面的判断仍是以客观方面的内容为主要标准,但行为人主观方面的内容明显地起到了越来越重要的作用。从竹简秦汉律及传世文献中所见关于谋杀处罚方面的内容来看,谋杀犯罪在秦汉时期基本处于重刑化的趋势,所见处罚多为死刑,王侯及高级官员犯谋杀罪也多处死刑或免侯;秦汉律对谋杀父母及其他尊亲属的犯罪处以刑罚体系中之最重刑,这与后世刑律的立法精神一致。

重审董仲舒与"春秋决狱"之成说

李俊强*

顾颉刚先生曾提出中国的古史"是层累地造成的,发生的次序和排列的系统恰是一个反背"。① "层累地造成古史"一经提出,学界日渐引为公论,影响甚巨。这一方法主要是指出古人造的古史越来越远。而笔者在爬梳古史时,发现很多思想、制度的发生、发展、适用,还是另一种创造方式——"将错就错"——的结果。古人说的一件事或一段话,后人在引用中逐渐变形,动辄用"六经注我"的霸气来曲解前人之意为我所用;之后,再次引用的人"将错就错";后来就成了"不刊之论"。因此,古史上许多言之凿凿的思想、制度,实在有正本清源的必要。

历览古籍、今著,皆言董仲舒以儒学大师身分"春秋决狱",是法律儒家化的标志性事件之一,标志着儒家的思想在法律上一跃而为最高原则,与法理无异。② 笔者认为:一则瞿同祖先生倡言的中国古代法律儒家化的问题,其说未必是事实,学界已有不少反对之声,③此不赘言;二则董仲舒在当时并不受重用,个人影响力有限;三则董仲舒本人与"春秋决狱"之司法方式在历史上有个被"愈放愈大"的过程,而这应该是后世有些儒者有意为之。这些人中最具代

---

* 李俊强,贵州财经大学文法学院教师,法学博士,吉林大学法学院2010级博士研究生,师从闫晓君、霍存福教授。
① 顾颉刚:《古史辨自序》,商务印书馆2011年版,第64页。
② 瞿同祖:《中国法律与中国社会》,中华书局2003年版,第361页。
③ 代表性的是余英时。他指出法律儒家化恰相反应是儒学的法家化,《春秋决狱》更是"儒学法家化"的典型例证,儒学法家化贯穿于全部中国政治史。见氏著:《文史传统与文化重建》,三联书店2004年版。

表性的应该是东汉初与末的班固与应劭。前者着力于拔高董仲舒的思想影响、政治地位;后者更着力于吹嘘"春秋决狱"的社会影响。

一、董仲舒在当时政局中的地位

关于董仲舒生平,我们先来看《史记》之记载。《史记·儒林列传·董仲舒》:"董仲舒,广川人"。"今上即位,为江都相。以《春秋》灾异之变推阴阳所以错行……中废为中大夫,居舍,著《灾异之记》。是时辽东高庙灾,主父偃疾之,取其书奏之天子。天子召诸生示其书,有刺讥。董仲舒弟子吕步舒不知其师书,以为下愚。于是下董仲舒吏,当死,诏赦之。于是董仲舒竟不敢复言灾异。"又说"董仲舒以(公孙)弘为从谀。弘疾之,乃上言曰:'独董仲舒可使相胶西王。'胶西王素闻董仲舒有行,亦善待之。董仲舒恐久获罪,疾免居家。至卒,终不治产业,以修学著书为事。""(吕)步舒至长史,持节使决淮南狱,于诸侯擅专断,不报,以《春秋》之义正之,天子皆以为是。"

从引文可知,董仲舒在当时并不得势,反受排挤与打压。后来,他的学生及信徒用他的"术"来为政治服务,受皇帝认可,他的思想才得以广传。

《史记》中,董仲舒只是儒林传中众儒之一而已,到了《汉书》中就为其单列传,且篇幅甚多。这说明董仲舒的地位随着儒家的兴盛而日隆,后儒为了门楣光大来重新修饰拔高前儒。《汉书·董仲舒传》载其上疏言:"《春秋》大一统者,天地之常经,古今之通谊也。今师异道,人异论,百家殊方……臣愚以为诸不在六艺之科孔子之术者,皆绝其道……然后统纪可一而法度可明。"这就是李斯"焚书令"的翻版,都是要搞文化专制。又说:"仲舒在家,朝廷如有大议,使使者及廷尉张汤就其家而问之,其对皆有明法。自武帝初立,魏其、武安侯为相而隆儒矣。及仲舒对册,推明孔氏,抑黜百家。"

其实,汉武帝作为一个没受过多少儒学熏陶的青年皇帝,对新鲜事物的刺激有之,若是说他爱好儒学,那是儒生们自作多情罢了;他更感兴趣的是神仙方术,虽屡被骗犹未悔。《史记·孝武本纪》载:"孝武皇帝即位,尤敬鬼神之祀。元年,汉兴已六十年余岁矣,天下乂安,荐绅之属皆望天子封禅改正度也。而上乡儒术……会窦太后治黄老言,不好儒术……后六年,窦太后崩,其明年,上徵文学之士公孙弘等。"此后之文字,几乎皆是武帝求神拜仙及泰山封禅之事。《史记·儒林列传·申公》载:"天子使使束帛加璧安车驷马迎申公……天子问治乱之事,申公时已八十余,老,对曰:'为治者不在多言,顾力行何如耳。'是时天子方好文词,见申公对,默然。然已招致,则以为太中太夫。"很明显,皇帝真正关心的不是"治国理政",申公说的话皇帝不爱听,只是碍于面子,不能马上斥退,故留着备用。

真正提倡儒术的是当权派太尉窦婴、丞相田蚡,但他们提倡的是"术"不是学。《史记·魏其武安侯列传》说:"魏其、武安俱好儒术。"而决策者"(窦)太后好黄老之言。"于是"免丞相、太尉。"但是,"武安侯虽不任职,以王太后故,亲幸,数言事多效,天下吏士趋势利者,皆去魏其归武安。"因此,在好儒术派中,由于政治利益不同,还有窦婴跟田蚡的大矛盾。真正推行儒术的儒生则是当政者公孙弘。《史记·平津侯列传》说公孙弘是齐人。"少时为薛狱吏……年四十余,乃学《春秋》杂说。……不合上意,上怒,以为不能,弘乃病免归。""元光五年,有诏征文学,淄川国复推上公孙弘。……策奏,天子擢弘对为第一。""每朝会议,开陈其端,令人主自择,不肯面折廷争。于是天子察其行敦厚,辩论有余,习文法吏事,而又缘饰以儒术,上大说之。"可能公孙弘在被免归的几年中,深刻反思了自己何以不得皇帝喜欢的原因,求思改变,后来的成功跟这段时间的反思关系重大。

公孙弘得皇帝喜欢的方法是:"奏事,有不可,不庭辩之。""尝与主爵都尉汲黯请间,汲黯先发之,弘推其后,天子常说,所言皆听。"故"以此日益亲贵"。后成为丞相,封平津侯。对于同僚,他则是"为人意忌,外宽内深。诸尝与弘有隙者,虽详与善,阴报其祸。杀主父偃,徙董仲舒于胶西,皆弘之力也"。

《史记·儒林列传》:"及窦太后崩,武安侯田蚡为丞相,绌黄老、刑名百家之言,延文学儒者数百人,而公孙弘以《春秋》白衣为天子三公,封以平津侯。

天下之学士靡然向风矣。"公孙弘又上书立儒学、各级机关配备儒学之士为官，最终，汉朝出现了"公卿大夫士吏斌斌多文学之士矣"的情况。这种状况的实现也只有有实权的政治人物才能办到，董仲舒之流的学术之士是万万办不到的。

我们再从地理上来看看儒、法两家之分布情形：酷吏多是秦国及其周边人①，儒者多为齐鲁人。秦地重法，齐鲁习儒。董仲舒乃河北广川人，地近齐鲁；公孙弘乃齐淄川薛人，主父偃亦淄川人；申公也是齐人。此四人中，董仲舒与申公乃真醉心儒学而试图有为者；而公孙弘与主父偃二人，属于以儒术伪饰法术者。后二人的知识结构的转变明显表征了当时的政治导向：汉初承秦制，重法；后儒学渐抬头得势。公孙、主父二人早年不学儒，不得志，晚年改学儒。正说明儒学开始兴起、得势，故老朽之人遂不顾年老思僵而学之；不少人伪饰儒术装儒生，但真正发挥作用的却还是起初所学的法家、纵横家之术。这恰证明儒术得志仅其表象而已。这种情况非一人一地之风，应体现的是时代学风转变的情形。

中国古代行政对司法的干涉很强，即使在司法领域里，占据话语权地位的仍是公孙弘之流。《史记·平准书》："自公孙弘以《春秋》之义绳臣下取汉相，张汤用峻文决理为廷尉，于是见知之法生，而废格沮诽穷治之狱用矣。其明年，淮南、衡山、江都王谋反迹见，而公卿寻端治之，竟其党与，而坐死者数万人，长吏益惨急而法令明察。"太史公把公孙弘之"法"与张汤之"法"并举连言，说明二者相合共生不悖，而"沮诽"之罪产生与"寻端"治之之案增多，儒家"春秋"之义与法家之治毫无扞格地合二为一了。通过此法，儒、法两家合流以儒家的效仿法家依偎皇权而告终。在为皇权服务面前，儒法平等了。因此，笔者认为，用《春秋》来"决狱"，也许是公孙弘、董仲舒时代的"通例"，未必就是董仲舒一人的发明；而用此法多而又真正用于临民理案的反是公孙弘、张汤之属。

---

① 张汤杜人；赵禹斄人；杜周南阳杜衍人；王温舒，阳陵人。见《史记·酷吏列传》。

二、"春秋决狱"之说的形成

《晋书·刑法志》载:汉献帝建安元年,应劭删定律令,以为《汉议》,表奏之曰:"夫国之大事,莫尚载籍也,载籍也者,决嫌疑,明是非,赏刑之宜,允执厥中,俾后之人永有鉴焉。故胶东相董仲舒老病致仕,朝廷每有政议,数遣廷尉张汤亲至陋巷,问其得失,于是作《春秋折狱》二百三十二事,动以《经》对,言之详矣。逆臣董卓,荡覆王室,典宪焚燎,靡有孑遗,开辟以来,莫或兹酷。今大驾东迈,巡省许都,拔出险难,其命维新。臣窃不自揆,辄撰具《律本章句》《尚书旧事》《廷尉板令》《决事比例》《司徒都目》《五曹诏书》、及《春秋折狱》,凡二百五十篇,蠲去复重,为之节文。"①献帝善之,旧事存焉。

笔者多次通读此段文字,总觉有不妥帖处,却又似乎无从怀疑。近来又细读之,发现"故胶东相董仲舒老病致仕,朝廷每有政议,数遣廷尉张汤亲至陋巷,问其得失,于是作《春秋折狱》二百三十二事,动以《经》对,言之详矣"。这句话放在此,似乎阻碍了文意的正常推演,有点掺入的意思;而若把这句话拿掉来读的话,文意反而通顺无碍。而这段文字下面正好说到了应劭所整理的多种汉代的诸种"法律形式",其中正好有《春秋折狱》之属。故笔者揣测这句话本该是对《春秋折狱》所作的注解,是后人在修撰或注解《后汉书·应劭传》时无意将之掺入正文中来,使得此段文字逻辑有碍,难以卒读。而唐人修撰《晋书》时,把这一错误承续下来。后人则将错就错,强为之解,一直至今。

我们把《史记·儒林列传》《汉书·董仲舒传》《后汉书·应劭传》及《晋书·刑法志》等所记载之说列表如下:

---

① 此段文字应该是采《后汉书·应劭传》记载修删而成,但多有出入,可相互参看。

文献	曾任职	朝廷重视度	问策人员	问策范围	仲舒应对	应劭整理
《史记》	胶西相					
《汉书》	胶西相	如有大议	使者及廷尉张汤		其对皆有明法	
《后汉书》	胶东相	每有政议	数遣廷尉张汤	问其得失	作《春秋决狱》二百三十二事，动以《经》对	《春秋断狱》
《晋志》	胶东相	每有政议	数遣廷尉张汤	问其得失	作《春秋折狱》二百三十二事，动以《经》对	《春秋折狱》

从上表不难看出，关系此事的记载，《史记》无只言片语涉及，至《汉书》有此记载。司马迁跟董仲舒同时稍后，既倾心儒学，又掌太史令职，得以知悉官方诸种文书，对此竟无一言涉之，甚可怀疑。而班固《汉书》之后有了关于此事的记载，但我们从表中也可看出，文献在传抄、流布过程中的变化、演变过程，小的乖谬处姑且不论，学术方面的流变尤其值得注意：董仲舒的地位明显地在被逐渐抬高，这显然是后人的"后见之明"在作祟，有意为之，来拔高儒学大师存世时的地位。这反而掩盖了历史真实，"层累"地给历史遮上了迷雾，很不可取。

上表中尚存在一些细节问题：其一，董仲舒所著到底是《春秋决狱》还是《春秋折狱》抑或《春秋断狱》。三者意指也许无别，但是从一字之差也能反映出著述者的谨与不谨。《后汉书·应劭传》前段言董仲舒著《春秋决狱》，后段却说应劭整理的为《春秋断狱》；而唐人修《晋书》时可能意识到了《后汉书》的错谬，干脆全部都改成了《春秋折狱》。这使得董仲舒所著书名称到底为何成了谜。是否也有另外一种可能：董仲舒所著是《春秋决狱》，后人有不少用其法来"断狱"的案例；应劭则把这些"断例"与董氏《春秋决狱》整理为一书——《春秋断狱》。董氏只是开创了一种新的司法模式，而正如律、令等法律形式时而得予以修订那样，未必后人以《春秋》"决狱"的典型案例就没人整理或者第二次比附使用过，而让仲舒一人独擅胜场？而这是否可以解释为什么留存于今的几个"春秋决狱"案例中,大多明言"仲舒曰"或"仲舒断之曰";亦有以"论曰"或"议曰"言说者,不具言议者、论者的名姓。有人可能会问,那怎么被整理后,篇数却基本不变呢?笔者认为,正如《唐律》到《宋刑统》,篇数皆为十二篇,但后者却是在前者基础上增加了一些内容的。篇数不变并不代表内中的具体章、节没有调整、变化。其二,《史记》《汉书》都说董仲舒做过"胶西相";而《后汉书》《晋志》说是"胶东相"。这是应劭致误,《晋志》仍其误。前人论证明确,无须赘言。其三,有必要重审朝廷对董仲舒老病致仕后的重视度问题。对此,《史记》无言;《汉书》唯说"如有大议",朝廷派"使者及廷尉张汤"去陋巷问讯,至于朝廷问什么,不知,结果是"其对皆有明法"。我们来分析一下当时的情形:朝廷在遇到跟儒家思想相关的难题的时候有可能来找他,故"如有大议"充其量就是"偶有难题"。张汤作为得势者、司法最高长官为了"大议",从长安千里迢迢去河北广川找被弃用的董仲舒问策。这也太不符合常情与误事了,可能性很小,而且关键公孙弘本身就是儒者,且跟董仲舒不和。若是派"使者"偶去问策尚可理解为朝廷对于董仲舒的略示褒奖,倒也可能。而应劭提出朝廷"每有政议""数遣廷尉张汤""问其得失",董仲舒则"作《春秋决狱》二百三十二事,动以《经》对"。听起来很美,却经不起推敲。朝廷一有政议就派九卿之一的廷尉千里迢迢去"问其得失",怕是天方夜谭吧!若前言为实,那么董仲舒的对策也应是针对国家大政方针的一些主张、建议;而《春秋决狱》写些什么呢?其书虽失传,但尚有几例存世,尽是些对于一般案件甚至历史案件的处断建议,跟国家大事基本扯不上关系。很难想象,廷尉张汤千里迢迢去问国家大事的处理策略,而大儒董仲舒给他的答案却是如何处理一些"细枝末节"案件的方案!这么滑稽的事显然不符合史实。《汉书》之言已无疑在拔高董仲舒,而东汉应劭的胆子更大,把董仲舒的地位拔高得过了头,《晋志》一仍其旧。我们不能信以为真。

《汉书·董仲舒传》记载董仲舒生平事迹甚详,这些记载基本都是在阐扬一些微言大义,未曾记载董仲舒曾经临民理案;亦可能是史臣缺载。上引《史记·儒林列传·董仲舒》说他的弟子"(吕)步舒至长史,持节使决淮南狱,于诸侯擅专断,不报,以《春秋》之义正之,天子皆以为是"。而当时的廷尉张汤鉴于

"是时上方乡文学",于是"汤决大狱,欲傅古义,乃请博士弟子治《尚书》、《春秋》补廷尉史。"他们断案的方法是"所治即上意所欲罪,予监史深祸者;即上意所欲释,与监史轻平者。……是以汤虽文深意忌不专平,然得此声誉。而刻深吏多为爪牙用者,依于文学之士"。这些方法的使用,效果很好,迎合了皇帝与执政,故"丞相弘数称其美"。①《史记·汲黯列传》也说:"上方向儒术,尊公孙弘。……汤等数奏决谳以幸。而黯常毁儒,面触弘等徒怀诈饰智以阿人主取容,而刀笔吏专深文巧诋,陷人于罪,使不得反其真,以胜为功。"不难看出,张汤这一套全是法家"尊君卑臣"的伎俩,跟公孙弘的行事风格有很多相似处,难怪两人意味相投了。董仲舒的思想主张需经得势的公孙弘、张汤以及有机会临民断案的学生吕步舒之流的实践才能发挥作用。这很像秦时法家思想集大成者韩非,但把他的思想推至政治操作层面的却是他同学兼死敌李斯,张冠而李戴之来炫世邀功。

汉武帝之世,在司法层面占领导地位的是司马迁所谓的"酷吏",董仲舒之流的儒者似乎难以真正占据一席之地。加之,武帝穷兵黩武导致国家凋敝,社会问题层出不穷,法令滋彰、盗贼多有。更不得不用"酷吏"来收拾烂摊子。司法方法越发苛刻。《史记·酷吏列传·赵禹》:"亚夫为丞相,禹为丞相史,府中皆称其廉平。然亚夫弗任,曰:'极知禹无害,然文深,不可以居大府。'今上时(武帝),禹以刀笔吏积劳,稍迁为御史。上以为能,至太中大夫。与张汤论定诸律令,作见知,吏傅得相监司。用法益刻,盖自此始。"从赵禹的履历可看出,周亚夫当政用事的文景两帝之世,尚注意大臣的品行问题;而至武帝中后期,救急不迭,真正得势的是刀笔吏积劳而上位的众"酷吏",已不得不用秦政矣。

董仲舒之后司法领域里所谓的"经义决狱"跟董仲舒很有关系,这无疑是历史真实,但需要注意的是:董仲舒公羊学说及其"春秋决狱"模式在其在世之时并不畅销,其弟子吕步舒平断淮南狱,不过也是缘饰儒术的"尊君卑臣"之法而已。与董仲舒的《春秋决狱》不是一回事。因此,汉武帝之世董仲舒有无亲

---

① 《史记·酷吏列传·张汤》。

自以《春秋》"决狱"事，不得而知。① 只是由于董仲舒的部分学术迎合了帝王用儒术掩饰贪欲的心理，被一些权臣拿着来附会帝王号召，表面上很风光，其实其思想本质仅限于学术层面的传述；政治实践领域则少有人深究、推演，仅留下一些表面化的东西与法术相结合而演变递嬗，离题而去。究其实情，中国古代绝非"儒术独尊"，武帝时尚谈不上所谓的"法律的儒家化"，实情是"法术为本，儒术为饰"而已。史言武帝"罢黜百家，独尊儒术"，其实却是法家者流兴、酷吏横行。而酷吏亦有高下之分，张汤以刀笔吏为三公，尚伪饰以儒术，而以后的酷吏只一味以人主之意为准，不再恪守故事章法。《史记·酷吏列传·王温舒》载："自温舒等以恶为治，而郡守、都尉、诸侯二千石欲为治者，其治大抵尽放温舒，而吏民益轻犯法，盗贼滋起。"太史公之言当然有激愤的成分在，但是武帝喜功好欲，滥用酷吏，致吏治大坏，国家动荡不安，应为实情。

汉昭宣之世，鉴于武帝晚年国家混乱的局面，开始反思武帝重用酷吏之过，宣帝曾言"王霸道并杂之"，且"经义决狱"确实能解决政治上的疑难杂症，如《汉书·隽不疑传》载，有人冒充卫太子到皇宫闹事，当皇帝、大臣无计可施之际，隽不疑用"春秋决狱"的方法巧妙地解决了这一大麻烦。得到了政局上下一致的好评，昭帝与霍光因此讲"公卿大臣，当用经术，明于大谊"。有实效又利于维护统治，当然会被提倡。元帝好儒，大臣们以"经义决狱"的事例日多。至于"经义决狱"的源头是公孙弘还是董仲舒，没人异议，最终发明权归于董仲舒。

仿效董仲舒之判案方法的人在后世还是不少的。但这不能反证他在世时就很得势；更不能证明他自己就曾经常以此法来处断过实际案件。董仲舒《春秋决狱》一书实有之；董仲舒"春秋决狱"断案得以定谳之事就难说，从今见的案例多以"甲、乙、丙"来指称当事人来看，它更可能是一本古今案件模拟判决的理论著述，唐代张鷟《龙筋凤髓判》与白居易《甲乙判》其法理依据应该就是董仲舒的

---

① 从程树德《九朝律考》所辑董氏以"春秋决狱"的几个案例来看，除去历史案例不说，几个跟当时社会相关的案例，是否董氏亲自参与了案件的定谳，很难讲。笔者认为很可能只是他对当时有影响的一些案件的学理性处断，未必真是案件的真实判决结果。

《春秋决狱》。① 硬是把他与司法实务扯上关系的关键人物应该是应劭。

最后,我们再来看看《春秋决狱》一书的流布情况:《汉书·艺文志》"春秋"类有《公羊董仲舒治狱》十六篇;《隋书·经籍志》有"董仲舒《春秋决事》十卷"。需要注意的是:班固跟魏征等都把它们放在"经"部,而非法家类典籍中。可能在古人看来,儒学大师对于一些所谓"案例"的解释只是在继续公羊派的固有做法——把微言大义加于其上规劝世人,而非什么真的断案。而到《旧唐书·经籍志》则大变化,董仲舒的"《春秋决狱》十卷"则被归于"法家"类十五部书之一,表明唐人更注重从书的实质而非机械地从作者属性或者是否跟"春秋经"有联系方面来定性一书。宋人撰修《新唐书·艺文志》与元人修《宋史·艺文志》对董仲舒书的记载一仍《旧唐书》之旧。《元史》不设《艺文志》或《经籍志》,至《明史·艺文志》,法家书已很少收录,应是多已失传,且皆被并入"杂家"之中。法家旁门左道的性质被定谳了。董仲舒之书到底佚于何时,难以考实。程树德先生《九朝律考》中专列"春秋决狱考",言"考《汉志》有《公羊董仲舒治狱》十六篇,《七录》作《春秋断狱》五卷,《隋志》作《春秋决事》十卷,董仲舒撰,《唐志》作《春秋决狱》,《崇文总目》作《春秋决事比》,并十卷。是书宋初尚存,后不知佚于何时。……王应麟《困学纪闻》云,仲舒《春秋决狱》,其书今不传。"② 既然,元人所修《宋史·艺文志》中仍载有该书,那么程树德所说"是书宋初尚存,后不知佚于何时"。应是受了南宋大学者王应麟的影响。总结以上所引各书《艺文志》可知:《春秋决狱》应该大致佚于明代。

三、结语

笔者认为,"春秋决狱"之类的司法实践,充其量只是一种儒家介入之"判案方法、技巧"而已,绝非西方意义上的"判例"。因为,除非遇类似案件会依前

---

① 参见霍存福:"张鷟《龙筋凤髓判》与白居易《甲乙判》异同论",载《法制与社会发展》1997年第2期。

② 程树德:《九朝律考》,中华书局2006年版,第163页。

判来决后案,才可称之为"判例法"。而"春秋决狱"则不同,它一般只是拿"春秋决狱"之"法"去找儒家之事例、原则来判案(此案内容与"前案"未必相同,而更重要的是,"前案"根本就不是案件,只是事件而已)而已!无原则地类比会搞乱文化交流的可行性与古代思想文化之实质。刘师培曾说"春秋决狱"之法就是"掇类似之词,曲相附合,高下在心,便于舞文,吏民益巧,法律以歧。故酷吏由之,易于铸张人罪,以自济其私"。[①] 这些做法与"判例法"有何关系呢?另外,临民理事者,不论是儒家信徒,还是法家的拥趸,皆需用法律来绳民治顽。儒家的理论固然有大局面,但是没有刀笔吏斤斤计较所用的法,具体的事怕是没几件能做成的。

---

① 刘师培:"儒学法学分歧论",载《国粹学报》1907年第7期。

浅谈南宋财产继承制度

——以《名公书判清明集》为例

张丽娟[*]

宋代被誉为中国史上经济最为强盛的朝代,历史学家陈寅恪曾对宋作出评价:"华夏民族之文化,历数千载之演进,造极于赵宋之世。"[①]在那样一个富强的时代社会背景下,南宋法律制度更是达到了登峰造极的地步,特别是继承制度达到前所未有的新高度。中国封建继承制度主要分为身份继承和财产继承两部分。身份继承距离我们的生活已经太遥远,财产继承制则相反,从古至今一直根植于生活之中。因涉及每一个人的利益,往往更加引人注目,值得仔细研究。想要详细了解南宋的财产继承制度,《名公书判清明集》便成为一个很好的切入点,此后文中提到此集简称《清明集》,寓意"既清且明",是一本"既清且明"的判集,共十四卷,分为人伦、人品、官吏、户婚六门,记载了大量涉及南宋政治、税收、生活等各个方面的书判案例。本文从《清明集》中的户婚门部分着手阐述南宋财产继承制度,通过对《清明集》中的案件进行案例分析,真实还原南宋民事审判的情景,分析极具特色的财产继承制度,解析形成此制度的原因,以期对我国当下财产继承法律制度研究有所裨益。

一、南宋财产继承制度的历史渊源

尧舜禹时期继承思想开始萌发,《礼记·礼运》记载自启以后,"天下为家,

---

[*] 张丽娟,三亚学院法学院讲师、法学专业副主任。
[①] 《陈寅恪先生文集》,上海古籍出版社1980年版,第47页。

大人世及以为礼",世袭制代替禅让制,奴隶社会私有制应运而生,真正意义上的继承制度就此产生。至此"家天下"的世袭制度开始沿袭,"君君臣臣,父父子子"封建等级制度思想开始被统治阶级大力推广,而为了达到加强统治的目的,有效控制阶级统治秩序,中国古代继承制度往往包括了身份继承和财产继承两个部分,如爵位和食邑。

在先秦时期,中国全面推行世卿世禄制度,这种继承制度对后世继承制度产生了深刻的影响,奠定了古代继承制度的主要论调。汉代的财产继承在继承形式上,可分为"生分"继承与遗嘱继承。"生分"是指父母在世时儿孙就已经将家产分配好,而当时的遗嘱与现代意义上的遗嘱继承有些相似。南北朝时期既有法定继承形式又有遗嘱继承形式按法定继承原则为诸子均分,而女性仅能继承少部分财产——嫁妆。唐代在继承制度方面将宗祧继承与财产继承加以区别,且遗嘱继承优于法定继承。北宋财产继承制度在唐朝规定的基础上并进行了创新,主要体现在同居人继承权的扩大和商人死后所属财物的继承等方面。北宋还模糊地规定近亲属对户绝家庭财产有一定继承权,这一点在南宋得到进一步的发展。

上层阶级往往是土地的所有者,他们从血缘关系或者说是宗族关系着手,构成中央集权式的阶级统治体系。为了保障上层阶级的私有财产的世代相承,继承就如水顺下,迅速被推广。在封建社会以家庭伦理为核心的传统家族文化影响下,为维系家庭及其延续性,特别推崇作为其物质基础的家族财产的整体性,其体现在法律规定上,即是对家族财产利益的保护。

二、南宋财产继承制度类型

南宋国弱民富,经济发达却社会动荡,不稳定因素层出不穷,如战乱、苛捐杂税等。因而为加强统治、聚集财富,继承制度的严密与完备程度远远超过前朝,并且在出嫁女、归宗女继承方面进行了创新。南宋统治者曾多次修改制定有关法律条例,如遗嘱财产的数额内容、继承人份额的分配、继承人范围的选定、遗产税的收取比例等都做了相应规定。中国封建财产继承制度主要以家庭为本位,以家族祭祀继承为核心,以维护男子为尊的家族继承秩序,强调由男性继承家庭财产,排斥女性继承的一贯特征。本文从《名公书判清明集》中的案例出发,以性别为划分标准进行阐述,其余再按血缘身份关系或户绝与否进行细分,下面就其中相关案例来认识南宋财产继承制度。

(一)男子财产继承制度

我国古代封建社会的继承制度,始终坚守"子承父分"的基本原则和以直系男子继承为中心的分配顺序。因此男子较之女子有着天然的优势,南宋也是如此。按南宋法律规定,根据儿子与父亲的血缘身份联系,将其分为亲生子、立继子、命继子等,划分不同的继承等级和不同的继承份额。其他类似别宅子、奸生子不在此类。

1. 亲生子

南宋依《唐律疏议》的规定,更深入地规定了亲生子继承的情况:"若仅有子一人,当尽举其产以与之;若有诸子,则按均分原则分配;若既有儿子又有女儿,则依女承父分法,在法,父母已亡,儿女分产,女合得男之半。"①从这里还看不出其中的"子"是指哪些范围,为此要翻看《清明集》中的案例来解答。在名公天水的《已有亲子不应命继》中就有相关举例说明:"方森既无亲兄弟,安有支书,既有其阿黄亲生子方治;安用命继,显见虚妄……今见其死后有遗下物业,遂启贪图之心,创为抱养之说。若要番论,给据从便,所有白纸支书付案。"②这个案例名公天水认为,根据法律明文规定有亲生儿子就不能命继或立继,亲生子也就是嫡子才是第一顺位继承人,但除了立继和命继的这两种情况之外还有一种情形不能被忽视,那就是生前抱养的抱养子。

2. 抱养子

抱养子从过继之日起就终止与其亲生父母的相关法律关系,开始和抱养父母发生身份财产上的法律关系,从而形成拟制血亲关系。在名公翁浩堂所写的《出继不肖官勒归宗》也有收养子被"遣还所生父母"的情形。情况与上文提到的基本相同:"卢公达为侍郎之孙,不幸无子,遂养同姓人卢君用子应申为

---

① (唐)长孙无忌:《唐律疏议》,中华书局1983年版,第258页。
② 天水:《名公书判清明集:已有亲子不应命继》,中华书局1987年版,第250页。

子。又不幸不肖,挟侍郎之荫,生事乡邻……从所生,犯赃犯盗,蒙本州将应申决脊杖……人伦天理,至此灭矣!"①也就是说:父母之所以繁衍下一代是因为他们养育的孩子能够在老了以后能赡养自己,自己死后可以好好安葬自己,而现在卢公达收养的孩子卢应申"生不能养,死又不肯葬",于是就被官府勒令"引勒卢应申仍旧归宗,为君用之子"。在这一点也很清晰地传达出程朱理学派的"存天理,灭人欲"思想以及人伦思想对南宋社会的渗透。

综上所述,抱养子继承抱养家庭财产的同时也负有赡养责任,且要遵守不能随意挥霍家庭财产的原则。如果出现"生不能养,死又不肯葬""破荡家产"的情况,进行诉讼并经过近亲属长辈证实的,便解除抱养关系。这既保护了抱养家庭的家庭利益,又震慑了那些意图通过立继或命继方式来贪墨他人户绝家庭财产的不良之人,使抱养制度一直延续,为广大人民所用,直至根深蒂固。

3. 立继子和命继子

众所周知,中国人香火情怀严重,讲究繁衍后代,子孙绵延。如果没有儿子也没有选择抱养"同宗昭穆相当者"或"异姓三岁以下幼子",就很有可能会选择命继或立继来延续自己的家庭。这里说到的立继子是户绝男性家长死后为其选立的继承人,立继子和收养子的继承等级和份额与亲子相同。在《清明集》中就有"立继者与子承父分法同,当尽举其产以与之"②的语句补充;而命继子是指户绝家庭夫妻都已经死亡,没有任何子孙后代,由近亲长辈所立的继承人,也被称为"继绝子"。其继承等级及份额低于亲子。在仅有命继子的户绝家庭,命继子仅可得到户绝财产的三分之一,其余由官府没收。无论如何,命继和立继必须是同一姓氏宗族且被立嗣人须是被继承人的晚辈,这在《宋刑统户婚律》也有论述:"凡立继子,必须同宗昭穆相当者。"袁采在其《袁氏世范》卷上《睦亲》篇中也有相关论述:"同姓之子,昭穆不顺,亦不可以为后。鸿雁微物,犹不乱行,人乃不然,至以叔拜侄,于理安乎?"③这说明"昭穆相当"是

---

① 翁浩堂:《名公书判清明集:出继不肖官勒归宗》,中华书局1987年版,第228页。
② 司法拟:《名公书判清明集:立继有据不为户绝》,中华书局1987年版,第15~217页。
③ 袁采:《袁氏世范》,天津古籍出版社1995年版,第195页。

符合法和理的共同要求。但如何选择立继命继的人选，在户绝的情况下就成了一个极为重要的问题。

在名公吴恕的《斋生前抱养外姓殁后难以摇动》一案中有云："诸无子孙，听养同宗昭穆相当者……邢林无子，邢柟虽有二子，不愿立为林后……即奉其母吴氏、嫂周氏命，立祖母蔡氏之姪为林嗣……实非小补。"①通过这个案例看出，无论命继还是立继都必须是同一宗族且所立之人须是被继承人的晚辈。这一点在名公翁浩堂的《已立昭穆相当人而同宗妄诉》也有体现。"谨按令曰：诸无子孙，听养同宗昭穆相当者为子孙。又曰：其欲继绝，而得绝家近亲尊长命继者，听之。又曰：夫亡妻在，从其妻。……当官除附，备榜县门，申州并提举司照会。"②此案可以看到命继要由绝后家里的近亲长辈来主持，如果是夫亡妻在，就听从妻子的要求等规定进行立继。如果违反规定，便得不到法律的保护，只有经过完整的法律程序，才能名正言顺成为受法律保护的立继子或命继子。

立继子的法律地位和亲子相同，其继承权利与继承份额也和亲子一致，在《清明集》中就有"立继者与子承父分法同，当尽举其产以与之"的语句补充。而其他情况，比如已立继子又生亲子的，立继子与亲生子享有同样的继承权，如《清明集》的《继绝子孙止得财产四分之一》篇中，"田县垂有二子，曰世光登仕，抱养之子也，曰珍珍，亲生之子也。县垂身后财产，合作两分均分"。③个别的也会出现双立嗣子的情况，双立的嗣子也是享有同等的继承权，继承等级与亲子相同。例如，《清明集》中通城宰书拟的《双立母命之子与同宗之子》篇中，黄氏双立嗣子之后，"呼集黄氏族长"，将其财产"从公作两分均分"。④

那么南宋法律是如何选定命继子的呢？根据《清明集》中所举案例具体来说要符合三个条件：一是该户绝家庭确无子孙后代；二是所选之人必须是身

---

① 吴恕斋：《名公书判清明集：生前抱养外姓殁后难以摇动》，中华书局1987年版，第201页。
② 翁浩堂：《名公书判清明集：已立昭穆相当人而同宗妄诉》，中华书局1987年版，第247页。
③ 刘后村：《名公书判清明集：继绝子孙止得财产四分之一》，中华书局1987年版，第251页。
④ 通城宰书拟：《名公书判清明集：双立母命之子与同宗之子》，中华书局1987年版，第217页。

相符的同宗晚辈；三是由户绝家庭中的近亲长辈来主持。那么法律对命继子所应继承份额又怎样规定的呢？

在名公范西堂的《处分孤遗田产》中便有论述到关于命继子继承的财产数额相关问题的描述。"照对解汝霖因虏入冠，夫妇俱亡，全家被虏，越及数年，始有幼女七姑、女孙秀娘回归。其姪解憝抚……又据所供族图，解憝亦且无后，仅有一女，年踰六十，此日迫崦嵫……余人并放，申州照会施行。"① 按照当时法律规定：如果户绝家庭尚有在室女存在，命继子仅得户绝家庭财产总数的四分之一，其余均由在室女取得；既有在室女也有归宗女的，命继子只能继承户绝家庭财产的五分之一，其余部分归在室女与归宗女共同继承。如果户绝家庭有出嫁女的，出嫁女与命继子分别继承三分之一，其余三分之一没收。如果家产达二万贯或以上的，命继子只能继承二千贯到五千贯，余下三分之二由官府征收。现在解汝霖只有在室女，应当按照户绝法律规定均分，各自都不在三千贯以上。伴哥命继，应继承四分之一财产，其余三份都要给二位在室女作为赖以生存的产业。幼女七姑是汝霖在世时收养的，其继承次序和继承份额与亲生女是一样的。名公范西堂在判完案件后当庭就将汝霖田产按照条例均分，一份给伴哥延续香火；一份给幼女七姑作为嫁妆；一份给汝霖生孙女秀娘作为生活资本。在这个案件中对如何分配户绝家庭财产进行了阐释，分门别类指出在各个情况下命继子所得到的财产份额，且详细指明了只有在室女、只有出嫁女、只有归宗女、既有在室女又有归宗女等各种情况，此内容稍后再进行简述。但为何命继比立继所继承的比例要低呢？很大程度上是命继子的指定主体仅是户绝家庭之近亲属或官府，而非户绝家庭的直系血亲。换言之，命继子并非由户绝家庭主要人员的真实意志而定，其法律地位不能完全等同于亲生子或立继子。

事实上无论继承份额如何，立继还是命继都是古代一项重要的拟制血亲制度，南宋对于立继和命继的重视，达到了一个空前的程度，为此制定了各种详细的规定。这种制度的确立和完善与封建统治阶级加强中央集权制的统治

---

① 范西堂：《名公书判清明集：处分孤遗田产》，中华书局1987年版，第287~289页。

和强调等级制的宗法伦理观念一脉相承。同时,由于经济发展和意识的不断变化,继承目的不仅是为了祭祀祖先、承继香火、赡养老人,更重要的目的是保存家业、巩固家族的社会地位。正因如此,立继和命继受到了更多社会上层家族的关注。

4. 遗嘱

"世间虚幻无度,白雁难追"。有的人儿孙绕膝,却个个身无担当;有的人子孙个个强悍,却热衷于追名逐利;有的人放下娇妻幼子,远赴边境,前途未卜。因此为了避免遗产继承"争讼"或户绝家庭财产流失的情况出现,不少人选择遗嘱继承。当然也有人因为个人情感或其他原因选择遗嘱继承,指定自己的遗产继承人。那么南宋遗嘱继承制对遗嘱有什么基本的要求呢?通过《清明集》中的案例就可以很清晰的解答出来。

在名公范西堂的《诸侄论索遗嘱钱》中有述:"柳璟兄弟四人,久矣分析,各占分籍……今纔五七年,而璟之妻子乃渝元约,诸侄陈论……自今以始,各照受分为业,如有侵欺,当行惩断。"[①]名公范西堂具体举了"子幼而婿壮"的例子,直指出林璟的真实意思是想要用利益来引诱他们,使他们不要趁儿子年幼去侵害他。因为林璟早就明白四个侄子不是能够承担抚养自己幼子责任的人。因此,名公范西堂当众宣布原条作废,各自按照自己应当继承的份额分开,如过再发生侵占欺骗的情况就由官府马上进行惩处。这也是一个结合法律、人情、事理后作出的综合判决,极为完美的展现古代法官的智慧和古代社会对情理法的追求,去伪存真,还原当事人的真实意思表示,最大限度维护当事人的合法权利。

通过这个案例可知南宋遗嘱继承制度基本要点主要有以下几项:一是官府保护书面遗嘱,需要"亲书遗嘱",否认口头遗嘱;二是遗嘱必须盖有官府印章,这个做法与现代的遗嘱公证相类似;最后就是遗嘱应是立遗嘱人的真实意思表示。只有这样才是被法律所保护的遗嘱。这样也大大实现了立遗嘱人的真实意愿,并使遗嘱这种继承方式在处理"子不孝"或者是"子尚幼"等特殊问

---

① 范西堂:《名公书判清明集:诸侄论索遗嘱钱》,中华书局1987年版,第291页。

题得到更加广泛普遍的运用。

(二)女子财产继承制度

在以男子为核心的封建家庭中,男子是法定继承人,而女子居于从属地位,没有继承权。在父母家尚未婚嫁的女子,称为未嫁女或在室女。受男尊女卑观念的教化,未嫁女被训导"未嫁从父,出嫁从夫"。在南宋之前户绝家庭遗产通常由当地政府处分,女子只能在出嫁时取得嫁妆,而不能在真正意义上继承家产。随着生产力发展,个人对财产任意处置权不断扩大。南宋户绝之家可以通过立嗣和遗嘱,并依照个人意愿安排分配遗产,将财产指定给后代来继承等等,因而女子也进入可继承者名单。即便如此也要区分各种情况,如户绝与非户绝、在室女或归宗女等等。为了便于陈述,下文就依户绝和非户绝来阐述南宋女子继承家庭财产特别之处。

1. 户绝

依照古代父权制度的严苛要求,只有男性有继承权,女性则被排除在外,如家庭中没有男性继承人,这种情况就被称为"户绝"。就如上文所说中国人香火情结严重,讲究传宗接代,延续血脉。如果没有男性继承人,该家庭的家长就有可能选择命继或立继方式。那么此种情况下,女子是如何继承法律规定应有份额呢?

首先,在《清明集》中就有"立继者与子承父分法同,当尽举其产以与之"的表示,因此可知立继、收养的继承权利及份额与亲生子相同。此种情况下女子只能获得嫁妆,而且还受到家族的重视与否等因素影响,不能参与实质意义上的家庭财产继承。在有亲生子、收养子、立继子的家庭,已出嫁的姊妹已分配过嫁妆的,此时不能享有继承权,在室及归宗姊妹留作嫁资。未到出嫁年龄的姐妹除了日常活动花销外,可先给一部分财产,但总额不超过其应得数额。虽然南宋存在女子财产继承制度,但更多的是让步于男子为尊的男子财产继承制度,仅在命继或遗嘱继承上侧重于保护亲生女的继承权利,体现出此时男性占统治地位,而女性地位也得到一定的提升的情况。

其次,命继也被称为"继绝子",其法律地位低于亲子,其所继承的财产份额较亲生子、收养子、立继子大为减少,户绝家庭女子的财产继承份额就相应增加。名公范西堂的《处分孤遗田产》中提到绝继家庭在只有在室女、只有出嫁女、只有归宗女以及既有在室女又有归宗女等情况下的不同财产份额分配实例。户绝家庭女子的财产继承份额比前代仅能获得嫁妆的女子数额要大得多,这更好地保护了户绝家庭嫡亲血缘成员的利益。名公韩似斋的《官为区处》中也有讲述到关于命继子和未嫁女财产继承情况的规定。

至此我们可以总结出:第一,户绝家庭中只有在室女时,财产全部由在室女继承,只有归宗女时,则给一半;第二,户绝家庭立有命继子情况下,如只有在室女没有归宗女、出嫁女,则在室女继承四分之一的户绝财产;既有在室女也有归宗女时,归宗女可以继承五分之一,给予在室女按户绝法律扣除财产外剩余的二分之一;只有出嫁女时,继承三分之二的户绝财产。《清明集》体现出南宋财产继承制度在各个不同的层面分化出的不同法律规定,十分详细具体,并且能够在执行上落到实处,特别是在细化财产继承制度的情况下,为我国法制史留下了浓墨重彩的一笔。

2. 非户绝

与户绝家庭不同的是,非户绝家庭女儿的财产继承权主要体现为获得嫁妆。嫁妆的多少体现出女方家庭实力和女儿的受重视程度。而户绝家庭有出嫁女的,出嫁女和命继子分别继承户绝家庭财产的三分之一,其余三分之一没收。这一点和前文户绝后立继的情况相同便不赘述。南宋规定的家长在设立遗嘱处理遗产时有一定的随意性,只要遗嘱有着严格的制定且为当时的法律和风俗所认可,非户绝家庭同样可以通过遗嘱的形式把遗产指定分派给女儿,其要求也与前文男子继承中论述的遗嘱部分相同,不再赘述。

具体在"子不能孝养父母而依栖婿家则财产当归之婿"[①]一案中,王万孙有亲生子王有成却不赡养父母。他最后由女儿为其"养生送死"。因此,虽然王有成拥有法定继承权,但王万孙通过遗嘱剥夺了其法定继承权而将财产交于

---

① 无名氏:《名公书判清明集:子不能孝养父母而依栖婿家则财产当归之婿》,中华书局1987年版,第126~127页。

女儿,并由法官裁定其遗嘱有效并予以保护执行。这说明遗嘱继承本身优于法定继承,女儿可以通过长辈指定的遗嘱继承来享有财产继承权。同时也可看出女儿所继承的不仅仅是家产,而且还包括赡养照顾立遗嘱人的责任义务,这也可以看出南宋的继承法规强调权利义务相一致原则,并且也有相关立法保护已经履行了赡养甚至是抚养义务的赘婿、继子的继承权。遗嘱的订立和履行,无不以情理贯穿于其始终,使得遗嘱继承能够因地制宜、因时制宜根植于独具中国特色的社会土壤之中,保持了持久旺盛的生命力,并泽被后世。

三、南宋财产继承制度丰富的原因

(一)定都杭州,加强政治统治的需要

说起南宋,大家往往众说纷纭,莫衷一是。不少人把"山外青山楼外楼,西湖歌舞几时休?暖风熏得游人醉,直把杭州作汴州"。这一首诗看作是对当时南宋政治的真实写照。北宋的那些统治者带着他们的绫罗绸缎、金银珠宝和妃嫔姬妾浩浩荡荡地从开封跑到了杭州西子湖畔。为的不是积蓄力量,反击外敌,而是逃避。一时的避难却变成永久的龟缩,不再想方设法抵御外族,只知苟且偷安,沉浸在纸醉金迷、灯红酒绿、粉饰太平的日子,于是便定都杭州,称为南宋。南宋在享受着富丽繁华的同时也加强了对南方地区的管辖,进一步促进了北方文明向南方,特别是向苏杭地区的传播。从当时及后人的文献记载来看,北方先进文化对南方地区的影响,几乎涉及各个领域,包括商业、航海业、手工业、农业等。

(二)鼓励工商业发展

评价一个朝代应以其在人类社会文明发展中所饰演的角色以及对后世的影响作为最终标准。有人曾指出"南宋经济实力不俗,成就辉煌"。[①] 从人民生活水平指数、文化指数、和经济指数等来看,南宋是中国史上人民生活水平最富裕、文化最兴盛、科技最发达、经济最繁华的时代。宋朝还是中国封建时代

---

① 王国平:"以杭州为例还原一个真实的南宋",载《浙江学刊》,2008年第5期。

唯一长期不实行"抑商"政策的王朝。在建立之初,宋太祖、宋太宗曾下诏令官员们研究致富之路,大力推广经商思想,使商业大潮汹涌澎湃,经济迅速发展,如同被三匹骏马拉着飞驰的马车,风驰电掣。中国历史上最重要的发明大多出现在宋朝,尤其是水利设施建设、军用器械制造等方面的技术水平都有大幅度提高,甚至达到前所未有、后世难以比肩的高度。单单陶瓷方面就有不少专家学者论证过南宋瓷器的先进水平和高超技艺,在宋朝达到了封建王朝的巅峰,并已经出现了资本主义萌芽,在当时的全球经济中独树一帜。

(三)政府对外软弱,苛捐杂税严重

政府完全不可摆脱境外因素及其对财政上的影响。两宋大部分时期都积贫积弱,只能委曲求全实行"岁币外交",以金银财宝来换暂时的偏安一隅。这些费用全都依靠南宋国库及赋税收入,因此在国库上经常是内外紧张,入不敷出。为应付日益沉重的岁币岁赐,政府便巧立名目敛财征税,如开征遗嘱税,在一定程度上也促进了南宋社会财产继承法律的完善。

(四)因战乱导致家庭成分复杂化

外族几度横扫中原地区,带来大量杀戮。正因战乱,造成广大人民妻离子散,家破人亡。南宋征调男性上阵打仗,也是胜少输多。男性大量战死,户绝家庭大量出现,因此家庭维持主要依靠女性,女子很难独立生活,往往会选择再嫁。为了人口繁衍和生活需要,男子另娶、妇女改嫁成为一种普遍现象,导致家庭成分复杂化,如因改嫁带来前夫的孩子,入赘带来前妻所生孩子等。在这种家庭中,被继承人基于天然的血缘亲情、感情,不可避免地存在个人偏好,在财产分配上有所倚重,这也是人之常情。

自从人类进入私有制社会以后,财产继承就成为社会生活中一个极为错综复杂的问题。为了财富、地位和生活的安逸,也有人动了歪脑筋。而财产继承制度最重要的本意是防止个人死后其子孙为了遗产发生纠纷,其初衷也决定了长辈不应单凭个人好恶随意处分财产。但由于因财产遗嘱不公等各种原因而导致子女起纠纷的案例屡见不鲜,再结合上述提到的各种原因,因此在这些错综复杂的背景下,财产继承问题愈加明显,因此财产继承制度亟须制定以解决此问题。

四、结语

不论是现代社会，还是中国历朝历代，关于继承的记录不可枚举。早在先秦时期的《诗经·裳裳者华》就有记录："左之左之，君子宜之。……维其有之，是以似之。"①这种继承的思想也得到皇权制度的支持，如大家都耳熟能详的"奉天承命"，就是遵从天意，皇帝受命于天，是为"天子"，继承上天的气运，管理天下大事。从朝代延续来看，继承也是一个很重要的问题。很多宋代皇帝并没有儿子，于是由养子或者旁系继承皇位，如宋仁宗、宋高宗、宋宁宗等等。因此，宋代从庙堂之上就极为重视继承问题。天子尚且如斯，况且黎民百姓呢？

南宋因其所处时代背景、社会状态、经济情况等因素，造就了在财产继承制度方面与其他朝代既兼容又别具特色的特点。想要了解其具体继承规则，就要从具体的案例出发，《清明集》是一个极好的切入点，案例亲切生动，语言简练，真实地反映了南宋时期人民生活实际情况。从案例着手，截取其中相关案例来论述南宋财产继承制度，对比当今现代社会继承制度，便可以看出南宋继承制度被现代继承制度吸收、转化。"诸子均分"被很好地延续下来，立继子被转化为现代收养制度，命继子早已经消失，又或只残存在偏远农村。而南宋对于出嫁女、归宗女的规定则与《宪法》中人人平等的原则和《继承法》第九条"继承权男女平等"相违背。社会主义新中国的继承制，彻底废除了千百年来一直被使用的宗祧继承以及立嗣承宗制度，妥善处理了现代社会家庭中的财产关系，保护全体家庭成员的合法权益不受侵害，贯彻男女平等原则，实现了继承制度抚育下一代、赡养上一代的社会职能。研究南宋财产继承制度，对于促进我国社会主义法治化进程，构建植入我国历史文化因素的法律体系有着深远影响，也对构建和谐法治社会提出了一定参考建议。

---

① 中国诗经学会编:《诗经研究丛刊》(第五辑)，学苑出版社2003年版，第257页。

论谢觉哉的新民主主义民主宪政思想

马成*

谢觉哉虽然没有系统接受过现代法学知识的熏陶和训练,但他非常重视平时的法学理论学习。长征到达陕北之后,作为陕甘宁边区法制建设的主要领导人之一,谢觉哉逐步成长为我党"杰出的法学界先导,人民司法制度的奠基者"。抗战胜利之后,他又先后担任了延安的新中国法学会和中央法律问题研究委员会的负责人,在此期间,谢觉哉主持起草了《陕甘宁边区宪法草案》以及陕甘宁边区民法、刑法等重要法律,并开始了对新中国宪政建设的思考与规划。

一、新民主主义宪法对已有的胜利果实予以确认

谢觉哉认为,宪法与纲领是有区别的。"纲领是要说还没有的东西,说应当在将来达到和争取的东西;宪法应当说已有的东西,已经真正达到和争取到了的东西。"①前者为了一个目的去斗争,这个目的和将来争取到的目的,具体情况是不一定一样的;后者则是把已有的东西确定、巩固起来。宪法肯定不是完全理想化的,它"取决于生产方式及由这个生产方式所造成的人们之间的相互关系"。②

---

* 马成,吉林大学法学博士,东北师范大学政治学博士后科研流动站研究人员,西北政法大学副教授。目前主要从事陕甘宁边区政治法律史的研究。吉林大学法学院法律史专业 2009 级博士研究生,师从霍存福教授。

① 《谢觉哉日记》,人民出版社 1984 年版,第 920 页。
② 同上书,第 922 页。

中国共产党领导下的新民主主义民主，它克服了旧民主主义民主的顽疾，以人民大众为主的各革命阶级联合专政，照顾到了各革命阶级的基本利益。一方面扫除封建社会的残余，另一方面开辟到最新的民主主义——社会主义的道路。因此，谢觉哉所追求之人民的权利，要充实到人民的各个生活部分，如免于经济上的偏枯与贫困权利，免于愚昧贫困及不健康的权利，武装自卫权利等。尤其在政权组织建设上，新民主主义一定要比旧民主更为深入。

谢觉哉肯定了宪法作为一切法律的根本法地位，"政府据此而组织，个人与法之间的关系借此而确定"，"规定主权的划分与行使"。宪法效力高于普通法律，创制与修改异于普通法律。宪法为国家根本组织的法律，它需要详细规定个人的基本权利与义务，国家最重要机关的组织、职权及其相互关系。写宪法总纲，应有笼罩全宪法以至整个新民主主义法律思想系统的积极观念。① 宪法是社会关系——阶级关系的产物，反转来又作用于生产关系——阶级关系，使其发展壮大。抗战胜利半年之后的1945年11月，谢觉哉在日记中兴奋地宣称："新民主主义即革命的三民主义的宪法，可以写了。"②原因是它不仅有了孙中山先生"积四十年之经验"所提出的基本纲要，还有了毛泽东的新民主主义论、论联合政府的具体阐述，这些都建立在中国共产党领导下八年以来局部执政的新民主主义社会实践。

新民主主义宪法的特点是：国家政权为"一般平民所共有，非少数人所得而私也"，既反对皇帝专政、法西斯专政，同时也不需要"为资产阶级所专有，适为压迫平民之工具"的近世民权制度。代之的则是"以全国绝大多数人民为基础的统一战线的民主联盟的国家制度"，每一个阶级和阶层都可以享有权力，共同奋斗、共同建设、共同享受。

人民权利方面，除了参政、身体、言论、集会、结社、信仰等政治权利外，还

---

① 《谢觉哉日记》，人民出版社1984年版，第1085页。
② 同上书，第871页。

要有经济上的权利：免于贫困的自由，武装上的权利；免于恐怖的自由，文化上的权利；免于愚蠢与不健康的自由政治权利。谢觉哉认为，只有具备了经济、武装、文化三大权利的内容，人民才会珍视宪法。同时经济、武装、文化等权利，又必须充分运用政治上的权利才有保障，才有积极推进。

政权构成采取民主集中制，各级人民代表大会有最高权力，由它来决定大政方针，选举政府。各级政府集中处理各级人民代表大会委托的一切事务。不采用旧民主国家的国会制，因其并不是真正的最高权力，不能真正代表绝大多数的人民；也不采用旧民主国家的总统制、内阁制等。谢觉哉主张的各级人民代表大会制，由各级人民代表大会选出政府，各级人民代表大会闭幕时，设置人大主席团或常驻委员会作为政府的监督机构。这样制度设计的好处在于：首先，最高权力机关不会因为人民代表大会闭幕而中断其职能；其次，人大主席团或常驻会来监督政府的行政行为，可以防止政府滥用行政权；最后，政府作为行政机关，它不是权力机关，可以忠实、集中执行人民代表代会所授权委托的具体工作。

经济制度，新民主主义经济是由国家独立经营、合作社集体经营、私人个体经营来共同构成，保证"有独占性质，或规模过大，私人之力不能办者"由国家经营，确保国有经济控制国民经济命脉。同时又必须使私人资本主义获得广大的发展，因为新民主主义时期的中国资本主义实在是太少了，在极端滞后的小农经济、手工业经济的基础上，新民主主义工商业要得到快速的发展，各种合作社经营必然要占经济上很大的比重。土地政策上，应该是由减租减息、交租交息，逐渐过渡到"耕者有其田"。劳动政策应当是劳资均有利，同时提高工人工资和工人劳动效率。

对于如何处理中央和地方的关系上，谢觉哉强调地方自治的重要作用，国家的建造"必筑地盘于人民之身上，不自政府造起，而自人民造起。自治基层是区乡，其次为县，人民直接管理自己的生活与自己的事务"。其次为省，省应"自定宪法，自选省长"，"凡事务有全国一致之性质者，划归中央，有因地制宜之性质者划归地方"。区乡与县自治，是省自治的巩固基础，省自治又是全国民治的巩固基础,这样人民行使管理政府的权力是无懈可击的;是层累而上的,它和过去所谓联省自治固毫无相同之处,也和近世各国所谓自治其意义也不大相同①。

二、立法工作务必要符合人民的需要

谢觉哉认为,外国法律不可能完全符合中国的国情。近代的法律大多是关门编写,也是不符合实际的。在陕甘宁边区的立法过程中,先后参考过大陆法系、英美法系、苏联法系。他承认,人类生活发展规律有很多相似之处,研究外国法律是有帮助的,如果不主动吸收他们的经验,限制自己在小的时空圈子里,是不能写出合适的法律。同时谢觉哉强调,对国外法律的参考和模仿切不可呆板机械,归根到底还是要写中国新民主主义的法律,自己的法律中的每一句必须是自己的。立法是达到目的的手段,目的是根据对未来的远大预见来解决人民的需要,它没有任何敷衍应付的地方,它应当包括了人民生活的全貌。

在他看来立法的过程中,要充分尊重专家意见,因为专家所属专业都是我们不甚了解的,但也不能听凭专家意见,我们自己还要去考究其来源,看看专家意见是否合乎实际情况。在这个过程中,非专家向专家学习,是将经验提升到理论;而专家也应当向有实际经验者来学习,来完成理论与实际之结合,如此做既有助实际,也便于继续深入的研究新理论。② 但是许多的立法,在法学专家看来是好东西,在老百姓看来不一定是好东西。千万不要以为来头大,就必须予以接受。

编写新民主主义法律,不要一概继承旧的法统,也不是对旧法律的简单修改,而是对旧的法律形式与内容的彻底全部之改造。谢觉哉对此进行了举例说明:民法中旧的只保护私有财产,新的应是保护人民权利。土地法、劳动法为其主要内容,保护私人财产只是其一部分,非主要的部分。因

---

① 《谢觉哉文集》,人民出版社1989年版,第612~614页。
② 《谢觉哉日记》,人民出版社1984年版,第1032页。

而公法与私法的范畴将有所改变,由法律革命到革命法律,不冲破旧的法律概念及其形式,不能有革命的法律出来。新民主主义是史无前例的,新民主主义法律自然也是史无前例的。"法源在人民,新的秩序、新的要求,已经是现实,制法已成为必须和可能"。① 新民主主义法律的本质是什么? 谢觉哉以为,它应是保护并发展占人口绝大多数的农民工人和被剥削的小生产者所争得或正在争取的利益,同时还照顾不侵犯其他阶层的利益,而和破坏这些人的利益作斗争。宪法及其他法律都必本其旨。如果你向翻身农民说:法律是保护并发展你们已取得的土地和你们在农民中的社会地位,而制裁那企图侵占你们利益和跨在你们头上的。农民们一定会高兴,反之必以与他无关为由而置之不理。因此,谢觉哉要求新民主主义的立法工作必须抓住这一基本要求。

谢觉哉根据自己在立法工作中积累的经验,发表过一段精辟的见解:"一件谋虑好的事,要成为大家所有,而大家则有见浅见深的不同。不通过他们,行不通;通过他们,只有他们自己讨论,并不断吸收其意见。他们中间不恰当的意见,有的如微云,让微风徐徐吹去;有的如暗礁,要绕过,不可触,触则常发生破裂,本来不是成见的,变成成见了。这在立法问题的进行中尤要注意。"② 关于法律起草的具体方式,谢觉哉力主集体起草。翻来覆去,讨论多一次,进步多一次,是做也是学,陕甘宁边区宪法草案就先后修改了十多次。他还要求注意"立法技巧",即条文严整,字句不繁,重点要考虑其内涵及将来解释不发生歧义。

1948 年谢觉哉领导中央法委和任华北人民政府司法部长期间,为配合解放战争迅速发展的形势,先后主持或亲自起草了许多暂行法规条例。他在起草这些暂行法规、条例的过程中,积累了许多新民主主义立法工作的实际经验:

第一,立法工作不能凭局部经验办事,要防止以偏概全的现象。例如,选

---

① 《谢觉哉日记》,人民出版社 1984 年版,第 1071 页。
② 同上书,第 1245 页。

举条例中曾规定宜以公民小组为单位,这在晋察冀过去的选举中是行之有效的。但当把这个方法写入选举条例加以普遍推广时,就会出现偏差,因为这种公民选举小组在老区给进步分子的当选提供了机会,但在半老区,新区落后分子组成一个公民小组,就会通过合法形式选出他们的代表。而这种小组往往与行政单位不合,它选出的代表不一定能在其小的行政单位得到多数。因此他总结:"局部的一时的经验,必须与永久的,普遍的经验相结合,即是说在一般的真理指导之下来总结经验。"①

第二,立法工作不能机械地搬用历史上的一些做法。如在起草工商所得税草案时,有人曾主张仿效延安时期的管理办法。但是谢觉哉结合自己的经历指出,那时老百姓拿菜籽、线、鞋到集上去卖都要收税,加上税局人员机械执行、简单粗暴,人民曾为之叫苦不迭,严重挫伤了农民的生产积极性。因此,他认为应一律免除这种临时交易税,促进农民拿出自己剩余产品参加集市交易,发展生产,繁荣农村经济。他的这一见解,反映了农民的迫切要求,无疑是深受农民欢迎的。

第三,立法工作不能笼统地一刀切,特别要分明不同情况,区别对待。在修改危害解放区治罪条例时,谢觉哉就曾强调指出:本条例是军事时期的特别法,不全同于一般刑律;在执行中要注意中心巩固区与边沿区的区别。又规定在作战区不适用通常审判程序,可交军法机关审判。

三、民主宪政的核心要建立倾听民意的人民政府

民主国家,民意成为国家主旨,政府人员是为民服务,公务员又叫公仆。具体对共产党领导的新民主主义政权而言,谢觉哉以为,倾听民众意见,这是革命的政党和政府必须应该做到的。首先,要使民众敢于提出批评和建议,说出心里所要说的话。更为重要的是不仅止步于"倾听",还要认真考虑和采纳人民的意见。只有当民众亲眼看到他们的意见真正受到

---

① 王定国:"一个有历史意义的创议——回忆谢觉哉同志为建立人民代表大会制度所作的历史贡献",载《人民论坛》1994年第10期。

重视的时候,民众才肯相信你是有诚意,才会更多地更大胆地把心里话说出。"对民众正确的意见要认真改正和实行,不正确的也要设法解说明白。多想办法倾听民意,更要多想方法把民众的正确意见切实实行。"①本着"做人民勤务员"的宗旨,而做到:一、决心不跨在人民头上;二、虚心听取人民的指示;三、有本事帮助人民解决问题,使大家满意。一切决定于人民——人民是主,主认为对才是对的。一切又决于"人民勤务员",勤务员要有能,勤务员有毛病要打防疫针。②

自抗战伊始到新中国成立,党内一直有人主张"民众要统制,言论要统制"。谢觉哉站在人民第一的立场上,驳斥了这种错误观点。"统制"③是国家一种权利。国家没有这权力,不配叫国家。但行使这权力的形式,各国都不一样。法西斯的国家,因其政策是违反多数人利益的,它不得不严刑峻法,限制人民的言论行动于很小的范围内。反观民主国家的统制,则全然不同。因它的政策是合乎大多数人利益,就不会怕多数人反对而只怕多数人不懂,才要多数人从讨论中去懂得,言论、出版、集会、结社自由就是要保障多数人从讨论中去懂得政策。谢觉哉基本认同孙中山"赞助各种平民阶级之组织""唤起民众共同奋斗"的遗训主张,希望共产党与民众打成一片,不必讲统制,而实际的统制是在共同的主义和理想之下。还有那种怕民众起来以后没法子驾驭的观点,他认为那是把自己站在民众圈子以外,和民众对立的人才会说的话。这不是真正成为民众的共产党的党员所能想象的。④

1948年9月成立的华北人民政府,是中共历史上第一次使用"人民政府"命名政权组织。谢觉哉被选为华北人民政府委员并兼任司法部长,在政府委员就职会上,他曾对"人民政府"的意义做了较为详细的阐述:"人民政府,以前

---

① 《一得书》,人民出版社1994年版,第234页。
② 《谢觉哉日记》,人民出版社1984年版,第890页。
③ "统制"系谢觉哉日记使用原词,意同"统治",下同。
④ 《谢觉哉日记》,人民出版社1984年版,第204页。

没有过,没人敢这样称呼过。资产阶级国家自命民主,但胆怯,不敢叫他的政府为人民政府,怕人民戳穿他。只有无产阶级当政的苏联,才叫他的政府为人民委员会。少数人不是人民,多数人才是人民。以前,少数剥削者统治绝大多数的人。我们新民主主义国家是以工农劳动大众为主干联合一切赞成民主、反对封建,要求独立、反对帝国主义的人来组织与管理政权。人民政权,不只说政府真能代表人民利益,为人民服务,而且是人民直接组织政权与管理政权。政权是人民自己的。

人民政权,民主的深度与广度全不同于旧民主。它把民主贯彻到生活的各方面:经济呢?农民有取得土地的权利,工人、一切体力和脑力劳动者,有得到工作的权利。失业的得到劳动保护,老弱孤独、灾荒得到救济,经济上的民主,任何国家没有过的,经济上有了民主,因而文化呢?为人民服务,封建文化、资产阶级文化不作兴了。军事呢?人民为自己作战,从来不许有民主的军队也作兴民主了。法律呢?不是保护剥削阶级,而是保护广大人民,旧的法庭不是改良,而是要另起炉灶了。这些事是人民自己的事,由人民自己管理。因此,政治的民主,是人民管理上述诸事的组织。"①

谢觉哉强调人民政府必须要保证廉洁奉公,而廉洁的第一步是构建"贤明政府"。他痛恨政府中的"尸位素餐"之人,即那些虽不贪污,但怠于职责,坐领薪水的公务人员。这些人"不了解民情,老百姓的大姑娘没裤子穿,不说他是穷,而说他是文化落后;重到百分之三四百的利息,不说他是盘剥,而说是自由契约,不能干涉;不了解官权与绅权勾结,而说加强官权可以制裁绅权;不了解政府力量在倚靠民众,反而怕民众一起来会与政府为难"②,然而杜绝诸如此类不贤明的行政行为,并不是一蹴而就的事情。

贤明制度的构建,谢觉哉认为至少要做到五点:第一,摒去党派成见,吸纳各党派、各民众团体有威望的人参加政府领导工作;第二,言论绝对自由,报纸

---

① 《谢觉哉日记》,人民出版社1984年版,第1256页。
② 同上书,第221页。

成为人民的喉舌,作政府的监督者;第三,扶植并保障各种民众团体的发展,在其应有范围内有批评并建议政府的权利,政府对其争取的批评与建议应该接受;第四,改革教育,使学校成为真正救亡人才的地方;第五,施行民主制,首先由区乡机构起,建立区乡代表会,区乡的负责人实行民选。① 不从制度设计上着想,摇着头期望贤明政府到来,如同希望真命天子出世一般,谢觉哉认为那是与民主发展进程不符的落后的观念。

---

① 《谢觉哉日记》,人民出版社1984年版,第224页。

论谢觉哉对新民主主义宪政观的理论发展

周鹏宇*

1940年2月20日,毛泽东在延安各界宪政促进会成立大会上发表了题为《新民主主义的宪政》的演说。该文后来被收入《毛泽东选集》第二卷。在这篇文章中,毛泽东不仅首次提出了"新民主主义宪政"的概念,而且还对其内涵和范围做了基本的框架式的论证。他说:"新民主主义宪政,既不是欧美式的资产阶级专政的宪政,也不是苏联式的无产阶级专政的宪政。"[①]这是一个在中国新民主主义革命时期特有国情下的一种宪政概念,具有独特的历史意义。

在毛泽东提出新民主主义宪政概念之后,迅即有董必武等共产党方面的政治理论家与法律专家将其进行理论上的细化和具体化。[②]作为中共高层的法律专家,谢觉哉与董必武一样,也十分自觉地接受并发展了毛泽东的新民主主义宪政观。这正是谢觉哉所提出的宪法"四类型说"[③]中"新民主主义宪法"的提法的由来。谢觉哉在实践层面积极推进政权建设、民主选举、乡村自治等具体制度和建设的完善,这也构成了其新民主主义宪政思想的重要内容,对此

---

* 周鹏宇,北方工业大学讲师,法学博士。吉林大学法学院2009级博士研究生,师从霍存福教授。

① 王永祥:《中国现代宪政运动史》,人民出版社1996年版,第254页。

② 例如,董必武就发表了《论新民主主义政权问题》,从政权运作方式的角度论证新民主主义宪政的内涵。同时也成为其新民主主义宪政思想形成的基本标志。

③ 谢觉哉在通过对各国宪法系统的学习和研究之后,认为当时世界上的主要宪法如果依据国体性质可以分为四大类型:资本主义宪法、法西斯宪法、社会主义宪法和新民主主义宪法。此见《谢觉哉日记》(下),人民出版社1984年版,第739~744页。

已有学者进行论述。① 但本文则把考察重点放在了谢觉哉的理论构思,因为谢觉哉在宪法理论层面上所进行的严谨论证,充实了新民主主义宪政的理论体系。

谢觉哉所提到的新民主主义宪法就是直接来自于毛泽东的新民主主义宪政观。然而谢觉哉对毛泽东所提出的这个概念却也并非简单地照单全收,而是既有继承,同时也有发展。因为毛泽东毕竟不是专门的宪法学家,其所站的立场和视角决定了其所提出的新民主主义宪政的概念更多地是具有政治斗争意味的概念,而非如同今日法学所讲的纯粹的宪法概念。固然,宪法与政治本就有着千丝万缕难以断然区分的关系。但是不可否认的是,毛泽东在运用新民主主义宪政概念的时候更多具有政治用意。② 因而,有些地方并不符合法律自身的逻辑,有些地方则又大而化之,并不具体。故而需要由带有法学思维的专门人士在他已经提出的概念基础之上,依循法律本身的逻辑思维和术语表达,来作出修正与充实,使其成为真正意义上的宪政理论概念。可以说,谢觉哉正是在这方面作出突出贡献的一位中共方面的高层领导人物。

谢觉哉所做的工作更多地是在对新民主主义宪政观进行深入理解的基础之上,进一步延伸、扩大、细化了新民主主义宪政的理论,对于推动了中国共产党的宪政理论学说体系的充实与完备又有新的贡献。而这恰是谢觉哉宪政思想的精华之所在,又是其重大时代贡献和理论贡献之所在。

---

① 可以参见韩大梅:"谢觉哉与新民主主义宪政建设",载《辽宁师范大学学报》(社科版)1999年第6期。郑素一:"谢觉哉的民主宪政思想述评",《理学月刊》2005年第4期。孙志贤:"论民主革命时期谢觉哉的民主宪政思想",湖南大学2009年硕士学位论文。

② 毛泽东发表这篇演讲的时候,正是国共合作推动全面抗战的重大历史时刻。在当时,由于国内掀起了一股宪政运动,国民党政府在各方压力之下被迫允诺即将实行宪政。而中国共产党内有一些同志却为蒋介石的所谓实行宪政的欺骗宣传所迷惑,以为国民党或者真会实行宪政。毛泽东在这个演讲里揭露了蒋介石这种欺骗,以促进宪政变为启发人民觉悟,向蒋介石要求民主自由的一个武器。因此,毛泽东的这个演讲具有极强的针对性和政治斗争性。而关于抗战时期掀起的宪政运动的一些思考,则可以参见石毕凡:《近代中国自由主义宪政思潮研究》,山东人民出版社2004年版。闻黎明:"抗日战争时期宪政运动若干问题的再研究",载《近代史研究》2006年第5期。兰芳:"党治与宪政的冲突——对抗战时期第一次宪政运动的几点思考",载《政党与近现代中国社会研究——"中国政党与近现代社会的变迁"学术研讨会论文集》2006年。

一、从宪法角度阐发新民主主义的基础理论——国体论和政体论

毛泽东的新民主主义宪政观以其国体论和政体论为基础,这是马克思主义国家学说的重要发展,也是中国共产党第一次系统而又明确地处理国体与政体问题。① 谢觉哉对毛泽东关于新民主主义国家的国体、政体论基本以继承为主,同时又进行了重要的理论延伸和宪法学理的阐发。

首先,他在 1944 年 9 月 25 日的日记中就照录了毛泽东在《新民主主义论》中关于国体与政体问题的论述,明确提出需要按照毛泽东的论述作为论证新民主主义的基本的理论依据,亦即国体"就是社会各阶级在国家中的地位",政体就是"指的一定的社会阶级,取何种形式去组织反对敌人保护自己的政权机关"。②

而在 1947 年 4 月 16 日的日记里,他沿着这种国体、政体论又进一步提出法律的本质就是保护那"社会阶级怎样去组织自己反对敌人的统治",即保护其所需要的秩序。因此,要建立新民主主义的中国,就要"建立一个全国绝大多数人民为基础的统一战线的民主联盟的国家制度"。③ 因而得出结论:新民主主义的法律,就应该保护并发展占人口绝大多数的农民工人和被剥削的小生产者所争得或正在争取的利益,同时也照顾不违反这主旨的其他阶层的利益,而和破坏这些利益的人作斗争。宪法及其他法律都必本此旨。

可见,谢觉哉在论证新民主主义国家及其宪法的基本属性的时候,不仅采纳了毛泽东关于国体和政体的基本观念,而且还有意识地将之与宪法和法律相衔接,并且最终将这一对概念写入了由他所领衔制定的宪法草案。从而逐渐把这个问题由一个政治问题转化为一个宪法和法律的问题。

他在 1946 年 5 月 14 日为延安大学学生讲解宪法的时候,再次重申国体

---

① 参见李铁映:"国体和政体问题",载《政治学研究》2004 年第 2 期。
② 《谢觉哉日记》(上),人民出版社 1984 年版,第 686 页。此外他还在其他多处提及这一对概念。例如,1945 年 11 月 17 日中提到:"社会结构即国体问题。'国体即各阶级在社会中的地位',一般民主国家宪法只说政体不说国体,苏宪第一章就是社会结构,明定苏维埃社会主义共和国联盟工农之社会主义。"参见《谢觉哉日记》(下),人民出版社 1984 年版,第 866 页。
③ 《谢觉哉日记》(下),人民出版社 1984 年版,第 1086 页。

是指"社会各阶级在国家中的地位",政体是指"一定的社会阶级取何种形式去组织那反对敌人、保护自己的政权机关"这一毛泽东所确立的基本理论。并且,还更进一步地明确宪法的任务,那就是宪法要"以确定性、强制性、普遍性的形式来完成这任务"。① 在他看来,法是社会的上层建筑之一,与道德、文艺一样,都需要服务于社会的生产关系和阶级关系。而其最大特殊性就在于它是带有更所强制性的服务。在此,谢觉哉揭示出宪法的阶级性,他强调宪法的阶级属性不是永恒不变的,而是随着统治阶级的改变而改变的。当权的阶级制定宪法,因而就必然要求宪法有益于当权的统治阶级而不能对其利益有所损害。这是将带有政治意味的国体、政体论转化为宪法理论的重要努力。

其后,在1948年12月14日召开的法律研究委员会会议上,谢觉哉在总结宪法修定过程中的经验教训时,又重点对宪法上的国体、政体理论进行了阐发,并且他还亲自对此问题写了一个提纲,提交法研会。②

总而言之,谢觉哉的新民主主义宪法理论首先以毛泽东所提出的国体、政体论为基础而展开。同时,又努力地将之纳入到宪法和法律的范畴内来加以思考。这极大地丰富和充实了新民主主义宪政理论的内容,也为新中国之后宪法理论的发展奠定了坚实的基础。

二、对新民主主义宪政阶级基础的阐发

关于新民主主义宪政的阶级基础,谢觉哉首先排除了西方的"天赋人权"说,认为历史已证明其为假民主,③故新民主主义宪法不予采纳。在他看来,真正的民主必须以社会中绝大多是人民的支持为基础,必须代表绝大多数人民的利益。此即构成,谢觉哉所谓的新民主主义宪法的阶级基础。

在1947年5月20日的日记里他说:

新民主主义宪法是在"以绝对大多数人民为基础的民主联盟"的

---

① 《谢觉哉日记》(下),人民出版社1984年版,第921页。
② 同上书,第1271页。
③ 同上书,第866~867页。

社会制度上写的。这种社会制度现已不是理想而是现实。在占有中国三分之一人口的解放区的现实。也就是在未被解放的、商战中国人口三分之二的蒋管区迫切要求的现实。没有这种现实,不可能也不应来写新民主主义的宪法。①

很显然,谢觉哉认为新民主主义宪法的阶级基础就是绝大多数人民为基础的民主联盟。在1947年的时候,他就已经认定这已经是当时的一种现实存在的状况。至少是在占全国人口三分之一的解放区已经实现了这种新民主主义的社会制度。而且共产党还有志于将之推广到更广大的区域,推广到全中国去。在谢觉哉看来,尽管当时解放区的新民主主义政权仍旧在某些方面存在着就的民主形式,然而毫无疑问,新民主主义宪法所赖以建立的阶级基础已经在解放区建立起来,因而新的宪法就一定要以此为依据而制定起来。

后来,在1948年底给王纪新的一封回信中,谢觉哉又系统地将他对新民主主义宪法的性质和阶级基础进行了更进一步的阐述。在他的阐述中,已经可以很清晰地看到其独立的看法,而非完全局限于毛泽东所提出的概念和理论了。他将这封回信照录在1949年1月1日的日记中了。通过这封信,首先我们可以发现,谢觉哉对于新民主主义宪法的性质做了一些自我修正或称调整。在信中,他不再将新民主主义宪法与资本主义宪法明确对立起来,而且还直接将之视同为资本主义宪法的一种变形。他说:

> 关于新民主主义政权的性质,毫无疑问是资产阶级性的,反帝、反封建、反官僚资本,是为资本主义的发展扫除障碍。而且,今天的中国,不是资本主义多了,而恰是少了它,在一定时期和一定范围内,必然且不能不要有资本主义的发展。
>
> 企图跳过新民主主义阶段,人工地过早搞社会主义,必然遇到挫折,把新民主主义看作死呆的阶段,或把它叫作新资本主义,也是不对的。②

这也就是说,谢觉哉在判断一个宪法的属性时的标准已经照以前有所深

---

① 《谢觉哉日记》(下),人民出版社1984年版,第1096~1097页。
② 同上书,第1275页。

入,不再单纯依据国体进行简单的判断,而是更加具体而又务实地与其所处的时代和所面对的历史任务作为判断标准。谢觉哉认为新民主主义宪法就其性质而言,"毫无疑问"的属于资产阶级性质。他之所以这么说,其理由就在于新民主主义的社会阶段仍旧要面对并且力图去解决资产阶级革命所应解决而未能解决的历史遗留问题,那就是反帝、反封建、反官僚资本。而要完成这些任务也是为了更好地发展资本主义,使之排除前进的障碍和干扰。而且,他甚至还认为,这是由中国所独有的社会现状和基本国情所决定的。在中国,由于种种原因导致民族资本主义始终处于软弱无力的状态,始终不能够独立地完成资产阶级革命的历史使命,不能推翻帝国主义、封建主义和官僚主义三座大山。这就造成了中国资本主义不能够得到充分发展,社会状态和阶级构成始终没法实现经由资本主义到社会主义的过渡。所以在当前中国最应该做的事情就是大力发展资本主义。在资本主义得到独立而又长足的发展之后,当一切社会条件均已具备之后,自然而然就可以跨入社会主义社会,到那时制定社会主义宪法也就是水到渠成的事情了。所以他说,那些企图跳过新民主主义阶段而认为过早进入社会主义的想法是有问题的。现在建立新民主主义性质的政权就是要继续反帝、反封建、反官僚资本主义,完成资产阶级革命的任务,然后才可以过渡到社会主义。

而从另一个方面而言中国的新民主主义革命在世界范围内,又属于全世界无产阶级革命的一个组成部分,是由无产阶级主导完成的革命,因而又带有朝向社会主义演进的必然趋向。所以,新民主主义本身也只是一种过渡,是一个动态的演进过程,是由资本主义向社会主义过渡的一个必经阶段,并非停滞不前的一个社会状态。

那么,正因为新民主主义的社会及其政权性质是这种由资本主义向社会主义过渡的性质,故而可知它的阶级基础必然是不同于资本主义,同时也是不同于社会主义的。在新民主主义政权中,无产阶级占据主导,同时又需要其他民主进步的阶级组成联盟。具体而言,它的阶级基础就是"无产阶级领导的,以工农联盟为基础的人民大众的民主专政"。在这个阶级联盟中,工农占人口90%以上,是最大的阶级基础,其他百分之几的人,除最少一部分始终反对革命外，多数又带有某种革命性和进步性，愿意同工农无产阶级同走一程，甚至走得很远，这些人数量虽然不多而作用却相当大，因而有必要也必须要联合他们。如果不联合他们，将之推向反革命的阵营之中，革命便难于取得最终的胜利。

至于这个阶级基础的具体构成，谢觉哉认为除了工农两大阶级作为基础之外，还应该有自由资产阶级、知识分子、民主人士、少数民族、爱国华侨等阶级或阶层。他说：

> 知识分子、民主人士、少数民族、华侨，虽不是独立阶级，但社会上确有一部这样的人，有他特殊的利益，而且其影响颇大，他们今天的迫切要求，是反帝、反封建、反官僚资本，不会就赞成社会主义。但他们中间除一部分自由资产阶级外，当他们在将来看到大势所趋，舍社会主义没有其他出路，而社会主义的成就，对他们也并不坏，他们将由怀疑而中立，有些甚至参加，这是可以想到的。①

在他看来，尽管这些阶级或阶层由于这样那样的原因不见得一定会支持和拥护社会主义。但是作为近代中国社会的分子，他们同资产阶级和工农无产阶级一样都需要面对并且解决近代资产阶级革命所遗留下来的未竟事业，即反帝、反封建、反官僚资本主义三大时代使命。而同时，即便将来进入了社会主义，他们也一样可以参加进来，并且取得相应的地位。所以，谢觉哉认为他们是极有必要被从中立的立场上拉入革命的阵营中来的。从而构成新民主主义政权及其宪法的阶级基础。最后他得出结论，认为"中国新民主主义政权是由无产阶级领导，以工农联盟为基础，联合进步的（反帝、反封建、反官僚资本的）资产阶级的人民民主革命政权"的提法值得考虑。② 意即是说，新民主主义宪法的阶级基础就是由无产阶级领导，以工农联盟为基础，联合一样要追求反帝、反封建、反官僚资本目标的资产阶级以及各个爱国阶层所最终组成的革命阶级联盟。

---

① 《谢觉哉日记》（下），人民出版社1984年版，第1276页。
② 同上书，第1276页。

三、深入阐释新民主主义宪政的基本原则——民主集中制

(一)论采取民主集中制的必然

毛泽东提出新民主主义宪政的基本原则是民主集中制,谢觉哉对此亦十分赞同。因而基本上是以毛泽东所提出的观点作为基本的论证出发点的,这在他的日记中多有体现。例如,他曾引用毛泽东的话说:"必须实行无男女信仰财产教育差别的真正普遍平等的选举制,才能适合于各革命阶级的地位,适合于表现民意与指挥革命斗争,适合于新民主主义的精神。这种制度即是民主集中制。"①又如,他在1945年1月22日的日记中写道:

> 新民主主义政体毛主席已给了原则的指示——民主集中制,但具体形式,就与其他民主国全相反或还有些近似,则有待于研究。因为阶级关系的不同,其所述故将不同于旧型民主国,不全同于苏联,即和第一次大战后某些较进步的共和国,也不全同,和正在兴起的欧洲起来的新民主主义国,也全有差异。因为还要看我国及正在变化的具体条件而定,我们立法行政的具体关系。但可以断定不会因旧民主三权分立,我们就要三权集中,旧民主司法独立,我们就要司法不独立。②

可见谢觉哉是基本上遵循民主集中制为新民主主义整体的基本原则的。而同时,他也以敏锐的理论洞察力指出,毛泽东提出民主集中制的时候,并没有具体指出其实施的形式,没有明确其与其他种民主体制的相同或不同的地方在哪里,因而这些问题是有待于进一步研究的。而这是因为,中国的新民主主义是一种与所有旧型的民主都有所区别的全新民主样式,同时又与先进的苏联的社会主义的民主样式有所不同,与当时欧洲兴起的新民主主义国家的状况也有差异,因而具有极大的独特性。而与此同时,中国的国家情况本身又是在不断变化之中,尚未能够将新民主主义建立所需的具体条件和基础真正落实下来,立法、行政、司法等公权力的关系也没有真正落实下来。所以我们

---

① 《谢觉哉日记》(下),人民出版社1984年版,第758页。
② 同上书,第739页。

的民主集中制也就无法具体落实下来。不过可以肯定的是，旧民主国家在国家建政原则上奉行的三权分立，是我们的新民主主义所不取的，这正是因为我们要采取民主集中制。在这里，谢觉哉实际上已经在不自觉地进一步发挥民主集中制，将其基本原理运用到国家建政的基本原则上来了。这可以说是谢觉哉对民主集中制的首次发挥。

而在此后，谢觉哉又多次强调他在这个问题上的基本立场。在另一篇日记中，他就记道："主权的行使——主权在民，形式必须分工，否则易流专制。政权与治权，权能分工。三权分立，立法权最高，民主集中。"①在这几个缺乏连贯性的句子中间，其实我们是可以找得到谢觉哉的思路逻辑的。意即国家主权固然可以而且应当加以区分，进行分工，否则很容易导向专制。于是有了西方的三权分立理论和孙中山的权能分治理论，当时我们即使采纳了权力分工的基本制度，同时也应该贯彻民主集中制下的分工，而非西方或者孙中山意义上的分工。

(二)论民主集中制的内涵

新民主主义宪政下的民主集中制，其内涵到底是什么呢？谢觉哉也进行了深入思考。他在日记中写道：

> 民主集中制一方是组织关系，一方是政治内容；一方是广泛的人民意见怎样表现于组织上的集中，一方是集中的体制怎样能和广泛人民意见融合。仅仅说少数服从多数，下级服从上级为民主集中制，那是机械的了解；说立法司法行政统一的一元化为民主集中制，更是有害的了解。②

关于民主集中制的宪法属性问题，谢觉哉认为它一方面是一种组织关系，即任何政权或者党派组织内部进行组织建设时需要遵循的基本原则；另一方面它又是一个政治内容，是有关于国家政治体制的宪法内容。就其前一方面而言，民主集中制就包括在中国共产党各级、各部门之间处理组织与个人、上级组织与下级组织之间关系、扩大党内民主，巩固和发展党的一个基本原则。

---

① 《谢觉哉日记》(下)，人民出版社1984年版，第926页。
② 同上书，第747页。

这在谢觉哉1939年4月18日的日记中有较为集中的讨论。① 但由于其并不涉及国家宪法政治问题,故不赘述。

而就其后一方面而言,民主集中制的具体含义就是两个方面或者说是两个方向的问题:一是将人民的意见通过民主的方式进行集中汇总,通过整合达成较为集中和一致的意见;二是将这种经过民主而形成的集中的意见再以指导或命令的体制推行到人民群众当中去,将其与广泛的民意相互融合。这两方面或方向的工作相互结合就是民主集中制,即民主基础上的集中,集中指导下的民主。在这个过程中,谢觉哉还特意强调了两个问题:第一,民主集中制绝非简单的少数服从多数、下级服从上级这样的机械过程;第二,在国家权力的分工中过分强调立法、行政、司法三项权力的一元化也并非民主集中制。而且,谢觉哉还坚决地认为这第二种看法是十分有害的,而其理由就在于:

> 国家是强制的组织,易偏于集中,怕的是集中与民主脱节,不是使人民感到"集中制是他们共同活动和战斗能力之真正的巩固和发展",而是在相反情形之下,感到束缚,甚至为野心家利用。党的集中不适当,可发生党的官僚化。政权的集中不适当,那就可能发生大毛病。②

也就是说,谢觉哉一方面固然反对三权的绝对分立,但是同时也并没有忽视国家权力过于集中的害处。因为他认识到,国家是强制的组织,其权力带有较强的强制的力量。而权力的本质属性必然要求其不断强化自身权力,不断走向极权。如果是这样的话,任由其权力的过分集中而忽视了其民主的一个方面,则势必造成集中与民主的脱节。在这种情况下,人民不但没有感受到集中制能够带来的增强他们共同活动和战斗能力的好处,反而切身体会到了集中制下言行受到过分束缚的坏处。而且,权力过于集中,也会方便那些野心家,为其谋取私利所利用,最终受苦的还是人民大众。而这就与新民主主义的奋斗目标发生了背离。谢觉哉最后总结道,这种过度的集中不仅于党无益,而且于国有害。通过谢觉哉的这一段论述,我们可以十分轻易地发现近代分权

---

① 《谢觉哉日记》(上),人民出版社1984年版,第301~303页。
② 同上书,第747页。

观念在谢觉哉思想中不经意的闪现。尽管谢觉哉在口头上和基本立场上对西方欧美近代以来所提出和实行的三权分立学说是持反对甚至批评态度的,但是不可否认的是,权力分立理论学说在西方源远流长,自亚里士多德至洛克、孟德斯鸠,有其悠久的沿革传统,自然也有其独到之处。在近代西方传入中国的形形色色的观念和理论之中,权力分立理论所渗透出的对普世人性的洞察是十分具有现实解释力的。故而,谢觉哉亦不自觉地对其基本学说有所吸收和借鉴。只不过,囿于资产阶级、无产阶级的阶级意识形态观念所限,他不会明确地去西方资产阶级那里去探寻该学说的源头根据,而只是自说自话式地直接拿来为我所用而已。如果明确了这一点,我们就可以发现,其实谢觉哉宪政思想乃至其整个法律思想是无法回避西方资产阶级法学家所提出的一些普世适用的理论的,尽管他没有也不会说出来。而这也成为探寻其法律思想和宪政思想来源的一条重要线索。

(三) 论民主集中制的表现形式

关于民主集中制应该以何种形式运行这个问题,实际上毛泽东已经有所涉及。他所提倡的"从群众中来到群众中去""只有代表人民才能指导人民""集中起来坚持下去、又向群众集中起来又要群众坚持下去",其实就是民主集中制的表现方式。然而正如谢觉哉所说,毛泽东提出来新民主主义宪政的组织原则是民主集中制,但是具体该如何体现这个原则,它的具体形式又应该是什么样子的?这些问题还是尚待解决的,尚没有明确具体的答案,因此就需要进一步探讨。在这里,谢觉哉不仅以一种理论敏锐提出了这一问题,而且还在尝试着去用自己的思考解决这一问题。他分别从三个方面探讨了民主集中制的施行和体现。

首先,从国家政权的组织关系上讲,民主集中制的表现形式就是人民代表会议,亦即后来在新中国实行的人民代表大会。而之所以这么说,是因为在谢觉哉看来,人民代表会议是真正普选的,因而能够充分代表民意,是真正民主的。而同时这个会议又是最高的权力机关,是决定一切的权力机关,而这又体现出民主基础上的集中来。谢觉哉认为建设民主政治应从选举人手,"民主政治,选举第一"。① 因而可以说,真正实现普选的、作为最高权力机关的人民代表会议本身就体现出民主集中制,是其最佳的表现形式。② 正如他所说:"人民代表会议集中人民大众一切重要工作方面的经验与意见,作成决议,然后向人民宣传解释,一致实行。这种方法是政府领导人民,也是人民领导政府。"③

所以他对边区参议会的参议员也就提出了类似的要求:"边区参议员代表民众而来,又回到民众中去。除尽个人应尽义务外,还应经常把所看到的:如公务人员溺职或执行不力,民众中有何疾苦与隐情,民众中有何新的意见,随时告诉边区参议会常驻会以便通过政府使之实现。"④为此,他还发表了大量既有理论意义又有实际操作方法的文章,如《参议会上的几个问题》《关于参议员的经常工作》《边区、县参议会常驻委员会的工作》《乡市参议会怎样工作》《县参会怎样开会》,从各个方面阐述了以人民代表会议的方式落实民主集中制原则的理论。这既是对我党自土地革命以来民主代议制度经验和教训的总结,也是以此经验为依据对新民主主义宪政理念下的人民代表制度的完善。最后以《陕甘宁边区宪法原则》为其表现。"值得注意的是,与根据地此前颁布的宪法性文件相比,《陕甘宁边区宪法原则》的表述与内容富有特色,民主集中精神处处可见。"⑤从而一举奠定了人民代表大会制度作为新民主主义宪政体制下的基本政治制度的地位。

谢觉哉的民主代议制思想还不仅仅停留在口头和文本上,还积极投入到基层民主选举和组建完善民主代议机构的实践中去。他曾经亲自负责组织了陕北地区一次直接选举活动,在以保安县为试点的选举过程中,真正做到了实质性的民主选举,选举坚持直接、公开、平等、普遍、匿名等现代民主选举的原则,是陕甘宁边区有史以来第一次的民主选举工作。正如有的学者所指出的

---

① 《中国新民主主义革命时期根据地法制文献选编》第1卷,中国社会科学出版社1981年版,第213页。
② 《谢觉哉日记》(下),人民出版社1984年版,第748页。
③ 同上书,第758页。
④ 《陕甘宁边区参议会(资料选辑)》,中央党校科研办公室1985年版,第654页。
⑤ 黄钰晶:"从宪法变迁看我国人民代表大会制度确立和变化",西南政法大学2010年硕士学位论文。

那样,"他不但重视理论,还重视在中国这样一个缺乏民主的国家里进行民主建设的实践。重视民主的真实性、普遍性、制度性,是中国民主史上的创举"。①

其次,从国家权力之间关系的角度而言,国家权力一方面要分为立法、行政、司法三项权力,彼此分工合作;另一方面立法、司法、行政三大机关又要共同服从与政府的统一领导,三者又都在政府统一领导之下,实行立法司法行政统一的一元化的政制,这也是民主集中制的一种体现。② 当时有人提出,由全国人民代表大会选出主席,即为国家元首,对内向全国人民代表大会负责,并报告工作,对外代表国家,在全国人民代表大会休会期间,所有国务院、统帅部、监察院、最高法院,均向国家元首负责。针对此意见,谢觉哉认为不妥。他回复道:

> 查苏联宪法及近看到之南斯拉夫、北朝鲜、罗马尼亚新宪法均称,政府对人民代表大会负责,在大会闭会期间,对人民代表大会主席团负责。也许你的意见,以为今天的中国,权力集中于一人较好,实则我们需要的集中是民主的集中,"民主基础上的集中,集中指导下的民主",负责的机体是委员会,不管其中起主要作用为谁,全国大会闭会期间,我们主张应有常设机关,叫主席团或常设代表会均可。这是一个原则问题,我只提出请你考虑。③

可见,谢觉哉还是很自觉地遵循着民主集中制的基本原则,并能够将之运用于国家权力结构设计的具体问题中。他认为,在国家权力结构中也需要落实民主集中制,既不能过分追求民主,同时又不可将权力都集中于一人。而且环顾国际也不乏这样操作的先进例子。最后,谢觉哉认为在国家权力关系结构的设计中,民主集中制实则是一个原则问题,不可有所违背。

虽然解放区政权仍是旧的民主形式,但如议员不得兼行政官吏,议会必须时常开会,议会常为争权力而争,司法"绝对"独立等在就民主时代认

---

① 郑素一:"谢觉哉的民主宪政思想述评",载《理学月刊》2005年第4期。
② 《谢觉哉日记》(下),人民出版社1984年版,第755页。
③ 同上书,第1275页。

为不可变的,我们这里必须变,或已没有(如争当选),或减轻其重要(如司法独立,只是服从法律)。①

最后,从中央与地方关系来理解,民主集中制也有其发挥作用的地方。他认为,地方自治不是对抗中央,而是发扬人民的能力与创造。要主权在民不成为空话,那必须让人民对于国事都能贡献其力量,也只有这样,才能造出真正的幸福社会。同样,中央对地方的领导甚至领导到细微事务,但不是干涉,而是依据广大人民的愿望,制成合于人民远达目的的政策,使其有计划地前进,结合着无比的力量前进。中央不怕地方尾大不掉,尾越大,掉更有力。地方不怕中央干涉太甚,相反,地方很要求有中央的坚强领导。这便是民主集中制——民主基础上的集中,集中指导下的民主。② 可见,地方自治基础上的中央领导也是民主集中制的一种体现。

(四)论民主集中制的民意基础

关于民主集中制的民意基础及其体现,谢觉哉也给出了较为明确的观点。他说:"治法,没有绝对的善、善的法,是有阶级需要的、条件的,即一定社会阶级的统治,它需要有适合于它发展的法制。总统制、国会制、三圈绝对分立制,为资产阶级国家所需要。苏维埃制、民主集中制为绝大多数人民当政国家所需要。"③也就是说,谢觉哉认为民主集中制必须是在绝大多数人民当政的国家才可以实行。在资产阶级国家里面,只有少数阶级在掌握国家权力,并不具有广泛和真实的民主性,因而也就不可能实行真正的民主集中制。由此,谢觉哉得出一个结论:"不看到社会的改变,只据宪法书本上的教条,必然地要碰壁。"④既然民主集中制原则是有其民意基础和阶级支持力量的,那么在其表现形式就应该对此有所体现,而不应该囿于固有的教条理论,不顾事实情况。

谢觉哉在他写的《宪法草案大纲》的说明中指出:我们的国家制度是以全国绝大多数人民为基础的统一战线的民主联盟的国家制度,它的政权机构应

---

① 《谢觉哉日记》(下),人民出版社1984年版,第1096～1097页。
② 同上书,第1101页。
③ 同上书,第1096页。
④ 同上书,第1096～1097页。

采用各级人民代表大会制,并由民主集中制的各级人民代表大会决定大政方针,选举政府。这便是全国解放后,普遍实行的各级人民代表大会制度的最早设想。这是谢觉哉领导的宪法研究会对我国人民民主政权建设的重要贡献。

四、揭示新民主主义宪法的使命与作用

谢觉哉深受斯大林关于宪法与纲领的区别的理论的影响,[①]"苏俄政权建设理念是他探索新民主主义宪政的理论起点"。[②] 故而坚持认为宪法所应该具有的法律功能最主要的是将已经实现了的社会制度以根本法律的形式加以落实和确认,使之具备合法性。可以说,这是谢觉哉宪法思想里面一个最为根本性和原则性的理念。然而,在毛泽东提出新民主主义宪政观之后,谢觉哉对此问题的态度也开始慢慢发生改变,逐步走向一种调和状态。这是因为毛泽东在《新民主主义的宪政》的演讲中明确提出宪政运动不应该仅仅关注宪法文本的制定,而应该更具有斗争性;不应该仅仅满足于确认已有的民主事实,还应该去争取尚未取得的民主权利。实际上,如若详细考察,毛泽东所提出的这个主张并不一定与斯大林所说的观点有所冲突。他仍然是认可宪法文本在确认现实民主状况合法性方面的作用和意义的,只不过是强调和希望当时国内的宪政运动能够努力推动将更多的民主权利转化为现实状况,然后再由宪法加

[①] 谢觉哉在论述宪法与宪政的必要性时,特别强调宪法与施政纲领的区别,认为宪法有其不可替代的重要作用。他深受斯大林关于宪法与纲领区别的认识的影响,认为宪法承载着纲领所无法达成的独特使命,因而边区不仅要有纲领,还应该有自己的宪法。他在日记中认真地记下了斯大林的这段话:"纲领是说还没有到东西,说应当在将来达到和争取的东西;宪法应当说已有的东西,已经真正达到和争取到了的东西。纲领主要是指明将来,宪法是指明现在。"(《谢觉哉日记》(下),人民出版社1984年版,第862页)他认为:"前者悬个目的去斗争,悬的想象目的和将来争到了的目的的具体情况不定一样。后者把已有的东西确定与巩固起来,具体地规定应这样不能那样。"(《谢觉哉日记》(下),人民出版社1984年版,第921页)对于斯大林的这段话,谢觉哉不仅十分认可,并多次在日记中提到,并且还说:"斯大林说宪法是写已经有的,和纲领是写希望有的不同,是从来宪法学者都没说过的真理。"(《谢觉哉日记》(下),人民出版社1984年版,第1032页)此外,1947年5月21日的日记中,他又再次抄录了《斯大林宪法草案报告》中的这段话:"宪法不应当与纲领混淆的。纲领是要说还没有的东西,是要说应当在将来达到和争取的东西。宪法应当说已有的东西,说现已真正达到和争取到了的东西。"(《谢觉哉日记》(下),人民出版社1984年版,第1097页)。

[②] 孙志贤:《论民主革命时期谢觉哉的民主宪政思想》,湖南大学2009年硕士学位论文。

以确认。然而受此启发,谢觉哉对宪法和宪政的认识,尤其是对宪法作用和使命的观点也逐步做出了调整。

一方面,他仍然以为新民主主义宪法应当如实反映当时在占据全国人口三分之一的解放区所实行的新民主主义社会制度,这正是斯大林所谓的宪法应该是写已有的这个观念。而另一方面他又认为,新民主主义宪法的起草不应该将视野仅仅定位于已经达到的东西,还要进一步去争取一些东西。

比如说,去巩固和宣传宪法中所认可和规定的现有的民主事实,使之不断充实和完善。所以他提出制定边区宪法草案"是边区宪法也是全国宪法"①,应该"边区为主,照顾全国"。在总结起草边区宪法过程中的感受的时候,他就曾明确批判那些主张"不要太迁就外面了"的说法,认为这种说法有毛病。因为他觉得,为着边区,表现边区特点是对的。但某些特点只是和其他地区有程度上的差别。因此,为这些特点而提出的办法,在边区需要,在全国同样需要。这里无所谓迁就,也不是照顾。边区宪法草案所反映的既是现实也是理想。一方面,宪草要把边区已经实行的写出来,巩固起来,从这方面看是现实;但另一方面,这些现实并不是都已做好,并不是很多人都懂得,很多人也都是"知其然而不知其所以然",开其源而未展其流,为指出奋斗方向又是理想。因而他说:"边区宪法既是法律又是纲领。"②

又比如,去争取将解放区的新民主主义制度推广到全国。他提出,新民主主义宪法是在"以绝对大多数人民为基础的民主联盟"的社会制度上写的。这种社会制度现已不是理想而是现实,是在占有中国三分之一人口的解放区的现实;同时它又是在未被解放的、尚占中国人口三分之二的蒋管区迫切要求的现实。没有这种现实,不可能也不应来写新民主主义的宪法。③ 也就是说,将解放区的宪法推广到全中国去,也是宪法的一个使命。固然,要让解放区的宪法在全中国都有效,必须以政治军事斗争的胜利为其保障,否则只能是纸上谈

---

① 《谢觉哉日记》(下),人民出版社 1984 年版,第 954 页。
② 同上书,第 954 页。
③ 同上书,第 1096~1097 页。

兵；但是另一方面，在制定宪法时兼顾到全国的民主事实，对即将实现的民主事实有所预计并作出带有预见性的、通盘的规定，这也是在制定边区宪法的时候可以考虑的。这样同时也是一种软斗争，在宪法上的斗争。此即用宪法去争取尚未实现的东西的另一层意思。

基于以上的这些看法，谢觉哉在 1945 年 11 月 16 日和 17 日的日记中明确写道：

新民主主义的宪法已可以写了。

新民主主义在中国已不是理想，而是现实。

新民主主义已经实现，已经为不只解放区而是全国人民所热爱。绝不是尚待证实的纲领，而已是人民所要求的宪法。①

新民主主义宪法需要起草了。

新民主主义的宪法由草案到正式通过，将是一个斗争的过程。

新民主主义宪法是写已达到的东西，也是待争取的东西。②

而在第三届边区参议会第一次大会上的讲话中，他说："陕甘宁边区的民主政治已经积累了很丰富的经验，得到了不可预计的成绩，为着使全体人民更有目标有计划地前进，提议大会根据政治协商会议省得制定省宪的决议，委托本届的常驻委员会即着手草拟陕甘宁边区宪法，把我们已实行的东西固定起来，发展起来，广泛地把草案放到边区人民中去讨论，征集其意见，然后提出本届参议会第二次大会。"③这正是成为边区宪法草案开始着手起草的缘起。

可见，谢觉哉已经十分急切地想要推动制定一部边区宪法，以此宪法一方面既要确定现有的民主事实，另一方面又能够争取尚未取得的民主权利等。而最终，在谢觉哉这样的宪政思想指导下出台的《陕甘宁边区宪法原则》"确立了新中国政治制度的雏形，标志着新民主主义宪政的实现"。④ 如此看来，谢觉

---

① 《谢觉哉日记》（下），人民出版社 1984 年版，第 865 页。
② 同上书，第 865 页。
③ 同上书，第 944 页。
④ 韩大梅："谢觉哉与新民主主义宪政建设"，载《辽宁师范大学学报》（社科版）1999 年第 6 期。

哉在发展毛泽东新民主主义宪政观的同时，也在慢慢地调整和发展着自己的宪政思想。

综上所述，新民主主义宪政观虽是毛泽东所首先提出来，但是其宪法法理化过程却是在以谢觉哉为代表的中共法学专家的系统论述下完成的。谢觉哉对新民主主义宪政观的理论发展极大地丰富和充实了新中国以后中国共产党的宪法理论。有学者说："他的宪政思想虽然受到中共其他领导人宪政思想的影响，但又保持了其宪政思想的独特性的一面，形成独具特色的谢觉哉宪政思想。"而其实，"董必武、谢觉哉两位革命家的法制思想是在中国革命的实践中产生的，他们的思想既闪烁着个人智慧的光芒，同时也体现了共产党人集体的智慧"。[①] 而无论如何，这都足以证明谢觉哉有重要的时代贡献和理论贡献。

---

① 曾亚平："董必武、谢觉哉法学思想合论——中国共产党早期法制建设的理论成就"，载《董必武法学思想研究文集(第十辑)》。

博物馆藏品著作权法律问题探析
——以故宫博物院为中心的考察

张百成[*]

成立于1925年的故宫博物院，建立在明清两朝皇宫——紫禁城的基础上。它有着绝无仅有的独特藏品，是中华民族的骄傲，是全人类的珍贵文化遗产。在故宫博物院近九十年的发展历程中，如何对其藏品进行合理利用、合法开发还常生误解，做法上往往只是沿袭惯例。故宫博物院在藏品的管理和使用中存在诸多法律关系和法律问题，有著作权问题、民事法律关系问题，当然也有文物管理法律制度问题，较为复杂。研究故宫博物院长期遗存的著作权问题，不仅有利于规范其藏品的合理开发和利用，对化解全国其他博物馆及博物馆行业的著作权难题，亦有参考借鉴意义。下面根据著作权法律制度，结合民事法相关理论和实践，主要从以下三个方面阐述。

一、藏品的著作权归属问题

从国家、社会、个人间的权力与权利关系范畴考虑，关于著作权立法的目的应该是保障著作权人的著作权益、调和社会公共利益以及促进国家文化发展。那么，关于博物馆收藏的作品，对其著作权归属问题的探析也应该遵循这样的立法理念和精神。

首先，必须要明确的是藏品作为有形物的财产所有权（物权）与藏品的著作权（知识产权）是两个截然不同的概念。博物馆对其藏品原件享有财产所有

---

[*] 张百成，文化部艺术司文学美术处处长，法学博士。

权,但并不意味着享有著作权,也不能够行使著作权的权项。根据我国现行《著作权法》第 10 条,发表权、署名权、修改权和保护作品完整权等四项权利均属著作人身权。而可能与藏品相关的复制权(包括印刷、复印、拓印、录音、录像、翻录、翻拍)、发行权、出租权、展览权、放映权、信息网络传播权、摄制权、改编权、翻译权、汇编权等则属于著作权人对其作品具体享有的著作财产权。著作权人可以许可他人行使这些权利,也可以全部或者部分转让这些权利,从而依照约定或法律规定获得报酬。

因此,作品的著作权一般属于该作品的作者,只有以下几种情况,博物馆是可以享有其藏品的著作权的:第一,博物馆藏品的著作权所有者已明确表示将该藏品著作权转让给博物馆,转让应签订书面合同。如果没有著作权转让或授权使用的合同,博物馆即使拥有该藏品的所有权,也不能擅自以出版、改编等方式使用其藏品,①故宫博物院中收藏的书画名家本人或家属捐赠的作品(未声明著作权转让或授权使用的)、出资购买的作品(在著作权保护期限内,著作权人或继承人未声明著作权转让或授权使用的)属于此类。第二,博物馆收藏的是未曾发表过的遗作作品原件,如果作者在生前没有明确表示不发表的,在其死亡后的 50 年内,该作品的发表权由博物馆行使,并与作者继承人共同享有著作权。但如果该作品已经发表过,博物馆就不享有此权利了。第三,对于无法确定作者或其继承人的作品,如博物馆为作品的保存人,那么作品的著作权由博物馆享有。

如果博物馆的藏品是今人作品且仍在著作权法保护期内,藏品的著作权人也未将著作财产权转让给博物馆,那么博物馆就对其藏品享有民法上的物之所有权,博物馆可就该藏品进行处分或收益,如将藏品进行出借或所有权的转让。如果藏品作者明确将著作财产权的全部或部分转让给博物馆,那么博物馆方可行使复制权、发行权、出租权、展览权、放映权、信息网络传播权、摄制权、改编权、翻译权、汇编权等的全部或部分。如果博物馆没有取得藏品的著

---

① 根据《著作权法》第 18 条规定,美术作品(包括摄影作品)的展览权随作品原件的转移而转移。

作权,那么除了法律规定的著作权合理使用情况外,原则上博物馆都应该征得著作权人或经著作权人授权人的同意或授权,才可以就藏品进行上述著作权的复制、发行等等的使用。我国《著作权法》第18条作出了特别针对美术作品(包括摄影作品)展览权的规定。《著作权法》第22条和《信息网络传播权保护条例》第7条也对博物馆合理使用问题作出了特别规定。

二、藏品再创作中的著作权问题

故宫博物院作为世界上规模最大、保存最完整的古代宫殿建筑群,它是中华民族文化传承的重要阵地,是挖掘和阐发优秀传统文化中思想价值的源泉。故宫博物院藏品的再创作也是继承、弘扬和传播优秀传统文化的重要途径。然而,对于藏品再创作的作品的著作权及其共有问题,常常会困扰着博物院对藏品的使用和开发。实践中,博物院在参与藏品数字化、软件及文化产品开发等活动中,这些问题已经存在。近年来,故宫博物院与中央电视台联合制作的大型纪录片《故宫》,与日本国凸版印刷株式会社采用虚拟现实技术联合制作的《紫禁城——天子的宫殿》,与微软亚洲研究院、北京大学利用最新的 IT 手段合作开发的沉浸式数字音画展示其馆藏的《清明上河图》等文化产品,如何与合作方在藏品著作权归属的问题上取得共识,并在明确的意思表示下,签订著作权许可或转让的相关协议,就显得尤为重要。

这里,很容易忽视的一个问题是:什么样的馆藏作品存在著作权授权的可能性?对此,认真考察藏品是否仍在著作权保护期间是非常关键的。藏品如果仍在著作权保护期间,而博物馆非著作财产权人,则不能就该藏品进行著作权的授权,需要先取得著作权人授权,前面已论述。如藏品的著作权保护期间已经届满,则该藏品著作权消灭,无著作权可言,博物馆也无再授权的可能。唯有在该藏品仍在著作权保护期间,且博物馆为著作财产权人时,才有可能进行著作权的授权。可见,博物馆作为藏品的物权所有者对藏品进行使用是比较普遍的,而对外进行授权的范围应该是相对有限的。因此,只有在博物馆为藏品的著作财产权人的情况下,进行对外开发授权,其产品才可能存在著作权共有问题。

再比如，博物馆接受社会捐赠，但其并非是捐赠品的著作权人，极可能仅被著作权人授权利用该捐赠品。如博物馆取得著作权人的授权，得以就该捐赠品的著作权再授权，但必须注意的是，其再授权的范围不得超过著作权人授权给博物馆的权利范围。因此，博物馆如何审慎把握约定内容，通过签订书面合同的方式明确取得捐赠品的著作权或授权使用范围是十分关键和必要的，也是避免博物馆承担法律风险的重要方面。

此外，博物馆还应充分考虑其授权的目的及性质，可以就不同的藏品以不同的方式或条件确定其授权范围，也可以就同一藏品以不同的授权方式授权他人使用。例如，博物馆可以将关于藏品的一般说明性文字、图片等具有较少商业利用价值的资料适时发布，使公众得以无偿使用，便于学习和研究；就具有一定商业利用价值的文字、图片等设置使用权限；但对于重要的文字、图片，特别是精确的数据资料，如他人有意利用，可通过个别与之签订有偿使用合同的方式，约定授权范围，避免将所有图片档案、数据格式等都选择同一种授权方式。如博物馆弹性利用各种授权方式，则有利于保障基本公共文化服务，提供个性化、多元化文化服务，各取所需、物尽其用。

对故宫博物院这样一座在紫禁城基础上建立起来的特殊博物馆而言，其馆藏多为古人著作，而且大都为文物。因为年代久远，藏品绝大多数已不受著作权保护，或因著作财产权保护期间届满，而属于公共所有，使得任何人均可以在不侵害著作人身权的情况下，对这些藏品自由利用。但是，故宫博物院作为受国家委托对藏品进行保管和使用的公共机构，从文物保护法的角度抑或调和社会公共利益、促进国家文化发展的著作权立法理念和精神层面，通常情况下是通过其内部专门机构对藏品进行首次复制、发行、展览等。但是，以复制为例，作为除著作人身权外的其他著作权利均不再受著作权法律制度保护的藏品而言，其复制工作仅仅是首次利用，其复制品是否能够当然的具有新的著作权利，则不能一概而论，本文将在第三部分对这个问题进行详细探讨。我国台湾地区的做法是：只有属于文字著述或美术著作的藏品，依照规定可以申请制版权登记，制版人可以就其版面，专有以影印、印刷或类似方式获得复制权，其保护期间自制版完成时起算存续 10 年。

大多数博物馆之所以认为,如果要使用其藏品拍摄照片,仍需要其同意,是因为博物馆拥有对藏品的所有权,因此当博物馆同意相关机构或个人拍摄其藏品时往往会附带某些条件。必须指出的是,这种情况下,博物馆实际行使是其对藏品的所有权,而非藏品的著作权。博物馆之所以可以提出包括支付报酬在内的各种条件,主要是因为博物馆对该独特性或唯一性的藏品的实际占有。因此建议,双方在拍摄照片方面,应相互约定如产生新的著作权该怎样行使和在什么范围使用等,可以采用权利共有等方式行使衍生出的著作权。

三、藏品仿制中的著作权问题

博物馆作为藏品、文物的管理者,对其藏品进行仿制是博物馆工作的一部分,亦能通过此种方式使其藏品为更多观众所知,但对于仿真作品、特别是仿真书画作品的著作权问题一直存有争议,那么如何来看待仿真作品等复制品的著作权呢?

实践中,将原本不受著作权保护的藏品进行扫描或摄影,仍会因在图档、照片的制作过程中,有制作人的创作性元素融入其中,比如角度的选择、空间的构图、明暗的对比、色彩的调节等,而使该图档、照片具有了一定的原创性,这样的复制品理应受到著作权保护。但如果是单纯的扫描与拍摄,没有创造元素融入,则复制品不受著作权法保护。因此,在了解仿真品等复制品制作过程的繁复与技术要求后,究竟其作者是否享有著作权就不能一概而论了,要看在这过程中是否有任何新的创意产生。如果无新的创意产生,即使制作过程再繁复、技术水平要求再高、花费的人力物力成本再大,也不产生新的著作权。(不过,对于烦琐的工艺或复制程序,建议通过技术专利来保护复制技艺。)所以,通常情况下,原始著作如已无著作权,其数字化版本亦无著作权。

博物馆藏品的复制,可能会涉及藏品的所有人或占有人与利用人的合同问题。[①] 不管藏品是否仍受著作权法保护,因为藏品实物在博物馆的管理中,

---

[①] 除了著作权本身的问题,还可能会涉及复制技术的专利权或通过商标专属等对复制品进行保护的商标权问题。

如果该藏品尚没有复制品在馆外流通,任何人要利用它,都必须依合同获得博物馆的同意,才有可能接触到藏品。例如,吴冠中先生生前将其代表作《一九七四年·长江》等三幅作品无偿捐赠国家,由故宫博物院永久收藏,如该作品未曾有复制品在外流通,即使吴冠中先生的后人对该画享有著作财产权,因为真迹不在自己手里,想要复制也仍要经收藏该画的故宫博物院同意,才可能实际接触得到。又例如,故宫博物院于2002年拍得的北宋大书法家米芾的晚年杰作《研山铭》真迹,虽已不受著作权法保护,但如果当时市面上无复制品,那么在故宫博物院收藏后,没有经过其同意,其他人是不可能再接触该书法真迹而进行利用的。

虽然任何人均可在不侵害著作人身权的情况下自由利用公共所有的古人作品,但根据文物保护法律法规以及文博单位内部管理的相关规定及制度实践,博物馆作为藏品、文物保管机构保管的公有古人作品,通常是由保管机构亲自复制出售,以此实现对作品的准确传播,而其他机构或个人在没有经过博物馆准许或监制的情况下,通常是无法从藏品上取得复制品的。因此,如果对博物馆的藏品进行利用,应该遵守这样的规定。但此规定应主要针对藏品原样仿制的情况,其目的是为避免复制品与原件失真。例如,在大小、比例、颜色等方面,应该与原件吻合,不能任意变动,所以须由公立的藏品保管机构自行复制、准许或监制,如果不涉及原件制作的情形,如就立体物的摄影或绘画,不致有大小、比例、颜色变化导致失真的产生,那么则应无须公立藏品保管机构的准许和监制。对于过了著作权保护期间,已属公共所有的藏品,博物馆是否自行或授权他人利用,此权应已不是著作财产权的概念,则完全属于其行政管理的范围,就如同石油、森林、矿产等资源一样,虽然权利归属于公共所有,但在实践中,使用权只能由国家委托的管理机构具体行使,而且具有排他性。正因为博物馆在藏品的管理权方面权责自负,也就有了自行决定其是否同意或禁止他人利用的权力,当然除了著作权问题,很多是民事合同和机构管理权问题。

关于博物馆将其藏品所出版的图书画册等资料所涉及的著作权问题。比如,故宫博物院所属的紫禁城出版社出版的故宫博物院藏品图录等,一般认为,就资料的选择及编排而言,是具有创造性的劳动,应认定为编辑著作,能够视为独立的作品进行著作权保护。对编辑著作的保护,不会对原著作的著作权产生任何影响。紫禁城出版社如果将属于公共所有的故宫博物院藏品出版图书画册,那么只有经过选择及编排过程中具有创作性的元素融入,才能够作为编辑著作而独立受到著作权法的保护,被编辑入册的藏品因已经属于公共所有,并不因此重新受著作权的保护,也就是说任何人在未经博物馆授权的情况下,虽不能利用该编辑著作,但能利用该编辑著作中已属于公共所有的各件古人著作。

如果博物馆为了出版其藏品的图书画册而进行摄影或绘制,那么这样的行为可能会产生两种法律结果:其一,单纯的对公共所有的藏品所做的复制,并没有产生出新的创作,这是藏品的单纯复制行为,不能对该复制品主张新的著作权;其二,不属于单纯的复制,而是具有创作性的摄影或绘制,或可成为独立的摄影著作、美术著作等而受保护,那么利用该著作,除著作权法明确规定的有合理使用的情形外,应当经新的著作权人的明确授权。博物馆对藏品利用的结果到底是属于上述哪一种,要看具体情况,不能一概而论。从实践看,将立体的藏品通过摄影或绘制成平面,其创作性较高,一般会认定是新的创作;至于将立体的藏品制作成立体的复制品,或将平面的书画制作成平面的复制品,则创作性较低,往往容易被认定是单纯的、未融入创造性劳动的复制行为,不会产生新的著作权。如果是创作性较高而被认定是新的创作时,关于此著作的著作权人为何人以及著作财产权的归属问题,应视复制者为公共博物馆的内部员工还是其他人员而有不同。如属于公共博物馆内部员工,应根据《著作权法》第16条关于职务作品的规定确定著作权人。如是职务作品,那么藏品著作权人原则上为国家,博物馆为管理机构,可代表国家行使著作权。如是私人博物馆的人员,则该博物馆为著作财产权人。如果是其他机构或个人,原则上该机构或个人为著作权人并享有著作财产权,博物馆仅能利用该著作(个别情况仍需根据该机构或个人与博物馆事先的合同、约定来确定)。关于博物馆对仍受著作权法保护的藏品能否进行摄影或出版图书画册,要明确其是否已取得该藏品的著作财产权,或是否已取得著作财产权人的授权,否则就要确定是否属于合理使用的法定情形。

  在世界已经进入全球化、网络化、数字化时代的今天,面对新技术给博物馆事业、文化建设带来的越来越多的机遇和挑战,客观分析和正确把握博物馆藏品的著作权问题显得至关重要,这关系博物馆法律风险的防范,关系公民进行公共文化鉴赏等基本文化权益的实现。故宫博物院毋庸置疑是我国博物馆的一个标志,它的发展也理所当然成为我国博物馆事业发展的一个缩影。正确面对和解决藏品著作权问题是以故宫为代表的博物馆在迈入人性化服务、规范化服务、法治化服务的发展过程中需要把握的重要环节。

  附注:此论文转载自故宫博物院编《博物馆与法律学术研讨会论文集》,故宫出版社2014年版,第135~143页。

·法文化比较·

试论中国法律文化的近代化与现代转型
比较法律文化研究中的认识论问题
应用型法律人才的培养
影视文化中的法律元素运用
信访的"源"与"辨"

试论中国法律文化的近代化与现代转型

刘艺工[*]

一、关于中国法律文化的近代化

在西方列强来到中国之前,中国是一个有着数千年文明史的统一的帝国,中国疆域辽阔,地理环境千差万别,民族众多,风俗习惯各异。在法制方面,中国有着悠久的法制文明,形成了特有的法律文化传统。历史上中国的法制曾经高度发达,唐律作为中华法系的代表,曾经对周边国家的法律制度产生了深远的影响。

如果没有西方列强入侵,中国的传统文化和法制文明仍将继续延续下去。然而19世纪中期,西方列强用枪炮打开了中国的大门,迫使中国走上了法制近代化的道路。1840年的鸦片战争,使有着五千年历史,统一而强大的中国被远道而来的岛国英国打败了,这使得国人不得不面对西方列强的挑战,并提出应对之策。19世纪初的英国是欧洲的小国,其本土只有20多万平方公里,人口数百万。但当时的英国已经结束了封建专制统治,完成资产阶级革命和工业革命,建立了近代资产阶级君主立宪政体。英国还通过东印度公司对外殖民扩张掠夺,拥有了广阔的海外殖民地,加速资本主义原始积累。而当时的中国虽然已出现资本主义萌芽,但仍处于落后的自给自足封建自然经济体系之下,生产力低下。君主专制中央集权达到顶峰,对外采取闭关锁国政策。

---

[*] 刘艺工,大连理工大学人文学部法律系教授,博士。吉林大学法学院博士后,合作导师霍存福教授。

鸦片战争之后，清王朝为了自保，被迫走上法制近代化的道路，然而由于清王朝内部保守势力的强大，改革举步维艰。鸦片战争初期，清政府并未意识到要变更国家制度，只想靠兴办实业和发展技术来富国强兵、对抗西方，因而出现了以追求"船坚炮利"为目标的"洋务运动"。① 当时中国朝野认为，中国之所以被英国打败，是因为英国的科技比中国进步，只要学习西方的科技，中国也会变得与西方一样的强大。

中国的近邻日本在历史上长期受中国文化影响，以中国为师，中国唐朝的行政体制和法律制度几乎被原封不动地移植到日本。在近代，日本和中国一样受到西方列强的入侵，并与西方签订了不平等条约。可是，经过1868年的明治维新②，日本以西方为师迅速崛起，成功地实现了近代化。1894年，中国和日本爆发了甲午战争，面积不大的岛国日本竟然把土地面积和人口远远超过它的清帝国打败了。甲午海战的惨败，使国人认识到不改变政治制度不足以解决民族存亡问题，于是下决心进行政治体制改革。于是出现了康、梁的变法维新，以及被称为"慈禧新政"的清末变法。正是这种革故鼎新，变法图存的历史潮流，造成了法制大变化的契机，使法制近代化成为可能。③

当时中国的有识之士认识到，西方的强大不仅在于其科学技术的进步，还在于其政治制度和社会制度的进步。于是维新派提出应效法英国的君主立宪制，在中国推行宪政，实行政治体制改革，同时借鉴西方的法制经验，改造传统的中国法制。因此，清朝末年，在沈家本的主持下，清朝开始大量地翻译西方的法律典章，并以西方的法制为蓝本以改造中国传统的法制。在清朝末年，清政府制定和修订了一系列近代法典，使传统的中国法制向大陆法系过渡。同时，清末仿照西方推行了一系列政治改革，如废除科举、兴政党、开议会、预备立宪。然而，随着辛亥革命的爆发，这一进程被迫中断，清末制定的一系列近

---

① 徐立志："中日法制近代化比较研究"，载《外国法译评》2000年1期。
② 明治维新，是19世纪60年代发生在日本的近代化改革运动，这场改革运动始于1868年。在明治维新期间，日本建立了君主立宪政体，进行了近代化的政治和经济改革，提倡"文明开化"，大力发展教育。这次改革使日本成为亚洲第一个走上工业化道路的国家，跻身于世界强国之列，是日本近代化的开端。
③ 徐立志："中日法制近代化比较研究"，载《外国法译评》2000年1期。

代法典最终也未能颁布和施行。

1911年满清被推翻后,中国建立了亚洲的第一个共和国——中华民国,中国的法制在清末法制改革的基础上继续发展。民国初年,人们开始反思中国自己的文化,不少人认为中国落后的原因可能是因为中国的文化出了问题。于是,1919年中国爆发了五四运动,在运动中有人提出了"打倒孔家店"的口号,主张全面彻底否定传统文化,希望通过引进西方的民主与科学来改造中国社会。然而遗憾的是,中国在走向近代化的过程中走了不少弯路,西方的制度被引入中国后出现了"水土不服"和"南橘北枳"的局面。

西方的政治制度与法制在西方运行得很好,但到了中国却不能很好地发挥作用。为什么?因为土壤和环境不同。西方近代的政治制度与法制是建立在古希腊的民主政治、罗马的法制、中世纪的基督教、文艺复兴、宗教改革和启蒙运动的基础之上的。而中国缺乏这样的土壤,西方的法律制度被引入到中国后难以健康成长。因此,在一个相当长的时期里,中国依然是一个贫穷落后的国家。

二、中国传统法律文化的价值

中国的法制近代化之所以走了不少弯路,在很大程度是因为我们丧失了对自己文化的自信心。我们应该如何对待我们的文化,包括法律文化?我想基本的态度应该是批判地继承。

实践证明,中国要成为一个强国,照搬西方的经验是行不通的。中国如果要成为文化强国,首先需要复兴自己的传统文化,包括法律文化,然后在本民族优秀传统文化的基础上推陈出新。如果我们的文化不是植根于我们自己的传统文化而是外来文化,那么我们的文化就会成为无源之水,无本之木,中国也永远不可能成为一个文化强国。

中国是一个有着五千年历史的文明古国,我们的先人创造了丰富多彩的制度文明和精神文明。中国人在哲学、文学、艺术、科技等方面都对人类文明作出了伟大的贡献。中国人创造的文官制度、科举考试、法律制度也对世界文明产生过重大的影响。

那么,哪些传统法律文化需要继承呢?实际上,中国历史上有许多优秀的法律思想需要继承和发扬,如人本主义思想、注重道德教化的思想、以及人与人、人与自然相和谐的思想等等。

(一)人本主义

人本主义泛指任何以人为中心的学说,以区别以神为中心的神本主义。① 人本主义思想发端于古希腊,②而人文主义作为一种思潮产生于 14 世纪的意大利。15 世纪在意大利出现了一批著名的人文主义者,16 世纪末在西欧各地的人文主义思潮蓬勃发展起来,他们的思想对近代 17、18 世纪英法唯物主义思想产生了重大影响。人文主义提出用人性否定神性,以人权反对神权;用享乐主义反对禁欲主义,用理性主义反对蒙昧主义,用个性自由思想批判封建专制主义,用平等观念反对封建等级制;集中体现了新的进步思潮对旧文化、旧意识、旧制度的反叛精神,具有重要的历史意义。现代西方人本主义继承了人文主义的思想,经过英国经验主义哲学到 18 世纪法国唯物主义和德国古典主义哲学的发展过程,人本主义成为西方社会现代的人本主义形态。20 世纪后期,萨特、马尔库塞、弗洛姆等西方马克思主义者和马斯洛等当代西方人本主义哲学家把理性与非理性相结合,强调现实的人的生存和发展、自由与价值、自我设计、自我发展和自我实现,从而把西方人本主义思潮推向新的境地。③

作为儒家代表人物的孔子和孟子,其思想中也充满着人本主义的色彩。儒家提倡"仁义礼智信",④而"仁"是孔子思想的核心。孔子所谓的"仁"即"爱人"(仁者爱人),既指要关爱别人,也指要善待自己。孔子的"仁"是以"忠恕"为基础的,并提出"己所不欲,勿施于人","仁者,己欲立而立人,己欲达而达人"⑤等论点。说到治理国家,孔子主张"仁政"应以"礼"为规范,"克己复礼为

---

① 见《辞海》人本主义词条,上海辞书出版社 1999 年版,第 372 页。
② 人本主义是德文 Anthropologismus 的意译,又译人本学。希腊文词源 antropos 和 logos,意为人和学说。
③ 李春英:"以人为本与西方人本主义的区别",参见 http://www.lndx.gov.cn/text/2007-3/200738194007.htm
④ "仁义礼智信"是儒家思想的精髓,其内容涉及仁爱、正义、道德、理智、诚信等基本价值,是儒家安身立命的根本。
⑤ 语出《论语·雍也》,孔子答子贡问仁曰:"夫仁者,己欲立而立人,己欲达而达人,能近取譬,可谓仁之方也已。"

仁"。孔子重视民生疾苦,呼唤仁政,希望统治者以仁义之心待民,他说"苛政猛于虎",还强调无论什么法令法规,统治者都要首先以身作则,"其身正,不令而行;其身不正,虽令不行"。

孟子政治思想的核心是"仁政"。"仁政"学说是对孔子"仁学"思想的继承和发展。孔子的"仁"是一种含义极广的伦理道德观念,其最基本的精神就是"爱人"。孟子从孔子的"仁学"思想出发,把它扩充发展成包括思想、政治、经济、文化等各个方面的施政纲领,就是"仁政"。"仁政"的基本精神也是对人民有深切的同情和爱心。孟子的"仁政"在政治上提倡"以民为本",在中国历史上,"人"和"民"有时通用,人本也即民本。孟子认为,对一个国家来说"民为贵,社稷次之,君为轻"。他还说:国君有过错,臣民可以规劝,规劝多次不听,就可以推翻他。孟子反对兼并战争,他认为战争太残酷,主张以"仁政"统一天下。在经济上,孟子主张"民有恒产",指出"有恒产者有恒心"。① 孟子认为,老百姓要有一定的财产,才能操守道德,如果老百姓穷困不堪,就可能会走向犯罪。孟子"仁政"学说的理论基础是"性善论"。"恻隐之心,人皆有之。"孟子非常重视人格修养,他认为人生有比生命更重要的东西,那就是"正义"。为了"正义"可以舍去生命,即他说的"舍生取义"。孟子的思想影响深远,他的"民本思想"成为后来改革者、革命者的理论依据。他的人格标准,激励着历代仁人志士不畏权贵,为真理和正义而勇敢抗争。

(二)注重道德教化

法律与道德相辅相成,不可偏废,孟子就曾经说过,"徒善不足以为政,徒法不能以自行"。意思是说,只有善德不足以处理国家的政务,只有法令不能够使之自己发生效力。一个人仅仅凭善良的愿望不一定能够治理好国家,而一项法律制度的建立固然很重要,但更重要的是要看这项法律制度如何实施,实施的效果如何。在法律与道德的关系上,中国古代的思想家大多强调应注

---

① 这句话出自孟子《梁惠王章句上》,原文为:"无恒产而有恒心者,惟士为能。若民,则无恒产,因无恒心。苟无恒心,放辟邪侈,无不为己。乃陷于罪,然后从而刑之,是罔民也。焉有仁在位,?罔民而可为也? 是故明君制民之产,必使仰足以事父母,俯足以畜妻子,乐岁终身饱,凶年免于死亡,然后驱而之善,故民之从之也轻。"

重道德教化。

"明德慎罚"的思想起源于西周时期,是西周时期立法的指导思想之一。所谓"明德",就是提倡尚德、敬德,注重道德教化,它是慎罚的指导思想和保证。所谓"慎罚",就是刑罚适中,不乱罚无罪,不乱杀无辜。"明德"首先要从统治者做起,统治者应"明德修身""敬天保民""以德配天";对于老百姓,则注意进行教化。"慎罚"就是对犯罪进行具体分析,区别对待,反对滥用刑罚和株连。① "明德慎罚"用今天的话来理解,就是培养公民的道德意识,实行罪刑法定。

"明德慎罚"后来被儒家发展成为"德主刑辅"或"礼主刑辅"思想。儒家法律思想以"礼"为其思想核心,在礼与法间强调"重教化,省刑罚","德主刑辅"。儒家认为只有在道德教化起不到应有的作用时,才采用刑罚手段,即所谓"礼者禁于将然之前,而法者禁于已然之后",②"礼之所去,刑之所取,失礼则入刑"。③ 在儒家看来,所谓"礼"就是约束人们道德行为的规范。可见以"礼"为核心的儒家法律思想要求每个人都应当重视道德修养,用伦理道德进行自我约束。孔子说过:"导之以政,齐之以刑,民免而无耻;道之以德,齐之以礼,有耻且格。"④汉代鉴于秦出朝严刑峻法的教训,在法律与道德的关系上一开始就强调道德的主导作用。贾谊曾经指出,"道之以德教者,德教恰而民风乐;驱之以法令者,法令极而民风衰"。⑤ 董仲舒更加系统地确立了"德主刑辅"的理论。唐代李世民主张"明刑弼教",韩愈主张"德礼为先而辅以政刑"。到清代,康熙主张"以德为民,以行弼教"。⑥ 在中国长达两千余年的封建社会,"礼"与"刑"一直是封建法制的核心,这种软硬两手的统治策略都是为世俗的封建政权服务的。

在我们进行现代化法制建设的今天,应该法制建设和精神文明建设一起

---

① 蒋传光:《中国法律十二讲》,重庆出版社2008年版,第16~17页。
② 《大戴礼记·休察》。
③ 《后汉书·陈宠传》。
④ 《论语·为政》。
⑤ 《汉书·贾谊传》。
⑥ 郭成伟主编:《中华法系精神》,中国政法大学出版社2001年版,第80页。

抓,法律是道德的底线,法律与道德二者相辅相成,不可偏废。要注意培养公民的道德意识和社会责任感、民族自豪感;同时,还应该做好普法宣传教育,使公民懂法、守法。

(三)和谐思想

中国传统法律文化中注重和谐,所谓和谐包括人与人的和谐以及人与自然的和谐。中国诸子百家中有不少学派有和谐思想。

"道法自然"的思想来自春秋战国时期的道家。《易经》说:"古者包栖之王天下也,仰测观象于天,俯测观法于地,观鸟兽之文,与地之直,近取诸身,远取诸物,于是作八卦。"说明八卦是效法自然而生。这与中国传统法律思想中的"道法自然"的原则是一致的,表现在现实社会的法与刑应当体现自然状态下的自在和谐精神。

中国古代法律思想中与"道法自然"密切相关的思想是"天人合一"。中国古代天人合一的思想,强调的就是人与自然和谐一致。《左传》在谈及治国时说"古之治民者,功赏而畏刑,恤民不倦,赏以春夏,刑以秋冬"等等。这种"天人合一"的境界也许正是古人所潜心追求的。

中国传统法律思想认为,社会和谐的一个重要的特征就是无讼,无讼就是不通过诉讼的方式来解决纠纷和争端。儒家认为,打官司是"失礼"和"教化不行"的结果,理想社会是"无讼"的。儒家法律的无讼思想具有注重人际和谐、轻视法律诉讼,重视道德教化、注重犯罪预防,重视贤人政治、轻视个体权利的特点。传统无讼思想作为我国传统法律文化的基本价值取向,对当代中国的法制现代化建设和民众的法律意识都产生了非常深远的影响。

三、中国传统法律文化的现代转型

中国的传统法律文化是建立在农耕文明的基础之上的,在很多方面无法与现代市场经济和商业文明相适应。实现中国法律文化的现代化,需要对其进行现代化的改造。从法制的思想基础上看,传统中国法具有强烈的宗法伦理特征。中华法系得以产生和发展的社会土壤是自给自足的小农经济,以及与小农经济相适应的以家庭为基本单位、以血缘为纽带的宗法等级制度。农耕文明是熟人社会,注重社会秩序,道德,义务和服从,因此中国古代的农业社会存在着森严的等级制度,缺乏自由与平等。近代西方文明是建立在商业文明基础之上的,商业文明注重民事主体的平等,权利,民主和法治。而这些方面,是农耕文明缺失或不具备的。中国目前正在建设社会主义市场经济,西方商业文明的有益部分我们应该大胆地学习和借鉴。我们只有在继承中国优秀传统文化的基础上,吸收世界各民族的优秀文化,中国才能成为一个文化强国和法治强国。

20世纪以来,对现代中国的法制产生重大影响的法律传统主要包括:大陆法、英美法、苏联法和中国固有法。今天的中国的法律制度虽然是以大陆法系为基础建立起来的,但同时也吸收了英美法系的法制建设经验,同时也保留了苏联法和传统中国法的某些影响。关于中国法制的现代转型,以下几个方面的问题值得思考。

第一,关于对大陆法系的继受。大陆法系,又称民法法系(civil law system)、罗马－日耳曼法系或成文法系。在西方法学著作中多称民法法系,中国法学著作中惯称大陆法系。指包括欧洲大陆大部分国家从19世纪初以罗马法为基础建立起来的、以1804年《法国民法典》和1900年《德国民法典》为代表的法律制度以及其他国家或地区仿效这种制度而建立的法律制度。中国历史上有制定成文法典的传统,从战国李悝的《法经》到清朝的《大清律》,几乎每个朝代都编纂有成文法典。作为中华法系典范的唐朝法典更是结构严密,内容丰富。因此,中国在清末法制改革的时候,更倾向于模仿和借鉴以法典化为特征的大陆法系国家的法制,特别是德国和日本的法制。随着20世纪70年代中国的改革开放和法制复兴,中国的法律开始向大陆法系回归的方向努力。全国人大制定了一系列成文立法,逐步形成了具有自身特色比较完善的成文法法律体系。同时,中国也加强了对大陆法系国家和地区法律制度研究,包括对法国、德国、日本以及台湾地区法制的研究,制定民法典的任务也提上了议事日程。

第二,关于对苏联法的移植。俄国十月革命后,苏联的政治理论及法制就开始传入中国。早在20世纪30年代初,第一次国内革命战争时期,中国苏区的法制就多是效法苏联制定的。20世纪50年代初期,在中苏友好时期,中国的许多大型建设工程都是在苏联专家的支持和帮助下完成的。同时,这一时期中国的法制也基本上是照抄照搬苏联的法律,如中国1954年宪法就是以苏联1936年宪法为蓝本而制定的。另外,除宪法之外的其他法律、法学理论、法学教育等也全面受到苏联法的影响。随着中国法律体系的建立,中国与苏联、东欧等社会主义国家共同构成了社会主义法系。苏联法对中国的法制建设影响如此深远,以至于"世界上没有哪个国家在学习和借鉴外国法方面曾达到如此广泛、深刻的地步"。[①]

20世纪60年代中苏关系分裂后,由于苏联法的意识形态特征以及与中国国情不符,最终导致了中国的以政代法和法律虚无主义的出现,使中国的法制发展严重受挫。20世纪90年代,随着苏联解体和东欧剧变,俄罗斯和东欧各国的法制都发生了巨大而深刻的变化。尽管在历史上,中国大量借鉴了苏联的法律。但从目前情况看,我们对俄罗斯和东欧各国法制的研究反而十分薄弱。因此,为了更好地反思苏联法对我国法制的影响,我们应加强对于俄罗斯和东欧各国的法制变迁的研究,注意汲取其法制转型中的经验教训。

第三,关于对英美法的借鉴。英美法系,又称普通法法系。是指以英国普通法为基础发展起来的法律的总称。它首先产生于英国,后扩大到曾经是英国殖民地、附属国的许多国家和地区,包括美国、加拿大、印度、巴基斯坦、孟加拉、马来西亚、新加坡以及非洲的个别国家和地区。到18世纪至19世纪时,随着英国殖民地的扩张,英国法被传入这些国家和地区,英美法系终于发展成为世界主要法系之一。英美法系的主要特点是判例法和制定法同为法的主要形式。判例是司法裁决的主要依据,奉行遵守先例原则。审判方式上采用对抗制,实行当事人主义,法官充当消极的、中立的角色。法学教育是采用苏格拉底式教学,注重师生互动和启发式教学。

[①] 蔡定剑:《历史与变革:新中国法制建设的历程》,中国政法大学出版社1999年版,第252页。

改革开放以来,中国派出大批留学生赴英美国家学习,其中不乏学习法律的学生,这些学生学成回国后也自然会把英美法系国家法制建设的经验和法律思想带到中国,从而推动中国的法制建设的发展。随着中国法制的不断完善,中国在民商事立法上、在诉讼制度改革上、在法学教育制度改革等方面,都借鉴和参考了英美国家的法制建设经验。如对抗式诉讼方式的引入,法律硕士学位(J. M)的设置等就是借鉴了美国法制建设的经验。中国的香港地区,历史上通行英美法,1997年香港回归后,根据"一国两制"的方针,香港原有的法律制度得以保留。这样中国就成为一个两大法系兼而有之的国家,而香港长期积累的法制建设经验也可以供内地借鉴和参考。

第四,关于对本土法律资源的利用。中国有着悠久的法制文明和丰富多彩的法律文化,历史上的中华法系作为东亚文明的典范,曾经对中国周边国家产生了深远的影响,是世界法制文明的重要组成部分。为了使中国的法制建设健康发展,就必须关注中国法律的本土资源。我们在借鉴国外法制经验的同时,不可盲目照搬,而要立足于中国的历史、文化和法律传统。只有将国外的法制经验与中国法律的本土资源有机结合,中国的法制建设才会有更加广阔的发展前景。

比较法律文化研究中的认识论问题

李强*

许多法律文化研究者(无论是西方还是非西方的研究者)都试图将法律文化这一概念的使用与比较法律制度研究相勾连,并试图在克服传统比较法研究之局限的基础上将法律文化的观念运用于自己的比较法律制度研究中。

美国法律社会学家劳伦斯·弗里德曼曾指出,传统比较法学(尤其是其中"法系"的分类)存在的一个问题就是:对法律制度进行分类所赖以为凭的标准主要是律师法律(即律师感到最实际、最有趣的法律部门)的标准,这些比较法学者并不是因为这些标准是现实法律中特别重要的部分或者对法律的影响有着某种关系而被确定下来的。① 英国学者罗杰·科特雷尔也认为,由于法律社会学的概念框架可以用于比较那些与更为广阔的社会语境不可分离的法律观念与实践,进而克服传统比较法学主要是比较国家法律体系或者其中的法律原则的局限性,因此比较法学的命运将在事实上变成法律社会学,据此可以把对于法律文化的关注看作是将法律社会学和比较法学这两种学术研究加以融合的一种方式。② 荷兰学者埃哈德·布兰肯伯格批判了比较法学者视为理所当然的认识模式,即他们对于法律制度的比较主要是致力于理解"书本上的

---

* 李强,辽宁辽阳人,法学博士,中国刑事警察学院法律教研部副教授,研究方向为法理学。
① [美]劳伦斯·M·弗里德曼:《法律制度——从社会科学角度观察》,李琼英、林欣译,中国政法大学出版社2004年版,第235~236页。
② [英]罗杰·科特雷尔:"法律文化的概念",载[意]D·奈尔肯:《比较法律文化论》,高鸿钧、沈明等译,清华大学出版社2003年版,第18~19页。

法"之间的差异。而其本人对诉讼率的考察就是试图从与比较法学者相反的视角去审视"法律的文化",即试图去发现法律行为的特点,并由此将比较法拓展到了法律行为的"文化"领域。① 意大利学者奈尔肯也明确指出:"将法律文化的观念运用于那些适合于探究各种法律实践和法律领域之间的相似性和差别的比较研究中,其目的是要超越那些经常被比较法研究所信赖的陈旧范畴——例如,'法系'这一范畴,而且其目的是要将注意力放在那种通常被比较法学者的分类和描述所忽视的'行动中的法'和'活法'上。"② 日本学者千叶正士作为一个非西方法律文化研究者,更是认为对于文化(以及法律文化)的思考和研究,将为克服西方法学中"传统与现代"二分法以及批判作为"现代"之典型的西方法学提供一个极其重要的维度。正是鉴于非西方学者的这种文化自觉以及认识论上的反思,本文试图以千叶正士的法律文化概念和法律文化研究为例,说明比较法律文化研究中的认识论问题。

一、千叶正士的法律文化概念与法律文化研究

从总体上说,日本学者的法律文化概念和法律文化研究比较注重法律得以产生、发展、变化的社会历史文化背景和作用,尤其关注东西方之间的差别。如日本学者田中茂树、十井紫郎、铃木敬夫等人认为:"所谓法律文化,实际上是指法律所赖以产生和发展的传统的历史文化背景,离开了对传统的、历史的文化的研究,就不可能解释法律文化这种现象的本质和特征。因此,他们认为,广义的法律文化,不仅包括在法律体系和文化体系交错、重复之领域内生成的、以西方的'法治主义'和东方的'德治主义'相区别为基础的法律的机构和社会功能,还包括了与西方法治国相异的东方传统思想支配之下的人们的风俗、习惯、规范、实践活动等内容。"③ 在这里需要详细提及的是日本学者千叶

---

① [荷]埃哈德·布兰肯伯格:"作为法律文化指标的民事诉讼率",载[意]D·奈尔肯:《比较法律文化论》,高鸿钧、沈明等译,清华大学出版社2003年版,第96~97页。
② David Nelken. Using the Concept of Legal Culture. Australian Journal of Legal Philosophy[J]. 2004(29):2.
③ 刘作翔:《法律文化理论》,商务印书馆1999年版,第52~53页。

正士的法律文化概念,因为他在界定法律文化概念时,试图改变西方学者在界定法律文化概念时采取的"西方"式的认识视角,而且尤为可贵的是,由此他对西方法学的认识论前提进行了反思和批判。①

千叶正士对法律文化概念的界定是与其对西方法学的认识论前提所作的批判性反思密切相连的。这种批判性反思主要体现为以下两个方面:第一,对于西方法学中"传统与现代"二分法的效用提出了质疑。千叶正士认为,普遍流行的将非西方的法律与社会作为"传统的"以对照于作为"现代的"西方的法律与社会,这种特征化做法是一种过于简单的贴标签的方法,无法准确地表述不同于西方文化的非西方文化。这种二分法也不可能为科学地分析"文化中的法律"提供有效工具。因为"每一个现代化的性质和要素一定是由源于该文化的成分所确定的,而这种文化是由相互同化、共存和排斥的本土因素和接收来的因素所组成的"。② 而对于文化的思考和研究将为这方面问题的解决提供一个极其重要的维度。第二,对于世界上普遍流行的作为正统法学及"现代"之典型的西方法学进行了批判性分析。在这里,千叶正士指出:西方法以及相应的西方法学虽然包括以这样或那样的方式表现出来的普适性,但它仍然无法摆脱其本身固有的文化独特性。西方法学有着其自身无法克服的局限性:即西方法学的理想无法考虑非西方社会所特有的一些宗教的、哲学的或民族的特征。由此,千叶正士认为,西方法学的这一局限应当由适合于观察和分析非西方社会的法学来克服,即这种法学是从非西方的文化环境中培育出来的、是一种移植法和固有法相互作用而产生的文化上多元的综合体。也只有这样的法学才有可能克服西方法学文化上的种族中心性或文化帝国主义的偏见。③

千叶正士将"法律文化"的概念区分为描述性定义和操作性定义。他认为大部分日本学者提出的法律文化概念都属于描述性定义,他们各有其

---

① 参见[日]千叶正士:《法律多元——从日本法律文化迈向一般理论》,强世功等译,中国政法大学出版社 1997 年版。
② 同上书,第 23 页。
③ 同上书,第 30~62 页。

特定的用途,但都没有试图进一步将其再构成为操作性定义。千叶正士所采用的描述性定义是法人类学的定义,即指"一个法主体的多元法体系的整体的文化特征"。① 而法律文化的操作性定义就是对其中的三个关键词——法主体、多元法体系、文化特征——加以操作化规定。接着千叶正士将其用于分析法律多元问题的"以三元性和七个工具概念为变数的概念框架"用于法律文化的操作性定义之中,将法律文化的操作性定义表述为:"以法的同一性原理加以统合的各种官方法、非官方法、固有法、移植法、法律规则、法律原理等组合的整体,以及国内的各种法、国家法、世界法等的多元结构,及其文化特征。"②

二、比较法律文化研究中的认识论问题

(一)如何对法律文化中的观念要素进行比较?

布兰肯伯格在《作为法律文化指标的民事诉讼率》一文中,试图通过把诉讼率作为一项指标来对德国和荷兰两国的法律文化(布兰肯伯格意义上的法律文化)进行比较。布兰肯伯格之所以使用诉讼率作为发现和衡量两国法律文化之差异的指标,一方面他是为了批判以往比较法学者们主要是关注于对"书本上的法"进行比较,因为对诉讼率的考察就是要从与这些比较法学者相反的视角去审视"法律的文化",即试图去发现法律行为的特点,由此就可以将比较法拓展到法律行为的"文化"领域;另一方面他是为了给比较法律文化研究找到一个客观的变量而在可操作的意义上衡量两国的文化差异,在此他否认一般民众的法律文化(即所谓的"需方因素")在两国的法律文化差异中所扮演的重要角色。奈尔肯正是针对布兰肯伯格这后一方面的努力提出了批评。奈尔肯认为,布兰肯伯格所找到的"诉讼率"这一标准本身就已经是某种文化进程的产物,此时如果将这一标准直接用于解释两国法律文化的差异,将会产

---

① [日]千叶正士:《法律多元——从日本法律文化迈向一般理论》,强世功等译,中国政法大学出版社1997年版,第239页。
② 同上书,第246页。

生严重的误导。尤其是布兰肯伯格事先就假定了需方的无关性，[①]然而这一假定也是没有经过论证的，相反已经有学者研究表明实际上需方的差异是可以解释诉讼率的变化的。因此，在奈尔肯看来，布兰肯伯格在进行比较法律文化研究时的根本错误就在于：布兰肯伯格没有将法律文化与更广泛的文化意识相关联，而是把法律文化与法律结构对立起来，并否定了大众的法律信念和法律态度可能发挥的重要影响作用。奈尔肯认为布兰肯伯格的这种比较法律文化研究仍然没有逃离那种主流实证主义社会学的解释方法的限制。在此我们可以看出，就比较法律文化问题而言，奈尔肯试图去克服布兰肯伯格所受的这一方法上的局限，并将那种阐释性意义上的法律文化概念应用于比较法律制度的研究之中，尤其是强调与一般文化观念相联系的法律文化。然而，一旦将主观观念意义上的法律文化概念运用于比较法律文化研究中，我们就不得不再一次面对一个方法上的问题：亦即我们应当如何对观念要素进行一种客观的探究？具体到这里就是，如何对不同社会中的法律文化观念进行一种客观的比较？

（二）根据谁的标准来对不同的法律文化进行比较？

正如上文所指出的，千叶正士是在对西方法学的认识论前提进行批判之后提出自己的法律义化概念的。他认为，西方法学中将非西方的法律与社会作为"传统的"，而将西方的法律与社会作为"现代的"，这种"传统与现代"的二分法本身带有西方中心主义的偏见。因为这种二分法是以西方社会的文化独特性为出发点来对非西方社会的法律加以解释的，或者说是以西方社会的文化独特性来对西方法律与非西方法律进行比较的。据此，千叶正士在将法律文化的描述性定义加以操作化规定时，能试图从本国的多元法律文化特征出发，而不是置西方与非西方之间的文化差异于不顾。这突出体现在其对"多

[①] 在考察并解释德国和荷兰两国在诉讼率方面的巨大差异时，布兰肯伯格强调了法律制度中作为"供方"的法律基础结构的作用。他认为这一变量足以解释两国之间的差异，即法律行为实质上是由"一套制度安排和职业化互动模式"（即供应可能性）来限定的。参见埃哈德·布兰肯伯格："作为法律文化指标的民事诉讼率"，载[意]D·奈尔肯编：《比较法律文化论》，高鸿钧、沈明等译，清华大学出版社 2003 年版，第 95 页。

元法体系"这一关键变量的操作性规定上:即其中的官方法与非官方法、国家法与移植法、法律规则与法律原理的三重二分法,以及把国内的各种法、国家法和超国家的世界法区别为三元结构。在笔者看来,千叶正士的法律文化概念给我们的最大启示在于:他试图从一个不同于西方法学的认识视角出发来认识法律和界定法律文化概念。因为,若试图克服西方法学在认识非西方社会的法律文化时所无法克服的局限,就必须转变西方法学原有的单一认识视角。此外,奈尔肯在对布兰肯伯格的批评中也隐含着指出了比较法律文化研究中可能面临的这种认识论上的难题。也就是说,在比较法律文化研究中,尤其是将法律文化作为一个变量去解释其他事物时,"我们无法知道应该采用谁的文化观点进行解释,否则我们只能是允许我们将自己的解释强加于人,而无须询问该术语使用的主体是谁、何时使用以及使用的目的"。[①] 在笔者看来,无论是千叶正士还是奈尔肯,从更深的层面上来看,在这里他们所关注的都是比较法律文化研究中认识主体的认识能力问题。也就是说,由于每一种特定社会中的法律文化(作为阐释性概念的法律文化)都会暗含着某种特殊的价值体系,因此在进行比较法律文化研究中,都会在根本上不可避免地涉及不同的价值体系之间的相互参照和相互对比的过程。在这里我们必须追问的是:作为比较法律文化研究之认识主体的研究者本人,在已经具有特定的文化价值观念的情形下,如何能够客观地达到对具有不同文化价值体系的其他社会的法律制度和法律文化加以认识的目的?

三、韦伯的理想类型方法对比较法律文化研究的启示

马克斯·韦伯社会理论中的理想类型方法以及与其相关的客观可能性理论,在一定程度上可以说是一种试图对比较法律文化研究中上述两个问题加以解决的尝试。在韦伯看来,理想类型的一个最主要的功能就是:通过把现实的情形或真实的行动与这种在理论上建构出来的理想类型加以对比,看看现

[①] [意]奈尔肯:"法律文化的困惑:评布兰肯伯格",载 D·奈尔肯:《比较法律文化论》,高鸿钧、沈明等译,清华大学出版社 2003 年版,第 104~107 页。

实情形与理想类型之间的距离有多远或者多近以及其中的理由何在,最终对现实内容的某些重要成分加以解释。也就是说,理想类型方法在这里主要体现为一种比较的功能,亦即通过对现实情形与理想类型进行比较,来对现实情形加以考察。这种理想类型方法是韦伯试图在社会学中同时达到"意义上的妥当"和"因果上的妥当"这一目的的主要手段。而从更深的层面上说,理想类型方法是韦伯试图达到对主观意义进行客观探究这一目的的主要手段。具体说来,由于理想类型本身是一个经由在分析上强调某一社会现实或历史事件中的某些特定的要素而被抽象建构出来的乌托邦,所以这种理想类型本身并不是对现实的最终认识,而只是社会科学认识中的一种启发式的参照,亦即是被用来与现实的经验材料进行对比的参照。同时,在历史研究中,这种理想类型主要涉及的是某些建构性的关联,也就是说,是我们的想象力将这些关联视为合理明确的,亦即从我们自己的"经验规则"知识来看这些关联呈现出一种妥当性,因而这些被建构出来的关联本身在社会科学认识中只是"客观上可能的"关联。据此,通过将这种理想类型与经验现实(或者现实的经验材料)进行比较,就可以同时达到两个方面的结果,一方面可以达到对经验现实的考察,也就是说看看经验现实与理想类型之间有何不同或者何种程度上不同,以及其中的原因何在,进而使得经验现实中特定关联的特性被突显出来而变得明确和可以理解;另一方面可以达到对我们想象力本身的适当性做出判断,也就是说通过将理想类型与经验现实进行比较,还会反过来对我们在抽象建构那种"乌托邦"或者"客观可能性"时所运用的想象力本身进行检验。总之,这种理想类型建构本身虽然可能包含着研究者的价值关联,然而由于在具体的研究过程中它只是对现实进行认识的一种参照,它既不是借以对现实进行价值评价的判准,更不是可以将所有的现实要素都纳入其中的普遍有效的"规律",因此韦伯认为,这样就可以避免研究者根据自身的价值观念对经验现实作出价值判断,最终可能实现对主观意义进行客观探究的目的。当然,这里最为关键的是,这种理想类型方法之所以可能达致这种客观性,根本上还在于韦伯理解社会学中所隐含的价值理论。尤其是在这种价值关联和价值判断之区分的背后,韦伯的前提假设是"理解与评价之间的区分"乃至"知识与价值"之间的区分。在韦伯那里,社会学家之所以能够对那些包含着规范性价值的人类行为既进行同情的理解又可以进行超然中立的理解,是因为我们对规范性价值所进行的智识上的理解,在根本上是区别于我们根据一种评价标准来对人类行为所进行的评价的,"因此,理解与评价之间的区分是韦伯社会学理解理论中的一个必要前提"。[1] 从更深的层面上看,在韦伯那里,知识与价值之间也存在着根本的区别:所有的价值都是被选择的,虽然知识的获得可以在一定程度上影响行动者的价值选择,但是人的知识本身只是有时候是价值选择的必要条件,但绝不是价值选择的充分条件。

然而,这种现实与理想类型之间的比较仅仅反映了理想类型方法之比较功能的一个方面。理想类型方法的比较功能还可能体现在另一个层面上:即通过在理想类型之间进行比较,可以达到对特定的社会历史现象的认识。理想类型在这一层面上的比较功能,对于历史研究尤其是比较文化研究具有极为重要的意义。而这种理想类型之间的比较,在韦伯那里始终是与其客观可能性判断和妥当的因果关系理论紧密地联系在一起的。一方面,比较是求得可能性的途径之一,经过比较和对照,就可以呈现出每一个个别事件的特性,这也是它们的可能性,韦伯就是借着这种方法,去探讨发生在不同时代中的事件的;[2]另一方面,比较总是内在于因果关联之中[3],在历史研究中为了建立起某一事件的妥当的因果关联,韦伯通常是经由与其他社会的历史事件进行对比来完成的。在历史学研究中历史学家如果想对某个具有历史意义的、具体的历史事件进行某种因果意义归属,那么就有必要对其作出一种客观可能性判断。也就是说,我们可以通过如下这一追问来判断这一历史事实在整个历史事件中是否具有历史意义上的因果重要性:如果假定历史条件集合体中的某个历史事实不存在时,整个历史事件的进程是否会发生历史性的改变?由

---

[1] Anthony T. Kronman. Max Weber[M]. London : Edward Arnold. 1983:18.
[2] [德]卡尔·雅思培:《论韦伯》,鲁燕萍译,桂冠图书股份有限公司1992年版,第60~61页。
[3] 日本学者金子荣一在对韦伯比较社会学进行解释时,对于因果关联与比较研究之间的内在关联性进行了讨论。([日]金子荣一:《韦伯的比较社会学》,李永炽译,水牛出版社1986年版,第54~59页。)

此，通过这种客观可能性判断所达到的对某一历史事件的因果归属，我们就可以在客观可能性的意义上建立起抽象的因果关联。而理想类型的建构本身正是具有这种因果归属的机能，尤其是对其中的妥当的因果关联①的建构。在历史研究中，理想类型的方法就是根据我们的规则学知识在理论上抽象建构出具有客观可能性的因果关联，用来与历史事实的经验材料进行对比，从而对历史现象进行客观的因果考察。然而，在韦伯的历史研究和比较社会学研究中，为了进行这种因果考察，总是在不同的理想类型之间进行比较。例如，在韦伯的法律社会学中，就是将形式理性法作为理想类型中的参照原型，而与其他几种理想类型（形式非理性法、实质理性法、实质非理性法）进行比较，在这种对比中了解其他社会历史中法律秩序的独特性，并最终突显出现代西方社会中法律秩序的独特性。

根据韦伯的这一理想类型方法，我们可以对比较法律文化研究中的上述两个问题进行重新审视。首先，理想类型方法似乎可以在一定程度上实现对法律文化中的观念要素进行客观探究。如上所述，理想类型方法中所涉及的在现实与理想类型之间进行的对比，可以在一定程度上实现对主观意义进行客观探求，那么在比较法律文化研究中就可以对那种作为阐释性概念的法律文化进行客观探究。因为，即使这种阐释性的法律文化是经由研究者的价值关联而选择出来的涉及社会行动者的主观观念、态度和期待，但是由于理想类型本身只是作为对现实进行认识的参照，所以在这种参照对比中可以在一定意义上排除研究者的主观价值观念和价值判断。其次，理想类型方法似乎可以在一定程度上达到对具有不同文化价值体系的其他社会的法律制度和法律文化进行客观认识。如上所述，理想类型方法中暗含着通过在不同的理想类

---

① 在韦伯看来，由那些被历史考察综合为一个统一体的、并且被设想为分离出来的"条件"所构成的特定复合体，与一个已经发生的"结果"之间的关系，如果与这种逻辑类型——即其中的客观可能性判断具有较高的确定性程度——相符合，韦伯就将这种情况称为"妥当的"因果关系。与此相反，就结果中的那些具有历史重要性的成分而言，某些特定的事实导致了一个并非"妥当的"结果，韦伯就将其称之为"偶然的"因果关系。参见 Max Weber, *Critical Studies in the Logic of the Cultural Sciences*, in *The Methodology of the Social Sciences*, translated and edited by Edward Shils and Henry Finch, New York: The Free Press, 1949, p. 184.

型之间进行比较来了解其他社会历史的独特性。那么,在比较法律文化研究中,通过这种理想类型之间的比较,以及相应的在理想类型与社会现实之间的比较,可以在一定程度上排除研究者的主观价值体系在比较不同法律制度中的影响,进而有可能达到对其他社会的法律制度进行客观认识的目的。

附注:同名文章曾发表于《华侨大学学报(哲社版)》2010年第4期。收入文集时有所缩减。

应用型法律人才的培养
——背景与策略

金星*

为了深化高等法学教育教学改革和提高法律人才培养质量,2011年下发的《教育部中央政法委员会关于实施卓越法律人才教育培养计划的若干意见》明确地将"应用型法律人才"的教育培养作为我国普通高校法学教育中的一项主要任务。应用型法律人才的培养,是传统法学教育在整个社会、经济日益全球化,大陆法系与普通法系的相互借鉴日益加深的背景下产生的。因此,只有认真梳理两大法系中关于应用型人才培养的异同,才能合理定位我们的应用型人才培养模式。

一、应用型法律人才教育模式的形成

法学教育模式与法律传统有着复杂的联系,它受法律传统的支撑与制约,同时又对法律传统的形塑与维持起着巨大作用。应用型法律人才的培养一直是普通法系的一个重要特征,但普通法的这一特征不是"偶然"形成的,实际上正因为它与该法律传统中其他理念与制度之间有着"选择性亲和关系",才逐渐形成并完善起来。归纳而言,该教育模式是与普通法传统中所特有的法律形式、法律思维方式以及法官权限等因素紧密衔接、相互支撑的。

首先,就法律形式而言,普通法系法律的主要形式是"判例法"。尽管也存在着"制定法",但根据大木雅夫的观点,普通法系的制定法"必须在经过'法庭

---

* 金星,内蒙古乌兰察布人,沈阳师范大学法学院副教授,法学博士,研究方向为法理学。

的鞭笞'之后才能成为法律规范。也就是说,制定法需经法官的解释适用之后才成其为法。而且,在进行这种解释之时,也需适用先例拘束性原则。一旦制定法的条文被解释适用之后,就成为先例,并对以后法官的判断产生拘束力,从此绝不再容许自由的解释"。① 判例法的这一特征对其法学教育有着重要的影响。因为"法学"教育都是围绕着"法律"展开的,所以不同法系的"法律"在其内容以及形式上的固有特质,当然会深刻地影响法学教育的内容与形式。就判例法而言,其特质在于:第一,法律来源于个案的司法实践而非统一的立法。因此,与大陆法系的法律所具有的高度逻辑化的、抽象条文式的表达形式不同,判例法中包括了丰富的经验性、实践性,亦即"应用型"的知识,如律师、法官关于案件事实的认定以及论证的过程与策略、关于规则的理解与阐述方式、辩论技巧以及诉讼程式等。判例法的这一内在特征决定了其法学教育必然是注重实践的。如大木雅夫所言:"没有法典,就不可能产生以法典为出发点的法学教育……在英国,法学教育的目的不是传播学说,而是培养能够作为优秀的法律家进行思考和行动的人才。"② 第二,判例法不是逻辑结构完整的、封闭的规则体系,它是为了适应解决纠纷的需要而分散地形成并发展起来的。判例法的这一外在特质决定了其法学教育无法以大陆法系那种理性化、知识化的方式传授,而只能作为一种实践性的技艺以经验性的方式去传授。因此就有了"学院制"教育模式与"学徒制"教育模式的并立。普通法系的英国最初所采取的学徒制模式是典型的"应用型法律人才"培养模式,由律师会馆主导的教育专注于培养学生的各种诉讼技巧以及职业规范与职业伦理。美国的法学教育自兰代尔引入"案例教学法"以来,也逐渐形成了以培养应用能力为主要目标的教育模式。"这种教学因为上课时以学生已了解法律为前提,所以把授课重心置于该法律是否发生实际作用、以何种方式、在什么范围内发生作用,以及产生该法律的社会现实是什么等方面……对教授而

---

① [日]大木雅夫:《比较法》,范愉译,法律出版社2006年版,第135页。
② 同上书,第248~249页。

言,并不是在传授作为知识的真理,更重要的是使学生掌握解决问题的方法。对学生们而言,较之对实质性法律制度的了解,关键在于懂得怎样适用这些制度。"①

其次,就法律推理方式而言,因为普通法的主体是判例法,所以与大陆法系的形式逻辑推理不同,普通法系的法律推理主要是实质推理。大陆法系因为有法典存在,所以能够严格推行体系论(systematic)的法律推理方式,而普通法系只有判例法,所以只能采取决疑论(casuistic)的法律推理方式。所谓形式与实质的推理,据波斯纳的观点:"形式指的是法律内在的东西,实质指的是外部的世界,就像形式正义和实质正义的差别一样。法律的自足性和客观性是通过仅仅在形式层面分析法律来保证的,这一层面的分析只要求探讨法律概念之间的关系。而当法律的结果取决于与现实世界有关的事实之际,法律的自足性和客观性就受到了威胁,因为这些事实可能有争议,或者是与创造或解释规则相关的社会事实或伦理事实。"②普通法的这种实质推理在波斯纳看来,"它是一个杂货箱,里面有掌故、内省、想象、常识、设身处地(empathy)、动机考察、言说者的权威、隐喻、类推、先例、习惯、记忆、'经历'、直觉以及归纳(对恒常性的期待,这是同时与类推与直觉相关的、人的一种自然倾向)。"③因为实质推理无法像"三段论"的形式推理那样简单操作,所以其法学教育就必须对此做出有效回应。亦即普通法系的法学教育必须能够培养出擅于个案化、情境化思维,而且在具体案件的处理上能够将其与公共政策、道德观念等结合起来,从而最终做出一个"合情合理的判决"的能力的学生。可以说,正因为普通法系的侧重于实质推理的法律思维方式,才使得着重于应用能力培养的法学教育方式成为必要。

最后,因为法官、律师在普通法系里一直占据主导地位,所以其法学教育一直就定位于培养这种应用型法律人才。如在英国,"年轻人若是立志从事法

---

① [日]大木雅夫:《比较法》,范愉译,法律出版社2006年版,第316页。
② [美]波斯纳:《法理学问题》,苏力译,中国政法大学出版社2002年版,第51页。
③ 同上书,第94页。

律职业,他们不是走大学这条康庄大道,也不是要用心去研读某本法律圣书,从教授口中得知什么是法律的确切含义;他们会进入某一律师学院(除非他们选择在教会执业或是从事外交工作),潜心聆听出庭律师和法官们的指教,通过观察法律在法院中的实际操作来学习法律——就好比一个年轻的学徒欲成为鞋匠,就会去拜师学艺,通过每天的耳濡目染,逐步亲手实践,最终学成出师。学习法律的最佳方式,就是在法庭中学习,在记录控辩理由的书本(年鉴)中学,以及在法官与出庭律师之间迅疾而精彩的争辩中学。"①

二、应用型法律人才培养模式的发展以及大陆法系的借鉴

英国的"学徒制"教育模式随着其法律文献、法律知识的不断积累而不断受到挑战,"以至于'阅读'取代了老式的'通过观察和实践去学习'的方法,由律师学院所提供的传统的法律教育受到并且已经被忽视"。② 随着大学法学教育的兴起,律师学院逐渐成为单纯的法律职业职前培训机构。但由法学院所实施的法学教育所注重的仍然是实践能力,它所教授给学生的是"最基本的法律知识、基础法学理论和法律技巧、法律职业特有的思维方式和分析、判断、解决问题的能力,教会学生能够像律师那样去思考问题和驾驭、运用法律资源的能力"。③ 此外学生要获得出庭律师资格,则除了完成法学院的学业外还需进入律师学院学习并通过其考试。"如今,英国律师学院的主要职能是对其学员提供出庭律师培训,培训的内容包括口头训练、会见技巧、谈判方法等一些侧重事务方面的训练……与此同时,律师学院也致力于塑造学员的优良品德和团队精神……即通过边进餐边议事或听演讲的形式来培养学员之间的一种互相认同的团队精神,提高学员的专业水品,为提高学员的职业精神和职业道德

---

① R. C. 范·卡内冈:《法官、立法者与法学教授》,薛张敏敏译,北京大学出版社2006年版,第59~60页。
② 何勤华:《外国法律史研究》,中国政法大学出版社2004年版,第214页。
③ 张丽英:"英国的法律职业与法学教育及其借鉴",载《西安电子科技大学学报(社会科学版)》2007年第6期。

打下良好的基础。"①与传统的"学徒制"模式有所区别,如果学生不以从事法律职业为目标,就无须接受这种强化教育。

　　普通法系的法学教育模式随着国际交流而为大陆法系各国所了解,并引起其教育模式的相应改变。如德国就实行"双轨制",法学教育由"基础教育"与"见习训练"两个独立阶段组成。"大学基础教育以传授比较抽象的法学理论知识以及训练案例分析技术为主要内容……这一阶段法学教育设定的宗旨是:向学生提供法学理论基础,引导学生从事法律科学研究,培养学生掌握法学方法发现和解决法律问题的能力……法律职业方面的训练则应在见习期以及大学毕业后的实际工作中去进行。"②学生完成基础教育后参加"第一次国家考试",考试合格就意味着具备了专业知识。但要从事法律职业,则须经过见习训练阶段的学习并通过"第二次国家考试"。"设置见习期,旨在使通过第一次国家考试的学生熟悉司法、行政等法律职业的实际任务和工作方法,实践、补充和深化所学到的理论知识,培养自己独立工作、独立判断的能力和社会责任意识,为今后担任法官、检察官、高级行政官员等职务创造条件……这一制度典型地体现了德国法学教育的职业色彩或实践色彩。"③我们看到,实践能力的培养并不是德国法学教育的强制要求,只有从事法律职业的学生才必须接受这种教育并通过考试。再如日本,为了法学教育与法律职业的对接专设了法科大学院,"'法科大学院'是日本为专门培养'法曹'即法官、检察官和律师等高级法律实务人才所设立的美国式法律职业教育机构,其中'法科'含有'法学或法律专业'之意,'大学院'即为'研究生院'"。④ 但同时,也存在着由大学法学部施行的传统的法学教育,因而其法学教育在"应用型法律人才"的培养上也是有保留的,即只有立志从事法律职业的学生才有必要选择侧重于实践能力培养的"法科大学院",然后通过司法考试进入法律精英行列。

---

① 张丽英:"英国的法律职业与法学教育及其借鉴",载《西安电子科技大学学报(社会科学版)》2007年第6期。
② 邵建东:"德国法学教育制度及其对我们的启示",载《法学论坛》2002年第17卷第1期。
③ 同上。
④ 辛崇阳:"日本'法科大学院'设立后的法学教育制度浅析",载《外国教育研究》2007年第5期。

三、我国应用型法律人才培养的基本策略

应当承认,"应用型法律人才"的培养如果放在法学固有的实践性特征,以及域外法学教育模式演进趋势的双重背景下看的确非常必要。但是这一教育模式的确立必须考虑如下因素:第一个是文化的、传统的因素,即这一教育模式必须要照顾到其与整个法律传统的衔接与兼容性,亦即这种模式在其形式和内容上必须要获得其法律传统中相关制度以及理念的支持并接受其制约。第二个是社会的、现实的因素,即这一模式必须要考虑到整体教育条件以及经济社会的发展状况。

首先,考虑到自晚清法制改革以来已逐渐接受大陆法传统这一文化现实,法学教育模式的改革就必须遵循"路径依赖"。根据前文论及的大陆法系在法律形式、法律思维方式以及法官权限等方面的特点,我们的"应用型法律人才"的培养就必须以学生大致掌握法律条文为前提。只有学生掌握了这种基础知识,其接下来的"应用能力"的培养才是可能的。这就是理论界所谓的"法条主义",尽管其不无缺陷,但它与大陆法系的相关制度与理念是彼此衔接的。也因此我们说德国法学教育模式的改革是合理的,值得我们借鉴。此外从教学过程来看,应用能力的培养应当是在学生完成为期四年的基础教育的基础上所附加的一个学习环节,而不是在现行的四年学制内简单地植入一个学习环节。因为后一种做法无法保证学生获得对于理论知识以及法律条文的基本了解,而不具备这一前提,在大陆法传统中就几乎无法培养学生的应用能力。

其次,在应用能力的具体培养上,现在实行的是无差别对待的原则,即所有学生都必须要接受学校规定的应用能力方面的培养,包括课程教育以及实践训练等。可在实践上,这是一种成本非常大但效率非常低的培养方式。因为并不是所有的学生毕业后都会从事法官、检察官、律师等法律职业。这里除了学生个人的择业偏好外(或许他/她更喜欢从事的是与法律无关的职业),更重要的是法律职业的准入门槛。在我国,从事法律职业除了要通过难度颇高的"统一司法考试"之外,对于从事法官、检察官的学生还需要通过竞争更为激

烈的"公务员考试"。因此,事后来看法学专业的学生大多是从事与法律无直接关联的职业。也因此,盲目地将法学教育定位为"职业教育",进而对学生普遍地实行应用能力的培养,不仅在理论上值得商榷,在实践上更是非常低效。既然大部分学生毕业后都从事的是与法律无关的职业,那他必须自己花钱接受应用能力的培养有何意义?换个角度,既然应用能力的培养只对少部分的学生有用,那为什么学校要强制所有的学生都必须接受这种能力的培养?因此,不管是基于中国的具体社会条件,还是借鉴外国的教育实践经验,都应将应用能力的培养作为法学教育中的一个"可选项"而非"必选项"来进行设置。亦即应用能力的培养,仅仅是针对那些有志于日后从事法律职业的学生进行,以节约教育成本并相应地提高教育质量。此外,应用能力在本质上是一种经验性的"技艺",所以它并不适合以"知识"的方式大规模传播,而只适合以学徒制的方式来传授。通常而言,在其他条件维持不变的前提下,较少的学徒人数,无疑更益于这一技艺的传授!

最后,就当前应用能力的培养实践来看,大致由两部分内容构成:其一是开设培养应用能力方面的课程,并采用培养应用能力的教学方法,如案例教学、诊所式教学等;其二是学校与法律实务部门联系,安排学生去接受实训。就前一部分内容来看,大致还是在传统的法学教育范畴之内的,如案例教学法其实一直都在使用,并不是说现在强调培养学生的应用能力了它就与先前有了差别。至于诊所式教学,因为我们基本不具备与美国相同的社会、法律条件,所以在教学实践中同案例教学法并无实质差异。就后一部分内容来看,本文以为其具有进一步完善的空间。现在各大学主要都是依靠其社会关系与就近的法律实务部门合作,安排学生到该部门实习。这种措施的缺陷非常明显:一是不确定,因为学校与实务部门之间并不存在明确的、有约束力的法律关系,所以对方是否会定期接受学生实习很不确。而正是由于这种不确定性,使得学校以及实务部门都无法对培养过程进行更为细致的设计、实施以及监督。二是实习的内容、时间以及实习结束后的考核等都没有细致、明确的规定,这无疑会极大地影响应用能力培养的最终效果。本文认为,既然国家已经将应用型法律人才的培养作为一项长远政策,就应通过法律作出具体规定。如在基础知识与应用能力的培养上,可以效仿德国由大学与法律实务部门各自分担,以充分发挥各自的特长。就应用能力的培养而言,也应详细规定承担这一教育职能的主体、其履行职能的方式(对学生进行相应的应用能力培养的方式与内容等)以及最终的法律责任等,以此来强化这一教育的最终效果。

影视文化中的法律元素运用

闫弘宇*

一、法律元素是影视文化中的必然要素

法律元素是法律文化的构成要素,也可以称为法律文化特质。法律精神、法律制度、法律思维、法律行为、法律意识、法律观念、权利意识、法律义务观念、权力意识等是法律元素的通常表现。随着我国依法治国战略的推进、法制宣传的不断加强,法律文化的社会化程度不断提高。[①]

作为大众文化最为普遍的一种形式,影视文化中吸收、运用法律元素已经成为一种必然的趋势。从广义上讲,影视文化即电影、电视文化。一般而言的影视文化应当包括电影电视策划、制作、生产、传播全过程各要素、各环节、各系统、各流程的全部。影视文化的社会性,使法律元素逐渐被影视文化所吸收,这既得益于法律文化的社会化,也是影视文化迎合大众文化需求的体现。影视文化的多样性,使影视文化每时每刻传递着多种多样的文化信息,法律元素得以更好的传递,由此促进了法律文化的社会化。影视文化对法律元素的吸收和运用也是影视文化内部结构和外部功能不断转变的过程。影视文化与

---

* 闫弘宇,吉林长春人,东北师范大学政法学院副教授、博士研究生导师。
基金项目:本文是国家社科基金青年项目的阶段性成果。项目编号:12CFX004。

① 法律文化是否存在社会化的问题,在学术界中是有不同看法的。有的学者认为,法律文化本身来自社会,就是社会化的产物,因此不存在"社会化"的问题。如果从社会中客观存在的各种法律文化形态看,这一论点不无道理。但是有一个不容忽视的事实是:社会化是指人及其活动接受社会教化的过程。在任何一个社会或任何一个时代,都有一种在这个社会或时代中占据主导地位的法律文化。法律文化的社会化也就是以这种占主导地位的法律文化对人实现社会教化的过程。因此,法律文化的社会化是一个有价值的学术命题。

法律元素之间辩证相依,互相影响。时至今日,法律元素已然成为影视文化中的必然要素。

著名的语言学家雅各布森指出:"人类社会中最社会化、最丰富和最贴切的符号系统显然是以视觉和听觉为基础。"①影视媒介凭借其动态影像符号生动而形象地传递着人类的社会信息,并以其"空间流动"与"时间呈现"有机结合的方式趋向于自由而真实地表达人类的思维世界。作为一种语言的表达形式,电影电视的特点使它具有广泛的社会性。而在现代的社会生活中,无论大众法律观念、法律意识如何,法治已然成为各追求文明与进步的国家的理性选择。在政府主导之下,法律越来越频繁地发生在我们身边,影响着我们的社会生活。影视文化必然关注此种变化,并不断吸收、运用法律元素。

当然,影视文化中法律元素运用的根本目的并不在于法律文化本身,而是力图使影视文化具有更强的社会性以实现影视文化的自身功能。"影视是现代社会工业化的产物,……影视首先是市场导向的文化产品,必须能赚到钱,才能够在现代社会中存在。市场导向的商品交换就是它维持生命的机制。"②影视的商品化,也同时决定了影视的大众化。越是能够满足大众需求的,也就越能够满足经济利益的追求。而满足大众需求,在很大程度上就要关注社会实际。就要看到法律文化在社会生活中越来越突出的社会地位。

无论从结构功能主义的角度还是从辩证唯物主义矛盾论的质量互变原理出发,当法律元素逐渐成为影视文化中的必然要素,并逐渐成为影视文化结构的一部分时,影视文化自身的其他社会功能也就会随之发生变化。说影视是市场导向的文化产品,"并不是一切为了经济利益,只是说市场经济是影视维系生命的所在"。"作为文化商品,影视自然有它的使用价值:消遣,娱乐,认知,审美。"③在法律文化的传播过程中,这些价值都可以得到体现。最直观的事例就是影视作品中的"警匪片"。一部成功的警匪片,完全可以在传播法律

---

① 陈默:《影视文化学》,北京广播学院出版社2001年版,第3页。
② 孙沛然:《影视文化导论》,浙江大学出版社1995年版,第80页。
③ 同上书,第81页。

文化的过程中,使观众的消遣、娱乐、认知、审美等各种需求同时得到满足。这是因为,"现代法律文化的核心概念就是选择、同意、自由和个人权利"。① 这些同大众的社会需求是完全吻合的。这就是影视文化中法律元素运用在客观上对法律文化社会化所产生的积极效果。这是不容忽视的,同样是法律文化建设中应当注意并加以利用的。

教化,同样是影视文化所体现出的一个重要功能。从中国电影的发展历程来看,"1933年9月由夏衍领导的中国共产党电影小组在上海成立,开展了左翼电影运动,终于促成了中国电影的历史性转变:电影从纯娱乐中解放出来,把'写实'与电影化结合起来,蕴含较多的思想意识。在娱乐中发挥电影的社会功能"。② 虽然,我们曾经过度强调了电影的教化功能,但时至今日,无论在东方还是在西方,影视的教化功能都不可能在根本上消退。因为影视文化对观众的影响是直观的,电影《雷锋》可以掀起社会助人为乐的新风,恐怖录像带也能够把儿童变成杀人犯。③ 影视的舆论导向和教化功能是任何一个主权国家不能忽视的。与其放任影视文化对人们行为的影响,不如让影视文化更科学、有效地运用法律元素,引导受众不断形成科学的法律观念,规范自身的行为,建立和谐的人际关系。以此充分发挥影视文化的教化功能。

从我国当前的实际情况来看,法律元素在影视文化中的运用不仅是弘扬社会主义法律文化的需要,还是建立社会主义核心价值体系,深化文化体制改革,促进文化大发展、大繁荣的需要,更是新时期加强、保障文化安全的需要。现代法律以一种普遍的方式确立、促进和保障人的权利实现,以自由、平等、效率等价值指引人们的社会行为,以公平的规则规范人们的社会关系、促进社会正义。当前,影视文化既要积极地反映中国文化的现实,又要引导文化进步。

---

① [美]弗里德曼:《选择的共和国:法律、权威与文化》,高鸿钧等译,清华大学出版社2005年版,第43页。
② 孙沛然:《影视文化导论》,浙江大学出版社1995年版,第38页。
③ 德国一位宣传媒介教学理论专家、教育学教授维尔纳·格洛高尔的研究报告证实,儿童和青年有一种"竞起效尤"的心理行为和习惯,他们把在录像带和电影、杂志和连环画中看到的一切东西变成流血行为。"是谁把孩子变成杀人犯",德国《民镜》周刊1991年4月22日文章,转引自刘作翔:《法律文化理论》,商务印书馆1999年版,第187~188页。

作为法律文化的要素,法律元素能够在很大程度上反映出先进法律文化所富含的理性价值,在影视文化中的科学运用,对于引领风尚、教育人民、服务社会、推动发展都将起到积极的作用。同时,在中国文化体制改革不断深化的过程中,文化安全问题始终是我们需要面对的前提性问题。失去了安全,文化的发展则失去了中国意义。法律可以在制度上对文化安全和文化发展问题进行保障,法律文化的宣传则更切实地培育人们的文化安全意识。中国社会的发展需要法治,文化体制改革、文化产业的发展需要法治,影视文化自身的科学、持续、健康发展同样需要法治。影视文化既是社会文化的重要组成部分,也是最能反映和影响大众文化的重要方面。因此,中国影视文化科学地吸收、运用法律元素,促进先进法律文化的社会化,就成为义不容辞的事情。

二、影视文化结构中的法律元素

"人文社会科学既要从价值学角度出发探寻研究对象的意义,又要从科学角度出发揭示对象的结构。意义和结构及其统一是人文社会科学的两个最大主题。"[①]文化具有整体性,这是从文化人类学产生以来中外学者共同首肯和强调的。面对整体性的影视文化,只有对其进行结构分析,才能更好地把握法律元素在其中的运用,才能更好地把握影视文化与法律元素的辩证关系,才能进一步凸显影视文化中法律元素运用研究的意义,从而有针对性地构建实践策略。

自从结构主义出现以后,有关文化的研究就少不了对文化的结构分析,然而文化的结构究竟如何,学者众说纷纭,莫衷一是。这既表现出文化的复杂性,也表现出对文化研究的不同态度。实际上,任何一种关于文化结构的讨论都有自身的合理性,都是学者在自己的立场和方法下基于不同的学术目的而进行讨论。"影视文化作为一般意义上的文化形态,是一种由声画通过屏幕传送的活动影像所构成的文化形态,是兼有大科学、大艺术属性的审美文化。它既是一种多门类、多层次、最广泛、最丰富、最现代化的人类文化形态,又是一

---

① 刘进田、李少伟:《法律文化导论》,中国政法大学出版社2005年版,第117页。

种以高度发展的视听技术为基础的大众传播文化。它既是社会整体文化的体现,有着民族的和地域的心理结构、审美趣味、精神意识等传统的稳态结构和富于朝气的呈现出变迁的历时性特征的时代精神,同时它又具有专门化文化的身份,有鲜明的个性与自身规律。"[1]就如此复杂的文化现象而言,研究法律元素于其中的运用,采用较为宏观和简单的结构分析可能更为有益。我国著名学者、历史学家庞朴先生关于文化的结构分析就很有借鉴的意义。

庞朴先生把文化分为三个层面:外层是物的部分,即马克思所说的"第二自然",或对象化了的劳动;中层是心物结合的部分,包括关于自然和社会的理论、社会组织制度等;核心层是心的部分,即文化心理状态,包括价值观念、思维方式,审美情趣、道德情操、宗教情绪、民族性格等。[2]

影视文化的外层,主要是影视作品赖以借助的物质技术。其中包括影视文化的必备元素和选择性元素。影视作品的呈现需要借助摄影、录音、电脑、音响等技术设备,这些元素本身是物质的,但却是任何影视文化呈现的必备元素,构成影视文化的基础。另一类则是选择性元素,即与影视文化所表达主题相关的物质元素,如场景设置、特定的服饰、符号、相关器物等。法庭的现场布置、法律职业者的服饰、法槌、国徽等法律元素即是影视文化外层结构中的选择性元素。这些法律元素是否存在,存在的广度与程度,呈现的准确性,则取决于影视文化的中层,尤其是核心层。

影视文化的中层作为心物结合的部分,主要是各种影视理论,如影视制作中蒙太奇的构成方法,以及规范、约束影视作品策划、制作、生产、传播全过程的由各种法律、法规和行业规范所构成的制度。影视理论虽然丰富,但其中并不包含有法律元素。影视理论主要是围绕电影、电视创作的本质、基本原理及一般和局部规律。影视文化中层结构中的法律元素主要体现在制度文化之中。影视文化中的制度至少可以通过三个层面来认识。一是作为社会背景的制度集成,如一国的政治制度、法律制度、经济制度、文化制度。这一层面的制

---

[1] 孙沛然:《影视文化导论》,浙江大学出版社 1995 年版,第 11 页。
[2] 庞朴:"文化结构与近代中国",载《中国社会科学》1986 年第 5 期。

度虽然并不直接针对影视活动本身加以任何的规制,但由各种制度所构成的社会环境将决定影视活动的状况,将决定影视文化的形态和发展演进。例如,在某些国家,基于政治等因素的考虑,影视活动受到诸多限制,难以成为一种综合的文化形态。即便可以称之为一种影视文化,其所表达的文化内涵也是相对简单的。随着我国政治改革的深入、法治进程的推进、经济的快速发展,我国的文化政策也有适时的调整。2011年,中国共产党第十七届六中全会作出了《中国共产党关于深化文化体制改革,推动社会主义文化大发展大繁荣若干重大问题的决定》,2012年党的十八大报告又把"文化软实力显著增强"作为全面建成小康社会和全面深化改革开放的目标之一。胡锦涛总书记对文化强国战略做出全面部署,把建设和发展中国特色社会主义文化提到又一个新的历史高度。一个文化大发展大繁荣的伟大时代持续升温。在文化大发展、大繁荣的大环境、背景下,中国的影视活动迎来了一个全新的发展契机,影视文化的凝练和发展将直接成为文化大发展、大繁荣的成果之一。这其中,法律元素、法律制度是不可缺少的。政治制度、经济制度、文化制度为影视活动的开展创造条件,法律制度则是将各种制度有机地整合在一起,为影视活动的开展提供坚实保障。从这样的意义来说,影视文化良性发展既是一国政治、经济、文化发展的成果,更是一国法律发展、法制健全的表现。

第二个层次的中层文化是影视文化中直接规范影视活动及从业人员的法律、法规。第一层次的法律制度只是为影视活动提供背景和环境上的保障。而这一层次的法律、法规则直接影响影视活动的内部运行。在当今的技术发展下,影视活动的运作已经成为一个庞大的系统工程,法律、法规的健全和完善将直接决定着影视活动的运作效果,将决定影视活动的持续、健康发展。作为一个庞大的系统,影视活动中涉及诸多的利益主体,表现为诸种利益关系,这些都需要法律、法规以权利和义务的方式加以科学调整。影视法律体系的建立、健全成为必然的要求。

第三个层次的中层文化,是影视活动中的内部规则和行业规范。无论国家的法律制度如何,影视法律体系的建设情况如何,这一部分内容都是不可缺少的。虽然这样的内部规则和行业规范并不以法律的形态表现出来,但其中的法律元素同样不可缺少。法律只是社会调整的手段之一,在我们倡导法治的同时,我们也要深刻地认识到法律的局限。盲目地相信法律,同断然地藐视法律具有同样的危害。法律的精神和原则并没有错,错误在于制度设计所不可逾越的人为弱点。影视活动中的内部规则和行业规范正是弥补法律不足的重要手段。但这些规范并不能我行我素,任由发展,而应当积极吸收法律元素,在法治精神的指引下,相对灵活、高效地调节内部关系,促进影视活动的发展。近年来,影视活动中被广泛关注的某些"潜规则",就是在本质上违背了法律的基本精神,而必须加以法律的调整。这一过程正是内部规范和行业规范融合法律精神与其他两个层次的文化元素进行文化整合的过程。

影视文化的核心层,即影视文化心理状态,包括价值观念、思维方式、审美情趣、道德情操、宗教情绪、民族性格等。在这一文化层次中,法律元素并不直观地表达出来,只是作为一种隐示文化,[①]作为一种深层次的法律精神有效地融入到影视文化心理状态之中。影视文化中是否科学地整合法律元素使之成为影视文化心理状态的有机成分,一方面取决于法律文化社会化的程度;另一方面取决于影视活动从业人员对待法律的价值判断。法律文化的社会化,是指作为一种极其重要的文化类型的法律文化在整个社会中的普及、传播活动以及其法律文化发挥功能和实现程度。[②]当法律文化在社会中普及程度较高的情况下,影视文化为迎合大众需求,反映社会发展的实际情况,必然积极、主动地整合法律元素,使法律的精神和价值在影视文化心理中得以体现。由于法律文化的社会化程度高,所以人们的价值观念中必然包含了法律的价值,法律的思维方式也将成为人们思维方式的一部分,法律所反映的公平、正义等价

[①] 隐示文化是与显性文化相并列的概念。此概念由美国人类学家克拉克洪于1941年首先提出,后由林顿作了详细阐述。林顿认为文化这一概念至少应包括三类不同的现象或层次:物质性的文化,其包括所有文化的物化形式,如工农业产物等;行为、制度性文化,包括各种行为及各种制度;心理性文化,即认知、态度和社会成员所共有的价值观等。他认为前两类文化即为显性文化,因为其有明确的形态和模式,而后一类文化则为隐示文化。F. M. 基辛则认为,显性文化与隐示文化的区别在于:前者是可以耳闻目睹的,而后者则只能凭判断推测才能了解。陈国强主编:《简明文化人类学词典》,浙江人民出版社1990年版,第358页。

[②] 刘作翔:《法律文化理论》,商务印书馆1999年版,第179页。

值也将成为人们审美情趣的一部分。当然,影视媒介是法律文化社会化的一个重要途径,当法律文化社会化程度不高的时候,影视从业人员对待法律的价值判断以及对自身社会责任的承担则显得非常重要。影视文化的从业人员是否能够认识到法律文化在社会发展中的作用和价值,是否愿意积极、主动承担法制宣传的社会责任,是否真正理解法律精神,准确表达法律元素,将决定法律元素在影视文化核心层的表现程度和效果。

三、我国当前影视文化中法律元素运用的不足及对策

研究我国当前影视文化中法律元素运用中的问题及构建相应的实践策略,同样需要借助对影视文化的结构分析。"任何一个孤立的文化要素,如不成为结构的组合体之一,纳入结构体之中,难显其存在意义。"① 在法律元素已然成为影视文化必然要素的情况下,分析法律元素在我国影视文化结构中的存在状态,是我们发现问题的逻辑理路,也是我们解决问题的实践进路。

影视文化三个结构层次的内在关系决定了影视文化的整体性,研究法律元素在影视文化中的运用并不能只静态地研究法律元素于某一文化层次中的状态,更要通过三个结构层次的关系,以建立对影视文化中法律元素运用的整体性认识。

在影视文化外层之中,法律元素虽然只是选择性要素。但法律元素的存在价值是不容忽视的。当某一物质性法律元素在影视作品中呈现出来时,它完全可能表达出超越其本身的文化内涵。法国电影导演阿斯特吕克认为电影艺术是一种与书面语言完全相同的表达形式,由此他提出了著名的论断"摄影机等于自来水笔"。② 在现代电影语言的理解中,某一物质性法律元素的表现同时可以运用镜头的选择、蒙太奇结构、场面的调度、声音和色彩等多种手段。

---

① 刘作翔:《法律文化理论》,商务印书馆1999年版,第108页。
② 当然,画面并不是电影语言的全部。现代电影理论对比喻意义的电影语言的观点就不以为然,认为仅仅把画面看作是语言材料,在概念上太狭隘了,应该把整个电影本身看作是一种语言、一种符号。这样的观点当然更为全面。但本文于此并不在于讨论电影语言本身,而是说明在电影技术的运用下,一个简单的物质性的法律元素,完全可能表达出超越其本身的文化内涵。

这使某一物质性法律元素所能表达的内涵更为丰富。

　　物质性法律元素究竟表达出怎样的文化内涵取决于两个方面。一方面，在社会生活中人们是否对特定的物质性法律元素有科学、准确的理解和评价。这与法律文化社会化的程度以及法治发展程度、法治环境等因素直接相关。例如，人们在社会生活中对警察、法官等法律职业群体的评价，直接决定了在影视作品中看到着装的警察、法官，看到警察局、监狱、法院、法庭后的第一感觉。另一方面则体现为影视文化中其他两层结构的作用。作为心物结合的产物，影视理论中虽然并不包含法律元素，但正是影视理论决定了物质性法律元素运用后可能产生的文化反映。长镜头、蒙太奇的运用都可以使某一法律元素的表达内涵更为丰富；制度结构在影视文化的中层结构中虽然并不构成与受众建立信息联系的影视作品，但制度环境和法律法规、行业规范直接影响着影视从业人员对法律元素运用的主动性和积极性。法律实践的信息反馈是法律文化社会化的一个重要渠道。如果影视从业人员的职业活动能够得到法律有效的规制和保障，影视从业人员也必然成为法律文化社会化的受益者，而他们由此形成的对法律的观念、态度也会不同程度地体现在其工作中，表达于影视作品中；影视文化中的心理层次是影视文化中的最核心层次，虽然只是一种隐示文化，但所起到的作用是最为突出和重要的。法律思维、法律观念、法律意识、法律情感等心理状态都可以通过对物质性法律元素的运用表达出来。说法律元素是影视文化外层中的选择性要素，是从影视作品所表达的对象来说的。如果当影视作品表达的对象限定在法律方面，则法律元素也就成了必然要素。此时，外层结构中的法律元素受到中层和核心层文化结构的影响则表现得更为突出。

　　在影视文化结构中，法律元素的运用可以从影视从业人员的主动性和被动型两个方面来认识。只有外层中的法律元素是影视从业人员主动运用的。在影视文化其他两个文化层次中，法律元素的运用有主动的成分，也有被动的因素。显然，我们希望的是主动对法律元素的运用。力求避免的是因被动运用而导致对法律文化理解的生硬和对法律信息不准确的传播。

　　基于法律元素在影视文化结构中运行的分析，我们可以由此发现我国目前影视文化中法律元素运用的不足,并有针对性地提出解决策略。对此,我们可以从两个方面来进行分析。

从影视文化的内部结构来看,影视文化对法律元素运用不足主要体现在以下方面:

其一,影视法律体系尚未建立。

其二,影视从业人员法律素质整体不高,缺少专门性法律人才。

其三,影视从业人员对法律元素运用的主动性不强。

从影视文化的外部环境来看,外部环境的缺失也是造成影视文化对法律元素运用不足的重要原因。由于我国尚未形成良好的法治环境,法律文化的社会化程度仍有待提高,影视文化也必然受此影响,尤其在影视文化的核心层中,法律精神、法律意识、法律情感等因素难于有效地融入到影视文化心理之中。这也影响了影视从业人员运用法律元素的积极性和主动性。由于法治环境的欠缺,在社会生活中物质性法律元素凝结的文化内涵并不确定,某些法律元素甚至表现出背离本质的内涵。"城管",本应是城市管理的一面旗帜,成为一个积极的文化元素。然而,在我国目前的情况下,"城管"往往则与执法不力,暴力执法等消极评价有关。虽然并非所有的城管人员执法过程中都存在如此问题,但这毕竟使物质性法律元素的内涵变得模糊。同样,在香港影视作品中"ICAC"(廉政公署)及其中文标示,则是一个明显的、具有积极意义的法律元素。这里从影视文化的内部结构和外部环境两个方面发现问题,只是为将某一内容进行强调而进行的简单区分。实际上影视文化的内部结构和外部环境是密切关联,相互影响和作用的。各种不足之间也存在着相互的关联性。我们解决问题的策略不能是各个击破,而需要共同推进。因此,我国法治社会的整体进程对于影视文化中法律元素的运用是有非常重要的意义的。我们并不能孤立地研究影视文化中的法律元素运用问题,而必须将此问题作为我国法治发展中的一方面问题加以对待,并与其他方面的问题一并加以解决。

外部环境的问题并非只言片语就可以说得清楚,本文于此主要通过对影视文化的结构分析,讨论法律元素在影视文化中运用的策略。从影视文化的三个结构层次来看,物质性法律元素是客观的,其自身的改变和调整与影视文化无关;核心层的影视文化,作为一种隐示文化,不能直接加以干预和影响。因此,解决影视文化中法律元素运用的问题,最根本的策略就是解决制度建设的问题。制度建设好了,人们的观念、意识也就提高了,法律元素在影视文化心理中也就有了更充分的体现,对物质性法律元素的运用也就会更得心应手、有的放矢。

前文指出的影视文化结构中法律元素运用的不足,归根结底都与制度建设有关。从相反的意义上说,也就是我们希望实现的效果,也可以成为我们解决问题的思路。而关键的问题是,面对我国的实际,面对文化这样复杂的问题,我们只能一步一步来,不可操之过急。结合我国的实际,具有操作性的策略主要有以下两个方面:

第一,确立广播影视的基本法律制度,借助现有法律,为影视法律体系的建立奠定基础。

从我国法治发展状况来看,目前尚不具备建立影视法律体系的现实条件。我们目前能做到的只是为此奠定基础。在我国深化文化体制改革,实现文化大发展、大繁荣背景下,影视活动既有文化事业的成分,也与文化产业密切相关。没有基础性的法律指明方向、确立原则、平衡利益,无法实现影视活动的健康、持续发展。建设基础法律制度既是深化文化体制改革的当务之急,也是加强影视文化中法律元素运用的必然。

同时,充分借助现有法律也是非常必要的。目前,《著作权法》《合同法》《劳动法》《劳动合同法》《行政许可法》《广告法》《税法》等多部法律都对影视活动中的相关法律关系进行调整。但在实践中这些法律并没有完全、充分地发挥出作用。例如,《劳动法》《劳动合同法》颁行已久,但在临时演员的聘用、管理上仍然存在诸多的问题。借助现有的法律主要体现在两个方面。一方面,借助现有的法律是要使现有的法律切实地成为影视活动中的行为准则。现有的法律都不能得以有效实施,空谈影视法律体系的建立则毫无意义。另一方面,就是要在现有法律的指导下,制定相关的行政法规和行业规范,为今后的立法积累经验。

制度建设不仅仅是法律层面上的,在法律尚未健全的情况下,内部规则和行业规范同样非常重要。影视活动中的任用制度、薪酬制度、奖惩制度等都是规范影视从业人员行为的重要准则。电影电视策划、制作、生产、传播全过程都需要协调、统一的制度配置。制度建设的根本目的并不是为法律元素在影视文化中的运用,但制度建设一定会为法律元素在影视文化中的运用长生积极效用。

第二,借助现有资源,逐步培育一支影视法律专业人才队伍。

在影视活动中,不仅仅是节目本身涉及法律,从影视的策划、制作、生产到最终的传播,各个环节都与法律息息相关。律师或学者可以参与到影视活动中,提供相应的法律服务。但一方面这些人远远不能满足影视活动中对法律人才的需求;另一方面,由于缺少对影视活动规律的理解和认识,律师或学者也很难有针对性地提供法律服务。在目前的电视节目中,涉及法律,以法律为主题的节目非常普遍,但高水平的少之又少。甚至很多节目由于制作水平低下,对相关法律信息都不能准确处理,曲解法律、误导观众的情况,不乏其数。因此培育既懂法律,又懂影视的人才是当务之急。

目前,我国具有法律硕士专业学位授权资格的院校已达百余家,很多院校同时具有影视传媒等相关专业的学士和硕士学位授予权。我们完全可以借助这样的教育平台,培养专门的法律记者、法律编辑、影视法律顾问。这样既解决了影视活动中对法律人才的需求,也拓宽了法律硕士的就业领域。

信访的"源"与"辨"

金怡*

在中国古代,信访制度与司法的上诉制度是一种交叉重叠关系。上诉制度有严格的诉讼程序、诉讼时效的规定。我国上诉制度自西周开始就有记载,秦汉略欠明晰,到了隋唐则臻于详明,封建社会后期发展中因袭损益,体制已发展得相当完备。而信访制度则是一种非正常的上诉制度,"即在第一审机关审判案件后,如果当事人不服判决,或者不受理案件,又在上诉中冤屈不得申,或者上诉机关同样不予受理,则可以越级上诉,以便纠枉释冤"。① 直诉是越级上诉的一种形式,但是古代信访还包括不以诉讼为目的的下情上达进言的内容,所以古代信访的内涵非常丰富,与现代信访非常类似,而且作为中国特色的政治文明成果,其中经验和教训值得现在的法治建设总结和思考。

一、现代信访制度的建立

1951年6月7日,中央人民政府政务院在《中央人民政府政务院关于处理人民来信和接待人民工作的决定》中,正式把处理人民来信和接待人民来访列为各级人民政府的工作。1966年7月,中央办公厅把专门负责信访工作的中央办公厅秘书室改为"信访处",在党政权关内部正式确认"信访"一词。1971年,《红旗》杂志刊登《必须重视人民来信来访》一文,第一次公开把人民来信来访称为"信访"。从此,"信访"成了一个有特定社会内涵并且被社会认

---

* 金怡,吉林大学法学院法律史专业在读博士,甘肃省兰州市西北师范大学法学院讲师,甘肃省法学会、中国法律史学会会员,辽宁省法学会法治文化研究会理事。

① 李交发:《中国诉讼法史》,中国检察出版社2002年版,第192页。

可的专用术语。①

对于"信访"的界定。参照 2005 年 1 月 5 日国务院颁布的《信访条例》第 2 条的内容,可以将信访定义为,"公民、法人或者其他组织(信访人)采用书信、电子邮件、传真、电话、走访等形式,向各级党政机关、立法机关、司法机关和社会团体反映情况,提出建议、意见或者投诉请求,依法应当由有关部门处理的活动"。②

概括之,信访活动是社会客观矛盾的反映,当人们遇到难以解决的矛盾而以信访的形式诉诸国家或社会组织,依据国家和社会组织的力量来解决矛盾的时候,从而形成信访这一形式的独特的政治内容。信访是公民为维护个人或公共利益采取的有针对性的诉求活动,是公民参政议政意识的体现,是公民权利意识和民主意识在社会生活中的具体表达方式,有利于国家机关及时掌握社情民意,化解矛盾冲突。

二、信访制度的历史探源

(一)先秦时期信访的渊源

中国古代原始社会末期,实行原始民主制,尧舜善于听取人民之谏言、申诉,从而使政治清明。"尧先置进善旌,让进善者立于旌下言事。"(《大戴礼记·保傅》)后来"尧置敢谏之鼓,舜立诽谤之木"。(《淮南子·主术训》)"进善之旌"是尧在位时于朝廷前设置的一面旗帜,其作用就是让老百姓站在这面旗帜下向它直接提出对政事的意见、批评和建议。"敢谏之鼓",就是"设鼓于庭,使民击之以进谏",谏鼓后来遂发展为悬挂于朝堂门前之登闻鼓,流传久远。"诽谤之木",乃于庭前立木牌(木柱),让民书写

---

① 中央办公厅信访局、国务院办公厅信访局(合编):《信访学概论》,华夏出版社 1991 年版。
② 2005 年 1 月 5 日国务院颁布的《信访条例》第 2 条规定:"本条例所称信访,是指公民、法人或其他组织采用书信、电子邮件、传真、电话、走访等形式,向各级人民政府、县级以上人民政府工作部门反映情况,提出建议、意见或者投诉请求,依法由有关行政机关处理的活动。采用前款规定的形式,提出建议、意见或者投诉请求的公民、法人或者其他组织,称信访人。"该《信访条例》是行政法规,所以本处信访对象仅指行政机关,而现实社会生活中还有大量信访是信访人向党政机关、立法机关、司法机关和社会团体进行申诉。

谏言,后来遂发展成华表。《史记·五帝本纪》载:"舜曰:'龙,朕畏忌谗说殄伪,振警朕众,命汝为纳言,夙夜出入朕命,惟信'。"西汉经学家孔安国解释说:"纳言,喉舌之官也,听下言纳于上,受上言宣于下,必信也。"①"纳言"是舜的私人秘书,接待人民上访,是他的重要职责之一。这反映了民众希望君主广开视听、从善如流的社会理想,也是我国古代信访制度的萌芽时期。

夏商及西周是先秦时期的大一统时期,国家组织初步形成并在逐渐完善,有了早期各种官职的设置。西周时,中央政府在夏官、秋官中分设大仆、朝士、大司寇等官职,掌理上访之事,同时设立了"路鼓"和"肺石"的制度。《周礼·夏官》记载,"大仆……建路鼓于大寝之门外,而掌其政,以待达穷者与遽令"。"御仆掌群吏之逆,及庶民之复……以序守路鼓。"②这里的"逆"和"复",便是群臣的建议和百姓的批评。路鼓设在内朝门外,并派专人看守接待,听取群臣和百姓对政事的意见和申冤,由御仆将他们的意见报告大仆,大仆再报告六卿和天子。

《周礼·秋官》记载:大司寇"以肺石(红色的人肺形石头,取于人声发于肺之意,表示可以声其冤)达穷民。凡远近茕独、老幼之欲有复于上,而其长弗达者,立于肺石;三日,士听其辞,以告于上,而罪其长"。③即凡老幼有困难要求当地长官解决,而当地官员不给解决又不向上报告的,可以越级上访,接待官员要向王报告实情,以追究当地长官的责任。"路鼓"和"肺石"制度是西周法律中的有关上访的明确规定,体现了对当时各级地方官员的监督职能。

春秋战国时期,处在变革的时代,各诸侯国为自身强盛,招贤纳谏,先后出现许多著名政治家、思想家,如管仲、孔子、商鞅、李斯以及游说门客张仪、苏秦诸人。他们为诸侯王各献方略,并搜集、整理百姓中各种批评、谏言或冤抑

---

① 《袁了凡王凤洲纲鉴合编·夏记》,商务印书馆1985年版。
② 赵立程:《儒学十三经》,北方文艺出版社2001年版,第278页。
③ 同上。

之情。

(二)秦至清时期信访的沿革

秦汉两代设丞相、太尉、御史三府,分别处理国情机要,又同时掌理吏民上章(又称谏章、谏书),将重要上章秉承皇帝亲自御览定夺。汉时群吏上访的接待,由卫尉所属公车司马令①及丞负责,他们既为司马宫门传达者,又是信访接待官。司马门乃为宫城外门,凡吏民以书面上书或欲见皇帝时,均由公车司马令及丞在此门接待安排受理。东汉沿用此设置,掌宫南阙门,属官另有尉一人。"掌宫南阙门,凡吏民上章,四方贡献,及征诣公车者"。② 也就是说,臣民上书或朝廷征召之人,都由公车司马接待。西汉时期还有"诣阙上书",即百姓或下级官吏若蒙冤受狱,可越级上书申冤,这是一种典型的越级直诉行为。"缇萦上书"是西汉"诣阙上书"的经典案例,③"诣阙上书"制度的确立,在纠正地方官衙办案不公、减少冤假错案、缓和社会矛盾等方面产生了积极的意义。

魏晋时期承汉制,置卫尉以掌宫门屯兵,城门禁卫,下设公车司马令,第六品,职责如故。东晋不置卫尉,南北朝均复设置。④ 三国时期,魏明帝大开言路,"容受直言,听受吏民士庶上书,一月之中至数十百封,虽文辞鄙陋,犹览省

---

① 秦朝刚建立,秦始皇27年(公元前220),于卫尉属下设公车司马令,掌宫城门外的司马门,职责为"夜徼宫中,天下上章、四方贡献及阙下凡所征召公车者,皆总领之"。(唐)杜佑:《通典》,中华书局1988年版,第70页。

② (南朝)范晔:《后汉书·志第二十五·百官二》,耿相新、康华(点校),中州古籍出版社1996年版,第85页。

③ (西汉)司马迁:《史记》,吉林摄影出版社,2003年版,第37页。记载:汉文帝前元十三年(公元前167年),"五月,齐太仓令淳于公有罪当刑,诏狱逮系长安。太仓公无男,有女五人。太仓公将行会逮,骂其女曰:'生子不生男,有缓急非有益也!'其少女缇萦自伤泣,乃、随父至长安,上书曰:'妾父为吏,齐中皆称其廉平,今坐法当刑。妾伤夫死者不可复生,刑者不可复属,虽复欲改过自新,其道无由也。妾愿没入为官婢,赎父刑罪,使得自新。'书奏天子,天子怜悲其意,乃下诏曰:'盖闻有虞氏之时,画衣冠异章服以为僇,而民不犯。何则? 至治也。今法有肉刑三,而奸不止,其咎安在? 非乃朕德薄而教不明欤? 吾甚自愧。故夫驯道不纯而愚民陷焉。诗曰"恺悌君子,民之父母"。今人有过,教未施而刑加焉? 或欲改行为善而道毋由也。朕甚怜之。夫刑至断支体,刻肌肤,终身不息,何其楚痛而不德也,岂称为民父母之意哉! 其除肉刑。'"

④ (唐)李延寿:《南史·卷十三·列传第三》,耿相新、康华(点校),中州古籍出版社1996年版,第63页。

究竟,意无厌倦"。① 东晋以来径称公车司马令为公车令。到了南北朝时期,南朝宋掌受章奏,改隶侍中。而南朝的梁、陈仍属卫尉卿。② 北魏时为了突破地方官僚阻隔,皇帝预先公开时间与地点,亲自接待、亲自处理信访监督等事宜。

高度繁荣发达的唐代,信访制度也随之进入相对完备的时期。唐初,在朝廷西朝堂内置有登闻鼓,东朝堂内立有肺石,因此登闻鼓、肺石和上封事等旧制得到了继承。同时尚书、御史、中书、门下之属官员也得参与上书上访的收受与处理。武德九年(公元626年)唐太宗李世民对裴寂说:"比多上书言事者,朕皆粘之屋壁,得出入省览,每思治道,或深夜方寝。"③这体现了唐太宗李世民对百姓信访言事非常重视。唐代曾规定,老百姓上诉州县,冤屈未伸,允许赴京师上诉,州县衙对百姓赴京上诉不仅不能阻拦,还应给上诉者发一个允许上诉的证书,叫"不理状"。百姓持"不理状"再向尚书省左、右丞申诉。尚书省左、右丞审理不公,上诉者仍不服时,尚书省再发给上诉者"不理状"准许共赴"三司"(即唐代以刑部尚书、御史中丞、大理卿为三司使)陈诉,④"三司"仍不能申冤,可以直接向皇帝申诉。其间,百姓"请状上诉"各级官吏若故意刁难,不发给"不理状"者,按违令处以"笞刑"。如果"三司"压下百姓"上表"不奏告皇帝,百姓可击皇宫门外的登闻鼓直诉。同样,唐代也规定了上诉者直诉不实和司法官报而不受的法律责任。唐律规定击登闻鼓直诉者,如果"以身事自理诉而不实者,杖八十"。律注规定:"若其不实之中,有故增减情状.有所隐避、诈妄者,即从'上书诈不实论'论,处徒二年。"⑤唐律规定凡是击登闻鼓直诉,司法机关必须立即受理,如果不立即受理者,罪加一等,是指相对正常上诉不受理的法律责任加一等处刑,司法官不受理一件事的处杖刑六十,不受理四

---

① (西晋)陈寿:《魏书》,中华书局1982年版。转引自:刘顶夫《从信访看中国法律文化》,湘潭大学2005年硕士学位论文。
② (五代)刘昫:《旧唐书·卷四十八·志第二十四·职官三》,耿相新、康华(点校),中州古籍出版社1996年版,第352页。
③ (北宋)司马光:《资治通鉴·唐纪(卷192)》,中华书局1956年版。
④ (北宋)王溥:《唐会要·六十二》,转引自:李交发:《中国诉讼法史》,中国检察出版社2002年版,第117页。
⑤ 曹漫之:《唐律疏议译注·斗讼》,吉林人民出版社1989年版,第816页。

件事的处杖刑七十,不受理十件事的处杖刑一百。①

　　唐中后期,武则天于垂拱元年(公元 685 年)下制书曰:"朝堂所置登闻鼓及肺石,不须防守,有挝鼓立石者,令御史受状以闻。"②同时,设置匦于朝堂,其功能是受理吏民上书。"匦"是一种铜铸的大匣子,相当于一只巨大的信箱,四面均开有投书口。武后置匦的形式分别列于朝廷堂东、南、西、北四个方向,四个方向又分为木、火、金、水,主春、夏、秋、冬,并配以仁、信、义、智和青、赤、白、玄四色。以青匦置于东,象征春与仁,铭曰延恩匦,受理的是建议类信访;以丹匦置于南,象征夏与信,铭曰招谏匦,受理的是批评类信访;以素(白)匦置于西,象征秋与义,铭曰申冤匦,受理申诉类信访;以玄(黑)匦置于北,象征冬与智,铭曰通玄匦,受理的是举报类信访。同时,在中书省设立了一个特殊的机构——匦使院,主管官员称"知匦使"。规定信访者所投的书信,均须书写两份,正本呈皇帝,副本交知匦使。匦使院便是专门管理大匦的机构,是一个名副其实的信访机构。匦使院的设立从形式上开辟了一条最高统治者了解下情的渠道,在我国信访发展史上具有十分重要的意义。之后,匦制延续至五代、宋和南宋近 590 多年历史。

　　宋朝初年仍沿唐四匦院之制,宋太宗于太平兴国九年(公元 984 年)改匦为检,改匦院为登闻院,宋真宗于景德四年(公元 1007 年),又改为登闻检院,隶谏议大夫;同时改鼓司为登闻鼓院,隶门下省的司谏、正言。两个部门的职责是掌受文武官及士民章奏表疏,且前者职级略高于后者。宋太宗曾于淳化三年(公元 992 年)设理检院,职级在前二者之上。如果已先后经鼓司(登闻鼓院)和登闻院(登闻检院)进状仍然称冤滥、沉屈者,即引送到理检院重审。"登闻检院,隶谏议大夫;登闻鼓院,隶司谏、正言掌受文武官及士民章奏表疏。凡言朝政得失、公私利害、军期机密、陈乞恩赏、理雪冤滥,及奇方异术、改换文资、改正过名,无例通进者,先经鼓院进状;或为所抑,则诣检院。并置局于关

---

① 曹漫之:《唐律疏议译注·斗讼》,吉林人民出版社 1989 年版,第 817 页。
② (北宋)司马光:《资治通鉴·唐纪(卷 203)》,中华书局 1956 年版。

门之前。"① 可见，宋代的登闻鼓制度更为完备，建立了配套的直诉机关，冤民可以先后到鼓司、登闻院、理检院申诉，直至"邀车驾"。

明太祖朱元璋于洪武元年(公元1369年)在午门外设置登闻鼓，御史一人监守，规定非重大冤情或是机密情况不得击鼓，一旦有人击鼓御史就要立即引奏。后来将登闻鼓移置长安右门外，隶于通政使司，六科、锦衣卫轮流值守。皇帝根据奏报降旨，校尉领旨后送申诉人到相应的机关接受问理。并规定如果囚犯在被处决时有人击鼓讼冤就要停刑请旨裁夺。对此，登闻鼓给事林富曾进言明宣宗：不可饶恕那些依律当斩却又击鼓诉冤带来麻烦的重囚。宣宗则告诫说，设置登闻鼓是用来使下情上传的，若有官吏蒙蔽圣听、阻遏进状就要降罪。②③ 同时，明律规定得很详细，"凡监察御史、按察司辩明冤枉，须要开具所枉事迹，实封奏闻，委官追问得实，被还之人依律改正，罪坐原告、原问官吏。若事无冤枉，朦胧辩明者，杖一百，徒三年。若所诬罪重者，以故出入人罪论。所辩之人，知情，与同罪；不知者，不坐"。④ 即对确为原审机关判决有误者，要平反昭雪；对无冤而上诉者要负刑事责任；对监察官吏"朦胧辩明者"也要负刑事责任。明代御史机构都察院主司是监察，但在京参与重大审判，在外则主持审录罪囚，具有重要的司法职权。明代的司法审判中，都察院可受理通政使司送发的案件和击登闻鼓控诉的越诉案件，"凡在外军民人等赴京，或击登闻鼓，或通政司投状，陈告一应不公、冤枉等事，钦差监察御史出巡追问"。⑤ 此外，给事中与锦衣卫轮流值守登闻鼓，遇有京控鸣冤者，给事中"受牒，则具题本封上"。⑥ 给事中参与会审，"大狱廷鞫，六掌科皆预焉"，"遇决囚，有投煤

---

① (元)脱脱：《宋史·卷一百六十一·志第一百一十四·职官一》，耿相新、康华(点校)中州古籍出版社1996年版，第771页。

② (清)张廷玉：《明史·卷九十四·刑法二》，耿相新、康华(点校)，中州古籍出版社1996年版，第500页。

③ (清)张廷玉：《明史·卷七十四·职官志三》，耿相新、康华(点校)，中州古籍出版社1996年版，第397页。

④ 《明律·刑律·断狱》。

⑤ 《明会典·追问公事》，转引自：张晋藩《中国官制通史》，人民大学出版社1992年版，第557页。

⑥ (清)张廷玉：《明史·志第五十·职官志三》，耿相新、康华(点校)，中州古籍出版社1996年版，第397页。

讼冤者,则判停刑请旨"。①

到了清代,信访最为盛行的是"告御状",而告御状一般分为两种:一是直接跪拜宫门、击登闻鼓,或拦御驾告状,称为"叩阍"。另一种则是赴京城指定衙门投递状纸,再呈转皇帝,称为"京控"。清朝初年皇帝经常出巡,拦御驾告状极为常见,康熙皇帝对拦御驾者常予优容。到乾隆时,拦御驾则要冒很大风险,往往因"冲撞仪仗"受到惩处。嘉庆以后,很少再有人拦御驾,告御状者大都改为京控。清朝的都察院、刑部、步兵统领衙门等都有接受京控的职责。清代的京控制度在嘉庆以后逐渐成熟,成为独立于州县司法体系以外的又一个司法体系,完备程度为历代之最。

三、古代信访与古代法律文化

通过对历史上信访内容的陈述,可以对中国古代的信访做一个大概的总结归纳。

(一)信访制度的设计

古代信访制度的设计,从另一个方面反映了百姓对地方权力制约机制的缺失。地方官员的权力来自朝廷的委派,以皇帝为首的官僚权力系统上级对下级的约束具有绝对作用。百姓处于地方官吏单向管理的地位,只有绝对服从的义务,如果贪官污吏害民,向本级集司法与行政大权于一身地方长官申诉自然无法得到公正处理,层层上诉是唯一选择。

古代信访职能机构,在中央,专司信访的机构非常完备,从公车司马之制到函匦之制再到登闻鼓之制都是专管信访的职能机构,而并设有主管官吏专司其职,遇到大案要案或是御史台、都察院、大理寺等其他中央机构奉诏参与决断,或是派出专案官员去案发地方进行调查审理,特别有影响的案例皇帝还会亲自过问。这种自上而下的以权力制约权力的系统机构从组织上保障了中央对地方的有效控制。而在地方,行政与司法合一,没有专门信访机构。

---

① (清)张廷玉:《明史·志第五十·职官志三》,耿相新、康华(点校),中州古籍出版社 1996 年版,第 397 页。

(二) 古代信访的真实生存环境

各朝各代的朝廷对信访时常处于矛盾摇摆的态度中,若积极支持信访则百姓上诉太多,无力包管;若打击敷衍信访则地方官吏则虐民,有害于朝廷利益。滋生于社会各个角落的信访汇集到京城如涓涓细流汇成大海,数量庞大。无论皇帝多么英明,无论中央的官僚系统多么高效,处理起来只能是绵薄之力。古代中国幅员辽阔,而通信交通落后,从技术上就注定了朝廷只能是心有余而力不足,如果真要朝廷派员去地方调查取证,迁延日久,成本太高;如果责成当事官员的上级问断,又难免落入官官相护的圈套。而且,信访百姓汹涌入京,对京城的社会治安造成威胁,这也是朝廷不愿意面对的。所以,以明清时期的京控为例,处理京控是获取民心和控制地方官吏的一箭双雕的好策略,因此,权力中枢对京控表现出时冷时热的矛盾心态。①

(三) 古代信访与中国传统法律文化

古代信访是富于中国特色的传统行政方式,源远流长,是中国法律文化的重要组成部分。从古代信访看中国古代法律文化,中国古代法律文化展现出独具特色。

其一,古代信访的缘起,在于老百姓认为自己受到某种侵害。老百姓往往不是从法律的角度判断自己的权利受到何种侵害,对方应该承担何种法律责任,而是笼统认定自己符合天理人情而对方是伤天害理,依此信念去找"父母官"说理,要求主持公道,讨个说法,因此历代冤民通过击登闻鼓、邀车驾等越诉方式不绝于史册。从这个角度讲,反映了中国传统法律文化的情理化特征,即要求人们言行要遵循天理、顺乎人情、依照国法。可见在中国古人看来,法律并不具有至高无上的地位,"天理""人情"的价值优于法律。对于统治者来说,"执法原情""原情定罪"是从地方各级官员到皇帝大臣公认的施政理念和司法原则,各级官员官员们常常绕过法律,直接以情理判定是非,如果当情理与法律发生冲突往往不惜屈法就情。

---

① 贺卫方:《美国学者论中国法律传统》,中国政法大学出版社 1994 年版,第 473 页。

其二，古代信访是百姓认为县衙行政长官审断不公，所以会有上访。因为没有上级的权力干预，下级衙门是不大能推翻自己的审判，因为中国古代司法权控制在行政官员的手中。于是上级官僚乃至皇帝的权力资源成了蒙冤百姓的唯一救命稻草。这就是中国古代法律文化的权大于法的特征。"中国传统法律文化表现为司法与行政合一，行政长官兼理司法。古代中国，无论在中央或地方都没有专职司法官吏。在中央，三省六部的官员可以直接参加重大案件审理，反映行政机关对司法的全面干涉，而皇帝则拥有最高的司法审判权，法律保证皇帝对司法权的控制；在地方，专职司法官员只是辅佐行政长官审理案件，大多数情况下都是行政官吏亲自审案，并掌握决定权，使行政与司法机关合二为一。司法机关实际上成了行政机关的附庸，缺乏应有的独立性。"①

其三，古代信访不论是公车司马、函匦、登闻鼓、上诉御史还是邀车驾，都只是一种工具手段，是操纵在朝廷之手悬于各级官吏头上的一柄达摩克利斯之剑，是对各级官吏的强大威慑和有效控制措施。朝廷受理来自社会各个角落的冤情，不管作出怎样的裁决，朝廷都是最大的赢家：如果是替百姓伸冤，除暴安良，一方面，百姓必口耳相传称颂皇帝的圣明，朝廷将获取更多民众情感认同；另一方面，各级官吏盘剥百姓危害太烈的势头将在一定程度得以抑制，官民间的紧张对立将得以缓解；如果对百姓的申诉不予理会甚至枉断偏袒各级大员，一方面，在通讯极不发达的古代，这种冤案在民间的影响面是极有限的，并无大碍于幅员辽阔的王朝的整体利益；另一方面，朝廷开恩于各级大员，等于揪着他们的小辫子，更让他们诚惶诚恐为朝廷卖命尽忠。信访在历代都受朝廷重视，根本原因就在这里。古代信访是中国古代工具理性的法律文化的重要组成部分，或者说是工具理性的法律文化之树必然结出的果实。

四、古代信访对于做好当下信访工作的启示

(一) 思想的启示

其一，善待百姓的民本思想正面力量。"应该承认，民本思想是中国古代

---

① 夏锦文：《社会变迁与法律发展》，南京师范大学出版社1997年版，第8页。

政治思想精华中最核心的内容"。① 中国古代的开明君主和清廉官吏非常看重信访的监督作用,老百姓可以直接给皇帝写信,或者皇帝有时微服私访低下身段倾听老百姓的呼声,了解民间疾苦,这里的"以民为本"思想始终拥有一根红线。如武则天设置登闻鼓、肺石和"四匦"了解民情争取民心;康熙、乾隆三番五次下江南,微服私访,体察民情,注意"申士民冤抑"等。这里多少寓含着丰富的重视民生、民情、民意、民苦、民心的民本思想。同时,也说明了信访监督的特殊社会救济功能,不能被其他社会管理方式所取代的,而且也能够发挥它固有的、积极的救济功效。

其二,"人治"思想的消极负面影响。中国传统"人治"思想的另一大遗产,便是权力运作中的个人专断、权力至上。这种权力至上作为一种长期积淀的政治心理出现在信访制度实际运作中,就上访者而言,是"青天"意识和清官情结,就国家机关工作人员而言便是官僚主义。盼望一个英雄人物力量的出现解决自己的冤屈,中国传统文化始终关注的核心政治问题是统治者或政治人物的内在修养,在这个意义上,"清官意识"不是天外来风,而是与当时意识形态的标榜有关。既然统治者强调官员的品质与清廉,尽管在中国古代"清官"是凤毛麟角。但这种"清官情结""权力崇拜"的人治法律文化又导致严重官本位思想。中国百姓浓厚的"清官情结"和极度"权力崇拜"使人们对清官寄予了太多的期望,当人们遭遇冤屈之时,首先想到的就是找清官申冤,希望清官能为自己做主。这种思维习惯和行为方式沿袭至今,即构成了今天所谓的"清官"情结。人们期望由充满德性的"清官"主持公道,心理上信任信访制度而不选择司法或是其他正规诉讼救济渠道来解决纠纷。普通民众的内心深处都蕴藏着根深蒂固的"清官"情结,这种内心的力量在激励着人们不断地上访,他们坚信只要自己坚持下去,就一定会遇到清官。

(二)制度的启示

其一,古代信访由专门的机构、人员负责。像秦汉的公车署,隋唐的谒

---

① 孟祥才:"中国古代民本思想的发展及其历史作用",载《临沂师范学院学报》2002年第1期。

者台与匭使院,宋代的鼓、检两院与理检司,以及明代通政使司和察言司等都是非常重要的信访机构。舜时的"纳言",西周的"大仆",秦汉的公车司马令和公车司法丞,隋代的谪者大夫、通事谒者等都是重要的接访官员,唐代则选诛议大夫、补阙、侍御史等组成信访受理团队。今天,涉诉信访量大,处理难度大,不光要有专门的机构和人员,更需要加强当今信访工作机构和队伍的建设。

其二,古代信访严格官员接访责任。周时百姓有击"路鼓"申冤者,御仆须迅速报告大仆,大仆再报告周王,不得延误。汉朝要求官吏须为"周鼓上言变事"提供方便,不得随意阻断刁难,若不及时向上反映,满半月以上将受惩罚。唐代规定:有人挝登闻鼓,主司即须为受,不即受者,加罪一等。强化官员的接访责任,可以及时缓解申诉难,让百姓真正能通过信访的途径表达自己的利益诉求,从而化解社会矛盾。这也给我们以启示,在今后涉诉信访工作中,应不断加强工作责任制。

其三,古代信访实行交办制度。一般皇帝将信访案件交给部门负责人处理。有时皇帝还把信访案件交给地方政府办理。宋进士虞蕃伐登闻鼓言科考不公,宋神宗交给开封府办理。把信访案件进行交办,尤其是交给基层政府办理,是对基层的相信,有利于把矛盾化解在基层。因此,我们要引导信访下移,依靠、支持基层解决好信访问题。

今天的我们和从前一样,一直都生活在历史文明光辉的映照之下。信访制度的存在,作为一种特定渠道采用特定的程序反映民意的一种方式,不仅对于今天的法治建设有不可低估的影响,更重要的在于在历史上它很早就出现作为古代诉讼程序重要的一部分,解决过非常多的实际问题。虽然古代的信访和今天的信访本质不同,但是在表现形式上,二者却有惊人的相似性,都在于寻求上级权威来解决下层矛盾。信访的存在固然在于一些深刻的社会矛盾,而在对于传统法律文化的解读上,古今信访制度都深化了对传统法律文化的认识。只有反复论证借鉴古代信访的经验与教训,才能对合理推动当下信访制度的进程产生重要价值。

附注：此篇《信访的"源"与"辨"》，来自于2013年11月受邀重庆市检察院课题"涉法涉诉信访机制改革研究"第一部分内容。学生金怡，现为西北师范大学法学院教师。2001年西北政法大学法学系学士毕业，2006年西北政法大学法律史专业硕士研究生毕业。2013年至今考入霍老师门下就读法律史博士专业，在读。硕士论文论"古代法官的文化品格"。三年时光，在西北一隅的政法校园里关注古代的法官文化，只奈何"文化"一词博大精深，"法官"的数量恒河沙数，咨天生愚钝，夷语难学，茅塞难开，论文研究对关注的问题皮毛肤浅，效果甚微。后成家立业，学业有怠。夜深人静时有感于蹉跎岁月，玩岁愒日，然"不登高山，不知天之高也；不临深溪，不知地之厚也；不闻先王之言，不知学问之大也"。亦，奋之重新投斧志学，荆棘塞途，几欲知难而退，幸老师未遗忽，坎坷路途癸巳年庚申月招至麾下，授业解惑，循循善诱，发蒙启蔽，苦心孤诣，鱼渔双授。解惑岁月，于之修身，老师以身作则，行端表正，不言之教，桃下之蹊。日常生活，老师备极关怀。与老师相处之时光，情之甚洽。有感于时逢老师从教三十周年纪念文集的出版，授业解惑岁月历历在目。师德之深，如沧海，如泰山。寥寥数语，言语未足尽表也。谨祝先生安康。愿不负师恩，披荆斩棘，磨砺自强。

图书在版编目（CIP）数据

3个U集：霍存福教授从教三十年纪念文集／沈之北编著．—北京：知识产权出版社，2015.8
　ISBN 978－7－5130－3714－3

　Ⅰ．①3… Ⅱ．①沈… Ⅲ．①随笔—作品集—中国—当代②法学—文集 Ⅳ．①I267.1②D90－53

中国版本图书馆CIP数据核字（2015）第185246号

责任编辑：齐梓伊
封面设计：张　悦
责任出版：刘译文

3个U集
——霍存福教授从教三十年纪念文集

沈之北　编著

出版发行：	知识产权出版社有限责任公司	网　　址：	http://www.ipph.cn
社　　址：	北京市海淀区马甸南村1号（邮编：100088）	天猫旗舰店：	http://zscqcbs.tmall.com
责编电话：	010－82000860转8176	责编邮箱：	qiziyi2004@qq.com
发行电话：	010－82000860转8101/8102	发行传真：	010－82000893/82005070/82000270
印　　刷：	北京嘉恒彩色印刷有限责任公司	经　　销：	各大网上书店、新华书店及相关专业书店
开　　本：	787mm×1092mm　1/16	印　　张：	27.75
版　　次：	2015年8月第1版	印　　次：	2015年8月第1次印刷
字　　数：	410千字	定　　价：	68.00元
ISBN 978－7－5130－3714－3			

出版权专有　侵权必究
如有印装质量问题，本社负责调换。